DUYGU DIŞÇI

Der Grundsatz politischer Neutralität

D1922624

Schriften zum Öffentlichen Recht

Band 1398

Der Grundsatz politischer Neutralität

Grenzen der Äußerungsbefugnis politischer Amtsträger

Von

Duygu Dişçi

Duncker & Humblot · Berlin

Die Fakultät für Rechtswissenschaft
der Heinrich-Heine-Universität Düsseldorf
hat diese Arbeit im Jahr 2018
als Dissertation angenommen.

Bibliografische Information der Deutschen Nationalbibliothek

Die Deutsche Nationalbibliothek verzeichnet diese Publikation in
der Deutschen Nationalbibliografie; detaillierte bibliografische Daten
sind im Internet über http://dnb.d-nb.de abrufbar.

D 61

Alle Rechte vorbehalten
© 2019 Duncker & Humblot GmbH, Berlin
Satz: Textforma(r)t Daniela Weiland, Göttingen
Druck: CPI buchbücher.de gmbh, Birkach
Printed in Germany

ISSN 0582-0200
ISBN 978-3-428-15636-8 (Print)
ISBN 978-3-428-55636-6 (E-Book)
ISBN 978-3-428-85636-7 (Print & E-Book)

Gedruckt auf alterungsbeständigem (säurefreiem) Papier
entsprechend ISO 9706 ♾

Internet: http://www.duncker-humblot.de

Für meine Eltern
(Necla und Suat Dişçi)

Vorwort

Die Arbeit ist während meiner zwei Jahre andauernden Tätigkeit als wissenschaftliche Mitarbeiterin am Lehrstuhl für Öffentliches Recht, Rechtstheorie und Rechtssoziologie von Prof. Dr. Morlok an der Heinrich-Heine-Universität Düsseldorf entstanden.

Sie wurde von der Juristischen Fakultät der Heinrich-Heine-Universität Düsseldorf im Sommer 2018 als Dissertation zur Erlangung des Grades eines Doktors angenommen. Literatur und Rechtsprechung konnten bis Oktober 2017 berücksichtigt werden.

Für mich war die Erstellung dieser Arbeit eine Herausforderung sowie eine persönliche Bereicherung. Durch sie habe ich mir eine neue Arbeitsweise angeeignet und strukturiertes Denken erlernt. Davon werde ich in meiner juristischen Tätigkeit profitieren. Ich konnte mich glücklicherweise stets für diese Arbeit begeistern und bin sehr froh darüber, dieses Thema gewählt zu haben.

In der Zeit der Entstehung dieser Arbeit haben mich zahlreiche Menschen in vielfältiger Art und Weise unterstützt. Diesen Menschen möchte ich an dieser Stelle aufrichtig danken.

Mein besonderer Dank gilt zunächst meinem Doktorvater, Herrn *Professor Dr. Martin Morlok*, für seine großartige Unterstützung und sein persönliches Engagement bei der Betreuung dieser Arbeit. Er hat durch seine konstruktiven Anmerkungen und seine Diskussionsbereitschaft wesentlich zum Gelingen meiner Arbeit beigetragen. Er ist überdies der „Anstifter" für die Erstellung dieser Dissertation, da er mir bereits in meiner Zeit als studentische Hilfskraft an seinem Lehrstuhl diese Option nahegelegt und frühzeitig mein Interesse geweckt hatte. Ebenfalls herzlich bedanken möchte ich mich bei Herrn *Honorarprofessor Dr. Dieter Wiefelspütz,* MdB a. D. für die freundliche Übernahme und die Erstellung des Zweitgutachtens.

Des Weiteren möchte ich mich besonders bei Herrn *Sascha Peters* für die Ideengebung bei der Wahl des Themas bedanken. Dank ihm bin ich rechtzeitig auf dieses Thema aufmerksam geworden. In diesem Zusammenhang gebührt mein großer Dank auch Herrn *Dr. Andreas Heusch.* Mit ihm konnte ich einige Male ausführlich über wesentliche Inhalte meiner Arbeit sprechen. Dasselbe gilt auch für Herrn *Professor Dr. Mehrdad Payandeh, LL.M.* (Yale), der mir inhaltlich wertvolle Ratschläge gab.

All meinen ehemaligen Kolleginnen und Kollegen am Lehrstuhl möchte ich ebenfalls danken, sowohl für die gute und harmonische Zusammenarbeit am Lehrstuhl als auch dafür, dass sie stets ein offenes Ohr für mich hatten und mir inhaltlich wertvolles Feedback gaben. Für ihre Hilfsbereitschaft und ihre fachlichen Diskussionen sowie ihre stets motivierenden Worte, insbesondere in der Endphase, möchte ich an dieser Stelle meine Kollegin und Freundin Frau *Sabrina Winkler* besonders hervorheben und mich herzlich bei ihr bedanken. Auch die studentischen Hilfskräfte haben durch Recherchetätigkeiten und Korrekturlesen ihren Teil zum Gelingen dieser Arbeit beigetragen; vielen lieben Dank dafür.

Mein größter Dank gilt meinen Eltern, Frau *Necla Dişçi* und Herrn *Suat Dişçi*, für die Ermöglichung meiner juristischen Ausbildung. Sie haben mich auf diesem Weg stets vorbehaltlos unterstützt und gefördert. Sie waren es auch, die mich damals in meinem Vorhaben, eine Dissertation zu schreiben, bestärkten. Dabei haben Sie durch ihren steten Rückhalt, ihren Zuspruch und ihre Liebe maßgeblich zum Gelingen dieser Arbeit beigetragen. Auch möchte ich mich ganz besonders bei meiner Großmutter, Frau *Hediye Kaya*, bedanken. Gerade in der Zeit der Erstellung dieser Arbeit bekam ich neben meinen Eltern von ihr die meiste Unterstützung und Motivation.

Auch bei meinen engsten Freunden möchte ich mich an dieser Stelle bedanken. Sie hatten immer ein offenes Ohr für mich und bemühten sich um meine Aufheiterung, gerade in den schwierigen Phasen. Auch wenn ich ihre Namen nicht nenne, wissen sie ganz genau, wer gemeint ist.

Schön, dass es Euch alle gibt!

Essen, im Oktober 2018 *Duygu Dişçi*

Kuch, DSt 19, 670, M. Rottus, RaB 19, 211

Inhaltsverzeichnis

Teil 1

Abkürzungen

Bezüglich der verwendeten Abkürzungen wird auf Kirchner, Hildebert, Abkürzungsverzeichnis der Rechtssprache, 8. Auflage, Berlin / Boston 2015 verwiesen.

Teil 1

Grundlagen politischer Neutralität

I. Einleitung

„Eine funktionierende freiheitlich-rechtsstaatliche Demokratie geht (...) von der Notwendigkeit und Wünschbarkeit der Divergenz in tunlichst vielen Einzelfragen und der Notwendigkeit und Unvermeidlichkeit der Konvergenz in allen Grundfragen aus."[1]

Eine moderne und liberale Gesellschaft zeichnet sich unter anderem durch kulturelle, religiöse und politische Pluralisierung aus. Die vielschichtige Heterogenität der Gesellschaft stellt eine Herausforderung für den Staat dar, da dieser stets allen Interessen gegenüber integrativ und offen sein muss. Dies hat auch bei seinem Kommunikationshandeln so zu sein, mit dem er ein legitimes Interesse verfolgt. Einzelne Interessen sollen nicht bevorzugt oder benachteiligt werden von staatlicher Seite, wenn der Staat durch kommunikatives Staatshandeln an der gesellschaftlichen Meinungsbildung teilnimmt und dazu beiträgt. Er soll nicht den gesellschaftlichen Meinungswettbewerb verzerren, an dem er zwar teilnehmen kann, aber nicht unbeschränkt. Ihm sind Grenzen gesetzt. Er steht zwischen zwei Fronten: zwischen einer Neutralitätsforderung, die die heutige pluralistische Gesellschaftsstruktur aufgrund der Vielfalt der in der Gesellschaft vertretenen Interessen zur Folge hat, und zwischen seiner Aufgabenerfüllung, zu der auch und gerade kommunikatives Handeln gehört.

Pluralismus stellt ein faktisches Phänomen dar, das sich nicht nur in einem einzelnen gesellschaftlichen Bereich abspielt. Eine Gesellschaft kann in vielerlei Hinsicht pluralistisch sein; so in politischer Hinsicht. Die vorliegende Arbeit beschäftigt sich mit der Ausrichtung der Neutralität, welche auf dem politischen Pluralismus fußt.[2]

Pluralismus ist die Bezeichnung für eine heterogene Gesellschaftsstruktur, in der unterschiedliche Ansichten nebeneinander existieren und stellt einen wesentlichen Faktor für die Bildung der öffentlichen Meinung dar. Neben der reinen Existenz der Interessenvielfalt führt Pluralismus dazu, dass die verschiedenen gesellschaftlichen Interessen ihre Inhalte in die Entscheidungsfindung einbringen können.[3] Dem

---

[1] *E. Fraenkel*, Strukturanalyse der modernen Demokratie (1970), in: F. Esche/F. Grube (Hrsg.), Ernst Fraenkel: Reformismus und Pluralismus, 1973, S. 404, 410.

[2] *D. Dişçi*, MIP 2016, 101 ff.

[3] *R. Eisfeld*, Pluralismus/Pluralismustheorien, in: D. Nohlen/F. Grotz (Hrsg.), Kleines Lexikon der Politik, 6. Aufl. 2015, S. 469 (469); *C. Böhret/W. Jann/E. Kronenwett*, Innenpolitik und politische Theorie, 3. Aufl. 1988, S. 41 ff.; vgl. auch S. 59 für eine Auflistung der Einfluss-

Konzept des Pluralismus lassen sich daher im Wesentlichen zwei Ausrichtungen entnehmen: Pluralismus stellt zum einen eine Form der Ordnung und Organisation konfligierender Interessen in der Gesellschaft dar und zum anderen ermöglicht Pluralismus die Mitwirkung an der Meinungs- und Willensbildung und der Findung des Gemeinwohls und erhöht damit die Legitimität hoheitlicher Entscheidungen.[4]

Politische Neutralität kommt ins Spiel, weil politische Überzeugungen um der Interessendurchsetzung und der Mitwirkung an staatlichen Entscheidungen willen miteinander konkurrieren und der Staat diese Situation nicht einseitig beeinträchtigen soll. Die Entfaltung dieser Überzeugungen muss aus sich heraus erfolgen und darf nicht durch staatliches Handeln vorgeformt werden. Sobald also mehr als ein gesellschaftlicher Teilnehmer im politischen Meinungs- und Willensbildungsprozess existiert, was in der Bundesrepublik unzweifelhaft der Fall ist, so muss im politischen Pluralismus die Frage nach staatlicher Neutralität aufkommen.

Ausgangspunkt der politischen Neutralitätsforderung ist daher die politisch pluralisierte Gesellschaft in der Bundesrepublik, welche wiederum die Grundlage politischen Wettbewerbs darstellt. Eine Vielzahl von politischen Ansichten erweckt das Bedürfnis, dass der Staat unparteiisch bleiben und zu allen Teilnehmern die gleiche Distanz wahren sollte. Die Neutralitätsfrage in dieser Arbeit fokussiert sich auf einen wettbewerbsrelevanten Bereich, hängt also von der Annahme des politischen Wettbewerbs ab. Dies schließt keineswegs aus, die Neutralitätsforderung auf Felder jenseits des Wettbewerbs auszuweiten.[5]

Vorliegend ist zu untersuchen, ob Personen und Einrichtungen, deren Handeln dem Staat zuzurechnen sind, Handlungen vornehmen, die nicht vereinbar sind mit einer rechtlich gebotenen politischen Neutralitätsforderung. Es geht hier um Staatshandeln – nicht um das Handeln von Privatpersonen –, nämlich um faktisches Handeln in Form von kommunikativem Handeln. Dieses unterscheidet sich von Rechtsakten, die auf die Herbeiführung einer Rechtsfolge gerichtet sind und rechtsförmlich ergehen.

---

möglichkeiten von Interessenverbänden. Vgl. des Weiteren *D. Th. Tsatsos*, Ein Recht auf innerparteiliche Opposition?, in: M. Morlok/H.-R. Schmidt/D. Stefanou (Hrsg.), Dimitris Th. Tsatsos: Verfassung – Parteien – Europa, 1998/99, S. 423 (439, 441), der die Rolle und Bedeutung politischer Parteien im politischen Pluralismus betont.

[4] *C. Böhret/W. Jann/E. Kronenwett*, Innenpolitik und politische Theorie, 3. Aufl. 1988, S. 41; s. auch S. 169 ff. m. w. N. für die Darstellung der verschiedenen Positionen zum Pluralismus, v. a. wird auf *Ernst Fraenkel*, der wesentlich zur Diskussion über Pluralismus in Deutschland beitrug, eingegangen. Vgl. dafür *E. Fraenkel*, Strukturanalyse der modernen Demokratie (1970), in: F. Esche/F. Grube (Hrsg.), Ernst Fraenkel: Reformismus und Pluralismus, 1973, S. 404, 424 ff.; *ders.*, Der Pluralismus als Strukturelement der freiheitlich-rechtsstaatlichen Demokratie (1964), in: ders. (Hrsg.), Deutschland und die westlichen Demokratien, 6. Aufl. 1974, S. 197 ff.

[5] Die Frage, ob und inwieweit dabei Neutralität zu fordern ist, kann gestellt werden, wird hier aber nicht erörtert. Kritisch bzgl. eines allgemeinen Neutralitätsgebots, das sich auf alle Fragen des „guten Lebens" bezieht, *G. Britz*, Kulturelle Rechte und Verfassung, Tübingen 2000, S. 233 ff.; vgl. ferner *C. Gusy*, NVwZ 2015, 700 (703), der Neutralität ablehnt, wenn es kein Wettbewerbsverhältnis gibt.

Während Verpflichteter der Neutralität der Staat ist und es somit in dieser Arbeit um staatliche Neutralität geht, zählen zu den Begünstigten zum einen generell die bestehenden politischen Überzeugungen in der Gesellschaft und zum anderen und vor allem die Personenzusammenschlüsse, die kollektiv ihre politischen Ansichten in den Meinungsbildungsprozess einbringen. Gerade durch die organisierte Vermittlung politischer Ansichten verschaffen sich diese Gehör in der Gesellschaft und können sich wirksam verbreiten, um Zustimmung und Akzeptanz zu erhalten. Die Kollektivität macht sie zu handlungsfähigen Subjekten, die am Konkurrenzkampf teilnehmen und sich durchsetzen können. In dieser Arbeit stehen politische Überzeugungen in organisierter Form als Kollektive im Vordergrund und sind Begünstigte des politischen Neutralitätsgrundsatzes, was aber nicht bedeutet, dass politische Meinungsäußerungen einzelner Personen nicht den Schutz des politischen Neutralitätsgebots genießen.

Die Herausforderung für den Staat, die aus dem Spannungsfeld zwischen den gesellschaftlichen Beteiligten des politischen Meinungsbildungsprozesses einerseits und dem eigenen Handeln andererseits folgt, hat sich immer wieder – in verschiedenen Konstellationen – in gerichtlichen Auseinandersetzungen gezeigt, bei denen eine Verletzung des Neutralitätsgebots gerügt wird.

Bekannte Fälle stellen die Urteile des Bundesverfassungsgerichts dar, die zu den Äußerungen des Bundespräsidenten *Gauck* und der Bundesfamilienministerin *Schwesig* ergingen.[6] In beiden Fällen ging es um negative Äußerungen gegenüber der NPD.

Auch gab es bereits in der Vergangenheit bekannte Fälle, in denen sich Gerichte mit einem parteipolitischen Neutralitätsgebot für Hoheitsträger beschäftigten. Als Leit- und Grundsatzentscheidungen gelten die Urteile des Bundesverfassungsgerichts,[7] die sich mit der Abgrenzung zulässiger Öffentlichkeitsarbeit von unzulässiger Wahlwerbung unmittelbar vor Wahlen auseinandersetzen und damit einhergehend mit einer möglichen Verletzung der Neutralität durch Staatsorgane. Der Fokus dieser Entscheidungen lag auf regierungsamtlicher Kommunikationsarbeit. In diesen Entscheidungen, insbesondere in der aus dem Jahre 1977, stellt das Bundesverfassungsgericht grundlegende Maßstäbe auf, auf die es in neueren Entscheidungen zurückgreift.

Ein inzwischen bundesweit prominentes Beispiel aus der nordrhein-westfälischen Rechtsprechung stellt der Fall des Düsseldorfer Oberbürgermeisters dar, der auf der städtischen Internetseite gegen die Demonstration von Dügida zur Teilnahme an einer Gegendemonstration aufrief und als Zeichen des Protestes das Ausschalten der Beleuchtung öffentlicher Gebäude ankündigte und dies dann letztlich durchführte, wogegen die Dügida gerichtlich vorging.[8]

---

[6] BVerfGE 136, 323 ff. (*Gauck*); BVerfGE 138, 102 ff. (*Schwesig*).

[7] BVerfGE 44, 125 ff.; 63, 230 ff.

[8] Dazu VG Düsseldorf, Beschluss v. 09. Januar 2015, 1 L 54/15, juris; OVG NRW, Beschluss v. 12. Januar 2015, 15 B 45/15, juris sowie später VG Düsseldorf, Urteil v. 28. August 2015, 1 K 1369/15, juris und OVG NRW, Urteil v. 04. November 2016, 15 A 2293/15. S. ferner die

Dieser Fall weckt aufgrund der Beteiligung einer Interessenvereinigung, die keine politische Partei darstellt, das Bedürfnis nach der Anerkennung einer allgemeiner gefassten politischen Neutralität und zeigt auf, dass der politische Diskurs nicht erst dann beeinträchtigt wird, wenn Äußerungen von Hoheitsträgern gegenüber politischen Parteien ergehen. Denn die Interneterklärungen des Oberbürgermeisters betreffen die Dügida als Ableger der Pegida-Vereinigung, die keine politische Partei im Sinne des Artikels 21 GG darstellt.[9] Daher sind im Rahmen einer umfassenden Abhandlung der Neutralitätsforderung in politischen Angelegenheiten auch die „anderen" Teilnehmer des politischen Meinungsbildungsprozesses in den Blick zu nehmen.

Terminologisch ist zu unterscheiden zwischen politischer und parteipolitischer Neutralität. Parteipolitische Neutralität[10] stellt einen Unterfall des viel allgemeineren Begriffs der politischen Neutralität dar und impliziert, dass politische Parteien involviert sind und dass zu deren Lasten bzw. Gunsten Äußerungen getätigt werden, die auf ihre Vereinbarkeit mit dem Neutralitätsgebot geprüft werden. Zweifellos ist der besondere Status politischer Parteien in der Parteiendemokratie, der sich unmittelbar aus der Verfassung ergibt,[11] ein wichtiges Indiz für die Geltung der Neutralitätsforderung, allerdings zeigt gerade ein solcher Fall wie der des Oberbürgermeisters, dass die Neutralitätsfrage deswegen ausgeweitet werden muss, weil sich faktisch der gesellschaftliche Pluralismus an politischen Meinungen nicht auf parteipolitische Ansichten und Zusammenschlüsse reduzieren lässt.

Ist in dieser Arbeit die Rede von politischer Neutralität, so geht es allgemeiner um Neutralität in politischen Angelegenheiten ohne die Eingrenzung auf politische Parteien, während parteipolitische Neutralität speziell Unparteilichkeit gegenüber politischen Parteien zum Inhalt hat.

Die grundrechtliche Absicherung für das Handeln sonstiger Interessenvereinigungen findet sich in den Kommunikationsrechten des Grundgesetzes, die die verfas-

---

Pressemitteilung des BVerwG Nr. 59/2017 v. 13.09.2017 (Az. 10 C 6.16), die Entscheidungsgründe der letztinstanzlichen Entscheidung sind noch nicht veröffentlicht.

[9] Die fehlende Parteieigenschaft dieser Vereinigung wird vom OVG als Grund für die Nichtgeltung des politischen Neutralitätsgrundsatzes solchen Vereinigungen gegenüber angesehen; s. OVG NRW, Urteil v. 04. November 2016, 15 A 2293/15, S. 21 ff. Für Näheres s. u. Teil 1 III. 2. c) cc).

[10] Von parteipolitischer Neutralität ist oftmals im Zusammenhang mit der Neutralität im Berufsbeamtentum die Rede, denn dort geht es explizit um Unparteilichkeit von Beamten gegenüber politischen Parteien, welche sich sogar aus einzelnen Normen ergibt (s. u. Teil 1 III. 3. b)); vgl. dafür *J. Isensee*, Verwaltung zwischen Sachgesetzlichkeit und Parteipolitik, in: R. Hrbek (Hrsg.), Personen und Institutionen in der Entwicklung der Bundesrepublik Deutschland, 1985, S. 67 (77) oder *K. Schlaich*, Neutralität als verfassungsrechtliches Prinzip, 1972, S. 44 ff. Der Begriff der parteipolitischen Neutralität im vorliegenden Kontext ist aber nicht beschränkt auf Berufsbeamte, sondern weiter zu verstehen.

[11] Vgl. BVerfGE 1, 208 (223 ff.); 8, 51 (63); 20, 56 (113 ff.); 85, 264 (284 ff.); *K. Hesse*, VVDStRL 17 (1959), 11 ff.; *D. Grimm*, Politische Parteien, in: HdbVerfR, 2. Aufl. 1994, S. 599 ff.; *G. Radbruch*, Die politischen Parteien im System des deutschen Verfassungsrechts, in: HdbDStR, Bd. I, 1930, S. 285 ff.; *G. Leibholz*, DVBl. 1950, 194 ff.

sungsrechtlichen Gewährleistungen für die Partizipation des Volkes an der politischen Meinungs- und Willensbildung bilden und als politische Freiheitsrechte ausgestaltet sind.[12] Dabei ist nicht allein Artikel 5 Abs. 1 S. 1 GG, welches ein Recht auf freie politische Betätigung gewährt, relevant, vielmehr sind auch die Versammlungs- und Vereinigungsfreiheit bedeutende Rechtsgüter, auf die es für die Bildung der öffentlichen Meinung ankommt.[13] Sonstige Personenzusammenschlüsse können sich auf Grundlage dieser Rechte auf die politische Neutralität stützen, sofern sie die Unzulässigkeit von Äußerungen gerichtlich rügen.

Beide Arten von Personenzusammenschlüssen werden von der Forderung nach Neutralität des Staates begünstigt. Denn unabhängig vom Parteistatus wirken alle politischen Gruppierungen an der politischen Meinungs- und Willensbildung der Bürger mit und treten in Konkurrenz miteinander, sodass Wettbewerb entsteht. Politischer Wettbewerb ist zu unterteilen in einen institutionalisierten und einen nicht-institutionalisierten Bereich. Das Merkmal der Institutionalisierung ist aber das maßgebliche Kriterium, das politische Parteien von sonstigen politischen Interessenvereinigungen unterscheidet, da es auf die Teilnahme an Wahlen abzielt, welche lediglich politischen Parteien möglich ist. Diese haben auf institutionalisiertem Wege die Möglichkeit, direkt auf die staatliche Willensbildung einzuwirken, wohingegen andere Vereinigungen nicht in den Genuss der direkten Einflussmöglichkeiten kommen.

Die Prominenz und das besondere Augenmerk[14], das auf dieser Rechtssache liegt, ist unter anderem dem Umstand geschuldet, dass die streitgegenständlichen

---

[12] *D. Murswiek*, Grundrechte als Teilhaberechte, soziale Grundrechte, in: HStR, Bd. V, 2. Aufl. 2000, S. 243 (250); *W. Schmitt Glaeser*, Die grundrechtliche Freiheit des Bürgers zur Mitwirkung an der Willensbildung, in: HStR, Bd. III, 3. Aufl. 2005, S. 229 (236 ff.); *E.-W. Böckenförde*, Demokratie als Verfassungsprinzip, in: HStR, Bd. II, 3. Aufl. 2004, S. 429 (454 f.); *J. Krüper/H. Kühr*, ZJS 2014, 16 (17 f.).

[13] Das BVerfG zählt in BVerfGE 20, 56 (98) die für die Meinungs- und Willensbildung der Bürger maßgeblichen Grundrechte, nämlich die Meinungsfreiheit, Vereinigungs- und Koalitionsfreiheit, Versammlungsfreiheit und das Petitionsrecht, auf und verdeutlicht damit, dass es nicht allein auf Artikel 5 Abs. 1 S. 1 GG ankommt. Dessen Bedeutung als eines der wichtigsten Rechtsgüter wird damit nicht bestritten, zumal das Verfassungsgericht der Meinungsfreiheit ein „grundsätzliches Recht der freien politischen Betätigung" zur Bildung der öffentlichen Meinung entnimmt, s. BVerfGE 5, 85 (134 f.); 12, 113 (125); 20, 56 (98).

[14] Seine Prominenz verdankt dieser Fall ferner dem Umstand, dass das Oberverwaltungsgericht einen Beschluss gefasst hat, der sich durch seine Kürze auszeichnet. Nach einigen Ausführungen zur Zulässigkeit wird darin lediglich festgestellt, dass der vorliegende Fall die schwierige Frage nach der Geltung und Reichweite des für Amtswalter geltenden Neutralitätsgebots in politischen Auseinandersetzungen außerhalb von Wahlkampfzeiten und ohne Beteiligung politischer Parteien aufwerfe und bislang die Zulässigkeit und Grenzen von staatlichen Aufrufen an die Bevölkerung zu politischen Aktionen in der Rechtsprechung nicht hinreichend geklärt worden seien. Für den Erlass der begehrten einstweiligen Regelung gebe es keinen Anlass; zwar werde die Antragstellerin durch den Aufruf des Antragsgegners zur Teilnahme an der Gegendemonstration in ihren Grundrechten aus Artikel 5 und Artikel 8 GG berührt, allerdings könne sie ihre Versammlung dennoch wie geplant durchführen. Mehr ist dem Beschluss nicht zu entnehmen.; s. OVG NRW, Beschluss v. 12. Januar 2015, 15 B 45/15, juris Rn. 4.

Aussagen nicht wie in den meisten anderen Sachverhalten kurz vor einer Wahl getätigt wurden, sondern außerhalb der Vorwahlzeit. Die Vorwahlzeit ist eine sensible Phase für diejenigen, die an Wahlen teilnehmen, sodass amtliches Kommunikationshandeln in dieser Zeit großes Beeinflussungspotenzial hat. Aber auch außerhalb dieser Zeit können Äußerungen erfolgen, die den politischen Wettbewerb verzerren.

Eine weitere Besonderheit des Dügida-Falles betrifft die Handlungsform, der sich der Oberbürgermeister bediente. Neben dem Aufruf zu Teilnahme an einer Gegendemonstration sowie dem Aufruf der Düsseldorfer Einwohner zum Lichtabschalten kündigte er nämlich das Ausschalten der Beleuchtung von öffentlichen Gebäuden an und führte dies sodann durch. Bei der Durchführung des Beleuchtungsboykotts handelt es sich nicht um eine Äußerung, sodass man meinen könnte, dass diese Handlung nicht Gegenstand der Untersuchung ist. Allerdings beruht auch der Beleuchtungsboykott auf einer rechtlich erheblichen Äußerung in Form der vorherigen Ankündigung auf der Internetseite. Diese steht in unmittelbarem Zusammenhang mit dem tatsächlichen Lichtausschalten, sodass eine rechtlich einheitliche Beurteilung geboten ist. Ebenfalls bilden insgesamt die einzelnen Erklärungen zur „Licht aus!"-Aktion: der Aufruf der Düsseldorfer, die Ankündigung sowie das nachfolgende tatsächliche Lichtausschalten einiger öffentlicher Gebäude einen rechtlich einheitlich zu beurteilenden Akt.[15]

Neben der Dügida-Rechtsprechung bietet außerdem die bundesverfassungsgerichtliche Entscheidung zu den Äußerungen der Ministerin *Schwesig* Anlass zur Diskussion, vor allem deswegen, weil das Gericht bei der Frage der Reichweite der politischen Neutralität und damit der Zurechnung zum Staat eine problematische Aufspaltung zwischen der Rolle als Ministerin und als Parteimitglied vornimmt.[16] Die Frage der Zurechnung einer Handlung zur staatlichen Sphäre betrifft die Geltung politischer Neutralität und ist entscheidungserheblich.

II. Notwendigkeit für die Geltung politischer Neutralität

Stellt man sich die Frage, wieso es politischer Neutralität bedarf, so wird man nicht die *eine* Antwort dafür finden.

Staatliche Neutralität in politischen Angelegenheiten stellt eine Forderung dar, die zwar keine ausdrückliche normative Verankerung hat, für die aber sowohl faktische als auch rechtliche Gesichtspunkte sprechen (s. u. Teil 1 III. 5., Teil 2). Gerade deshalb bestehen keine Zweifel an der Existenz dieses Grundsatzes. Der rechtliche Charakter dieser Figur hängt von den rechtlichen Gewährleistungen, die hinter der Neutralitätsfigur stehen, ab und kann daher erst im Anschluss an deren Darstellung festgestellt werden. Richtig ist nichtsdestotrotz bereits die Klassifizierung dieses

[15] So auch OVG NRW, Urteil v. 04. November 2016, 15 A 2293/15, S. 18.
[16] BVerfGE 138, 102 (122 ff.).

Phänomens als ein Gebot sowie Grundsatz[17] und damit eine Richtschnur für staatliches Handeln, welche dem generellen und abstrakten Charakter der Neutralität gerecht wird (s. u. Teil 2 II.). Der Grundsatz staatlicher Neutralität wird nicht zuletzt in der Rechtsprechung als eine Argumentationsfigur herangezogen, die der Lösung von äußerungsrechtlichen Konfliktfällen zwischen Staat und Bürgern dient. Dabei erschöpft er sich nicht lediglich in der Beantwortung einer einzelnen Fragestellung, sondern berücksichtigt mehrere Gesichtspunkte bei der Frage der Zulässigkeit staatlicher Kommunikation. Aus dieser Funktionszuschreibung lässt sich die Annahme, dass die Neutralität einen Grundsatz und Gebot darstellt, rechtfertigen.

Erst das Zusammenspiel mehrerer Gesichtspunkte kann eine adäquate Antwort auf die Frage der Notwendigkeit eines solchen Grundsatzes sein. Diese kann vorab durch folgende Thesen, die im Laufe der Arbeit noch ausgeführt werden, beantwortet werden:

1. Der Staat muss politisch neutral sein, weil die Gesellschaft politisch pluralistisch ist, was die Verfassung aufgrund der Gewährleistung der Gleichheit in Ausübung der Freiheitsrechte ermöglicht.
2. Der Staat muss politisch neutral sein, damit der politische Wettbewerb nicht beeinträchtigt wird.
3. Der Staat muss politisch neutral sein, weil er die Rechte der im politischen Wettbewerb Beteiligten schützen muss.
4. Der Staat muss politisch neutral sein, weil er die Staatsfreiheit des politischen Meinungs- und Willensbildungsprozesses sichern muss.
5. Der Staat muss politisch neutral sein, weil er dem Gemeinwohl verpflichtet ist.
6. Der Staat muss politisch neutral sein, weil der den staatlichen Stellen zugutekommende Amtsbonus, wozu zum einen staatliche Ressourcen und zum anderen die mit einem Amt verbundene Amtsautorität gehören, nicht ausgenutzt werden darf.

III. Politische Neutralität als verfassungsdogmatischer Begriff

Sowohl in der Rechtsprechung als auch in der Literatur taucht in verschiedenen Bereichen der Grundsatz staatlicher Neutralität auf. Er ist zwar in der Verfassung nicht ausdrücklich normiert, spielt aber im Verfassungsrecht eine wichtige Rolle

---

[17] Vgl. in Bezug auf Neutralität in religiösen Fragen *S. Huster*, Die ethische Neutralität des Staates, 2002, S. 38 ff., 658 ff. m. w. N.; *J.-B. Schrooten*, Gleichheitssatz und Religionsgemeinschaften, 2015, S. 27.

als Argumentationsfigur, was sich vor allem in der verfassungsgerichtlichen Rechtsprechung bemerkbar macht.

Insbesondere dort, wo es um kommunikatives Handeln von Amtsträgern in Form von mündlichen Äußerungen und schriftlichen Publikationen geht, wird dieser Grundsatz in seiner Ausrichtung als politische Neutralität herangezogen. Aber auch in seiner Ausrichtung als Neutralität in religiösen Fragen ist dieser Grundsatz in der Rechtsprechung zum Religionsverfassungsrecht inzwischen kaum wegzudenken.

Da es sich beim Neutralitätsgrundsatz um einen für verfassungsrechtliche Streitigkeiten relevanten Grundsatz handelt, der auch auf verfassungsrechtliche Bestimmungen gestützt werden kann (s. u. Teil 2 I.), ist die Bezeichnung als verfassungsdogmatischer Begriff angemessen und legitim und wird so der Bedeutung dieser Figur gerecht. Sie bringt zum Ausdruck, dass Neutralität trotz fehlender Normierung ein Begriff der Verfassung ist. Dass es keine ausdrückliche verfassungsrechtliche Normierung gibt, Neutralität sich dennoch zu einer wichtigen Figur für die Prüfung der Verfassungskonformität von staatlichem Handeln entwickelt hat, stellt eine Besonderheit dar und erschwert unter anderem deswegen die Handhabung dieser Figur.

1. Verpflichtete der politischen Neutralität

Diese Arbeit beschäftigt sich mit der Figur der Neutralität im politischen Pluralismus, die sich an den Staat und seine Repräsentanten richtet. Auch die anderen Felder, in denen der Neutralitätsgedanke eine Rolle spielt und auf die teilweise Bezug genommen wird, betreffen den Staat bzw. stellen einen Handlungsmaßstab für staatliches Handeln dar. Politische Neutralität stellt einen Grundsatz dar, der an den Staat adressiert ist als Erwartungshaltung und Handlungsmaßstab. Er begleitet stets staatliches Handeln und taucht nicht erst als Lösungsfigur für ein auftretendes Spannungsverhältnis auf.

Von Privatpersonen kann die Einhaltung des Neutralitätsgebots im politischen Pluralismus deshalb nicht verlangt werden, weil sie infolge der Grundrechtsgewährleistungen des Grundgesetzes nicht dazu verpflichtet sind, unparteiisch zu sein. Im Gegenteil: Ihnen steht gerade das Recht zu, eine bestimmte politische Meinung zu haben und sich öffentlich zu dieser zu bekennen – in Wahrnehmung ihres Rechts auf politische Betätigung. Als Teilnehmer des politischen Meinungswettbewerbs sind sie daher gerade nicht verpflichtet, sich neutral zu verhalten.

a) Zurechnung zum Staat

Der an den Staat[18] adressierte Neutralitätsgrundsatz ist insbesondere deswegen zu untersuchen, weil die den staatlichen Stellen zur Verfügung stehenden Amtsressourcen einen signifikanten Vorteil verschaffen und von diesen für private Zwecke eingesetzt werden können, was zu einem erheblichen Aufmerksamkeitsvorsprung und zu einer Wettbewerbsverzerrung führen kann. Amtliche Ressourcen begründen eine Machtposition, auf die Private im Vergleich zum Staat keinen Zugriff haben. Daher muss verhindert werden, dass die dem Staat zur Verfügung stehende „Kommunikationsmacht"[19] missbraucht und zweckwidrig eingesetzt wird.

Damit der politische Neutralitätsgrundsatz zur Geltung kommt, muss staatliches Handeln in Abgrenzung zum Handeln in privater Eigenschaft vorliegen. Maßgeblich für die Klassifizierung eines Handelns als staatlich ist dessen Zurechnung zum Staat.

Zum Staat gehören alle staatlichen Stellen und Personen, die in dessen Dienst handeln; vorliegend wird umfassend von Hoheitsträgern und Amtsträgern gesprochen. Der Begriff des Amtsträgers ist weit zu verstehen. Amtsträger sind sowohl Beamte im klassischen Sinn – geregelt durch das besondere Verwaltungsrecht – als auch sonstige Amtsträger in einem öffentlich-rechtlichen Amtsverhältnis – geregelt durch die Verfassung oder durch besondere Gesetze.[20] Vorliegend beziehen sich die Ausführungen auf einen allgemeinen politischen Neutralitätsgrundsatz, der nicht beschränkt ist auf Berufsbeamte, sondern grundsätzlich alle Amtsträger im weiteren Sinne zur politischen Neutralität verpflichtet.[21] Im Berufsbeamtentum existiert ein eigenständiges politisches Neutralitätsgebot, das rechtlich anerkannt ist und nur Berufsbeamte verpflichtet (s. u. Teil 1 III. 3. b)).

---

[18] Nach der Jellinek'schen Definition ist Staat „die mit ursprünglicher Herrschermacht ausgerüstete Körperschaft eines seßhaften Volkes oder, um einen neuerdings gebräuchlich gewordenen Terminus anzuwenden, die mit ursprünglicher Herrschermacht ausgestattete Gebietskörperschaft", s. dazu *G. Jellinek*, Allgemeine Staatslehre, 3. Aufl. 1920, S. 183; zu den einzelnen Elementen ebd., S. 394 ff., 406 ff., 427 ff. Zum Staatsbegriff auch *K. Rohe*, Politik. Begriffe und Wirklichkeiten, 2. Aufl. 1994, S. 103 ff.

[19] Terminologie von *F. Hufen*, LKRZ 2007, 41 (42): „Andererseits ist nicht zu verkennen, dass die parlamentarische Demokratie auf der Chancengleichheit und Freiheit der Wahl beruht, die nicht durch die der Regierung kraft Amtes zur Verfügung stehende Kommunikationsmacht gestört werden dürfen."

[20] S. auch *R. Summer*, Das Amt im statusrechtlichen Sinne, in: M. Pechstein (Hrsg.), Beiträge zum Beamtenrecht, 2007, S. 45 (67 f.), der von einer Aufspaltung des Amtsbegriffs in einen Amtsbegriff des Staatsrechts, der – angelehnt an das Grundgesetz – weit zu verstehen ist, und einen Amtsbegriff des Beamtenrechts spricht; ferner *S. Leppek*, Beamtenrecht, 2011, S. 2, 20 und *H. J. Wolff/O. Bachof*, Verwaltungsrecht II (Organisations- und Dienstrecht), 4. Aufl. 1976, S. 27 ff.

[21] Dies bedeutet nicht, dass jeder Amtsträger in gleichem Maße an das Neutralitätsgebot gebunden ist. Je nach Amt gibt es Unterschiede in der Anwendungsintensität dieses Gebotes; dazu s. u. Teil 3 VI.

Damit stellt Neutralität einen funktionsorientierten Grundsatz dar, der von den dem Staat zuzurechnenden Personen zu beachten ist. Nur ein der staatlichen Sphäre zuzurechnendes Verhalten kann dem Neutralitätsgrundsatz unterworfen sein. Ist dies nicht der Fall, so ist die Geltung des Neutralitätsgrundsatzes mangels Zurechenbarkeit zum Staat abzulehnen.

b) Staatliche Handlungsform: kommunikatives Handeln

Staatliches Handeln ist facettenreich und tritt in verschiedenen Formen auf. Darunter sind daher alle Maßnahmen zu fassen, die von staatlicher Seite getätigt werden. Es handelt sich bei staatlichem Handeln keineswegs um einen abschließenden Katalog an Erscheinungsformen. Dies mag nicht zuletzt daran liegen, dass dieses einem Wandel der Zeit ausgesetzt ist, der eine Ausweitung staatlicher Handlungsformen zur Folge hat.[22]

Eine grobe Unterteilung staatlichen Handelns in rechtsförmliches Handeln und faktisches Handeln dient vorliegend dazu, das hier zu untersuchende Staatshandeln richtig einzuordnen. Rechtsförmliches Staatshandeln zeichnet sich durch vorgegebene Erfüllungsvoraussetzungen und ausgeprägte rechtliche Ausgestaltung aus. Zu rechtsförmlichen Handlungen sind unter anderem das Gesetz, der Verwaltungsakt und der öffentlich-rechtliche Vertrag zu zählen.[23] Von diesen unterscheidet sich faktisches Staatshandeln, das nicht rechtsförmlich ergeht.[24] Das staatliche Handeln, das dieser Kategorie unterfällt, ist im Vergleich zu rechtsförmlichen Staatshandlungen flexibler und offener, da es nicht an festgelegte Voraussetzungen gebunden und von diesen abhängig ist. Die fehlenden rechtlichen Regelungen haben aber zum Nachteil, dass als Grenze staatlichen Handelns nicht explizit normierte Grundsätze wie derjenige der Neutralität fungiert und herangezogen wird. Für den vorliegenden Kontext nicht relevant sind Rechtsakte, die auf die Herbeiführung einer Rechtsfolge gerichtet sind und rechtsförmlich ergehen. Für rechtsförmliche Staatshandlungen besteht neben den rechtlichen Regelungen, denen der Staat sowieso unterworfen ist und die bereits eine klare Grenze darstellen, insbesondere durch die Bindung an Gesetz und Recht, nicht das Bedürfnis für einen Neutralitätsgrundsatz.[25]

---

[22] Allgemein dazu *M. Schulte*, Schlichtes Verwaltungshandeln, 1995, S. 1 ff.

[23] *W. Hoffmann-Riem*, Rechtsformen, Handlungsformen, Bewirkungsformen, in: W. Hoffmann-Riem/E. Schmidt-Aßmann/A. Voßkuhle (Hrsg.), Grundlagen des Verwaltungsrechts, Bd. II, 2. Aufl. 2012, § 33 Rn. 11 ff. m. w. N. nennt diese Kategorie „Rechtsformen". S. auch dazu *M. Schulte*, Schlichtes Verwaltungshandeln, 1995, S. 27 ff.

[24] Vgl. auch *W. Hoffmann-Riem*, Rechtsformen, Handlungsformen, Bewirkungsformen, in: W. Hoffmann-Riem/E. Schmidt-Aßmann/A. Voßkuhle (Hrsg.), Grundlagen des Verwaltungsrechts, Bd. II, 2. Aufl. 2012, § 33 Rn. 14 f. m. w. N. nennt diese Kategorie „Handlungsformen". S. auch *C. Gramm*, Der Staat 30 (1991), 51 (51); *M. Schulte*, Schlichtes Verwaltungshandeln, 1995, S. 27 ff.

[25] Dazu *M. Payandeh*, Der Staat 55 (2016), 519 ff.

Faktisches staatliches Handeln in Form von kommunikativem Handeln steht hier im Vordergrund. Kommunikatives Handeln macht einen wichtigen Aufgabenbereich des Staates aus. Dieser ist darauf angewiesen, seine Beziehungen zur Öffentlichkeit aufrechtzuerhalten und zu pflegen. Diese Art des Staatshandelns, das passenderweise als Staatskommunikation[26] bezeichnet werden kann, ist ein vielseitiges Phänomen und erschöpft sich nicht in einer einzelnen Kommunikationsform. Dies liegt auch wesentlich an den neueren Kommunikationsmöglichkeiten, die die Technologisierung und der Medienwandel mit sich bringen. Unter Staatskommunikation fällt vor allem die Öffentlichkeitsarbeit, der sich staatliche Stellen bedienen, um Informations- und Aufklärungsarbeit zu leisten. Staatskommunikation ist aber mehr als nur Öffentlichkeitsarbeit oder bloßes Marketing staatlicher Entscheidungen, sie ist kommunikative Politikentwicklung durch ständigen Dialog auf allen Ebenen mit den Bürgern, der Wirtschaft und den gesellschaftlichen Vereinigungen.[27] Sie ist daher konstitutives Element der modernen demokratischen Gesellschaftsordnung.[28]

c) Kommunikatives Handeln als staatliche Öffentlichkeitsarbeit

Öffentlichkeitsarbeit lebt von der Kommunikation zwischen einem Absender und Empfänger. Denn Kommunikation schafft auf beiden Seiten Gewinne, aktiviert neue demokratische Potenziale und fördert das Gemeinwohl.[29] Wesensmerkmal staatlicher Öffentlichkeitsarbeit liegt darin, dass der Staat bei dieser Art von Handeln keinen Zwang anwendet und sich dieses als „weiches" Staatshandeln darstellt.[30] Dadurch unterscheidet sich diese Art staatlichen Handelns von den Übrigen. Sie ist ein Bestandteil hoheitlicher Aufgaben, „die, ohne dass es dazu einer besonderen gesetzlichen Eingriffsermächtigung bedürfte, hoheitliches Informationshandeln legitimieren kann" (s. u. Teil 2 I. 4. b) ee)).[31] Das Ableisten von Öffentlichkeitsarbeit trägt zur Effektivität sowie Akzeptanz[32] staatlichen Handelns bei und sorgt für die Rückversicherung hoheitlicher Gewalt bei der Bürgerschaft, an die das kommunikative Handeln gerichtet ist. Der Staat nimmt sich dieser Aufgabe

---

[26] Vgl. dazu *H. Hill*, JZ 1993, 330 ff. sowie sein Sammelband: ders. (Hrsg.), Staatskommunikation, 1993.

[27] *H. Hill*, JZ 1993, 330 (331) m. w. N.

[28] *H. Mandelartz*, DÖV 2009, 509 (512); *H. Hill*, JZ 1993, 330 (331); *H. Oberreuter*, Bewährung und Herausforderung, 1989, S. 136 ff.

[29] *H. Hill*, JZ 1993, 330 (333); *ders.*, Staatskommunikation – Begriff, Erscheinungsformen und Entwicklungschancen, in: ders. (Hrsg.), Staatskommunikation, 1993, S. 19 (20); ausführlicher zur politischen Kommunikation *U. Saxer*, System, Systemwandel und politische Kommunikation, in: O. Jarren/U. Sarcinelli/U. Saxer (Hrsg.), Politische Kommuniktaion in der demokratischen Gesellschaft. Ein Handbuch mit Lexikonteil, 1998, S. 25 ff.

[30] *C. Gramm*, Der Staat 30 (1991), 51 (52 f.).

[31] OVG NRW, Urteil v. 04. November 2016, 15 A 2293/15, S. 19; vgl. ferner BVerfGE 138, 102 (113 f.) m. w. N.

[32] So auch *H. Hill*, JZ 1993, 330 (334).

an und ist als Teilnehmer sui generis „nahezu omnipräsenter Diskursteilnehmer in der modernen, mediengeprägten Lebenswelt".[33] Dementsprechend ist es nicht mehr nur die Gesellschaft, die auf staatliche Entscheidungen Einfluss zu nehmen versucht, sondern umgekehrt auch der Staat, der durch Öffentlichkeitsarbeit auf gesellschaftliche Prozesse einwirkt.[34]

aa) Terminologische Bedeutung

Staatliche Stellen leisten Öffentlichkeitsarbeit, indem sie nach außen hin auftreten und über bestimmte Themeninhalte sprechen und informieren. Den Begriff der Öffentlichkeitsarbeit kennt man nicht lediglich im Zusammenhang mit staatlicher Kommunikation. Es handelt sich dabei um ein polydisziplinäres Phänomen, das seinen Ursprung nicht in den Rechtswissenschaften hat. Auch private Unternehmen sowie kollektive Zusammenschlüsse, die im staatlichen Bereich agieren, wie beispielsweise Religionsgemeinschaften, politischen Parteien oder Interessenverbänden leisten Öffentlichkeitsarbeit. Insbesondere die beiden letzten Gruppierungen sind vorliegend aufgrund ihrer Stellung und Funktion im politischen Meinungs- und Willensbildungsprozess wichtig.

Spricht man von Öffentlichkeitsarbeit, so ist heute auf den verschiedenen Wissenschaftsgebieten anerkannt, dass Öffentlichkeitsarbeit und Public Relations synonym verwendet werden.[35] Eine Definition der beiden Begrifflichkeiten ist nicht leicht ermittelbar, da diese Begrifflichkeiten vom jeweiligen Wissenschaftsfeld abhängen und einer differenzierenden Betrachtungsweise bedürfen.[36] Des Weiteren spielt dabei der Umstand eine Rolle, dass Abgrenzungsschwierigkeiten in Bezug auf andere Formen der öffentlichen Kommunikation bestehen wie zum Beispiel zur Werbung, Propaganda oder zum Journalismus.[37] Jedenfalls steht aber fest, dass Öffentlichkeitsarbeit ein Teil von Staatskommunikation ist

---

[33] *C. Gramm*, Der Staat 30 (1991), 51 (51); im Detail zu Methoden und Formen der Kommunikation *H. Hill*, JZ 1993, 330 (334ff.).

[34] *C. Gramm*, Der Staat 30 (1991), 51 (66); s. auch BVerfGE 44, 125 (139f.), die von Wechselwirkung spricht; ferner *H. Hill*, JZ 1993, 330 (332).

[35] *R. Fröhlich*, Die Problematik der PR-Definition(en), in: G. Bentele/R. Fröhlich/P. Szyszka (Hrsg.), Handbuch der Public Relations: Wissenschaftliche Grundlagen und berufliches Handeln, 2. Aufl. 2008, S. 95 (95). Ob Öffentlichkeitsarbeit die deutsche Übersetzung von Public Relations war oder ob dieser Begriff in einem anderen Zusammenhang aufgetaucht ist, scheint unklar zu sein.

[36] Dies wird anhand des Handbuchs der Public Relations deutlich, das Public Relations bzw. Öffentlichkeitsarbeit aus verschiedenen Perspektiven durchleuchtet. Dazu insgesamt *G. Bentele/R. Fröhlich/P. Szyszka* (Hrsg.), Handbuch der Public Relations: Wissenschaftliche Grundlagen und berufliches Handeln, 2. Aufl. 2008. Auch *H. Mandelartz*, DÖV 2009, 509 (511) nimmt die Begriffsbestimmung mithilfe verschiedener Wissenschaftsrichtungen vor.

[37] Vgl. umfassend dazu *R. Fröhlich*, Die Problematik der PR-Definition(en), in: G. Bentele/R. Fröhlich/P. Szyszka (Hrsg.), Handbuch der Public Relations: Wissenschaftliche Grundlagen und berufliches Handeln, 2. Aufl. 2008, S. 95 (96ff.).

(s. o. Teil 1 III. 1. b)).[38] Für die Definition von Öffentlichkeitsarbeit eignet sich diejenige von *Edward L. Bernays*, der den Terminus „Public Relations" im amerikanischen Raum maßgeblich geprägt und verbreitet hat: „Public Relations sind der Versuch, durch Information, Überzeugung und Anpassung öffentliche Unterstützung für Tätigkeit, Anschauung, Entwicklungstendenz oder Institution zu verschaffen."[39]

Das Bundesverfassungsgericht definiert Öffentlichkeitsarbeit von staatlichen Stellen als diejenigen Tätigkeiten, die darauf abzielen, die Öffentlichkeit über deren Politik, Maßnahmen und Vorhaben sowie über künftige Problemstellungen zu informieren und Zusammenhänge offenzulegen und Verständnis für bestimmte Maßnahmen zu wecken.[40] Dann erst ist die natürliche Entfaltung eines politisches Meinungs- und Willensbildungsprozesses des Volkes gesichert. Die demokratische Willensbildung bedarf – nicht nur im Vorfeld von Wahlen – der Kenntnis der Bürgerschaft über staatliches Handeln und gesellschaftliche Zusammenhänge.[41] Staatliche Öffentlichkeitsarbeit soll dafür sorgen, dass der Bürger dadurch zur eigenen Beurteilung von Fragestellungen aufgerufen wird[42] und ein Bewusstsein zur Reflexion entwickelt.

Bei der Vielfalt an kommunikativen Möglichkeiten heutzutage, mit denen sich Amtsinhaber an die Öffentlichkeit wenden können, besteht das Bedürfnis, Öffentlichkeitsarbeit weit zu verstehen.[43] Es stellt sich in der heutigen Informations- und Kommunikationsgesellschaft insbesondere die Frage der angemessenen Vermitt-

---

[38] Vor allem die kommunikationswissenschaftliche Literatur betont die Eigenschaft von Öffentlichkeitsarbeit als Teil politischer Kommunikation. Zur Staatskommunikation im Detail *H. Hill*, JZ 1993, 330 ff.; *ders.* (Hrsg.), Staatskommunikation, 1993; ferner *H. Mandelartz*, DÖV 2009, 509 (512 ff.).

[39] Diese Definition ist von *E. L. Bernays*, The Theory and Practice of Public Relations – A Résumé, in: ders., The Engineering of Consent, 1955, S. 3 (3 f.), welche von *C. Hundhausen* ins Deutsche übersetzt und mit einem kurzen Beitrag über den Autor versehen wurde in *E. L. Bernays*, Biographie einer Idee, 1967, S. 525 (527).

[40] BVerfGE 20, 56 (100); 44, 125 (147 f.); s. zur Öffentlichkeitsarbeit als Staatsaufgabe *C. Gusy*, NVwZ 2015, 700 (701 f.) sowie *C. Engel*, Öffentlichkeitsarbeit, in: HStR, Bd. IV, 3. Aufl. 2006, S. 477 ff.; *H. Mandelartz*, DÖV 2009, 509 ff.

[41] *W. Hoffmann-Riem*/*W. Schulz*, Politische Kommunikation – Rechtswissenschaftliche Perspektiven, in: O. Jarren/U. Sarcinelli/U. Saxer (Hrsg.), Politische Kommunikation in der demokratischen Gesellschaft, 1998 (Nachdruck 2002), S. 154 (164); *C. Engel*, Öffentlichkeitsarbeit, in: HStR, Bd. IV, 3. Aufl. 2006, S. 477 (480); *E.-W. Böckenförde*, Demokratie als Verfassungsprinzip, in: HStR, Bd. II, 3. Aufl. 2004, S. 429 (476); BVerfGE 44, 125 (147). An dieser Stelle erwähnenswert ist folgende Aussage *E. L. Bernays*: „Governments, whether they are monarchical, constitutional, democratic or communist, depend upon acquiescent public opinion for the success of their efforts and, in fact, government is only government by virtue of public acquiescence." in: *ders.*, Propaganda, 1928, S. 38.

[42] BVerfGE 44, 125 (147); 20, 162 (174); s. auch E 105, 252 (269); 105, 279 (302); *C. Engel*, Öffentlichkeitsarbeit, in: HStR, Bd. IV, 3. Aufl. 2006, S. 477 (480).

[43] So auch *C. Engel*, Öffentlichkeitsarbeit, in: HStR, Bd. IV, 3. Aufl. 2006, S. 477 (479); *C. Gramm*, Der Staat 30 (1991), 51 (52).

lung von Öffentlichkeitsarbeit.[44] Durch das Entstehen neuerer Kommunikationsformen erfährt gerade das Phänomen der Öffentlichkeitsarbeit einen Wandel, wodurch eine Anpassung an diesen notwendig und eine Beschränkung auf herkömmliche Formen abzulehnen ist, da dies nicht zeitgemäß wäre.

Als ein Beispiel sei hier das Internet genannt und dabei vor allem die sozialen Netzwerke, deren Nutzung in der Bevölkerung weit verbreitet ist und die von Unternehmen wie auch von staatlichen Stellen oder politischen Parteien als Plattform genutzt werden für die Darstellung in der Öffentlichkeit. Die Internetkommunikation sorgt für eine schnelle Versorgung mit Informationen und stellt sich als bürgernäher dar.[45]

Kommunikationsformen herkömmlicher Öffentlichkeitsarbeit unterscheiden sich von neueren Formen im Internet dadurch, dass sie den Bürgern aufgedrängt werden und diese grundsätzlich nichts machen müssen, um mit diesen konfrontiert zu werden, während das Internet gezielt aufgesucht wird.[46] Aufgedrängte Öffentlichkeitsarbeit meint Instrumente, die sich direkt an die Öffentlichkeit richten, ohne dass diese etwas tun muss, um sie wahrzunehmen (Beispiele: Plakate, Anzeigen, Beileger in Zeitungen und Zeitschriften, Broschüren u. ä.), während aufgesuchte Öffentlichkeitsarbeit Instrumente meint, die auch an die Öffentlichkeit gerichtet sind, aber zunächst von dieser aufgesucht werden müssen, das heißt ein Tätigwerden des Bürgers ist erforderlich (Beispiele: Internet, Parlamentsdebatten, Veranstaltungen wie Tag der offenen Tür).[47] Diese Differenzierung von *Herbert Mandelartz* ist sinnvoll, da an die einzelnen Formen von Öffentlichkeitsarbeit verschiedene Konsequenzen angeknüpft werden. Die Folgerung aus dieser Einteilung betrifft vor allem die zeitliche Komponente der Vorwahlzeit, in der von Staatsorganen das Gebot äußerster Zurückhaltung einzuhalten ist (s. u. Teil 3 III. 2.).

Ferner kann Öffentlichkeitsarbeit in einem umfassenden Sinne grundsätzlich unterteilt werden in verbraucherbezogene Öffentlichkeitsaufklärung und in politische Öffentlichkeitsarbeit.[48] Verbraucherbezogene Öffentlichkeitsaufklärung umfasst Appelle, Warnungen, Empfehlungen staatlicher Einrichtungen, das heißt Maßnahmen, die die Allgemeinheit über Vorgänge außerhalb des Tätigkeitsbereichs einer staatlichen Institution unterrichten.[49] Politische Öffentlichkeitsarbeit meint

---

[44] *F. Hufen*, LKRZ 2007, 41 (44).

[45] *H. Mandelartz/H. Grotelüschen*, NVwZ 2004, 647 (648).

[46] *H. Mandelartz/H. Grotelüschen*, NVwZ 2004, 647 (649); ausführlicher *H. Mandelartz*, DÖV 2009, 509 (515 f.).

[47] *H. Mandelartz*, DÖV 2009, 509 (515 f.). Als sonstige Öffentlichkeitsarbeit nennt er Bustouren, die er in keine der beiden Kategorien zuordnen könne, da der Bürger einerseits etwas tun müsse, nämlich zum Bus gehen, um dort informiert zu werden, aber andererseits nehme er den Bus an einem öffentlichen Platz wahr, wenn er daran zufällig vorbeigehe.

[48] So *R. Gröschner*, DVBl. 1990, 619 (620); s. auch *H. Mandelartz*, DÖV 2009, 509 (511).

[49] *R. Gröschner*, DVBl. 1990, 619 (620 ff.) m. w. N. Vgl. dazu vor allem BVerfGE 105, 252 ff.; 105, 279 ff.

Informationshandeln, das auf die Unterrichtung der Öffentlichkeit über den politischen Tätigkeitsbereich staatlicher Stellen gerichtet ist und anhand von Äußerungen, Anzeigen, Broschüren, Plakaten, Veranstaltungen etc. vorgenommen wird.[50] Man kann die Unterscheidung dieser zwei Arten auch anhand ihrer Zweckrichtung vornehmen: „Öffentlichkeitsarbeit zielt primär auf die Willensbildung des politisch handelnden, also insbesondere von seinem Wahlrecht Gebrauch machenden Bürgers, Öffentlichkeitsaufklärung dagegen primär auf die Bewußtseinsbildung des privat handelnden Individuums, insbesondere des am eigenen Nutzenkalkül orientierten Verbrauchers."[51]

Anhand der Unterscheidung zwischen verbraucherbezogener Öffentlichkeitsaufklärung und politischer Öffentlichkeitsarbeit wird das Facettenreichtum von staatlichen Äußerungen deutlich. Sie dient der Eingrenzung des vorliegend relevanten Staatshandelns. Kommunikatives Handeln fällt unter die Kategorie der politischen Öffentlichkeitsarbeit, denn sie umfasst Äußerungen sowie Publikationen, die auf die politische Willensbildung der Bürger abzielen, wohingegen die Kategorie der verbraucherbezogenen Öffentlichkeitsaufklärung vielmehr Warnungen und Empfehlungen vor Produkten oder Jugendsekten meint, wie sie der Rechtsprechung in Sachen Glykol[52] und Osho[53] zugrunde liegen. Die Öffentlichkeitsaufklärung ist Sachpolitik und nicht auf Dialog angelegt.[54]

Allerdings können teilweise manche politische Äußerungen als aufklärende Äußerungen gedeutet und interpretiert werden, wenn sie Warnungen oder Empfehlungen in Bezug auf den Umgang mit Parteien des rechten Segments beinhalten. Nichtsdestotrotz stellen sie keine verbraucherbezogene Aufklärungsarbeit, wie sie hier gemeint ist, dar. Die Differenzierung eignet sich trotz möglicher Überschneidungen deswegen gut, weil sie aufzeigen kann, dass es nicht um den stets diskutierten Fall der verbraucherbezogenen Warnungen geht (zur Abgrenzung s. u. Teil 2 I. 4. b) aa) und bb)).

Sobald in der Judikatur sowie Literatur die Rede von Öffentlichkeitsarbeit ist, wird diese zur Wahlwerbung abgegrenzt. Dafür ist die Formulierung, dass Öffentlichkeitsarbeit dort ihre Grenze finde, wo die Wahlwerbung beginne,[55] bekannt. Grundlegendes Unterscheidungskriterium ist hierbei, dass diese zwei Phänomene nicht gleichen Ursprungs sind. Während Öffentlichkeitsarbeit – jedenfalls im vorliegenden Kontext – staatliches Handeln darstellt, ist dies für Wahlwerbung als

---

50 *R. Gröschner*, DVBl. 1990, 619 (620). Diese Auflistung der möglichen Kommunikationsformen und damit Konkretisierung der von *Gröschner* so bezeichneten Öffentlichkeitsarbeit nimmt *H. Mandelartz*, DÖV 2009, 509 (515) vor.

51 *R. Gröschner*, DVBl. 1990, 619 (620).

52 BVerfGE 105, 252 ff.

53 BVerfGE 105, 279 ff.

54 *H. Mandelartz*, DÖV 2009, 509 (513).

55 BVerfGE 44, 125 (150); statt vieler *S. Studenroth*, AöR 125 (2000), 257 ff.; s. auch *S.-C. Lenski*, DÖV 2014, 585 ff.

Teil des Wahlkampfes, der nicht vom Staat zu betreiben ist, nicht der Fall.[56] Wo im Einzelfall die Grenze liegt, kann nicht pauschal festgestellt werden, zumal diese Frage von mehreren Faktoren abhängt, wie beispielsweise von der Verwendung staatlicher Ressourcen oder von dem Zeitpunkt, zu dem sich das zu untersuchende Handeln abspielt (s. u. Teil 3). Der Abgrenzung kann auch die Formel vom Unterschied zwischen Information und Intervention dienlich sein.[57] Jedenfalls muss sich Öffentlichkeitsarbeit der offenen sowie versteckten Werbung für einzelne Teilnehmer des politischen Meinungsbildungsprozesses enthalten (s. u. Teil 3 IV.).[58]

bb) Öffentlichkeitsarbeit als Außendarstellung des Staates und ihre Funktionen

„Die Öffentlichkeitsarbeit der Regierung ist wie die Öffentlichkeit selbst ein Lebenselixier moderner Demokratie."[59] In der rechtswissenschaftlichen Literatur wird Öffentlichkeitsarbeit schwerpunktmäßig aufgrund der Kompetenz der Staatsleitung der Regierung als regierungsamtliche Öffentlichkeitsarbeit thematisiert. Dementsprechend ergiebig ist die Literatur dazu. Öffentlichkeitsarbeit ist eine Aufgabe, der sich alle staatliche Institutionen und Hoheitsträger annehmen und diese auch in ihre Arbeit einpflegen sollten. „Amtliche Öffentlichkeitsarbeit ist expliziter oder impliziter Bestandteil der allgemeinen Staats- und Behördenaufgaben."[60] Allen Hoheitsträgern ist gemein, dass sie zum einen die Öffentlichkeit über ihre Arbeit informieren und zum anderen auf bestimmte gesellschaftlich relevante Themen aufmerksam machen – so wie es auch gesellschaftliche Verbände tun, wie zum Beispiel Religionsgemeinschaften.

Der entscheidende Unterschied liegt jedoch in dem Machtaspekt, der staatlichem Informationshandeln zugutekommt; das Gewicht einer staatlich getätigten Information ist höher einzustufen als das einer privat getätigten Äußerung.[61] Der Machtaspekt ist in dem Vetrauensvorschuss zu sehen, den die Adressaten der staatlichen Kommunikation entgegenbringen. Gerade dies macht staatliche Öffentlichkeitsarbeit zu einer heiklen Angelegenheit, welche sich auf deren rechtliche Beurteilung niederschlägt. Denn durch diesen Bonus ist es einfacher für den staatlichen

---

[56] *S. Studenroth*, AöR 125 (2000), 257 (264 f., 268 f.).

[57] *M. Morlok/V. P. Voss*, BayVBl. 1995, 513 (518); aus der Diskussion in der Schweiz *P. Tschannen*, Stimmrecht und politische Verständigung, 1995, S. 106 ff.

[58] BVerfGE 44, 125 (149); *S.-C. Lenski*, DÖV 2014, 585 (586 f.). Sie sieht Öffentlichkeitsarbeit als klassische Form parteibegünstigenden Handelns an.

[59] *F. Hufen*, LKRZ 2007, 41 (42).

[60] *C. Gusy*, NVwZ 2015, 700 (701); lesenswert *H. Krüger*, Von der Staatspflege überhaupt, in: H. Quaritsch (Hrsg.), Die Selbstdarstellung des Staates, 1977, S. 21 ff., der die staatliche Öffentlichkeitsarbeit als Nachbar und Teil der Staatspflege ansieht und darauf hinweist, dass sich Staatspflege auch als Regierungs- bzw. Parteipflege darstellen könne; ebd., S. 25 f.

[61] *C. Gramm*, Der Staat 30 (1991), 51 (52). Er spricht davon, dass staatliche Autorität dem Informationshandeln häufig einen gewissen Vertrauensvorschuss verleihe.

Kommunikationsabsender, Entscheidungen und Meinungen der Adressaten zu beeinflussen.

Dadurch, dass Öffentlichkeitsarbeit auch dazu dient, die eigene Position der jeweiligen staatlichen Einrichtung nach außen zu tragen, enthält sie in gewissem Maße eine subjektive Note.[62] Öffentlichkeitsarbeit als außenwirksame Kommunikation ist für staatliche Stellen ein fester Bestandteil ihres Programmes, da sie ihre Beziehung zur Öffentlichkeit, welche eine an Interessen facettenreiche Plattform darstellt, aufrechterhalten müssen. Staatliche Öffentlichkeitsarbeit ist in erster Linie adressiert an die Bürgerschaft, ferner aber auch an die anderen Teilnehmer am politischen Meinungsbildungsprozess.[63] Durch ihren offenen Adressatenkreis und den Umstand, dass Informationshandeln nicht einfach so widerrufbar ist, sind kaum zu kontrollierende gesellschaftliche Auswirkungen vorprogrammiert.[64]

Die Omnipräsenz des Staates in der Öffentlichkeit mit seinem Kommunikationshandeln überrascht nicht in Anbetracht der Tatsache, dass kein Kollektiv ohne Selbst- und Außendarstellung[65] überleben könnte in einem solchen Umfeld, in dem es ein Leichtes ist, ersetzt zu werden. Dies wiederum liegt an der Heterogenität, die in allen möglichen gesellschaftlichen Bereichen zum Vorschein kommt.

Staatliche Öffentlichkeitsarbeit erfüllt mehrere Funktionen: eine *Kontrollfunktion* (die Öffentlichkeit erfährt, was die jeweilige staatliche Einrichtung leistet); eine *Legitimationsfunktion* (durch die Außendarstellung der Tätigkeiten wird gezeigt, wie die Entscheidungsprozesse der staatlichen Stelle ablaufen, wodurch die demokratische Verantwortlichkeit begründet wird); eine *Identifikationsfunktion* (die Bürger können sich durch den gewonnen Input eher mit dem politischen Gemeinwesen identifizieren); eine *Willensbildungsfunktion* (aus den Informationstätigkeiten der staatlichen Stellen sowie der Teilnehmer des gesellschaftlichen Wettbewerbs entsteht und entwickelt sich erst der Wille der Bürgerschaft); eine *Partizipationsfunktion* (die Möglichkeit der Mitwirkung an politischen Vorgängen wird den Bürgern eröffnet); eine *Integrationsfunktion* (über Angelegenheiten, die die „Migrationsgesellschaft" betreffen, wird informiert und aufgeklärt) und

---

62 *F. Hufen*, LKRZ 2007, 41 (43). Er kritisiert die Entscheidung des BVerfG aus 1977 (E 44, 125 ff.), da darin nicht zur Geltung komme, dass Öffentlichkeitsarbeit der Regierung subjektive Elemente enthalte und demnach nicht objektiv oder neutral sein könne. Öffentlichkeitsarbeit sei in ihrer Dimension als Informationstätigkeit über die eigene Arbeit zwangsnotwendig subjektiv, da die staatliche Stelle eben eigene Positionen wiedergebe. Mit „objektiv" oder „neutral" werde nicht gefordert, die eigene Position zu leugnen, sondern andere Wertanschauungen nicht zu benachteiligen.

63 *C. Engel*, Öffentlichkeitsarbeit, in: HStR, Bd. IV, 3. Aufl. 2006, S. 477 (481).

64 *C. Gramm*, Der Staat 30 (1991), 51 (72).

65 *C. Gramm*, Der Staat 30 (1991), 51 (53). Vgl. ferner zum Aspekt der Selbstdarstellung im Detail *H. Quaritsch* (Hrsg.), Die Selbstdarstellung des Staates, 1977 sowie *ders.*, DÖV 1993, 1070 ff.; *D. Murswiek*, Verfassungsfragen der staatlichen Selbstdarstellung, in: ders./U. Storost/H. A. Wolff (Hrsg.), Staat – Souveränität – Verfassung, Festschrift für Helmut Quaritsch zum 70. Geburtstag, 2000, S. 307 ff.

eine *föderative Funktion* (durch Öffentlichkeitsarbeit werden die Zuständigkeiten des Bundes und der Länder sowie deren Verhältnis zueinander der Öffentlichkeit gezeigt).[66]

Diese Funktionen lassen sich in die drei Zweckrichtungen Recht, Staat und Gesellschaft unterteilen: Informationshandeln wird zu einem Großteil zur Aufklärung über geltendes oder künftiges Recht getätigt, was nicht zuletzt an der Komplexität der Gesetze und der „Gesetzesflut" liegt (Recht); Informationshandeln wird in Anspruch genommen zur Akzeptanzförderung staatlicher Aufgaben und Institutionen mittels Selbstdarstellung (Staat); Informationshandeln wird eingesetzt, um Einfluss auf rein innergesellschaftliche Meinungs- und vor allem Verhaltensstandards auszuüben (Gesellschaft).[67] Durch eine solche Systematisierung werden die Wirkungsfelder von Öffentlichkeitsarbeit erfasst und aufzeigt.

cc) Demokratische Gesamtverantwortung

Öffentlichkeitsarbeit stellt sich als Instrument zur Rückversicherung der Legitimation dar und erfüllt die oben erörterte Legitimationsfunktion.

Als rechtliche Herleitung staatlicher Öffentlichkeitsarbeit ist daher das Demokratieprinzip zu sehen. Zum Funktionieren der Demokratie nach dem Grundgesetz bedarf es einer ständigen Rückkopplung staatlicher Gewalt mit der Bürgerschaft, die anhand von Öffentlichkeitsarbeit gesichert werden soll, damit der Grundkonsens im demokratischen Gemeinwesen aufrechterhalten wird.[68] Die verfassungsrechtliche Notwendigkeit amtlicher Öffentlichkeitsarbeit entsteht daher durch das Bedürfnis eines weitgehenden Einverständnisses der Bürger mit der Staatsordnung. Dieser Grundkonsens wird gesichert durch ständige Kommunikationsarbeit staatlicher Stellen.[69] Der Rückversicherung dient nämlich nicht nur das Stattfinden von Wahlen. Mithin kommt der Staat als zusammengefasste Einheit einer Informationspflicht bzw. einem Informationsrecht nach, wenn er Öffentlichkeitsarbeit leistet und somit seiner demokratischen Gesamtverantwortung nachkommt.

---

[66] S. dafür *F. Hufen*, LKRZ 2007, 41 (42 ff.).

[67] Nach *C. Gramm*, Der Staat 30 (1991), 51 (64 ff.).

[68] BVerfGE 44, 125 (147); 63, 230 (242 f.); BVerfGE 138, 102 (114); VerfGH Rheinland-Pfalz, Urteil v. 23. Oktober 2006, VGH O 17/05, S. 7 f.; *C. Engel*, Öffentlichkeitsarbeit, in: HStR, Bd. IV, 3. Aufl. 2006, S. 477 (480) m. w. N. und bezüglich der Wichtigkeit eines Grundkonsenses verweist er zu Recht auf *R. Smend*, Verfassung und Verfassungsrecht (1928), in: ders. (Hrsg.), Staatsrechtliche Abhandlungen und andere Aufsätze, 2. Aufl. 1968, S. 119 ff. und dessen Integrationslehre. S. auch *C. Gramm*, Der Staat 30 (1991), 51 (65 f., 76); *H. Mandelartz*, DÖV 2009, 509 (512); *R. Gröschner*, DVBl. 1990, 619 (620); *H. Hill*, JZ 1993, 330 (331 f.); ausführlich zum Verhältnis von Legitimation und Kommunikation *H. Oberreuter*, Bewährung und Herausforderung, 1989, S. 143 ff.

[69] BVerfGE 44, 125 (147).

Der Staat kann sich nicht auf ein schlicht imperatives Verhältnis zu den Bürgern beschränken, er muss auch anderweitig und vor allem schneller und wirkungsvoller an die Bürger herantreten können, was mithilfe von Kommunikationsarbeit möglich ist.[70]

Die Wirkung, die das Handeln von Staatsorganen auf die demokratische Meinungs- und Willensbildung der Bürger hat,[71] ist nicht zu unterschätzen. Neben insbesondere der Presse[72] und politischen Parteien als Kommunikationskanäle, deren Handeln sich erheblich auf den Meinungsbildungsprozess des Volkes auswirkt,[73] hat das Kommunikationshandeln von Hoheitsträgern ein großes Beeinflussungspotenzial, was in nicht geringem Maße den amtlichen Möglichkeiten geschuldet ist.

Die Demokratie lebt davon, dass die Teilnehmer des öffentlichen Meinungs- und Willensbildungsprozesses zur Entfaltung der öffentlichen Meinung beitragen. Dies verwirklicht der Staat durch die Ermöglichung der grundgesetzlich verankerten staatsbürgerlichen, demokratischen und kommunikativen Rechte.[74] Daher muss repräsentative Demokratie kommunikative Demokratie sein.[75] Kommunikative Demokratie setzt Kommunikation zwischen den Akteuren des Meinungsbildungsprozesses voraus. Neben der Gewährleistung dieser Garantien hat der Staat die Bürger mit Informationen zu versorgen, anhand derer diese eine Meinung bilden können. Diese sind darauf angewiesen.[76]

Zwar geht das Bundesverfassungsgericht – insbesondere bezüglich der Tätigkeiten der Bundesregierung – von einer gesamtstaatlichen Verantwortung aus, allerdings trägt nicht nur die Bundesregierung eine Gesamtverantwortung, nur, weil ihr die Staatsleitung als Aufgabe zukommt[77] – was nicht bestritten wird –, sondern auch die übrigen Träger staatlicher Gewalt. Öffentlichkeitsarbeit hängt nicht von

[70] BVerfGE 105, 252 (269 f.).

[71] BVerfGE 44, 125 (140); BVerfGE 138, 102 (111); vgl. auch *H. Hill*, JZ 1993, 330 (331 f.).

[72] Vgl. *H. Mandelartz/H. Grotelüschen*, NVwZ 2004, 647 (649 f.) und *H. Mandelartz*, DÖV 2009, 509 (513 f.) zur Unterscheidung zwischen Öffentlichkeitsarbeit und Pressearbeit; s. u. Teil 3 III. 5. Zur Rolle der Presse vgl. *H. Oberreuter*, Bewährung und Herausforderung, 1989, S. 155 ff. m. w. N.

[73] *W. Hoffmann-Riem/W. Schulz*, Politische Kommunikation – Rechtswissenschaftliche Perspektiven, in: O. Jarren/U. Sarcinelli/U. Saxer (Hrsg.), Politische Kommunikation in der demokratischen Gesellschaft, 1998 (Nachdruck 2002), S. 154 ff.; BVerfGE 20, 162 (174 f.).

[74] *H. Hill*, JZ 1993, 330 (331); *ders.*, Staatskommunikation – Begriff, Erscheinungsformen und Entwicklungschancen, in: ders. (Hrsg.), Staatskommunikation, 1993, S. 19 (20); *H. Oberreuter*, Bewährung und Herausforderung, 1989, S. 137 f.

[75] *H. Oberreuter*, Bewährung und Herausforderung, 1989, S. 139; zur politischen Kommunikation s. *U. Saxer*, System, Systemwandel und politische Kommunikation, in: O. Jarren/U. Sarcinelli/U. Saxer (Hrsg.), Politische Kommuniktaion in der demokratischen Gesellschaft. Ein Handbuch mit Lexikonteil, 1998, S. 25 ff.

[76] BVerfGE 105, 252 (269); 105, 279 (302).

[77] S. dafür BVerfGE 105, 252 (270); 105, 279 (306); 138, 102 (114). Zu regierungsamtlicher Öffentlichkeitsarbeit vgl. auch BVerfGE 44, 125 ff.; 63, 230 ff. Für eine ausführliche Abhandlung der BVerfGE 44, 125 ff. s. *C. Engel*, Öffentlichkeitsarbeit, in: HStR, Bd. IV, 3. Aufl. 2006, S. 477 ff.

der Kompetenz der Staatsleitung ab, sondern ist als Annexkompetenz zu den jeweiligen Zuständigkeiten der Amtsträger anzusehen. Sie ist den demokratischen Ämtern immanent. Indem Amtsträger Öffentlichkeitsarbeit leisten, nehmen sie ihre demokratische Verantwortung gegenüber den Bürgern wahr. Ein Amtsträger, der sich dieser Verantwortung bewusst ist, darf sich um die Grundlagen des friedlichen Zusammenlebens in seinem Zuständigkeitsbereich kümmern.

dd) Zusammenfassung

Kommunikatives Handeln von staatlichen Stellen in Form der Öffentlichkeitsarbeit gehört zu ihren Aufgaben. Sie übernehmen durch ihre Teilnahme am öffentlichen Diskurs eine Gesamtverantwortung für das demokratische Gemeinwesen. So wie jedes Staatshandeln ist auch staatliche Öffentlichkeitsarbeit gebunden an die gesetzlichen Vorgaben und hat Grenzen. Denn die verfassungsrechtlich gebotene und notwendige Öffentlichkeitsarbeit darf keine informatorische Blankovollmacht sein.[78] Primär gilt als formelle Grenze der gesetzlich festgelegte Aufgaben- und Zuständigkeitsbereich,[79] welcher erst die kompetenzielle Grundlage für sämtliches Staatshandeln schafft. Eine weitere Grenze stellt der hier zu untersuchende Grundsatz politischer Neutralität dar.[80]

2. Politische Neutralität

a) Begriffsbestimmung der allgemeinen Neutralitätsforderung

Der Begriff der Neutralität lässt sich aus den lateinischen Begriffen „neuter/neutrum", was „keiner von beiden", sowie „neutralis" ableiten, was „keiner Partei angehörend" bedeutet. Damit bezeichnet Neutralität „allgemein eine unparteiische Haltung, Nichteinmischung und Nichtbeteiligung".[81] Bereits diese wenigen Ausführungen zeigen, dass Neutralität hauptsächlich durch Negativdefinitionen konkretisiert wird und dass deren Bedeutung nicht ohne Weiteres durch die Bildung

---

[78] *C. Gramm*, Der Staat 30 (1991), 51 (53).

[79] So schon BVerfGE 44, 125 (149); 63, 230 (243 f.). Dazu und insgesamt zur Öffentlichkeitsarbeit *C. Gusy*, NVwZ 2015, 700 ff.; *T. Barczak*, NVwZ 2015, 1014 ff.; *H. Mandelartz*, DÖV 2015, 326 ff.; *C. Gramm*, Der Staat 30 (1991), 51 (74); *H. Mandelartz/H. Grotelüschen*, NVwZ 2004, 647 (648 f.); *M. J. Vogt*, Zur Informationstätigkeit des Bundesrechnungshofes, 2013, S. 230 ff.

[80] *C. Gusy*, NVwZ 2015, 700 (702); *T. Barczak*, NVwZ 2015, 1014 (1018). Vgl. vor allem *C. Gusy* für eine detaillierte Darstellung der Voraussetzungen sowie Grenzen von Öffentlichkeitsarbeit; s. auch *C. Gramm*, Der Staat 30 (1991), 51 (74 ff.); *H. Mandelartz/H. Grotelüschen*, NVwZ 2004, 647 (649).

[81] *M. Droege*, in: W. Heun/M. Honecker/M. Morlok/J. Wieland (Hrsg.), Evangelisches Staatslexikon, 2006, Sp. 1620; Brockhaus Enzyklopädie, Bd. 19, 21. Aufl. 2006, S. 603.

des positiven Gegenbegriffs herausgearbeitet werden kann, was die Handhabung mit dem Begriff der Neutralität schwierig macht.[82]

Im innerstaatlichen Bereich beschreibt der Neutralitätsbegriff Haltungen der staatlichen Gewalt gegenüber bestimmten Vorgängen, Interessen und Gruppierungen in der Gesellschaft.[83] Davon unterscheidet sich die Idee der Neutralität im außerstaatlichen Bereich der Staaten zueinander, welche insbesondere im Völkerrecht auftaucht (s. u. Teil 1 III. 3. a)). Untersuchungsgegenstand ist vorliegend die Neutralität im innerstaatlichen Bereich, konkret in ihrer Ausrichtung als politische Neutralität.

Bereits die etymologische Konkretisierung verdeutlicht die zurückhaltende Ausrichtung des Begriffes der Neutralität,[84] welcher daher der zusätzlichen inhaltlichen Ergänzung und Konkretisierung bedarf. Denn allein der Begriff der Neutralität als solcher ist nicht so ertragreich, als dass sich daraus der Inhalt des staatlichen Neutralitätsgebots in allgemeingültiger Weise konkretisieren ließe.[85]

Insbesondere das von *Herbert Krüger* aufgestellte und inzwischen allgemein anerkannte Prinzip der Nicht-Identifikation[86] stellt eine bedeutende – wenn nicht die bedeutendste – Konkretisierungsformel der Neutralitätsforderung dar. Dieses Prinzip beschäftigt sich mit der Frage, ob sich der Staat in einer hochgradig pluralistischen Gesellschaft mit einzelnen materiellen Gehalten identifizieren darf.[87] *Herbert Krüger* kommt zwar zu dem Ergebnis, dass weder die Identifikation noch die Nicht-Identifikation die bessere Variante für den Staat darstelle, Letztere jedoch mehr Freiheit für den Bürger bedeute, denn „Identifikation auf Seiten des Staates

[82] *K. Schlaich*, Neutralität als verfassungsrechtliches Prinzip, 1972, S. 222.

[83] *H. Steiger*, Neutralität, in: O. Brunner/W. Conze/R. Koselleck (Hrsg.), Geschichtliche Grundbegriffe – Historisches Lexikon zur politisch-sozialen Sprache in Deutschland, Bd. 4, 1978, S. 315 (316).

[84] *J.-B. Schrooten*, Gleichheitssatz und Religionsgemeinschaften, 2015, S. 19.

[85] *S. Huster*, Die ethische Neutralität des Staates, 2002, S. 35; vgl. auch *K. Schlaich*, Neutralität als verfassungsrechtliches Prinzip, 1972, S. 7, der im Neutralitätsgebot einen Begriff der Relation sieht, welcher seinen Inhalt erst aus der jeweiligen Rechtslage heraus erhalte; *C. Schmitt*, Der Hüter der Verfassung, 1931, S. 111; *H. Steiger*, Neutralität, in: O. Brunner/W. Conze/R. Koselleck (Hrsg.), Geschichtliche Grundbegriffe – Historisches Lexikon zur politisch-sozialen Sprache in Deutschland, Bd. 4, 1978, S. 315 (362).

[86] *H. Krüger*, Allgemeine Staatslehre, 1964, S. 178 ff.; bereits *C. Schmitt* spricht 1930 im Zusammenhang mit der Neutralität gegenüber der Wirtschaft von dem „alten liberalen Prinzip unbedingter Nicht-Einmischung, absoluter *Nicht-Intervention* (…)“, sieht dieses aber nicht als Lösung für innerpolitische Neutralitätsfragen an. → *C. Schmitt*, Das Problem der innerpolitischen Neutralität des Staates, in: ders., Verfassungsrechtliche Aufsätze aus den Jahren 1924–1954, 1958, S. 41 (41). Auch das BVerfG spricht von einem Identifikationsverbot im Zusammenhang mit Religionen, s. dazu BVerfGE 24, 236 (247 f.); 30, 415 (422); 93, 1 (17); 108, 282 (299 f.) m. w. N.

[87] *H. Krüger*, Allgemeine Staatslehre, 1964, S. 178; kritisch zum Grundsatz der Nicht-Identifikation *J. Isensee*, Subsidiaritätsprinzip und Verfassungsrecht, 1968, S. 183 f. („Die Verfassungsurkunde des Grundgesetzes postuliert nicht etwa die „Nicht-Identifikation“, sondern ist selbst das Ergebnis der Identifikation mit verschiedensten Ideologien – christlichen wie aufklärerischen, liberalen wie sozialistischen.“).

erweist sich (...) als gleichbedeutend mit Unfreiheit auf Seiten des Bürgers".[88] Erst wenn sich der Staat mit einzelnen Auffassungen nicht identifiziert, kann erstens die Freiheit, solche Auffassungen zu haben und auszuleben, und zweitens – da diese Möglichkeit allen gleichermaßen zusteht – die Gleichheit dieser Freiheit gewährleistet werden.[89]

Trotz seiner ausführlichen Darstellung des Prinzips der Nicht-Identifikation stellt *Herbert Krüger* den Begriff der Identifikation nicht näher dar.[90] Um den Grundsatz der Nicht-Identifikation als Wesenselement staatlicher Neutralität verstehen zu können, bedarf es aber der inhaltlichen Konturierung der Identifikation. Da die *Krüger'schen* Ausführungen den Eindruck eines totalen Identifikationsverbotes erwecken, ist hier die Frage zu stellen, ob sich der Staat in einem strengen Sinne an den Grundsatz der Nicht-Identifikation zu halten hat.[91] Jedoch kann zu Recht diese Frage verneint werden, denn allein durch den Umstand, dass der moderne Staat die Existenz verschiedener materieller Gehalte voraussetzt und erlaubt, kann nicht die Rede davon sein, dass er gegen das Identifikationsverbot im eigentlichen Sinne verstößt.[92] Dies ist aber auch gar nicht zu verlangen, da gerade der Staat mit seinen Grundrechtsgewährleistungen die Plattform dafür bietet, dass sich die Bürger frei entfalten können durch Ausübung eben dieser grundrechtlichen Freiheiten. Erst wenn festgestellt werden kann, dass sich der Staat einzelne Gehalte zu eigen macht und nicht mehr nur ihre Existenz voraussetzt und duldet, ist das *Krüger'sche* Postulat verletzt.[93] Und dafür bedarf es neben der bloßen Existenz besonderer materieller Gehalte in der staatlichen Sphäre der Selbstzurechnung bestimmter Vorstellungen und Konzepte, bei der der Identifikationsakt eine Ausstrahlungswirkung nach außen hat.[94]

Das Prinzip der Nicht-Identifikation entspricht letztlich der etymologischen Bedeutung der Neutralität[95] „keiner von beiden" oder „keiner Partei angehörend",

---

[88] *H. Krüger*, Allgemeine Staatslehre, 1964, S. 181, 185.

[89] *M. Morlok*, Selbstverständnis als Rechtskriterium, 1993, S. 332; ähnlich *W. Schmitt Glaeser*, Der freiheitliche Staat des Grundgesetzes, 2008, S. 138.

[90] Dies stellt auch fest *K. Schlaich*, Neutralität als verfassungsrechtliches Prinzip, 1972, S. 241.

[91] S. für Kritik am Grundsatz der Nicht-Identifikation *K. Schlaich*, Neutralität als verfassungsrechtliches Prinzip, 1972, S. 239 ff., der vor allem kritisiert, dass jede staatliche Betätigung als Identifikation dargestellt und damit dem Staat die Fähigkeit abgesprochen werde, mit den verschiedenen materiellen Gehalten umgehen zu können, ohne sich zu diesen zu bekennen.

[92] *J. Krüper*, JöR 53 (2005), S. 79 (99 ff.), der anhand des *Krüger'schen* Prinzips und der dazu geäußerten Bedenken von *K. Schlaich* dessen Bedeutung und Reichweite am Beispiel der für die weltanschaulich-religiöse Neutralität relevanten Kopftuch-Thematik herausarbeitet. S. zur Kritik *K. Schlaich*, Neutralität als verfassungsrechtliches Prinzip, 1972, S. 239 ff. Vgl. auch *J. Isensee*, Subsidiaritätsprinzip und Verfassungsrecht, 1968, S. 184.

[93] *K. Schlaich*, Neutralität als verfassungsrechtliches Prinzip, 1972, S. 241; *J. Krüper*, JöR 53 (2005), S. 79 (100).

[94] *J. Krüper*, JöR 53 (2005), S. 79 (101): „Eine neutralitätspflichtverletzende Identifikation des Staates setzt einen materiellen außenwirksamen Aneignungsakt voraus."

[95] So auch *W. Schmitt Glaeser*, Der freiheitliche Staat des Grundgesetzes, 2008, S. 138 f., der den Grundsatz der Nicht-Identifikation mit Neutralität (in religiösen Angelegenheiten) erklärt

indem es Unparteilichkeit verlangt. Unparteilichkeit ist „mehr als nur ein ethisches Postulat oder eine Konventionsregel: sie ist der Verfassungsgrundsatz, mit dessen Geltung die gleiche Freiheit eines jeden steht und fällt."[96]

Die Neutralitätsforderung gestaltet sich sowohl positiv als auch negativ. In negativer Hinsicht meint Neutralität, dass nicht zu Gunsten einer Person bzw. Personengruppe Partei ergriffen werden soll, weder soll ein Beteiligter bevorzugt noch benachteiligt werden. In positiver Hinsicht bedeutet Neutralität, dass der Staat eine solche Haltung einnimmt, dass er zu allen Beteiligten gleich nah bzw. gleich fern ist. Neutralität verlangt vom Staat daher Unparteilichkeit und Distanz.[97]

Eine Aufspaltung des Neutralitätsbegriffs in eine positive sowie negative Perspektive nimmt auch *Carl Schmitt* vor, indem er eine Übersicht über die Vielfalt der Bedeutungsebenen der innerpolitischen Neutralität aufstellt.[98] Negative Neutralität meine zusammengefasst eine Nichtintervention, eine gleiche Chance bei der staatlichen Willensbildung und Parität aller in Betracht kommenden Gruppen, während unter positiver Neutralität eine die gegensätzlichen Gruppierungen umfassenden Einheit und eine Entscheidung auf Grundlage einer nicht egoistisch-interessierten Sachkunde zu verstehen sei.[99] Diesen Konkretisierungsvorschlägen lässt sich neben den bereits oben genannten Gehalten der in der Neutralitätsdiskussion unverzichtbare Aspekt der gleichen Chance bei der staatlichen Willensbildung entnehmen (s. u. Teil 2 I. 5.). Durch die Zweiteilung treten die Gehalte und Funktionen der Neutralitätsforderung hervor, allerdings ist ihr kein Mehrwert zu entnehmen. Dem Begriffspaar positive und negative Neutralität lassen sich die Begriffe der Unparteilichkeit und Nicht-Identifikation zuordnen; während Ersteres die positive Ausrichtung der Neutralität zum Ausdruck bringt, ist das Gebot der Nicht-Identifikation eine negative Umschreibung.[100]

---

und gleichsetzt. *M. Morlok*, Selbstverständnis als Rechtskriterium, 1993, S. 332; *C. Gramm*, Der Staat 30 (1991), 51 (75); BVerfGE 44, 125 (141): „Es ist ihnen von Verfassungs wegen versagt, sich als Staatsorgane im Hinblick auf Wahlen mit politischen Parteien oder Wahlbewerbern zu identifizieren und sie unter Einsatz staatlicher Mittel zu unterstützen oder zu bekämpfen, insbesondere durch Werbung die Entscheidung des Wählers zu beeinflussen."

[96] *M. Kriele*, Freiheit und Gleichheit, in: HdbVerfR, 1. Aufl. 1983, S. 129 (151); s. auch *C. Hufen*, Der Ausgleich verfassungsrechtlich geschützter Interessen bei der Ausgestaltung des Sonn- und Feiertagsschutzes, 2014, S. 282.

[97] Zum Gebot der Unparteilichkeit und Distanz aus dem Rechtsstaatsprinzip *K. Sobota*, Das Prinzip Rechtsstaat, 1997, S. 504. Vgl. auch ebd., S. 509 f. zum Grundsatz der richterlichen Unbefangenheit, welche in engem Zusammenhang mit dem rechtsstaatlichen Distanzgebot gesehen und den Begriffen „Objektivität" und „Neutralität" gleichgesetzt wird.

[98] *C. Schmitt*, Der Hüter der Verfassung, 1931, S. 111 ff., der die Vielschichtigkeit des Begriffs „Neutralität" ausführlich systematisiert. Mit innerpolitischer Neutralität meint er nicht politische Neutralität im hier verstandenen Sinne, sondern allgemein die Neutralität im innerstaatlichen Bereich. Dies lässt sich erschließen aus seiner Unterscheidung zwischen außen- und innenpolitisch; s. dazu *ders.*, Der Begriff des Politischen: Text von 1932, 3. Aufl. 1991, S. 67.

[99] *C. Schmitt*, Der Hüter der Verfassung, 1931, S. 111 ff.

[100] *K. Schlaich*, Neutralität als verfassungsrechtliches Prinzip, 1972, S. 221.

Basierend auf der aus der Rechtsphilosophie bekannten Unterscheidung zwischen dem Rechten[101] und dem Guten[102] stellt Neutralität nach *Stefan Huster* die Forderung auf, dass sich staatliches Handeln nicht durch die Berufung auf eine bestimmte Konzeption des Guten legitimieren lasse, sondern eine Ordnung existieren müsse, in der sich der Staat von den verschiedenen Konzeptionen des Guten, das heißt von den vielfältigen Lebensvorstellungen, entkoppele und einer Bewertung und Stellungnahme enthalte.[103] Der Staat garantiert die Freiheiten, die dem Schutz der unterschiedlichen Wertvorstellungen dienen (die Regeln des Rechten) und die die Grundlage für die Entfaltung der vielfältigen Konzeptionen des Guten bilden. Anhand dieser Unterscheidung wird die Idealvorstellung der Neutralitätsforderung auf den Punkt gebracht: Der Staat soll inmitten der verschiedenen Wertvorstellungen unparteiisch bleiben und sich nicht einer bestimmten Konzeption des Guten anschließen.

Die Konzeptionen des Guten können sich auf verschiedenste Lebensbereiche beziehen, sodass sich die Unterscheidung zwischen dem Rechten und Guten zur Konkretisierung aller neutralitätsrelevanten Felder eignet.[104] Damit wird deutlich, dass staatliche Neutralität in verschiedenen Lebensbereichen relevant und nicht beschränkt ist auf einen Bereich aufgrund des pluralistischen Gemeinwesens. Geht es um die Unabhängigkeit des Rechten von den Konzeptionen des Guten in weltanschaulich-religiösen Fragen, so ist die weltanschaulich-religiöse Neutralität gemeint.[105] Die Unabhängigkeit von den Konzeptionen des Guten in politischen Angelegenheiten konkretisiert die politische Neutralität. Ob es eine allgemeine

[101] Die Regeln des Rechten sind verbindliche Normen für alle Bürger, die dem Schutz der unterschiedlichen Lebensauffassungen und ihrem Zusammenleben dienen sollen, ohne vorab eine ethische Entscheidung zu treffen; s. *S. Huster*, Die ethische Neutralität des Staates, 2002, S. 11 m. w. N.; s. auch *G. Britz*, Kulturelle Rechte und Verfassung, 2000, S. 231 ff.

[102] Das Konzept des Guten sind „die Vorstellungen der Bürger, wie man die Freiheit, die die Rahmenordnung des Rechten garantiert, nutzen sollte.", s. *S. Huster*, Die ethische Neutralität des Staates, 2002, S. 11 m. w. N.; s. auch *G. Britz*, Kulturelle Rechte und Verfassung, 2000, S. 231 ff.

[103] *S. Huster*, Die ethische Neutralität des Staates, 2002, S. 12. Bei den von *Huster* verwendeten Begrifflichkeiten handelt es sich um solche aus der Rechts- und Sozialphilosophie. Gerade *Rawls* und *Dworkin* sind an dieser Stelle erwähnenswert, wenn es um die Begründung des Neutralitätsgedankens aus der liberalen Theorie geht. Vgl. dazu *J. Rawls*, Political Liberalism, 1993, S. 190 ff.; *J. Rawls*, Der Vorrang des Rechten und die Ideen des Guten, in: W. Hinsch (Hrsg.), John Rawls: Die Idee des politischen Liberalismus – Aufsätze 1978–1989, 1992, S. 364 (375 ff.) sowie *J. Rawls*, Eine Theorie der Gerechtigkeit, 1979, S. 241 f. und *R. Dworkin*, Liberalism, in: ders. (Hrsg.), A Matter of Principle, 1985, S. 181 (191 f.) sowie *R. Dworkin*, Why Liberals Should Care about Equality, in: ders., A Matter of Principle, 1985, S. 205 (205 ff.). Für eine detaillierte Darstellung von Literatur zur Neutralitätsthematik in der Rechts- und Sozialphilosophie s. *S. Huster*, Die ethische Neutralität des Staates, 2002, S. 23 ff.

[104] So auch *S. Huster*, Die ethische Neutralität des Staates, 2002, S. 12.

[105] *S. Huster*, Die ethische Neutralität des Staates, 2002, S. 12. Mit ethischer Neutralität meint er in Abgrenzung zur weltanschaulich-religiösen Neutralität die Unabhängigkeit des Rechten von unterschiedlichen Wertvorstellungen und ethischen Einstellungen in einem umfassenden Sinne und nicht lediglich von religiösen Wahrheitsansprüche.

Neutralitätsforderung, die sich auf alle Fragen des „guten Lebens" bezieht, gibt, ist Gegenstand der Theorie des politischen Liberalismus.[106]

In Anlehnung an die Gegenüberstellung des Guten und des Rechten ist eine Auseinandersetzung mit der Unterscheidung zwischen Begründungs- und Wirkungsneutralität staatlichen Handelns nötig. Während die Begründungsneutralität verlangt, dass staatliche Maßnahmen nicht mit der Wahrheit oder Vorzugswürdigkeit einer bestimmten Konzeption des Guten begründet werden dürfen, stellt die Wirkungsneutralität die Forderung auf, dass die Wirkungen staatlicher Maßnahmen neutral zu sein haben.[107]

Die Forderung von Begründungsneutralität im Hinblick auf staatliche Handlungen bereitet kein Problem, da sie dafür sorgt, dass Ungleichbehandlungen der verschiedenen materiellen Ansichten vermieden werden, wodurch dem verfassungsrechtlichen Gleichbehandlungsgebot gedient wird, und stellt damit ein effektives Instrument dar. Die Freiheiten, die die Regeln des Rechten gewährleisten, kommen allen Konzeptionen des Guten zu.

Problematisch ist die Wirkungsneutralität, die weitergeht als die Begründungsneutralität und dementsprechend eine strengere Anforderung an staatliches Handeln darstellt. Denn sie verlangt, dass kein staatliches Handeln eine vorteilhafte oder nachteilige Wirkung auf nur eine Konzeption des Guten haben darf.[108] Diese Ausprägung staatlicher Neutralität stößt aus vielerlei Gründen auf Bedenken. Es kann nicht ausgeschlossen werden, dass sich staatliche Handlungen auf einzelne Wertvorstellungen auswirken, sei es auch nur auf eine Einzige, was zur Verletzung dieser Figur führte. Es ist nicht möglich, dass Gemeinwesen so zu gestalten, dass allen Konzeptionen des Guten in gleicher Weise und in gleichem Maße entsprochen wird.[109] „In gewisser Weise ist die gesamte freiheitliche Ordnung strukturell parteilich, weil sie Überzeugungen und Lebensformen bevorzugt, die ihren Anhängern die Existenz in einer derartigen Ordnung erleichtern."[110]

Die Idee der Neutralität zielt darauf ab, dass der Staat in der pluralistischen Gesellschaft alle materiellen Anschauungen mit den gleichen Möglichkeiten ausstattet, daher alle dieselben Freiheiten genießen, ohne dass er seine Handlungen mit einer bestimmten Konzeption des Guten rechtfertigt. Ausreichend ist die Gewährleistung

---

[106] Diese Frage wird hier nicht erörtert. Kritisch *G. Britz*, Kulturelle Rechte und Verfassung, 2000, S. 231 ff. m. w. N. Umfassend *S. Huster*, Die ethische Neutralität des Staates, 2002, S. 10 f., 23 ff., 98 f.

[107] *S. Huster*, Die ethische Neutralität des Staates, 2002, S. 98 ff., 633 ff.; *S. Huster*, Der Grundsatz der religiös-weltanschaulichen Neutralität des Staates – Gehalt und Grenzen, 2004, S. 6 ff., 8, 12. Vgl. ferner *C. Hufen*, Der Ausgleich verfassungsrechtlich geschützter Interessen bei der Ausgestaltung des Sonn- und Feiertagsschutzes, 2014, S. 280 f.

[108] *S. Huster*, Der Grundsatz der religiös-weltanschaulichen Neutralität des Staates – Gehalt und Grenzen, 2004, S. 12 mit Beispielen.

[109] *S. Huster*, Der Grundsatz der religiös-weltanschaulichen Neutralität des Staates – Gehalt und Grenzen, 2004, S. 13.; *S. Huster*, Die ethische Neutralität des Staates, 2002, S. 98 f.

[110] *S. Huster*, Der Grundsatz der religiös-weltanschaulichen Neutralität des Staates – Gehalt und Grenzen, 2004, S. 12 f.

der Regeln des Rechten, also von Freiheitsrechten, die erst die Bildung und Entfaltung der Konzeptionen des Guten ermöglichen. Diese kommen allen Konzeptionen gleichermaßen zu. Daher ist der Staat in der Pflicht, den gleichen Achtungsanspruch aller Beteiligten zu respektieren.[111] Inwiefern sich diese in der Gesellschaft zu verbreiten in der Lage sind und auf Zuspruch oder Ablehnung treffen, entzieht sich der Verantwortung des Staates, tangiert lediglich die Vertreter der Konzeptionen des Guten. Außerdem kann der Staat zum Zeitpunkt der jeweiligen Handlung nicht immer konkret absehen, ob und inwiefern sich seine Handlung auf eine bestimmte Lebensanschauung auswirkt.[112] Auch und vor allem wegen der begrenzten Vorhersehbarkeit der möglicherweise eintretenden Wirkungen ist daher nicht an der Figur der Wirkungsneutralität festzuhalten. Diese überstrapaziert die Idee staatlicher Neutralität. Ferner verkennt sie, wie wichtig es für die Meinungsbildung der Bürger ist, dass nicht alle Wertvorstellungen gleich erfolgreich sind und dass es der Konkurrenz untereinander bedarf.[113] Die Bürger haben für ihre Konzeptionen des Guten im Wettbewerb einzustehen und andere von deren Vorzugswürdigkeit zu überzeugen.[114]

Die früher kontrovers diskutierte Unterscheidung zwischen Staat und Gesellschaft, die ihre Wurzeln in der Zeit der deutschen konstitutionellen Monarchie hat,[115] wird hier in den Vordergrund gerückt, denn sobald die Rede von gesellschaftlicher Heterogenität als Ausgangspunkt für die Neutralitätsfrage ist, ist der Bereich der Gesellschaft tangiert, welcher hier abzugrenzen ist vom staatlichen Bereich. Während Ersteres die pluralistische Vielfalt, individuelle Belieben, persönliche Meinungen umfasst und der Bereich der freien Entfaltung und Selbstbestimmung der Persönlichkeit ist, ist Staatlichkeit auf Herrschaft, Gemeinwohlbestimmung und Rechtsgehorsam gerichtet und nicht auf die Entfaltung individueller Staatsvorstellungen.[116] Mit anderen Worten stehen sich in dieser Konstellation ein institutionell-statistischer

---

[111] *S. Huster*, Die ethische Neutralität des Staates, 2002, S. 633; *S. Huster*, Der Grundsatz der religiös-weltanschaulichen Neutralität des Staates – Gehalt und Grenzen, 2004, S. 8.

[112] *S. Huster*, Die ethische Neutralität des Staates, 2002, S. 99.

[113] *S. Huster*, Der Grundsatz der religiös-weltanschaulichen Neutralität des Staates – Gehalt und Grenzen, 2004, S. 12f.

[114] *S. Huster*, Die ethische Neutralität des Staates, 2002, S. 100f.

[115] *H. H. Rupp*, Die Unterscheidung von Staat und Gesellschaft, in: HStR, Bd. II, 3. Aufl. 2004, S. 879 (882ff.); vgl. zu dieser Trennung auch *F. v. Holtzendorff*, Die Principien der Politik, 2. Aufl. 1879, S. 280ff.; *H. Steiger*, Zur innenpolitischen Neutralität des Staates, in: F. Kaulbach/W. Krawietz (Hrsg.), Recht und Gesellschaft, Festschrift für Helmut Schelsky zum 65. Geburtstag, 1978, S. 659 (663f.); *W. Henke*, Das Recht der politischen Parteien, 2. Aufl. 1972, S. 1ff.; *K. Hesse*, Bemerkungen zur heutigen Problematik und Tragweite der Unterscheidung von Staat und Gesellschaft, in: E.-W. Böckenförde (Hrsg.), Staat und Gesellschaft, 1976, S. 484ff. sowie der gesamte Sammelband von *E.-W. Böckenförde* (Hrsg.), Staat und Gesellschaft, 1976; *J. Isensee*, Subsidiaritätsprinzip und Verfassungsrecht, 1968, S. 149ff.; *D. Grimm*, Politische Parteien, in: HdbVerfR, 2. Aufl. 1994, S. 599 (610ff.).

[116] *H. H. Rupp*, Die Unterscheidung von Staat und Gesellschaft, in: HStR, Bd. II, 3. Aufl. 2004, S. 879 (896f.); s. auch *J. Isensee*, Subsidiaritätsprinzip und Verfassungsrecht, 1968, S. 149; *H. Steiger*, Neutralität, in: O. Brunner/W. Conze/R. Koselleck (Hrsg.), Geschichtliche Grundbegriffe – Historisches Lexikon zur politisch-sozialen Sprache in Deutschland, Bd. 4, 1978, S. 315 (362f.) m. w. N.

und ein lebendig-dynamischer Bereich gegenüber.[117] Die grundgesetzliche Verfassungsordnung äußert sich zwar nicht ausdrücklich zum Verhältnis von Staat und Gesellschaft, ihre Gewährleistungen tangieren und determinieren aber gerade dieses Verhältnis. Dass sich Staat und Gesellschaft nicht mehr wie früher gänzlich gegenüberstehen und dementsprechend eine strikte Trennung dieser Sphären nicht mehr aufrechtzuerhalten ist, macht sich im Prinzip der Volkssouveränität in Artikel 20 Abs. 2 S. 1 GG bemerkbar. Obwohl eine strikte Trennung nicht immer möglich ist, besteht die Notwendigkeit, den gesellschaftlichen Meinungsbildungsprozess gegen verzerrende staatliche Interventionen zu schützen. Dies ist Ausgangspunkt für die Forderung neutralen Handelns.

Auch anhand der Prämisse, dass gesellschaftliche Heterogenität das Bedürfnis nach staatlicher Neutralität weckt, wird deutlich, dass der Bereich des Gesellschaftlichen und des Staatlichen nicht zwei komplett voneinander unabhängige Felder darstellen, sondern zwischen ihnen eine Verbindung dergestalt besteht, dass es zu gegenseitigen Interferenzen kommen kann. Man kann zwischen ihnen beiden unterscheiden, jedoch stehen sie sich nicht als getrennte Erscheinungsformen gegenüber.[118] Die faktische Situation der pluralistischen Gesellschaft führt dazu, dass ein Bedürfnis nach einem Neutralitätsgebot entsteht, das sich an staatliche Stellen wendet. Damit zeigt sich, dass zwischen diesen Bereichen eine genaue Grenzziehung nicht möglich bzw. notwendig ist.[119] Im Kontext des Gebots der Neutralität wird diese Unterscheidung nicht deswegen thematisiert, weil an einer strikten Trennung festgehalten wird, sondern deswegen, weil die vorliegende Thematik einen Bereich darstellt, in dem es zu einem Zusammenspiel der gesellschaftlichen und staatlichen Sphäre kommt.[120]

---

[117] *W. Henke*, Das Recht der politischen Parteien, 2. Aufl. 1972, S. 1.

[118] *H. Steiger*, Zur innenpolitischen Neutralität des Staates, in: F. Kaulbach/W. Krawietz (Hrsg.), Recht und Gesellschaft, Festschrift für Helmut Schelsky zum 65. Geburtstag, 1978, S. 659 (664); so auch *J. Isensee*, Subsidiaritätsprinzip und Verfassungsrecht, 1968, S. 154; *K. Hesse*, Bemerkungen zur heutigen Problematik und Tragweite der Unterscheidung von Staat und Gesellschaft, in: E.-W. Böckenförde (Hrsg.), Staat und Gesellschaft, 1976, S. 484 (491 ff.).

[119] Vgl. zur Frage nach der Bedeutung und den Kollisionsfeldern zwischen Staat und Gesellschaft *H. H. Rupp*, Die Unterscheidung von Staat und Gesellschaft, in: HStR, Bd. II, 3. Aufl. 2004, S. 879 (907 ff.) m. w. N. Nach *K. Hesse*, DÖV 1975, 437 ff. bzw. *ders.*, Bemerkungen zur heutigen Problematik und Tragweite der Unterscheidung von Staat und Gesellschaft, in: E.-W. Böckenförde (Hrsg.), Staat und Gesellschaft, 1976, S. 484 (491 ff.) komme es nicht maßgeblich auf die Unterscheidung an, da diese lediglich die Abgrenzung zur Identität zwischen Staat und Gesellschaft ermögliche, sondern auf das „richtige Maß von Trennung und Verbindung". Letztlich könne der Unterscheidung nicht mehr als der Grundsatz der Nicht-Identifikation entnommen werden. S. auch *J. Isensee*, Subsidiaritätsprinzip und Verfassungsrecht, 1968, S. 149 ff.; *W. Henke*, Das Recht der politischen Parteien, 2. Aufl. 1972, S. 1 ff.

[120] Vgl. *M. Payandeh*, Der Staat 55 (2016), 519 (549 f.), der die auf der Grundlage der Unterscheidung von Staat und Gesellschaft diskutierte Frage der Äußerungsbefugnisse von Hoheitsträgern nicht überzeugend findet, da diese Trennung der engen Verbindung zwischen staatlichem Amt, parteipolitischem Kontext und Person des Amtsträgers in der Parteiendemokratie nicht gerecht werde. Daran anknüpfend äußert er grundsätzliche Zweifel an einem allgemeinen Neutralitätsgrundsatz. Dazu s. u. Teil 3 VI.

b) Sachliche Dimension: inhaltliche Konkretisierung der politischen Neutralität

Erst nachdem feststeht, was allgemein unter Neutralität zu verstehen ist, kann der Grundsatz politischer Neutralität konkretisiert werden, was eine Auseinandersetzung mit dem Begriff der „Politik" erfordert.

Der etymologische Ursprung des Wortes „Politik" kommt vom Griechischen und leitet sich von „tà politikà" ab und bezeichnet die Angelegenheiten und Tätigkeiten, die die polis, also die verfasste menschliche Gemeinschaft, tangieren.[121] Die Frage nach der Bedeutung von „Politik" stellt eine bereits in der Wissenschaft, vor allem der Politikwissenschaft, behandelte Frage dar, auf die es jedoch nicht *die* eine Antwort gibt.[122] Es besteht eine Reihe von verschiedenen Ansätzen zur Definition des Politikbegriffs.[123] Vorliegend kommt es nicht darauf an, *die* eine richtige Definition zu finden, es geht vielmehr darum, den Politikbegriff aus einer Zusammenschau mehrerer Aspekte für den hier relevanten Kontext zu entwickeln, zumal kein Ansatz den Anspruch einer vollständigen bzw. abschließenden Definition erheben kann. Eine passende Definition hängt vor allem von der Forschungsfrage und dem jeweiligen Forschungsgebiet ab.

Auch in der politikwissenschaftlichen Literatur liegt der Fokus nicht auf einer Definitionsmöglichkeit, vielmehr werden drei Dimensionen des Politikbegriffs herausgearbeitet, die mit den englischen Übersetzungen von „Politik" zum Ausdruck gebracht werden und sich inzwischen etabliert haben: polity, politics, policy.[124] Diese stoßen in der Literatur deswegen auf Zustimmung, weil sie die verschiedenen Aspekte der Politik herausstellen und in drei Kategorien aufteilen, sodass der Begriff insgesamt einfacher zu handhaben ist.

---

[121] *A. Dörner/K. Rohe*, Politikbegriffe, in: E. Holtmann (Hrsg.), Politiklexikon, 3. Aufl. 2000, S. 484 (484); *F. Grotz*, Politik, in: D. Nohlen/F. Grotz (Hrsg.), Kleines Lexikon der Politik, 6. Aufl. 2015. S. 474 (474)

[122] An dieser Stelle interessant und erwähnenswert ist die im Jahre 1988 von *Carl Böhret* durchgeführte Umfrage, bei der er 254 Umfrageergebnisse von Politikwissenschaftlern (Hochschullehrern und wissenschaftlichem Nachwuchs) auf die Frage, was sie für die wesentlichen Begriffe der Politikwissenschaft halten, auswertete. Dabei wurden insgesamt 639 Begriffe genannt, 414 davon wurden aber überraschenderweise nur ein einziges Mal genannt. Die am häufigsten genannten Begriffe – sowohl von den Hochschullehrern als auch von den wissenschaftlichen Nachwuchskräften – sind Konflikt, Interesse, Macht und Konsens. Diese vier Begriffe werden in der Wissenschaft im Zusammenhang mit dem Politikbegriff auch immer zur Definition herangezogen.

[123] Statt vieler vgl. *C. Böhret/W. Jann/E. Kronenwett*, Innenpolitik und politische Theorie, 3. Aufl. 1988, S. 2f. für eine Auswahl der gängigen Definitionen des Politikbegriffs. Auch *Carl Schmitt* beschäftigt sich mit dem Politikbegriff unter Heranziehung seiner Freund-Feind-Unterscheidung: *C. Schmitt*, Der Begriff des Politischen: Text von 1932, 3. Aufl. 1991, S. 20ff.

[124] Dazu umfassend, v. a. auch zum Zusammenspiel dieser Dimensionen *C. Böhret/W. Jann/E. Kronenwett*, Innenpolitik und politische Theorie, 3. Aufl. 1988, u. a. S. 3ff.

Die Dimension der polity als die formale Seite des Politikbegriffs umfasst sowohl die Organisationsform als auch das Normengefüge; darunter fallen zum einen die Institutionen des politischen Systems und zum anderen die sich aus der Rechtsordnung und der Verfassung ergebenden „Spielregeln".[125] Die Dimension der politics sieht die Politik als einen konflikthaften Prozess, der geprägt ist von Kampf um Macht und Einfluss zwischen verschiedenen Gruppen und Personen und bringt somit die prozessuale Seite, also den „Spielverlauf" der Politik zum Ausdruck.[126] Die Dimension der policy gibt die inhaltliche Seite des Politikbegriffs wieder und meint die verschiedenen Themenbereiche und öffentlichen Angelegenheiten, die in der Politik behandelt und bearbeitet werden; hier bietet es sich an, von „Spielinhalten"[127] zu sprechen.[128] Wenn man die Dimensionen in der hier vorgegebenen Reihenfolge gedanklich durchspielt, ergibt sich daraus der chronologischer Ablauf von Politik und von politischen Entscheidungen.

Angelehnt an die Dreiteilung wird Politik hier verstanden als der tatsächlich stattfindende Meinungs- und Willensbildungsprozess, an dem unterschiedliche Akteure zur Durchsetzung eigener Interessen mit dem Ziel der inhaltlichen Bestimmung verbindlicher staatlicher Entscheidungen und der Machterhaltung mitwirken und miteinander konfligieren.[129] Rechtlich abgesichert wird dieser Prozess durch die Bestimmungen der Rechtsordnung sowie der Verfassung. Spricht man wie oben von Spielregeln, so entsteht eventuell zu Unrecht der Eindruck der Flexibilität der Bestimmungen. Diese sind aber für den politischen Prozess vorgegeben und können nicht nach Belieben der Akteure geändert werden, was sie von Spielregeln im eigentliche Sinne unterscheidet. Diese Begrifflichkeiten dienen lediglich der Veranschaulichung des Politikbegriffs. In diesen Kontext passt die Unterscheidung nach *Ernst Fraenkel* zwischen einem kontroversen und einem nicht-kontroversen Sektor des gesellschaftlichen Lebens, der mit Letzterem die verbindlichen Verfahrensregeln meint, an die die Bürger gebunden und die nicht disponibel seien

---

[125] *C. Böhret/W. Jann/E. Kronenwett*, Innenpolitik und politische Theorie, 3. Aufl. 1988, S. 3 ff.; *F. Grotz*, Politik, in: D. Nohlen/F. Grotz (Hrsg.), Kleines Lexikon der Politik, 6. Aufl. 2015 S. 474 (476); *K. Rohe*, Politik. Begriffe und Wirklichkeiten, 2. Aufl. 1994, S. 64 ff.

[126] Für das Zitat s. *K. Rohe*, Politik. Begriffe und Wirklichkeiten, 2. Aufl. 1994, S. 62 ff.; s. auch *C. Böhret/W. Jann/E. Kronenwett*, Innenpolitik und politische Theorie, 3. Aufl. 1988, S. 3 ff.; *F. Grotz*, Politik, in: D. Nohlen/F. Grotz (Hrsg.), Kleines Lexikon der Politik, 6. Aufl. 2015, S. 474 (476).

[127] Vgl. für diese anschaulichen Bezeichnungen der Dimensionen als „Spielregeln", „Spielverlauf" und „Spielinhalte" *F. Grotz*, Politik, in: D. Nohlen/F. Grotz (Hrsg.), Kleines Lexikon der Politik, 6. Aufl. 2015, S. 474 (476).

[128] *C. Böhret/W. Jann/E. Kronenwett*, Innenpolitik und politische Theorie, 3. Aufl. 1988, S. 3 ff.; *F. Grotz*, Politik, in: D. Nohlen/F. Grotz (Hrsg.), Kleines Lexikon der Politik, 6. Aufl. 2015, S. 474 (476); *K. Rohe*, Politik. Begriffe und Wirklichkeiten, 2. Aufl. 1994, S. 61 f.

[129] Vgl. *M. Morlok*, Parteienrecht als Wettbewerbsrecht, in: P. Häberle/M. Morlok/V. Skouris (Hrsg.), Festschrift für Dimitris Th. Tsatsos, 2003, S. 408 (408); *J. Krüper/H. Kühr*, ZJS 2014, 16 (16 f.).

im Gegensatz zum kontroversen Sektor, in dem sich der Pluralismus der Interessen abspiele (s. u. Teil 1 III. 5. a)).[130]

Sowohl in der hier vorgenommenen Definition als auch in den oben gemachten Ausführungen zum Politikbegriff ist immer wieder das Konzept des Pluralismus wiederzufinden. Dies liegt daran, dass der Kampf um Macht und Einfluss eben von einer Mehrzahl von Akteuren ausgetragen wird, weil diese sich in ihren Interessen unterscheiden und jeder für sich den Interessenkampf gewinnen will. Vor allem bei der prozessualen Dimension von Politik kristalliert sich der Gedanke des Pluralismus heraus. Politik setzt bereits einen pluralistischen Gesellschaftsbestand voraus, aus dem der Kampf der Interessen um Einfluss auf staatliche Entscheidungen hervorgeht. Spricht man von Politik, so spricht man daher auch immer von Pluralismus. „Politischer Pluralismus" verdeutlicht in der Verknüpfung dieser beiden Begrifflichkeiten die Vielfalt der Interessen und Akteure, die in der gesellschaftlichen Meinungsbildung miteinander konkurrieren mit dem Ziel der inhaltlichen Bestimmung verbindlicher staatlicher Entscheidungen sowie der Machterhaltung.[131] In der Bundesrepublik existiert eine solche Situation: Neben politischen Parteien bestehen viele politische Gruppierungen, die verschiedene Ansichten vertreten und alle Spektren bedienen. Ihnen ist ihre Absicht gemein: Sie wollen alle staatliche Entscheidungen beeinflussen.

Das Gebot staatlicher Neutralität in seiner Ausformung als politische Neutralität verlangt Unparteilichkeit im politischen Pluralismus, in dem politische Überzeugungen um der Durchsetzung ihrer Interessen willen miteinander konkurrieren. Der Staat soll nicht einseitig in den Prozess der politischen Meinungs- und Willensbildung eingreifen. Dass Staatsorgane generell mit ihrem Wirken Einfluss auf den politischen Meinungs- und Willensbildungsprozess der Bürgerschaft ausüben, ist eine Tatsache, die nicht zu leugnen ist. Allerdings sollten von staatlicher Seite darüber hinaus besondere Maßnahmen, die in der Lage sind, auf den Willen der Bürgerschaft einzuwirken, unterlassen werden.[132] Daher ist ihnen „von Verfassungs wegen versagt, sich als Staatsorgane im Hinblick auf Wahlen mit politischen Parteien oder Wahlbewerbern zu identifizieren und sie unter Einsatz staatlicher Mittel zu unterstützen oder zu bekämpfen, insbesondere durch Werbung die Entscheidung des Wählers zu beeinflussen".[133] Diese Aussage bezieht sich zwar explizit

---

[130] *E. Fraenkel*, Möglichkeiten und Grenzen politischer Mitarbeit der Bürger in einer modernen parlamentarischen Demokratie (1966), in: F. Esche/F. Grube (Hrsg.), Ernst Fraenkel: Reformismus und Pluralismus, 1973, S. 389, 401; *E. Fraenkel*, Strukturanalyse der modernen Demokratie (1970), in: F. Esche/F. Grube (Hrsg.), Ernst Fraenkel: Reformismus und Pluralismus, 1973, S. 404, 429.

[131] Vgl. *M. Morlok*, Parteienrecht als Wettbewerbsrecht, in: P. Häberle/M. Morlok/V. Skouris (Hrsg.), Festschrift für Dimitris Th. Tsatsos, 2003, S. 408 (408); *J. Krüper/H. Kühr*, ZJS 2014, 16 (16 f.); *A. Hatje*, VVDStRL 69 (2010), 135 (142, 146, 155); *M. Kotzur*, VVDStRL 69 (2010), 173 (190 f.).

[132] BVerfGE 44, 125 (141).

[133] BVerfGE 44, 125 (141).

auf Beeinflussungen vor Wahlen, allerdings ist sie nicht lediglich auf diesen rechtlich relevanten Zeitmoment zu beschränken. Zum einen bringt sie das allgemeine, dem Neutralitätsgebot inhärente Gebot der Nicht-Identifikation zum Ausdruck – ohne jedoch direkt von Neutralität zu sprechen – und zum anderen betont sie, dass weder eine Bevorzugung noch eine Benachteiligung[134] eines Beteiligten gestattet ist. Gerade der letztgenannte Aspekt ist nicht zu vernachlässigen.

Die Bezeichnung des Staates als Heimstatt aller Staatsbürger ohne Ansehen der Person stammt aus einer grundlegenden Entscheidung des Bundesverfassungsgerichts, in der es um die weltanschaulich-religiöse Neutralität des Staates geht.[135] Auch für den Bereich der politischen Neutralität eignet sich diese Bezeichnung, da sie die Intention der Neutralitätsidee wiedergibt.[136] Alle Bürger, die unter dem „Dach" des Staates leben, sollen die gleichen Möglichkeiten, insbesondere die gleiche Chance der freien politischen Betätigung im politischen Wettbewerb haben.

c) Personelle Dimension: Begünstigte der politischen Neutralität

Der Kreis der Begünstigten des politischen Neutralitätsgrundsatzes ist in dieser Arbeit auf Personenzusammenschlüsse beschränkt. Um einzelne Personen soll es nicht gehen.

Das Wirken von Personenzusammenschlüssen mit einem gemeinsamen Ziel prägt wesentlich den politischen Meinungs- und Willensbildungsprozess. Dieser ermöglicht die öffentliche Auseinandersetzung mit den verschiedenen politischen Ansichten mit dem Ziel der Bildung des politischen Willens.[137] Im Bereich der organisierten Gruppeninteressen werden Zielsetzungen eingebracht, formuliert und durch kollektives Zusammenwirken vertreten.[138] Allen intermediären Kräften – unabhängig von ihrer Organisationsform – ist der kollektive Zusammenschluss für ein gemeinsames Interesse gemein. Die Kollektivität wird durch die verfassungsrechtliche Ordnung gefördert und gerade sie ist die wichtige Komponente für die Durchsetzung von Einzelinteressen.[139] Auch einzelne Personen können Träger politischer Ansichten

---

[134] Vgl. BVerfGE 44, 125 (149 f.). Diesen Aspekt betont auch *G. Püttner*, Zur Neutralitätspflicht des Beamten, in: K. König/H.-W. Laubinger/F. Wagner (Hrsg.), Öffentlicher Dienst, Festschrift für Carl Hermann Ule zum 70. Geburtstag, 1977, S. 383 (388), wenn auch „nur" für die politische Neutralität im Berufsbeamtentum.

[135] BVerfGE 19, 206 (216).

[136] So auch *H.-R. Lipphardt*, Die Gleichheit der politischen Parteien vor der öffentlichen Gewalt, 1975, S. 61.

[137] *K. Hesse*, Grundzüge des Verfassungsrechts der Bundesrepublik Deutschland, 20. Aufl. 1999, S. 68/Rn. 151.

[138] *K. Hesse*, Grundzüge des Verfassungsrechts der Bundesrepublik Deutschland, 20. Aufl. 1999, S. 68/Rn. 151.

[139] *E. Fraenkel*, Möglichkeiten und Grenzen politischer Mitarbeit der Bürger in einer modernen parlamentarischen Demokratie (1966), in: F. Esche/F. Grube (Hrsg.), Ernst Fraenkel: Reformismus und Pluralismus, 1973, S. 389, 398 f.

sein, ohne dass es dafür eines Zusammenschlusses bedarf. Das mag stimmen, allerdings gibt es keine trägerlosen politischen Interessen. Diese werden erst durch Personen und Personenzusammenschlüsse entfaltet und in den politischen Meinungswettbewerb eingebracht. Im Ergebnis aber haben diejenigen politischen Ansichten Aussicht auf „Erfolg“ im Prozess der Meinungsbildung, die kollektiv eingebracht werden. Es bedarf nämlich der Sammlung, Sichtung und des vermittelnden Ausgleichs, was durch Zusammenschlüsse ermöglicht wird, welche außerdem dazu dienen, sich Gehör verschaffen zu können.[140] Das Interesse einer einzelnen Person hat faktisch – wenn auch nicht rechtlich – ein anderes Gewicht als dasjenige einer Vereinigung, in der sich Gleichgesinnte befinden. Durch kollektive Zusammenschlüsse wird die demokratische Mitwirkung der Bürger, die sich nicht lediglich darin erschöpfen sollte, alle vier Jahre zur Wahlurne zu gehen, erst ermöglicht und abgesichert.[141] Damit erhalten die Bürger die unmittelbare Chance des Einflusses auf die öffentliche Meinung. Letztlich sind politische Parteien und sonstige politische Vereinigungen die notwendigen Subjekte der demokratischen Willensbildung.

In den Grundsatzentscheidungen des Bundesverfassungsgerichts aus den Jahren 1977 und 1983[142] sowie in den neuesten Entscheidungen aus 2014 und 2015[143] waren politische Parteien die Antragsteller, die sich durch das Kommunikationshandeln einzelner Amtsträger in ihren Rechten verletzt sahen. Neutralität gegenüber politischen Parteien ist nicht neu.

Neu bzw. bislang weniger beachtet ist die Beteiligung einer sonstigen Personenvereinigung am politischen Meinungsbildungsprozess in einem neutralitätsrelevanten Fall. Dies zeigt sich in der Dügida-Konstellation (s. o. Teil 1 I.), die eine äußerungsrechtliche Streitigkeit zwischen einem Oberbürgermeister und einer Personenvereinigung, die keine politische Partei im Sinne des Parteienrechts ist, zum Gegenstand hat.[144] Die Dügida-Gruppierung ist keine politische Partei, sie ist der Düsseldorfer Ableger des eingetragenen Vereins Pegida e. V.[145] aus Dresden, wie es sie inzwischen für einige deutsche Städte gibt (z. B. Bogida, Legida usw.). Sie stellt eine Vereinigung – in der Rechtsform eines eingetragenen Vereins – von natür-

---

[140] *K. Hesse*, Grundzüge des Verfassungsrechts der Bundesrepublik Deutschland, 20. Aufl. 1999, S. 68/Rn. 151; *A. Hatje*, VVDStRL 69 (2010), 135 (150).

[141] *E. Fraenkel*, Möglichkeiten und Grenzen politischer Mitarbeit der Bürger in einer modernen parlamentarischen Demokratie (1966), in: F. Esche/F. Grube (Hrsg.), Ernst Fraenkel: Reformismus und Pluralismus, 1973, S. 389, 402; *K. Hesse*, Grundzüge des Verfassungsrechts der Bundesrepublik Deutschland, 20. Aufl. 1999, S. 68/Rn. 151.

[142] BVerfGE 44, 125 ff.; 63, 230 ff.

[143] BVerfGE 136, 323 ff.; BVerfGE 138, 102 ff.; BVerfGE 140, 225 ff. So auch in jüngeren Fällen: VerfGH Rheinland-Pfalz, Beschluss v. 21. Mai 2014, VGH A 39/14; VerfGH Saarland, Urteil v. 08. Juli 2014, Lv 5/14.

[144] VG Düsseldorf, Beschluss v. 09. Januar 2015, 1 L 54/15, juris und nachfolgend OVG NRW, Beschluss v. 12. Januar 2015, 15 B 45/15, juris sowie später VG Düsseldorf, Urteil v. 28. August 2015, 1 K 1369/15, juris und OVG NRW, Urteil v. 04. November 2016, 15 A 2293/15.

[145] Hier der Link zur Vereinssatzung: http://workupload.com/file/Y07wQwt6 (zuletzt aufgerufen am 27. März 2017).

lichen Personen dar, die es sich zum gemeinsamen Zweck gemacht haben, gegen die „Islamisierung des Abendlandes“ vorzugehen; daher auch der Name: Patriotische Europäer gegen die Islamisierung des Abendlandes. In der Vereinssatzung werden als Zwecke dieser Vereinigung die „Förderung politischer Wahrnehmungsfähigkeit und politischen Verantwortungsbewusstseins“ und die „materielle und immaterielle Unterstützung“ des Vereins genannt.[146]

Die Dügida-Rechtsprechung weckt das Bedürfnis, eine personelle Kategorisierung im Rahmen politischer Neutralität vorzunehmen, verbunden mit dem Bedürfnis nach einer Ausweitung der politischen Neutralität ohne Beschränkung auf politische Parteien. Die personelle Unterscheidung hat eine terminologische Unterscheidung zur Konsequenz: Es ist zu unterscheiden zwischen politischer Neutralität und parteipolitischer Neutralität (s. o. Teil 1 I.).

Eine solche Unterscheidung ist nicht neu in der bundesverfassungsgerichtlichen Judikatur, da auch das Bundesverfassungsgericht – wenn es Ausführungen zur öffentlichen Meinungsbildung macht – davon ausgeht, dass die Auffassungen, Wertungen und Äußerungen aller, das heißt „des Einzelnen, der Gruppen, der politischen Parteien, Verbände und sonstigen gesellschaftlichen Gebilde“ in die Meinungsbildung fließen.[147] Die Tatsache, dass nicht nur politische Parteien und ihr Handeln maßgeblich den Meinungs- und Willensbildungsprozess des Volkes prägen, ist auch rein faktisch betrachtet nicht überraschend, denn obwohl politische Parteien eine verfassungsrechtlich abgesicherte Sonderstellung innehaben und Mittler und Bindeglied zwischen dem Staat und der Bürgerschaft[148] sind, ist durchaus auch das Handeln anderer Personenzusammenschlüsse trotz fehlender Parteieigenschaft tatsächlich wie auch verfassungsrechtlich – durch die Gewährleistung der Grundrechte – in der Lage, auf den Willensbildungsprozess der Bürger einzuwirken. Damit das Entstehen geschlossener Meinungsmärkte verhindert wird, muss die politische Willensbildung ein Jedermann-Wettbewerb sein.[149]

Politische Neutralität im hier verstandenen Sinne ist daher weit zu verstehen und in ihrer Geltung nicht beschränkt auf einen bestimmten gesellschaftlichen Akteur

---

[146] § 3 der Vereinssatzung; vgl. dafür http://workupload.com/file/Y07wQwt6 (zuletzt aufgerufen am 27. März 2017).

[147] BVerfGE 8, 104 (113); 20, 56 (99); 85, 264 (284); vgl. ferner E 136, 323 (332). Aus der Literatur dazu *W. Schmitt Glaeser*, Die grundrechtliche Freiheit des Bürgers zur Mitwirkung an der Willensbildung, in: HStR, Bd. III, 3. Aufl. 2005, S. 229 (236); anstatt vieler *G. Leibholz*, VVDStRL 24 (1966), 5 (26 ff.).

[148] BVerfGE 20, 56 (101); 24, 260 (264); 44, 125 (149); 52, 63 (82); 60, 53 (66 f.); 85, 264 (284); *D. Grimm*, Politische Parteien, in: HdbVerfR, 2. Aufl. 1994, S. 599 (605 ff.); *W. Henke*, Das Recht der politischen Parteien, 2. Aufl. 1972, S. 18; *K. Hesse*, VVDStRL 17 (1959), 11 (19); *G. Leibholz*, VVDStRL 24 (1966), 5 (14 ff.); *J. Krüper/H. Kühr*, ZJS 2014, 143 (144 f.); *M. Kotzur*, VVDStRL 69 (2010), 173 (207).

[149] *W. Schmitt Glaeser*, Die grundrechtliche Freiheit des Bürgers zur Mitwirkung an der Willensbildung, in: HStR, Bd. III, 3. Aufl. 2005, S. 229 (245); *J. Dietlein*, Die politische Betätigung in der Gesellschaft, in: Stern, Das Staatsrecht der Bundesrepublik Deutschland, Bd. IV/2, 2011, S. 3 (14).

der politischen Meinungsbildung.[150] Unabhängig vom Organisationstypus muss der Staat im Verhältnis zu politischen Parteien, politischen Meinungsgruppen ohne Parteistatus, politischen Meinungsäußerungen einzelner Personen[151] sowie allgemein gegenüber politischen Meinungen neutral sein. Bezüglich Letzteren ist jedoch darauf hinzuweisen, dass es keine trägerlosen Interessen gibt (s. o.). Der Sinn und Zweck der Neutralitätsforderung erschöpft sich nicht nur im Verhältnis zu einer bestimmten Personengruppe, denn die hinter der Neutralität stehenden Beweggründe wie politischer Pluralismus, politischer Wettbewerb, Staatsfreiheit politischer Willensbildung, Gemeinwohlbindung, Amtsbonus sowie die Gewährleistung von Freiheit und Gleichheit knüpfen nicht an die Parteieigenschaft an (s. u. Teil 1 III. 5., Teil 2 I.). Daher sollte für die grundsätzliche Geltung eines politischen Neutralitätsgebots nicht die Organisationsform maßgeblich sein, sondern die Teilnahme und das öffentliche Wirken am Prozess der politischen Meinungs- und Willensbildungsprozesses.

Für ein weites Neutralitätsverständnis sprechen tatsächliche wie rechtliche Gründe, die sich im Folgenden durch eine strukturelle Vergleichsanalyse von politischen Parteien und sonstigen Interessenvereinigungen zeigen.

aa) Politische Parteien

Die Existenz der parlamentarischen Parteiendemokratie schafft erst die verfassungsrechtliche Grundlage für das Bestehen einer Parteienvielfalt, welche letztlich das Bedürfnis nach einer Neutralität in parteipolitischen Angelegenheiten weckt. Die parlamentarische Demokratie des Grundgesetzes ist in der Form ausgestaltet, dass sie von politischen Parteien beherrscht wird.[152] Artikel 21 GG sichert den Parteienpluralismus verfassungsrechtlich ab, indem er das Wirken von Parteien ausdrücklich vorsieht. Daraus ergibt sich verfassungsrechtlich die dominante Rolle der Parteien im politischen System.[153] Es ist vielfach daher die Rede von einer parlamentarischen Parteiendemokratie.[154]

---

[150] Anders das OVG NRW, Urteil v. 04. November 2016, 15 A 2293/15, S. 21 ff.; dazu s. u. Teil 1 III. 2. c) cc). In BVerfGE 136, 323 (332) ist die Rede davon, „dass der Bundespräsident eine gewisse Distanz zu Zielen und Aktivitäten von politischen Parteien und gesellschaftlichen Gruppen wahrt.“ Auch in dieser Entscheidung verkennt das Gericht nicht, dass neben Parteien auch andere Vereinigungen Akteure des Meinungsbildungsprozesses sind, weswegen auch diesen gegenüber Distanz zu wahren ist.

[151] Vgl. OVG NRW, Urteil v. 04. November 2016, 15 A 2293/15, S. 24, in dem die staatliche Bindung an politische Neutralität im Verhältnis zu politischen Meinungsgruppen ohne Parteistatus sowie im Verhältnis zu politischen Meinungsäußerungen Einzelner verneint wird.

[152] *J. F. Lindner*, ZBR 2010, 325 (329) im Zusammenhang mit Neutralität im Berufsbeamtentum; *M. Brenner*, Das Prinzip Parlamentarismus, in: HStR, Bd. III, 3. Aufl. 2005, S. 477 (510 f.). Vgl. auch *C. Schmitt*, Der Hüter der Verfassung, Tübingen 1931, S. 87 ff.

[153] *M. Brenner*, Das Prinzip Parlamentarismus, in: HStR, Bd. III, 3. Aufl. 2005, S. 477 (510).

[154] Zu den Risiken, die das Zusammenspiel von Parlamentarismus und Parteienstaatlichkeit haben kann *M. Brenner*, Das Prinzip Parlamentarismus, in: HStR, Bd. III, 3. Aufl. 2005, S. 477

Artikel 21 Abs. 1 GG ist die grundlegende Verfassungsnorm für das Wirken von politischen Parteien. Unter die Parteienfreiheit ist die Gründungs- und Betätigungsfreiheit sowie vor allem das Recht, an der politischen Willensbildung des Volkes mitzuwirken, zu fassen.[155] Parteien sind Träger der Parteienfreiheit und können sich für parteitypische Tätigkeiten darauf berufen. Darüber hinaus sind sie auch Träger von Grundrechten, die ihre Aktivitäten freiheitsrechtlich abdecken und ihrem Wesen nach auf sie anwendbar sind.[156] Damit ist der verfassungsrechtliche Schutz ihres Wirkens nicht auf denjenigen des Artikels 21 Abs. 1 GG beschränkt.

In Anbetracht der Tatsache, dass politische Parteien[157] eine Verbindung zwischen dem Staat und der Gesellschaft darstellen, ist es nicht verwunderlich, dass die alt bekannte Unterscheidung zwischen Staat und Gesellschaft (s. o. Teil 1 III. 2. a)) im Rahmen der thematischen Auseinandersetzung mit politischen Parteien aufgeworfen wird.[158] Dies liegt aber auch nicht unwesentlich an dem Zusammenspiel zweier Aspekte: Zum einen an der Funktion, die politische Parteien innehaben, nämlich zur politischen Meinungsbildung der Bürgerschaft beizutragen, was sowohl in Artikel 21 Abs. 1 S. 1 GG als auch in § 1 Abs. 2 Parteiengesetz niedergelegt ist, und zum anderen an der Tatsache, dass sie Einfluss auf staatliches Handeln ausüben,[159] indem sie politische Auffassungen bündeln, politische Programme erstellen, Kandidaten zur Wahl aufstellen etc. „Von Herkunft zweifellos gesellschaftlich, haben

(510 f.) m. w. N. Vgl. insgesamt zum Parteienstaat *P. M. Huber*, JZ 1994, 689 ff., der zum Ergebnis kommt, dass der Parteienstaat des Grundgesetzes ohne Alternative ist.

155 *M. Morlok*, in: Dreier, GG, Bd. 2, 3. Aufl. 2015, Art. 21 Rn. 19 ff., 49 ff.; *R. Sannwald*, in: Schmidt-Bleibtreu/Hofmann/Henneke, GG, 13. Aufl. 2014, Art. 21 Rn. 41 ff., 46 ff.

156 *M. Morlok*, in: Dreier, GG, Bd. 2, 3. Aufl. 2015, Art. 21 Rn. 55 ff.; *R. Sannwald*, in: Schmidt-Bleibtreu/Hofmann/Henneke, GG, 13. Aufl. 2014, Art. 21 Rn. 69 ff.; *J. Ipsen*, in: Sachs, GG, 7. Aufl. 2014, Art. 21 Rn. 45 f.

157 Grundlegend *G. Radbruch*, Die politischen Parteien im System des deutschen Verfassungsrechts, in: HdbDStR, Bd. I, 1930, S. 285 ff.; *H. Krüger*, Allgemeine Staatslehre, 1964, S. 367 ff. Vgl. auch den Bericht der vom Bundesminister des Innern eingesetzten Parteienrechtskommission: „Rechtliche Ordnung des Parteiwesens", 1957. Vgl. umfassend zur verfassungsrechtlichen Stellung politischer Parteien *W. Henke*, Das Recht der politischen Parteien, 2. Aufl. 1972, S. 1 ff.; *D. Grimm*, Politische Parteien, in: HdbVerfR, 2. Aufl. 1994, S. 599 (602 ff.); *K. Hesse*, VVDStRL 17 (1959), 11 (19); BVerfGE 20, 56 (100 f.).

158 Vgl. für eine ausführliche Auseinandersetzung *W. Henke*, Das Recht der politischen Parteien, 2. Aufl. 1972, S. 1 ff.; *D. Grimm*, Politische Parteien, in: HdbVerfR, 2. Aufl. 1994, S. 599 (599 f., 610 ff.); *S. Ossege*, Das Parteienrechtsverhältnis, 2012, S. 33 ff., 46 ff.; s. auch *W. Schmitt Glaeser*, Die grundrechtliche Freiheit des Bürgers zur Mitwirkung an der Willensbildung, in: HStR, Bd. III, 3. Aufl. 2005, S. 229 (230 f.) sowie *G. Leibholz*, VVDStRL 24 (1966), 5 (9 ff.), der vor allem das angelsächsische politische Denken im Hinblick auf das Verhältnis zwischen Staat und Gesellschaft darlegt und mit der europäischen Konzeption dazu vergleicht.

159 BVerfGE 85, 264 (284 ff.); *W. Henke*, Das Recht der politischen Parteien, 2. Aufl. 1972, S. 18; *S. Ossege*, Das Parteienrechtsverhältnis, 2012, S. 44 f.; *M. Kloepfer*, Öffentliche Meinung, Massenmedien, in: HStR, Bd. III, 3. Aufl. 2005, S. 389 (404); *J. Krüper*/*H. Kühr*, ZJS 2014, 143 ff.; s. auch den Bericht der vom Bundesminister des Innern eingesetzten Parteienrechtskommission: „Rechtliche Ordnung des Parteiwesens", 1957, S. 74 ff., 128 f.

sie als Ziel doch den Staat."[160] Hierbei wird ihre Eigenschaft als Bindeglied und ihre Sonderstellung deutlich, da sie eben sowohl in der staatlichen als auch in der gesellschaftlichen Sphäre nicht wegzudenken sind. Im staatlichen Bereich sind sie aufgrund ihrer Funktion in den Rang einer verfassungsrechtlichen Institution erhoben trotz ihres gesellschaftlichen Ursprungs,[161] was sie besonders hervorhebt.

Möchte man den Parteibegriff näher erläutern, bedarf es sowohl des Rückgriffs auf Artikel 21 GG als auch auf § 2 Parteiengesetz. Zwar bietet die Verfassungsnorm keine Definition, allerdings kann die Legaldefinition der einfachgesetzlichen Norm aus dem Parteiengesetz, die nach ständiger bundesverfassungsgerichtlicher Rechtsprechung eine verfassungsmäßige Konkretisierung des Parteienbegriffs des Artikel 21 Abs. 1 GG darstellt, herangezogen werden.[162] Gemäß § 2 Abs. 1 Parteiengesetz[163] sind Parteien Vereinigungen von natürlichen Personen, die dauernd oder für längere Zeit für den Bereich des Bundes oder eines Landes auf die politische Willensbildung Einfluss nehmen und an der Vertretung des Volkes im Deutschen Bundestag oder einem Landtag mitwirken wollen, wenn sie nach dem Gesamtbild der tatsächlichen Verhältnisse, insbesondere nach Umfang und Festigkeit ihrer Organisation, nach der Zahl ihrer Mitglieder und nach ihrem Hervortreten in der Öffentlichkeit eine ausreichende Gewähr für die Ernsthaftigkeit dieser Zielsetzung bieten. Dieser Definition lassen sich die maßgeblichen Tatbestandsmerkmale entnehmen, die vor allem den verfassungsrechtlichen Parteibegriff wesentlich prägen.

Was sich ebenfalls aus der Definition ergibt, ist die bereits vorgegebene Zweckrichtung politischer Parteien. Sie genießen nicht die Freiheit, ihre Zwecke selbst festzulegen. Diese sind rechtlich festgeschrieben, was sich zum einen aus der Definition ergibt und zum anderen aus anderen Vorschriften aus dem Parteiengesetz, wie zum Beispiel aus § 1 Abs. 4 Parteiengesetz, der vorschreibt, dass Parteien ihre Mittel ausschließlich für die ihnen nach dem Grundgesetz und diesem Gesetz obliegenden Aufgaben verwenden sollen, oder aus § 18 Abs. 1 S. 1 Parteiengesetz, in dem es heißt, dass Parteien staatliche Mittel als Teilfinanzierung der allgemein

---

[160] *D. Grimm*, Politische Parteien, in: HdbVerfR, 2. Aufl. 1994, S. 599 (610 ff.): Er arbeitet heraus, dass es aufgrund des Wirkens in beiden Bereichen nicht auf die Frage ankomme, ob Parteien der einen oder der anderen Seite zuzuordnen seien, sondern inwieweit sie in den beiden Bereichen integriert sein dürften; ebd., S. 613.

[161] BVerfGE 1, 208 (225); 11, 266 (273); 44, 125 (145); vgl. *P. Kunig*, Parteien, in: HStR, Bd. III, 3. Aufl. 2005, S. 297 (352 ff.) für eine Aufzählung der verschiedenen Beschreibungsweisen der verfassungsrechtlichen Stellung von Parteien durch das BVerfG; s. auch *G. Leibholz*, VVDStRL 24 (1966), 5 (16) sowie den Bericht der vom Bundesminister des Innern eingesetzten Parteienrechtskommission: „Rechtliche Ordnung des Parteiwesens", 1957, S. 71, 111.

[162] BVerfGE 24, 260 (263 f.); 89, 266 (269 f.); 91, 262 (266 f.); 91, 276 (284). Dazu *P. Kunig*, Parteien, in: HStR, Bd. III, 3. Aufl. 2005, S. 297 (304); an dieser Stelle lesenswert der Bericht der vom Bundesminister des Innern eingesetzten Parteienrechtskommission: „Rechtliche Ordnung des Parteiwesens", 1957, S. 117 f., 123 ff.

[163] Vgl. ausführlicher dazu *H. Wißmann*, in: J. Kersten/S. Rixen (Hrsg.), Parteiengesetz (PartG) und Europäisches Parteienrecht, 2009, § 2 PartG; *S. Ossege*, Das Parteienrechtsverhältnis, 2012, S. 46 ff.; *J. Köhler*, Parteien im Wettbewerb, 2006, S. 78 ff.

ihnen nach dem Grundgesetz obliegenden Tätigkeit erhalten.[164] Daher sind politische Parteien Spezialzweckorganisationen, was „die Folge der von der Verfassung akzeptierten und statuierten Demokratierelevanz der Parteien" ist.[165]

Das Handlungsfeld politischer Parteien zeichnet sich also durch die Mitwirkung am und Einflussnahme auf die politische Meinungs- und Willensbildung aus. Dies geschieht nach dem Grundgesetz – hauptsächlich, wenn auch nicht ausschließlich – durch die Beteiligung an Wahlen, welche den Volkswillen mit dem Staatswillen erst miteinander in Verbindung bringen.[166] Die Unterscheidung der Willensbildungsprozesse des Volkes und des Staates ergibt sich aus der Verfassung selbst, nämlich aus Artikel 20 Abs. 2 GG und Artikel 21 Abs. 1 GG.[167] In Anbetracht dieser Verbindung kann in Bezug auf politische Parteien von demokratienotwendigen Akteuren des Grundgesetzes gesprochen werden.[168]

Die Entfaltung der politischen Meinungs- und Willensbildung ist ein ständiger, dynamischer Prozess und zeitlich nicht zu begrenzen auf den Zeitraum von Wahlen. An diesem Prozess sind neben Parteien auch andere Personenzusammenschlüsse beteiligt, die nicht an Wahlen teilnehmen, sodass eine zeitliche Beschränkung auch deswegen ausgeschlossen ist. Darauf stützt sich vorliegend die These der politischen Neutralitätsforderung, die personell auf alle Beteiligten auszuweiten und zeitlich auf den gesamten Willensbildungsprozess zu erstrecken ist.

---

[164] *M. Morlok*, Parteienrecht ist Organisationsrecht, in: M. Bäuerle/P. Dann/A. Wallrabenstein (Hrsg.), Demokratie-Perspektiven, Festschrift für Brun-Otto Bryde zum 70. Geburtstag, 2012, S. 231 (244 f.).

[165] *M. Morlok*, Parteienrecht ist Organisationsrecht, in: M. Bäuerle/P. Dann/A. Wallrabenstein (Hrsg.), Demokratie-Perspektiven, Festschrift für Brun-Otto Bryde zum 70. Geburtstag, 2012, S. 231 (245).

[166] BVerfGE 20, 56 (98, 114); 85, 264 (284 f.); *S. Ossege*, Das Parteienrechtsverhältnis, 2012, S. 41; *P. Kunig*, Parteien, in: HStR, Bd. III, 3. Aufl. 2005, S. 297 (329); *D. Grimm*, Politische Parteien, in: HdbVerfR, 2. Aufl. 1994, S. 599 (606 f.). Vgl. kritisch dazu, dass die Wahlbeteiligung und Wahlvorbereitung als fast alleinige Funktion politischer Parteien dargestellt wird, vor allem in BVerfGE 20, 56 ff., *D. Grimm*, Politische Parteien, in: HdbVerfR, 2. Aufl. 1994, S. 599 (607 f.) m. w. N. Auch der Bericht der vom Bundesminister des Innern eingesetzten Parteienrechtskommission: „Rechtliche Ordnung des Parteiwesens", 1957, S. 128 stellt klar, dass sich die Funktion nicht allein in der Wahlvorbereitung erschöpfen darf. Zur Unterscheidung des Willensbildungsprozesses des Volkes und des Staates s. BVerfGE 8, 104 (113 f.); *W. Schmitt Glaeser*, Die grundrechtliche Freiheit des Bürgers zur Mitwirkung an der Willensbildung, in: HStR, Bd. III, 3. Aufl. 2005, S. 229 (247 f.) sowie *M. Kloepfer*, Öffentliche Meinung, Massenmedien, in: HStR, Bd. III, 3. Aufl. 2005, S. 389 (400 ff.); *J. Dietlein*, Die politische Betätigung in der Gesellschaft, in: Stern, Das Staatsrecht der Bundesrepublik Deutschland, Bd. IV/2, 2011, S. 3 (4 ff.); *S. Ossege*, Das Parteienrechtsverhältnis, 2012, S. 35 ff. Vgl. für Ausführungen zur Aufgabe und Rolle politischer Parteien bei Wahlen *J. Krüper/H. Kühr*, ZJS 2014, 346 ff.

[167] *W. Schmitt Glaeser*, Der freiheitliche Staat des Grundgesetzes, 2008, S. 133 f.; *W. Henke*, Das Recht der politischen Parteien, 2. Aufl. 1972, S. 18.

[168] BVerfGE 1, 208 (223 ff.); 4, 27 (30 f.); 8, 51 (63); 13, 54 (81 f.); 20, 56 (100 ff.); 85, 264 (284); 91, 276 (284 f.); *D. Grimm*, Politische Parteien, in: HdbVerfR, 2. Aufl. 1994, S. 599 (606); vgl. für eine ältere Abhandlung zu politischen Parteien *G. Leibholz*, DVBl. 1950, 194 ff.

bb) Sonstige politische Personenvereinigungen

Das Pendant zur Parteienstaatlichkeit und der damit einhergehenden Vielfalt an politischen Parteien stellt der Pluralismus sonstiger politischer Personenvereinigungen dar. Auch in diesem Kontext zeichnet sich die Gesellschaft durch Mannigfaltigkeit aus. Die Rechtsform einer Personenvereinigung ist nicht maßgebend für das Bestehen vom politischen Pluralismus. Zusammenschlüsse, die keine politische Partei darstellen, können genauso am politischen Meinungswettbewerb beteiligt sein und zur Entfaltung des Meinungs- und Willensbildungsprozesses beitragen wie politische Parteien auch. Dass an die Rechtsform geknüpfte Unterschiede bestehen, ist eine andere Frage (s. u. Teil 1 III. 2. c) cc) und dd)).

Als Nebenakteur und zur Abgrenzung von politischen Parteien ist häufig die Rede von Verbänden.[169] Diese sind aus politikwissenschaftlicher Sicht „eine auf Dauer angelegte Vereinigung von Personen, Gruppen, Unternehmen oder Institutionen zur organisierten Interessenvertretung gegenüber Dritten, d. h. konkurrierenden Vereinigungen, staatlichen Einrichtungen, Parteien und der Öffentlichkeit.“[170] Entscheidend ist das Zusammenkommen für einen gemeinsamen Zweck sowie ein gewisser Organisationsgrad, der solchen Zusammenschlüssen innezuwohnen hat.[171] Aus rechtswissenschaftlicher Perspektive muss hinzugefügt werden, dass solche Vereinigungen insbesondere dafür da sind, staatliches Handeln und staatliche Entscheidungen zu beeinflussen.[172] Ihr Wirken wird in einer hoch-

---

[169] Beispielsweise in BVerfGE 8, 104 (113) („des Einzelnen, der Gruppen, der politischen Parteien, Verbände und sonstigen gesellschaftlichen Gebilde“); 20, 56 (99) („Gruppen, Verbände und gesellschaftliche Gebilde“); 44, 125 (184) („Interessentengruppen und Verbände“), (190) („politischen Parteien, Verbänden, gesellschaftlichen Gruppen“); 85, 264 (284) („die einzelnen Bürger sowie Verbände, Gruppen und Vereinigungen“); vgl. auch den Bericht der vom Bundesminister des Innern eingesetzten Parteienrechtskommission: „Rechtliche Ordnung des Parteiwesens“, 1957, S. 79 ff.; aus der Literatur *U. Scheuner*, ZEE 1957, 30 ff.; *K. Hesse*, VVDStRL 17 (1959), 11 (22); *D. Grimm*, Politische Parteien, in: HdbVerfR, 2. Aufl. 1994, S. 599 (607 f.); *ders.*, Verbände, in: HdbVerfR, 2. Aufl. 1994, S. 657 ff.; *H. H. Klein*, in: Maunz/Dürig, GG, Art. 21 (2016) Rn. 165; *W. Schmitt Glaeser*, Die grundrechtliche Freiheit des Bürgers zur Mitwirkung an der Willensbildung, in: HStR, Bd. III, 3. Aufl. 2005, S. 229 (252 f.); *H. Krüger*, Allgemeine Staatslehre, 1964, S. 379 ff.; *ders.*, NJW 1956, 1217 ff.; *G. Leibholz*, VVDStRL 24 (1966), 5 ff.; *U. Scheuner*, DÖV 1965, 577 ff.; vgl. auch *H.-D. Horn*, Verbände, in: HStR, Bd. III, 3. Aufl. 2005, S. 357 (376 ff.) sowie *J. Weber*, Verbände, in: Görres-Gesellschaft (Hrsg.), Staatslexikon, Bd. V, 7. Aufl. 1988, Sp. 593 (600 ff.) für eine theoretische Darstellung. Vgl. umfassend dazu auch *B. Reichert*, Handbuch des Vereins- und Verbandsrechts, 12. Aufl. 2009, der die Begriffe des Vereins und Verbandes synonym verwendet.

[170] *J. Weber*, Verbände, in: Görres-Gesellschaft (Hrsg.), Staatslexikon, Bd. V, 7. Aufl. 1988, Sp. 593 (593); s. ferner *C. Böhret/W. Jann/E. Kronenwett*, Innenpolitik und politische Theorie, 3. Aufl. 1988, S. 58 ff.

[171] *J. Weber*, Verbände, in: Görres-Gesellschaft (Hrsg.), Staatslexikon, Bd. V, 7. Aufl. 1988, Sp. 593 (593); *H.-D. Horn*, Verbände, in: HStR, Bd. III, 3. Aufl. 2005, S. 357 (360) m. w. N.

[172] *R. Steinberg*, Verbände, in: Görres-Gesellschaft (Hrsg.), Staatslexikon, Bd. V, 7. Aufl. 1988, Sp. 593 (597); *C. Böhret/W. Jann/E. Kronenwett*, Innenpolitik und politische Theorie, 3. Aufl. 1988, S. 59; *H. H. v. Arnim*, Gemeinwohl und Gruppeninteressen, 1977, S. 134; dazu tiefergehend *H. Krüger*, Allgemeine Staatslehre, 1964, S. 399 ff.

gradig pluralistischen Gesellschaft, wie sie heute gegeben ist, nicht angezweifelt. Pluralismus bedeutet nämlich Meinungsvielfalt in den verschiedensten Bereichen, sodass daraus entstehende Personenvereinigungen eine logische Konsequenz sind. Entscheidendes Merkmal ist, dass Verbände ein gegenständlich beschränktes und auf eine bestimmte Personengruppe begrenztes Interesse verfolgen.[173] Daher verwendet man Begriffe wie Verbände, Interessenverbände oder Interessenvereinigungen etc. synonym.

Politische Verbände, wie sie hier im Vordergrund stehen (s. u. Teil 1 III. 2. c) cc)), zielen darauf ab, nach außen hin öffentlichkeitswirksam ihr Interesse, ihre Ansichten und Motive darzustellen und zu verbreiten. Damit leisten sie Integrationsarbeit der Interessen der Bürger, die ihre Grundlage darstellen.[174] Es geht ihnen darum, auf die öffentliche Meinung im Interesse ihrer Mitglieder einzuwirken und diese zu formen.[175] Dieses Feld der organisierten Gruppeninteressen ist durch die grundgesetzliche Gewährleistung der Grundrechte der Vereinigungs-, Meinungs- und Versammlungsfreiheit legitimiert.[176] Politische Vereinigungen sind grundgesetzlich den gemäß Artikel 9 GG geschützten Vereinigungen von natürlichen Personen zuzuordnen. Sie unterscheiden sich durch ihr rechtliches Gepräge und ihre Organisation von Versammlungen als einem kurzfristigen Ad Hoc-Zusammenschluss.[177] Diese politischen Freiheitsrechte ermöglichen Gruppierungen, sich zusammenzuschließen, ihre Ansichten öffentlich zu präsentieren und damit aktiv an der politischen Willensbildung mitzuwirken. Nichtsdestotrotz werden Verbände im Hinblick auf ihr Handeln und ihre Teilnahme am politischen Willensbildungsprozess im Grundgesetz nicht gesondert behandelt.[178]

---

[173] *H. H. Klein*, in: Maunz/Dürig, GG, Art. 21 (2016) Rn. 165; *W. Henke*, Das Recht der politischen Parteien, 2. Aufl. 1972, S. 32; *H.-D. Horn*, Verbände, in: HStR, Bd. III, 3. Aufl. 2005, S. 357 (361); *S. Ossege*, Das Parteienrechtsverhältnis, 2012, S. 40 f.; *G. Leibholz*, VVDStRL 24 (1966), 5 (21); *U. Scheuner*, DÖV 1965, 577 (580).

[174] *R. Steinberg*, Verbände, in: Görres-Gesellschaft (Hrsg.), Staatslexikon, Bd. V, 7. Aufl. 1988, Sp. 593 (598); *H. Krüger*, NJW 1956, 1217 (1219); zu den Aktions- und Einflussmöglichkeiten vgl. *C. Böhret*/*W. Jann*/*E. Kronenwett*, Innenpolitik und politische Theorie, 3. Aufl. 1988, S. 59; s. allgemein zum Prinzip der Repräsentation *U. Scheuner*, DÖV 1965, 577 ff.; *H. Oberreuter*, Bewährung und Herausforderung, 1989, S. 136 ff.; *H. Krüger*, Allgemeine Staatslehre, 1964, S. 253 ff.

[175] BVerfGE 20, 56 (99); *K. Hesse*, VVDStRL 17 (1959), 11 (23); vgl. auch den Bericht der vom Bundesminister des Innern eingesetzten Parteienrechtskommission: „Rechtliche Ordnung des Parteiwesens", 1957, S. 81.

[176] *K. Hesse*, VVDStRL 17 (1959), 11 (23); s. auch *D. Grimm*, Politische Parteien, in: HdbVerfR, 2. Aufl. 1994, S. 599 (608); insbesondere auch *D. Grimm*, Verbände, in: HdbVerfR, 2. Aufl. 1994, S. 657 ff.; *T. Barczak*, NVwZ 2015, 1014 (1019); *H.-D. Horn*, Verbände, in: HStR, Bd. III, 3. Aufl. 2005, S. 357 (383).

[177] *W. Schmitt Glaeser*, Die grundrechtliche Freiheit des Bürgers zur Mitwirkung an der Willensbildung, in: HStR, Bd. III, 3. Aufl. 2005, S. 229 (241).

[178] *D. Grimm*, Verbände, in: HdbVerfR, 2. Aufl. 1994, S. 657 (657); *R. Steinberg*, Verbände, in: Görres-Gesellschaft (Hrsg.), Staatslexikon, Bd. V, 7. Aufl. 1988, Sp. 593 (597). Vgl. zu diesem Punkt ausführlicher *H.-D. Horn*, Verbände, in: HStR, Bd. III, 3. Aufl. 2005, S. 357 (358 f.); ein solches Bedürfnis verneint *U. Scheuner*, DÖV 1965, 577 (581).

cc) Vergleichsanalyse

Im Vergleich dieser Beteiligten zueinander lässt sich zunächst einmal feststellen, dass politischen Parteien wie Verbänden gemein ist, dass sie zur Verfolgung eines gemeinsamen Zwecks zusammenkommen und ihre Interessen außenwirksam vertreten und verbreiten bzw. dies beabsichtigen. Verbände sind „dadurch charakterisiert, daß sie die Menschen nicht politisch im engeren Sinne, staatspolitisch, d. h. auf die existenziellen Entscheidungen über ihr Dasein in der Gemeinschaft und deshalb auf die Gesamtheit und das Gemeinwohl bezogen repräsentieren, sondern sie unter bestimmten Aspekten, die man meist Interessen nennt, sammeln und gruppieren. Der jeweilige Aspekt kann umfassender sein (...)." Sie vereinigen sich für ein beliebiges partikulares Interesse. Demgegenüber handeln Parteien politisch im engeren Sinne. Es geht diesen nicht um ein partikulares Interesse, sondern „um den ganzen Menschen in der weltlichen Ordnung und um die Gestalt, die die Ordnung von Staat und Gesellschaft im ganzen und für alle erhalten soll, und darum nicht um dieses oder jenes Interesse, sondern um das Gemeinwohl, d. h. um den Ausgleich oder die Entscheidung unter allen Interessen."[179]

Die Verbände, auf die sich vorliegend die Ausführungen in Gegenüberstellung mit politischen Parteien beziehen, sind Vereinigungen, die im Grunde wie Parteien staatspolitisch sind, aber denen die Parteieigenschaft fehlt (s. o. Teil 1 III. 2. c) bb)).

Sowohl politische Parteien als auch andere politische Gruppierungen besitzen die Eigenschaft und verfolgen das Ziel, auf den politischen Meinungsbildungsprozess des Volkes einzuwirken. Selber sind sie Gebilde, die aus der Mitte der Gesellschaft entstehen. Dadurch, dass es faktisch gesehen neben politischen Parteien auch andere Akteure als Ausfluss einer pluralistischen Gesellschaft gibt, kann bezüglich politischer Parteien nicht die Rede von einem Monopol bei der politischen Meinungs- und Willensbildung sein.[180] Dies wird verfassungsrechtlich durch

---

[179] *W. Henke*, Das Recht der politischen Parteien, 2. Aufl. 1972, S. 32f. S. auch *P. Kunig*, Parteien, in: HStR, Bd. III, 3. Aufl. 2005, S. 297 (301); *U. Scheuner*, DÖV 1965, 577 (580); *ders.*, ZEE 1957, 30 (38); *J. Krüper/H. Kühr*, ZJS 2014, 16 (21); *W. Schmitt Glaeser*, Der freiheitliche Staat des Grundgesetzes, 2008, S. 188. Vgl. ferner *W. Schmitt Glaeser*, Die grundrechtliche Freiheit des Bürgers zur Mitwirkung an der Willensbildung, in: HStR, Bd. III, 3. Aufl. 2005, S. 229 (241, 253), der an dieser Stelle von einer strukturellen Überlegenheit der Verbände gegenüber politischen Parteien bzw. Volksparteien spricht aufgrund der Spezialisierung; so auch *H. H. v. Arnim*, Gemeinwohl und Gruppeninteressen, 1977, S. 132. Vgl. auch *H.-D. Horn*, Verbände, in: HStR, Bd. III, 3. Aufl. 2005, S. 357 (361); *S Ossege*, Das Parteienrechtsverhältnis, 2012, S. 40f.; *G. Leibholz*, VVDStRL 24 (1966), 5 (21); *H. H. Klein*, in: Maunz/Dürig, GG, Art. 21 (2016) Rn. 165.

[180] BVerfGE 2, 1 (10); 20, 56 (114); 85, 264 (284); *K. Hesse*, VVDStRL 17 (1959), 11 (23, da Fn. 35); *H. H. v. Arnim*, Gemeinwohl und Gruppeninteressen, 1977, S. 132f.; s. auch *D. Grimm*, Politische Parteien, in: HdbVerfR, 2. Aufl. 1994, S. 599 (608), der sich kritisch zu BVerfGE 1, 208 (223 f.) äußert, da darin ein Monopol für politische Parteien begründet werde, was heute nicht haltbar sei. So auch *T. Wahnschaffe*, NVwZ 2016, 1767 (1770). Ferner *G. Leibholz*, VVDStRL 24 (1966), 5 (26ff.) für eine Gegenüberstellung von Parteien und Verbänden. *U. Scheuner*, DÖV 1965, 577 (580) nimmt ein Ergänzungsverhältnis zwischen Parteien und Verbänden an.

die Formulierung in Artikel 21 Abs. 1 S. 1 GG unterstrichen, in dem es heißt, dass politische Parteien an der politischen Meinungsbildung „mit“wirken.[181]

Im Hinblick auf Einflussmöglichkeiten auf die Bürgerschaft sind aber lediglich politische Parteien mit der Möglichkeit und Chance ausgestattet, auf die institutionalisierte Willensbildung des Staates einzuwirken und sie zu formen, indem sie ihre Ansichten ohne Mühe in den staatlichen Entscheidungsprozess integrieren können und sollen.[182] Maßgeblich dafür ist die Teilnahme politischer Parteien an Wahlen, durch die sie direkte Einwirkungsmöglichkeiten bekommen. Sie bringen ihre politischen Programme dadurch in die staatliche Willensbildung ein, dass sie an der inhaltlichen Bestimmung verbindlicher staatlicher Entscheidungen unmittelbar mitwirken. Neben der Mitwirkung am politischen Meinungs- und Willensbildungsprozess in der Gesellschaft ist es ihr Ziel am Ende jeder Legislaturperiode, durch Wahlerfolge ihre politischen Programme durchzusetzen. Durch diese Zielsetzung unterscheiden sich Parteien von sonstigen Kollektiven. Zwar geht es letztlich auch Letzteren um Einwirkungschancen auf staatliche Entscheidungen, aber ihnen fehlen dazu die nötigen Mittel. Durch die günstige Position, die nur Parteien zugutekommt, sind sie nicht mehr nur dem Bereich der Gesellschaft zuzuordnen, zwar auch nicht dem Bereich des Staates, aber dadurch erhalten sie ihre Funktion als Bindeglied.[183] Diese ergibt sich auch aus der Norm des § 1 Abs. 2 Parteiengesetz, der davon spricht, dass politische Parteien für eine ständige lebendige Verbindung zwischen dem Volk und den Staatsorganen sorgen sollen.

Ihre Sonderrolle ist ferner auf Artikel 21 GG zurückzuführen, der diese bestätigt. Eine solche Normierung besteht nur für politische Parteien und nicht für gesellschaftliche Verbände. Parteien können sich für parteitypische Tätigkeiten auf die Parteienfreiheit berufen, aber auch auf einschlägige Grundrechte, sofern diese wesensmäßig anwendbar sind.[184]

---

[181] *M. Morlok*, in: Dreier, GG, Bd. 2, 3. Aufl. 2015, Art. 21 Rn. 25; *D. Grimm*, Politische Parteien, in: HdbVerfR, 2. Aufl. 1994, S. 599 (608); *W. Schmitt Glaeser*, Die grundrechtliche Freiheit des Bürgers zur Mitwirkung an der Willensbildung, in: HStR, Bd. III, 3. Aufl. 2005, S. 229 (236); *P. Kunig*, Parteien, in: HStR, Bd. III, 3. Aufl. 2005, S. 297 (305). S. auch *D. Th. Tsatsos*, Ein Recht auf innerparteiliche Opposition?, in: M. Morlok/H.-R. Schmidt/D. Stefanou (Hrsg.), Dimitris Th. Tsatsos: Verfassung – Parteien – Europa, 1998/99, S. 423 (424).

[182] BVerfGE 20, 56 (99, 101) jeweils m. w. N.); *K. Hesse*, VVDStRL 17 (1959), 11 (23); *D. Grimm*, Politische Parteien, in: HdbVerfR, 2. Aufl. 1994, S. 599 (608); *W. Henke*, Das Recht der politischen Parteien, 2. Aufl. 1972, S. 18; *H.-D. Horn*, Verbände, in: HStR, Bd. III, 3. Aufl. 2005, S. 357 (361 f.); *G. Leibholz*, VVDStRL 24 (1966), 5 (22); *H. Krüger*, Allgemeine Staatslehre, 1964, S. 407.

[183] BVerfGE 20, 56 (101); 44, 125 (149); 52, 63 (82); 60, 53 (66 f.); 85, 264 (284); *D. Grimm*, Politische Parteien, in: HdbVerfR, 2. Aufl. 1994, S. 599 (605 ff.); *W. Henke*, Das Recht der politischen Parteien, 2. Aufl. 1972, S. 18; *K. Hesse*, VVDStRL 17 (1959), 11 (19); *J. Krüper*/*H. Kühr*, ZJS 2014, 143 (144 f.).

[184] *M. Morlok*, in: Dreier, GG, Bd. 2, 3. Aufl. 2015, Art. 21 Rn. 55 ff.; *R. Sannwald*, in: Schmidt-Bleibtreu/Hofmann/Henneke, GG, 13. Aufl. 2014, Art. 21 Rn. 69 ff.; *J. Ipsen*, in: Sachs, GG, 7. Aufl. 2014, Art. 21 Rn. 45 f.

Demgegenüber genießen sonstige Vereinigungen „nur" den Schutz der Kommunikationsfreiheiten,[185] also der Artikel 5 Abs. 1 S. 1, Artikel 8 GG sowie Artikel 9 Abs. 1 GG. Jedoch stellen diese im Hinblick auf die Besonderheiten, die sich aus Artikel 21 GG für Parteien sowie den einfachgesetzlichen Regelungen ergeben, kein Äquivalent dar. Verbände sind in größerem Maße auf andere gesellschaftliche Teilnehmer wie politische Parteien und die Medien angewiesen.[186] Jedenfalls aber gibt es auf Seiten beider Beteiligten Verfassungsnormen, nämlich politische Freiheitsrechte,[187] die für sie streiten und ihnen die Teilnahme am Prozess der politischen Meinungs- und Willensbildung ermöglichen. Ausgangspunkt hierbei ist das Grundrecht der Meinungsfreiheit, aus dem sich ein grundsätzliches Recht der freien politischen Betätigung ergibt und das somit die Bildung der öffentlichen Meinung ermöglicht,[188] ergänzt durch die Grundrechte der Versammlungs- und Vereinigungsfreiheit sowie durch die Parteienfreiheit.[189]

---

[185] Vgl. für eine gemeinsame Darstellung dieser Grundrechte *W. Schmitt Glaeser*, Die grundrechtliche Freiheit des Bürgers zur Mitwirkung an der Willensbildung, in: HStR, Bd. III, 3. Aufl. 2005, S. 229 (236 ff.); *ders.*, Der freiheitliche Staat des Grundgesetzes, 2008, S. 127 ff.; *J. Dietlein*, Die politische Betätigung in der Gesellschaft, in: Stern, Das Staatsrecht der Bundesrepublik Deutschland, Bd. IV/2, 2011, S. 3 (112 ff.).

[186] *H. Krüger*, Allgemeine Staatslehre, 1964, S. 407; *C. Böhret/W. Jann/E. Kronenwett*, Innenpolitik und politische Theorie, 3. Aufl. 1988, S. 59; zu diesen drei Teilnehmern vgl. *W. Schmitt Glaeser*, Der freiheitliche Staat des Grundgesetzes, 2008, S. 183 ff. Vgl. zu Medien *J. Detjen*, Prinzipien des Pluralismus und ihre politisch-kommunikativen Implikationen, in: O. Jarren/U. Sarcinelli/U. Saxer (Hrsg.), Politische Kommunikation in der demokratischen Gesellschaft, 1998, S. 275 (281 f.); *H. Oberreuter*, Bewährung und Herausforderung, 1989, S. 155 ff.; *W. Hoffmann-Riem*, Massenmedien, in: HdbVerfR, 1. Aufl. 1983, S. 389 ff.

[187] *D. Murswiek*, Grundrechte als Teilhaberechte, soziale Grundrechte, in: HStR, Bd. V, 2. Aufl. 2000, S. 243 (250); *W. Schmitt Glaeser*, Die grundrechtliche Freiheit des Bürgers zur Mitwirkung an der Willensbildung, in: HStR, Bd. III, 3. Aufl. 2005, S. 229 (236 ff.); *R. Steinberg*, Verbände, in: Görres-Gesellschaft (Hrsg.), Staatslexikon, Bd. V., 7. Aufl. 1988, Sp. 593 (597); *J. Krüper/H. Kühr*, ZJS 2014, 16 (17 ff.).

[188] BVerfGE 5, 85 (134 f.); 8, 104 (112 f.); 12, 113 (125); 20, 56 (98 f.); *S. Ossege*, Das Parteienrechtsverhältnis, 2012, S. 37; *J. Dietlein*, Die politische Betätigung in der Gesellschaft, in: Stern, Das Staatsrecht der Bundesrepublik Deutschland, Bd. IV/2, 2011, S. 3 (34 ff.); *U. Di Fabio*, Öffentlichkeit, in: H. Kube/R. Mellinghoff/G. Morgenthaler u. a. (Hrsg.), Leitgedanken des Rechts, Festschrift für Paul Kirchhof zum 70. Geburtstag, Bd. 1, 2013, S. 717 ff.; *W. Schmitt Glaeser*, Der freiheitliche Staat des Grundgesetzes, 2008, S. 135 f.; *H. Köster*, ZBR 1981, 210 (213); grundlegend zur öffentlichen Meinung *H. Krüger*, Allgemeine Staatslehre, 1964, S. 437 ff.; *M. Kloepfer*, Öffentliche Meinung, Massenmedien, in: HStR, Bd. III, 3. Aufl. 2005, S. 389 ff.; *E. Fraenkel*, Demokratie und öffentliche Meinung (1963), in: ders. (Hrsg.), Deutschland und die westlichen Demokratien, 6. Aufl. 1974, S. 173 ff.

[189] BVerfGE 20, 56 (98); *W. Schmitt Glaeser*, Die grundrechtliche Freiheit des Bürgers zur Mitwirkung an der Willensbildung, in: HStR, Bd. III, 3. Aufl. 2005, S. 229 (240); *ders.*, Der freiheitliche Staat des Grundgesetzes, 2008, S. 127 ff.; *K. Hesse*, Grundzüge des Verfassungsrechts der Bundesrepublik Deutschland, 20. Aufl. 1999, S. 68; ferner *P. Kunig*, Parteien, in: HStR, Bd. III, 3. Aufl. 2005, S. 297 (306), der die Artikel 4, 5, 8, 17 GG als Grundrechte beschreibt, die die Teilnahme an der politischen Willensbildung ermöglichen und „denen ein auf die Verwirklichung von ‚Demokratie' zielendes Element innewohnt." S. auch *R. Steinberg*, Verbände, in: Görres-Gesellschaft (Hrsg.), Staatslexikon, Bd. V, 7. Aufl. 1988, Sp. 593 (597 f.); *M. Kloepfer*, Versammlungsfreiheit, in: HStR, Bd. VII, 3. Aufl. 2009, S. 977 (979, 984 ff.); *D. Merten*,

Faktisch gesehen ist das Vorhandensein von Gruppierungen wie politischen Parteien oder sonstigen Interessenverbänden eine logische Konsequenz des Pluralismus als Zustand und Strukturelement der heutigen Gesellschaft, „Denn das Volk als pluralistische Größe existiert als solche vor allem in sozialen Gruppen (...)."[190] Verfassungsrechtlich ist das Vorhandensein das Ergebnis der grundrechtlichen Gewährleistung der oben genannten Grundrechte. Grundrechte als Grundlage der Demokratie bedeuten Gruppenbildung, Gruppenaktivitäten und Gruppenkampf als Grundlage eines pluralistischen Volkes.[191] Darin kommt das kollektive Element[192] der Grundrechte zutage. Dies dürfte vor dem Hintergrund der deutschen Verfassungsordnung, die Pluralismus – wenn auch nicht ausdrücklich – erlaubt und fördert,[193] nicht verwundern.

Unabhängig davon, um welche Personenvereinigung es geht, steht stets der Bürger hinter dieser und ist damit das ausschlaggebende Subjekt. Dies gilt sowohl für politische Parteien als auch für andere Vereinigungen.[194] Organisatorische Zusammenschlüsse sind dafür da, die Interessen einer Vielzahl von Bürgern zu bündeln und nach außen zu artikulieren. Dies ist die Grundidee kollektiven Handelns. Es soll eine Erleichterung für die Bürgerschaft bieten, ihre Anschauungen in die Öffentlichkeit zu transferieren. Hier sind zwei Stufen, die aufeinander aufbauen, zu unterscheiden: Auf der ersten Stufe befindet sich der Bürger, der eigene Wertvorstellungen und Überzeugungen hat (interner Bereich) und auf der zweiten Stufe werden diese je nach Interessengebiet der Bürger in Interessenvereinigungen zusammengefasst und öffentlich kommuniziert (externer Bereich). Die zweite Stufe kann ohne

Vereinsfreiheit, in: HStR, Bd. VII, 3. Aufl. 2009, S. 1035 (1039); *M. Kloepfer*, Öffentliche Meinung, Massenmedien, in: HStR, Bd. III, 3. Aufl. 2005, S. 389 (401 f.); besonders lesenswert zu diesen Grundrechten *J. Krüper/H. Kühr*, ZJS 2014, 16 ff.

[190] *P. Häberle*, ZHR 1981, 473 (494 f.); s. ferner *H. H. v. Arnim*, Gemeinwohl und Gruppeninteressen, 1977, S. 130; zur Bedeutung der kollektiven Grundrechtsausübung *J. Krüper/H. Kühr*, ZJS 2014, 16 (18).

[191] *P. Häberle*, ZHR 1981, 473 (494 f.). Er meint, dass das Demokratieprinzip von vornherein mit Artikel 21 GG sowie mit Artikel 9 GG zusammen gesehen werden müsse. Vgl. auch *D. Grimm*, Verbände, in: HdbVerfR, 2. Aufl. 1994, S. 657 (659).

[192] Dazu umfassend *P. Häberle*, ZHR 1981, 473 (485 ff.) m. w. N.; *D. Grimm*, Verbände, in: HdbVerfR, 2. Aufl. 1994, S. 657 (659); *J. Dietlein*, Die politische Betätigung in der Gesellschaft, in: Stern, Das Staatsrecht der Bundesrepublik Deutschland, Bd. IV/2, 2011, S. 3 (112 ff.); s. auch *T. Vesting/S. Korioth/I. Augsberg*, Einleitung, in: dies. (Hrsg.), Grundrechte als Phänomene kollektiver Ordnung, 2014, S. 1 ff. sowie *K.-H. Ladeur*, Die transsubjektive Dimension der Grundrechte, in: T. Vesting/S. Korioth/I. Augsberg (Hrsg.), Grundrechte als Phänomene kollektiver Ordnung, 2014, S. 17 ff.; *G. Dürig*, JR 1952, 259 (260); *J. Krüper/H. Kühr*, ZJS 2014, 16 (18).

[193] *U. Scheuner*, Konsens und Pluralismus als verfassungsrechtliches Problem, in: G. Jakobs (Hrsg.), Rechtsgeltung und Konsens, 1976, S. 33 (54); *W. Brugger*, Liberalismus, Pluralismus, Kommunitarismus, 1999, S. 223 m. w. N.

[194] So wohl auch *H. H. v. Arnim*, DÖV 1984, 85 (87); *A. Hatje*, VVDStRL 69 (2010), 135 (155). *Häberle* spricht zu Recht von einer „Bürgerdemokratie", s. *P. Häberle*, JZ 1977, 361 ff. *Kißlinger* spricht sich in Anlehnung an *Häberle* dafür aus, den Begriff der „Parteiendemokratie" durch den der „Bürgerdemokratie" zu ersetzen; s. *A. Kißlinger*, Das Recht auf politische Chancengleichheit, 1998, S. 76.

die erste nicht existieren, da dort die Grundlegung für die Kollektivität gesetzt wird. Daher liegt der Fokus auf dem Volk, denn dessen Wille determiniert das Zustandekommen von jeglicher Art von Vereinigung sowie ihr kollektives Handeln.

Mithin werden die in der Bürgerschaft vertretenen Auffassungen in Personenzusammenschlüssen, sowohl in politischen Parteien als auch in Interessenverbänden oder sonstigen gesellschaftlichen Gebilden sowie Medien[195], „vorgeformt"[196], bevor sie in der Öffentlichkeit artikuliert werden und Wirkung erzielen können. Daher passt es, in diesem Zusammenhang von ihrer Funktion als Sprachrohre der Gesellschaft zu sprechen. Im Rahmen der Auseinandersetzung mit politischen Parteien ist eine solche Bezeichnung bereits bekannt.[197] Dadurch, dass im Hinblick auf diese Funktion der Vermittlung zwischen Gesellschaft und Öffentlichkeit jedoch kein Unterschied zwischen politischen Parteien und sonstigen Gruppierungen besteht, ist auch bei Letzteren von Sprachrohren zu sprechen.[198] Denn durch sie wird ermöglicht, dass sich der Bürgerwille auch zwischen den Wahlen Gehör verschaffen kann und nicht auf diese beschränkt ist.[199] Die Sprachrohrfunktion führt dazu, dass das öffentliche Agieren von Verbänden und politischen Parteien dem Zusammenhalt in der Gesellschaft dient,[200] indem diese nämlich den Bürgern

---

[195] Zum Akteur „Medien" s. *M. Kloepfer*, Öffentliche Meinung, Massenmedien, in: HStR, Bd. III, 3. Aufl. 2005, S. 389 ff.; *J. Dietlein*, Die politische Betätigung in der Gesellschaft, in: Stern, Das Staatsrecht der Bundesrepublik Deutschland, Bd. IV/2, 2011, S. 3 (25 ff.); *M. Kotzur*, Freiheit und Gleichheit der Wahl, in: HdbGR, Bd. V, 2013, S. 555 (578 f.); *J. Detjen*, Prinzipien des Pluralismus und ihre politisch-kommunikativen Implikationen, in: O. Jarren/U. Sarcinelli/U. Saxer (Hrsg.), Politische Kommunikation in der demokratischen Gesellschaft, 1998, S. 275 (281 f.); *W. Hoffmann-Riem*, Massenmedien, in: HdbVerfR, 1. Aufl. 1983, S. 389 ff.

[196] So heißt es unter anderem in BVerfGE 8, 104 (112 f.); 20, 56 (99); 44, 125 (140); 52, 63 (83); diese Formulierung („Vorformung des politischen Willens") ist wesentlich geprägt worden von *U. Scheuner*, ZEE 1957, 30 (34 ff.); vgl. auch *W. Schmitt Glaeser*, Die grundrechtliche Freiheit des Bürgers zur Mitwirkung an der Willensbildung, in: HStR, Bd. III, 3. Aufl. 2005, S. 229 (244 f.); *M. Kloepfer*, Öffentliche Meinung, Massenmedien, in: HStR, Bd. III, 3. Aufl. 2005, S. 389 (401 f.); *K. Hesse*, Grundzüge des Verfassungsrechts der Bundesrepublik Deutschland, 20. Aufl. 1999, S. 68; Bericht der vom Bundesminister des Innern eingesetzten Parteienrechtskommission: „Rechtliche Ordnung des Parteiwesens", 1957, S. 70 f.; *A. Hatje*, VVDStRL 69 (2010), 135 (150).

[197] BVerfGE 1, 208 (224); 20, 56 (101); *G. Leibholz*, DVBl. 1950, 194 (196).

[198] *J. Weber*, Verbände, in: Görres-Gesellschaft (Hrsg.), Staatslexikon, Bd. V, 7. Aufl. 1988, Sp. 593 (601); *R. Hackenbroch*, Verbände und Massenmedien. Öffentlichkeitsarbeit und ihre Resonanz in den Medien, 1998, S. 98; *U. Berger*, Organisierte Interessen im Gespräch. Die politische Kommunikation der Wirtschaft, 2004, S. 14 zur näheren Auseinandersetzung mit der Bezeichnung als Sprachrohr; *H. Krüger*, NJW 1956, 1217 (1219) spricht ähnlich von „Verbände(n) als eine besondere Art von Verbindungsstellen zwischen dem organisierten Staat und seinen Bürgern" und bejaht in diesem Punkt die Parallelität zwischen Parteien und Verbänden als Zwischenglieder. So auch *U. Scheuner*, DÖV 1965, 577 (579 f.); *D. Grimm*, Verbände, in: HdbVerfR, 2. Aufl. 1994, S. 657 (658 f.).

[199] *H. H. v. Arnim*, Gemeinwohl und Gruppeninteressen, 1977, S. 131.

[200] Es ist anerkannt, dass Personenzusammenschlüsse durch ihr Handeln dem Zusammenhalt der Gesellschaft förderlich und in Bezug auf politische Parteien ferner legitimationsfördernd sind; dazu *J. Weber*, Verbände, in: Görres-Gesellschaft (Hrsg.), Staatslexikon, Bd. V, 7. Aufl.

die Möglichkeit eröffnen, der vereinfachten Artikulation willen sich ihren Interessen und Wertvorstellungen entsprechend zusammenzuschließen. Der Staat ist angewiesen auf die Existenz von solchen Organisationseinheiten wie Parteien und Verbände.[201]

Es bestehen trotz einiger Gemeinsamkeiten auch grundlegende Unterschiede zwischen politischen Parteien und sonstigen Personenvereinigungen. Diese sind in der rechtlichen Bewertung neutralitätsrelevanter Fälle auch nicht zu vernachlässigen. Allerdings dürfen sie nicht zum Anlass gemacht werden, die grundsätzliche Geltung des politischen Neutralitätsgrundsatzes gegenüber politischen Parteien zu beschränken. Vielmehr ist die Geltung auf Grundlage der oben genannten Gründe auszuweiten auf andere Interessenvereinigungen.[202] Durch die an die Rechtsform politischer Parteien geknüpften Aspekte heben sich diese gegenüber Personenvereinigungen ohne Parteistatus in Bezug auf die Erweiterung der politischen Neutralität nicht ab. Den Grund für diese Erweiterung liefert faktisch die Existenz und Funktion sonstiger Vereinigungen in einer politisch pluralistischen Gesellschaft und verfassungsrechtlich die Gewährleistung der Kommunikationsfreiheiten (s. u. Teil 1 III. 5. a), Teil 2 I. 4.). Ferner erfordert die demokratische Ordnung die Bildung des politischen Willens durch intermediäre Kräfte – unabhängig von der Organisationsform,[203] welche gemeinsame Interessen bündeln für eine effektivere Interessenverwirklichung.

Für die Nichtgeltung des politischen Neutralitätsgebots gegenüber anderen Vereinigungen spricht sich das nordrhein-westfälische Oberverwaltungsgericht in seiner Entscheidung in Sachen Dügida aus.[204] Es lehnt ausdrücklich dieses Gebot als rechtliche Grenze für die Äußerungen des Oberbürgermeisters ab. Nicht nur als rechtliche Grenze, vielmehr als das grundlegende rechtliche Motiv für die Geltung der Neutralitätsforderung wird das Recht politischer Parteien aus Artikel 21

1988, Sp. 593 (601) sowie *S. Ossege*, Das Parteienrechtsverhältnis, 2012, S. 45 f. Insbesondere im Hinblick auf politische Parteien heißt es in BVerfGE 85, 264 (284): „Die für den Prozeß der politischen Willensbildung im demokratischen Staat entscheidende Rückkoppelung zwischen Staatsorganen und Volk ist auch Sache der Parteien."

[201] *G. Leibholz*, VVDStRL 24 (1966), 5 (20 f.); *C. Engel*, Öffentlichkeitsarbeit, in: HStR, Bd. IV, 3. Aufl. 2006, S. 477 (497); *J. Dietlein*, Die politische Betätigung in der Gesellschaft, in: Stern, Das Staatsrecht der Bundesrepublik Deutschland, Bd. IV/2, 2011, S. 3 (7); in Bezug auf Verbände *R. Steinberg*, Verbände, in: Görres-Gesellschaft (Hrsg.), Staatslexikon, Bd. V, 7. Aufl. 1988, Sp. 593 (598) sowie *H. Krüger*, NJW 1956, 1217 (1218).

[202] Ebenfalls für eine Ausweitung *T. Barczak*, NVwZ 2015, 1014 (1019); *C. Hillgruber*, Zwischen wehrhafter Demokratie und „political correctness"; wieweit darf die politische Mehrheit die Spielregeln der politischen (Meinungs-) Bildung bestimmen?, in: W. Kluth (Hrsg.), „Das wird man ja wohl noch sagen dürfen." Staatliche Organe und die Pflicht zur Neutralität, 2015, S. 77 (81, 83); *T. Wahnschaffe*, NVwZ 2016, 1767 (1779 f.). Anders OVG NRW, Urteil v. 04. November 2016, 15 A 2293/15, S. 21 ff., in dem die Geltung politischer Neutralität gegenüber Vereinigungen, die keine politische Partei sind, zu Unrecht verneint wird.

[203] Vgl. dazu *K. Hesse*, Grundzüge des Verfassungsrechts der Bundesrepublik Deutschland, 20. Aufl. 1999, S. 68.

[204] OVG NRW, Urteil v. 04. November 2016, 15 A 2293/15, S. 21 ff.

Abs. 1 S. 1 GG, gleichberechtigt am Prozess der Meinungs- und Willensbildung des Volkes teilzunehmen, angesehen.[205] Im Verhältnis zu politischen Meinungsgruppen, die nicht als politische Partei organisiert sind, und im Verhältnis zu politischen Meinungsäußerungen einzelner Personen wird die Bindung an Neutralität ausdrücklich abgelehnt.

Diese Argumentation verkennt die Bedeutung politischer Vereinigungen im politischen Meinungswettbewerb und führt dazu, dass Amtsträger gegenüber solchen Vereinigungen freier sind, was jedoch keineswegs bedeutet, dass sie keinerlei rechtlichen Grenzen unterworfen sind. Die Grundrechtsbindung sowie die Bindung an Gesetz und Recht besteht – wie zu Recht seitens des Gerichts ausgeführt – immer, sowohl im Verhältnis zu politischen Parteien als auch zu sonstigen Gruppierungen. Allerdings gilt darüber hinaus nach hier vertretener Ansicht die Forderung politischer Neutralität grundsätzlich gegenüber allen am politischen Meinungswettbewerb teilnehmenden Personenvereinigungen, unabhängig von ihrer Organisation.

Politische Neutralität als ein Grundsatz für staatliches Handeln soll nicht die Bindung an die Grundrechte und an Gesetz und Recht ersetzen, sie tritt vielmehr ergänzend hinzu, sobald es um staatliches Kommunikationshandeln geht. Das Argument, dass bereits aufgrund der Geltung von §§ 185 ff. Strafgesetzbuch Äußerungen, die als Schmähkritik einzuordnen sind, unzulässig würden, wird der Bedeutung und dem Gehalt des Neutralitätsgrundsatzes nicht gerecht. Politische Neutralität verlangt von den dem Staat zurechenbaren Einrichtungen und Personen Unparteilichkeit gegenüber politischen Meinungen in der Gesellschaft. Sie sollen zu allen politischen Gruppierungen dieselbe Distanz haben und nicht einzelne bevorzugen oder benachteiligen. Eine Identifikation mit einzelnen materiellen Gehalten ist daher ausgeschlossen. Dies sind die Voraussetzungen des politischen Neutralitätsgrundsatzes. Er erfüllt nicht die Funktion, Schmähkritik auszuschließen. Diese wird bereits über die Straftatbestände untersagt, sodass es als rechtliche Grenze gar nicht mehr des Neutralitätsgrundsatzes bedarf. Daraus ergibt sich, dass Neutralität mehr verlangt als nur die Untersagung von Schmähkritik.

Indem das Gericht die Neutralitätsforderung mit dem Recht politischer Parteien auf Chancengleichheit begründet, geht es zu Unrecht davon aus, dass nur politische Parteien in den Genuss dieses Rechts kämen. Aus Artikel 21 Abs. 1 S. 1 GG ergibt sich neben dem freiheitsrechtlichen Aspekt der Parteienfreiheit ein Recht für politische Parteien, gleichberechtigt am öffentlichen Meinungs- und Willensbildungsprozess teilnehmen zu können. Allerdings bedeutet dies nicht, dass anderen Vereinigungen, die ebenfalls an diesem Prozess beteiligt sind, dieses Recht nicht zukommt (s. u. Teil 2 I. 5. c)). Chancengleichheit ist das grundlegende Prinzip im politischen Wettbewerb, das Wettbewerbsverzerrungen von staatlicher Seite ausschließen soll. Und am politischen Wettbewerb sind alle Personengruppen beteiligt, solange sie Akteur des politischen Pluralismus sind und einen Beitrag zur

---

[205] OVG NRW, Urteil v. 04. November 2016, 15 A 2293/15, S. 22.

politischen Meinungsbildung leisten. Daher genießen alle beteiligten Personen und Personengruppen das Recht auf chancengleiche Beteiligung am Meinungs- und Willensbildungsprozess. Allerdings bedeutet dies nicht, dass politische Parteien sowie sonstige politische Vereinigungen im politischen Wettbewerb gleichermaßen auftreten bzw. unterschiedslos zu behandeln sind. Es gibt Unterschiede im Hinblick auf ihr Wirken im Wettbewerb (s. u. Teil 1 III. 2. c) dd)), aber sie führen nicht dazu, dass man sonstigen Vereinigungen dieses überaus wichtige Recht im Wettbewerb grundsätzlich abspricht und darauf basierend die Nichtgeltung des Neutralitätsgrundsatzes rechtfertigt.

Der Ausweitung der Geltung der Neutralitätsforderung in zeitlicher Hinsicht durch das Gericht ist zuzustimmen (s. u. Teil 3 III.), jedoch spricht sie eher dafür, neutrales Verhalten staatlicherseits auch gegenüber nicht als Partei organisierten Vereinigungen zu fordern. Wäre das Gericht zum Ergebnis gekommen, dass Neutralität gegenüber politischen Parteien vor allem bzw. nur im Wahlkampf einzuhalten ist, so hätte die Nichtgeltung anderen Gruppen gegenüber eventuell damit gerechtfertigt werden können, dass politische Parteien im Gegensatz zu anderen Vereinigungen an Wahlen teilnehmen und die Vorwahlzeit daher eine besonders sensible Zeit für sie darstellt, in der besondere Zurückhaltung geboten ist. Aber dadurch, dass auch im allgemeinen politischen Meinungswettbewerb Neutralität gelten soll, was hier durchaus befürwortet wird, ist es naheliegender, den Schutz, den die Geltung des Neutralitätsgrundsatzes ausstrahlt, ebenfalls auf andere politische Gruppen auszuweiten.

Die Dügida sei „eine Vereinigung ohne feste Struktur mit einem in personeller wie sächlicher Hinsicht niedrigschwelligen Organisationsgrad."[206] Vergleicht man diese Vereinigung mit politischen Parteien, so ist der Befund des Gerichts zutreffend. Politische Parteien erfüllen in der Regel ein gewisses Maß an Organisationsstruktur. Allerdings wirkt sich der Unterschied in der Organisation nicht auf die Beteiligung am politischen Meinungs- und Willensbildungsprozess aus.

Der Unterschied in der Organisationsstruktur zeigt sich bei der Teilnahme an Wahlen, denn die nicht als Partei organisierten Vereinigungen können an diesen nicht teilnehmen im Gegensatz zu Parteien. Allerdings wird die grundsätzliche Geltung des politischen Neutralitätsgrundsatzes zu Gunsten politischer Parteien und sonstiger Kollektive nicht von der Teilnahme an Wahlen abhängig gemacht, da dies nicht der tragende Beweggrund für diesen Grundsatz ist. Der Staat muss nicht nur denjenigen gegenüber politisch neutral sein, die an Wahlen teilnehmen. Politische Neutralität knüpft an politischen Pluralismus an, welcher wiederum nicht von der Beteiligung an Wahlen abhängt. Nicht nur diejenigen, die Kandidaten aufstellen und an Wahlen teilnehmen können, tragen zur öffentlichen Meinungsbildung bei. Dass der Unterschied in puncto Teilnahme an Wahlen grundsätzlich nicht die Existenz des politischen Neutralitätsgrundsatzes berührt, bedeutet jedoch nicht, dass

---

[206] OVG NRW, Urteil v. 04. November 2016, 15 A 2293/15, S. 24.

er gänzlich unbeachtet bleibt. Im Rahmen des politischen Wettbewerbs, der einen der Beweggründe für den Neutralitätsgrundsatz darstellt, spielt die Unterscheidung in der Organisationsstruktur und die damit verbundene Teilnahme an Wahlen eine Rolle (s. u. Teil 1 III. 2. c) dd)).

Im Ergebnis ist der Judikatur des Oberverwaltungsgericht insoweit zu widersprechen, als es den politischen Neutralitätsgrundsatz nicht heranzieht als Grenze für amtliche Äußerungsbefugnisse und sich lediglich des rechtsstaatlichen Sachlichkeitsgebots, das als Minimum stets durch jedwede Art staatlichen Handelns zu beachten ist, bedient. Die Prüfung am Maßstab dieses Gebots ist nicht zu beanstanden, er wird aber durch das Gericht falsch interpretiert (s. u. Teil 1 III. 4.).

Die bestehenden Unterschiede lassen zwar die grundsätzliche Geltung politischer Neutralität gegenüber beiden Organisationsformen unberührt. Das heißt aber nicht, dass Neutralität gleichermaßen gegenüber beiden gilt. Die bestehenden Unterschiede machen sich erst in der Intensität und Strenge des Neutralitätsgrundsatzes und in den einzelnen Kriterien bemerkbar (s. u. Teil 3). Nur so kann den Unterschieden Rechnung getragen werden. Andernfalls würden politische Parteien und sonstige Kollektive im Hinblick auf die politische Neutralitätsforderung gleichgestellt werden, was verfassungsrechtlich nicht gewollt ist und nicht der politischen Realität entspricht.

dd) Politischer Wettbewerb als Grundlage für personelle Differenzierung

Der maßgebliche Beweggrund politischer Neutralität ist der politische Wettbewerb. Dieser entsteht durch das Wirken einer Vielzahl von Kollektiven in der politischen Meinungs- und Willensbildung, die miteinander konkurrieren. Neben politischen Parteien bestehen politische Gruppierungen, die wesentlich zur Formung des politischen Willens beitragen. Ausgangspunkt des politischen Wettbewerbs und der Konkurrenz ist der politische Pluralismus in der Bundesrepublik, der „marketplace of ideas“[207], auf dem die politischen Anschauungen in organisierter Form auftreten. Den Kollektiven geht es um die Erhaltung gesellschaftlicher Zustimmung und Durchsetzung ihrer politischen Überzeugungen im Meinungswettbewerb, der ein notwendiger Bestandteil der demokratischen Ordnung ist. Der Wettbewerb resultiert aus der politischen Meinungsvielfalt der Bürger.[208] Die poli-

[207] Dieses Konzept stammt vom amerikanischen Richter *Oliver Wendell Holmes*; dazu jeweils m. w. N. *A. Hatje*, VVDStRL 69 (2010), 135 (149); vgl. ebenfalls *M. Kotzur*, VVDStRL 69 (2010), 173 (175 ff.).

[208] S. auch *A. Kißlinger*, Das Recht auf politische Chancengleichheit, 1998, S. 90, der auf die Bedeutung der Bürger im politischen Wettbewerb eingeht; *A. Hatje*, VVDStRL 69 (2010), 135 (155). Vgl. zum politischen Wettbewerb auch *E. Fraenkel*, Akademische Erziehung und politische Berufe (1955), in: F. Esche/F. Grube (Hrsg.), Ernst Fraenkel: Reformismus und Pluralismus, 1973, S. 315 (320).

tischen Überzeugungen werden erst durch die Kollektivität zu handlungsfähigen Subjekten, die miteinander konkurrieren.

Die demokratische Ordnung ist ausgestaltet als eine Wettbewerbsordnung, die von der Vielfalt der gesellschaftlichen Interessen lebt und sich durch deren Konkurrenz auszeichnet.[209] Da der Wettbewerb wesentlich durch Konkurrenz der politischen Interessen geprägt ist, kann von der Demokratie als „Konkurrenzdemokratie" gesprochen werden,[210] die infolge ihrer Institutionalisierung inzwischen vielmehr Wettbewerb zwischen politischen Parteien bedeutet als nur noch zwischen den verschiedenen politischen Auffassungen (s. u.).[211]

Wettbewerb findet ständig in der Gesellschaft statt, zum Beispiel in der Wirtschaft oder beim Sport. Vorliegend ist aber lediglich der Wettbewerb im politischen Bereich relevant, dementsprechend liegt der Fokus auf der Neutralitätsforderung in diesem wettbewerbsrelevanten Bereich.

Wettbewerb lässt sich umschreiben als eine „Situation, in der zwei oder mehr Personen oder Organisationen derart um ein Ziel rivalisieren, dass in dem Maße der Zielerreichung des einen Konkurrenten ein geringeres Maß von Zielerreichung des anderen eintritt, es sich insofern um ein Null-Summen-Spiel handelt."[212] Wesentliches Merkmal ist die Knappheit der Zielerreichungsmöglichkeiten. Diese Definition bringt allgemein die Idee des Wettbewerbs zum Ausdruck und eignet sich gut für den wettbewerbsrelevanten politischen Bereich, da sie die wichtigsten Elemente, die den Wettbewerb auszeichnen, beinhaltet. Sie enthält den Gedanken

---

[209] *H. M. Heinig/M. Morlok*, ZG 2000, 371 (372); *M. Morlok*, Parteienrecht als Wettbewerbsrecht, in: P. Häberle/M. Morlok/V. Skouris (Hrsg.), Festschrift für Dimitris Th. Tsatsos, 2003, S. 408 (408); *A. Hatje*, VVDStRL 69 (2010), 135 (137 ff.) m. w. N.; s. auch *T. Barczak*, NVwZ 2015, 1014 (1014); *A. Musil*, Wettbewerb in der staatlichen Verwaltung, 2005, S. 385; *A. Benz*, Politischer Wettbewerb, in: A. Benz/S. Lütz/U. Schimank/G. Simonis (Hrsg.), Handbuch Governance, 2007, S. 54 (56 ff.).

[210] *D. Th. Tsatsos*, Ein Recht auf innerparteiliche Opposition?, in: M. Morlok/H.-R. Schmidt/D. Stefanou (Hrsg.), Dimitris Th. Tsatsos: Verfassung – Parteien – Europa, 1998/99, S. 423 (435, 439); vgl. auch *H. Oberreuter*, Bewährung und Herausforderung, 1989, S. 92 ff. Zum Wettbewerb aus sozialwissenschaftlicher Perspektive *A. Benz*, Politischer Wettbewerb, in: A. Benz/S. Lütz/U. Schimank/G. Simonis (Hrsg.), Handbuch Governance, 2007, S. 54 ff.

[211] *M. Morlok*, Parteienrecht als Wettbewerbsrecht, in: P. Häberle/M. Morlok/V. Skouris (Hrsg.), Festschrift für Dimitris Th. Tsatsos, 2003, S. 408 (408); s. auch *H. M. Heinig/M. Morlok*, ZG 2000, 371 (372). Ist die Rede vom Parteienrecht als Wettbewerbsrecht, so ist dem grundsätzlich zuzustimmen, allerdings nur unter der Bedingung, dass nicht nur das Wirken von politischen Parteien den politischen Wettbewerb ausmacht, es vielmehr auch einen nicht-institutionalisierten Bereich des politischen Wettbewerbs gibt, der durch das Handeln anderer politischer Gruppen determiniert ist.

[212] *M. Morlok*, Parteienrecht als Wettbewerbsrecht, in: P. Häberle/M. Morlok/V. Skouris (Hrsg.), Festschrift für Dimitris Th. Tsatsos, 2003, S. 408 (413) m. w. N.; *A. Benz*, Politischer Wettbewerb, in: A. Benz/S. Lütz/U. Schimank/G. Simonis (Hrsg.), Handbuch Governance, 2007, S. 54 (57); *A. Hatje*, VVDStRL 69 (2010), 135 (139 ff., 144); *M. Kotzur*, VVDStRL 69 (2010), 173 (183). Vgl. für eine umfassende Abhandlung *A. Musil*, Wettbewerb in der staatlichen Verwaltung, 2005, S. 11 ff.

der Rivalität und Konkurrenz und bringt zum Ausdruck, dass diese Situation durch das Auftreten einer Vielzahl von Personen ausgelöst wird. Ferner lässt sich ihr entnehmen, dass es den rivalisierenden Personen oder Organisationen darum geht, jeweils ihre eigenen Ziele durchzusetzen.

Der politische Meinungswettbewerb ist ein ununterbrochener, ständiger Prozess. Er ist zeitlich daher nicht beschränkt auf den Zeitraum vor Wahlen. Obgleich der Prozess der Meinungs- und Willensbildung dabei seinen Höhepunkt erreicht, konkurrieren und rivalisieren die verschiedenen Wettbewerber nicht nur dann miteinander. Auch weit vor und ebenfalls nach Wahlen ist der Prozess der öffentlichen Meinungsbildung aktiv. Das Recht auf Teilhabe an der politischen Willensbildung, welches die Grundlage der Entfaltung des Meinungs- und Willensbildungsprozesses bildet, erschöpft sich nicht in der Stimmabgabe bei Wahlen, vielmehr äußert sich dieses eben auch in der Einflussnahme auf den ständigen Prozess der Meinungsbildung.[213]

Eine wichtige Funktion des Wettbewerbs in der Politik[214] ist die Gemeinwohlförderung. Auf dem Feld des Politischen konkurrieren die gesellschaftlichen Akteure miteinander um der Durchsetzung ihrer politischen Interessen willen, wovon die Gemeinwohlfindung profitiert, da sie angereichert wird durch die verschiedenen Interessen (s. u. Teil 2 I. 2.).[215] Insbesondere dann, wenn eine politische Ansicht es geschafft hat, zum Mehrheitswillen zu werden, trägt sie mit ihren Inhalten unmittelbar zur Findung des Gemeinwohls bei.[216]

Dass die Gemeinwohlförderung als Funktion zum Vorschein kommt, liegt daran, dass sie einen der tragenden rechtlichen Gründe für die politische Neutralitätsforderung darstellt und Neutralität wiederum unter anderem aufgrund von Wettbewerb verlangt wird. Gemeinwohl und Wettbewerb sind zwar beides Motive politischer Neutralität, aber die Gemeinwohlfindung hängt vom Vorliegen politischen Wettbewerbs ab. Es besteht eine Verknüpfung zwischen politischer Neutralität, Wettbewerb und Gemeinwohl: Politischer Pluralismus und daran anknüpfend politischer Wettbewerb dienen der Findung des Gemeinwohls, weil sie das Bestehen einer politischen Heterogenität in der Gesellschaft erlauben und unterstützen, und politische Neutralität wird verlangt, damit der Prozess der Findung nicht durch einseitiges, parteiisches Staatshandeln determiniert wird.

---

213 BVerfGE 8, 51 (68); *A. Kißlinger*, Das Recht auf politische Chancengleichheit, 1998, S. 15, 90.

214 Vgl. zu den Funktionen des Wettbewerbs im Detail *A. Hatje*, VVDStRL 69 (2010), 135 (145 ff.); *M. Kotzur*, VVDStRL 69 (2010), 173 (186 ff.).

215 *M. Morlok*, Parteienrecht als Wettbewerbsrecht, in: P. Häberle/M. Morlok/V. Skouris (Hrsg.), Festschrift für Dimitris Th. Tsatsos, 2003, S. 408 (414); *A. Musil*, Wettbewerb in der staatlichen Verwaltung, 2005, S. 385 f.; *A. Hatje*, VVDStRL 69 (2010), 135 (137 ff.).

216 *A. Musil*, Wettbewerb in der staatlichen Verwaltung, 2005, S. 386 f., v. a. S. 388 ff. zum Verhältnis von Gemeinwohl bzw. Amtsprinzip und Wettbewerb; *A. Hatje*, VVDStRL 69 (2010), 135 (147 f.).

(1) Akteure des Wettbewerbs

Die Konkurrenzsituation besteht primär zwischen den bereits existenten Teilnehmern des Wettbewerbs, die sich aktiv „bekämpfen". Dadurch, dass der politische Wettbewerb offen für neue Strömungen und Zusammenschlüsse ist und sich diesen gegenüber nicht verschließen darf, können stets neue Teilnehmer hinzukommen und die Konkurrenz verschärfen. Diese Möglichkeit stimuliert die Leistungen der bereits bestehenden Teilnehmer, da sich diese der Gefahr der Verdrängung durch neuere Teilnehmer entziehen möchten.[217] Der Prozess der politischen Meinungsbildung profitiert enorm von der Offenheit des politischen Wettbewerbs.

Konkret bedeutet Wettbewerb im Bereich des Politischen, dass es den Teilnehmern um die Durchsetzung ihrer politischen Ansichten geht. Die Demokratie lebt davon, dass gegenläufige Interessen und Gruppierungen um Einfluss auf die gesellschaftliche und staatliche Willensbildung streiten.[218] Die Möglichkeit der Einflussnahme auf die Willensbildung in der Gesellschaft ist allen politischen Gruppierungen gegeben, da dieser Bereich offen ist für alle politischen Ansichten, unabhängig von der Organisationsform. Auch die Medien tragen wesentlich zum gesellschaftlichen Willensbildungsprozess bei.[219] Sobald es aber um die Einflussnahme auf die staatliche Willensbildung und damit die Möglichkeit der inhaltlichen Bestimmung verbindlicher staatlicher Entscheidungen sowie der Machterhaltung geht,[220] ist eine nähere Konkretisierung der im politischen Wettbewerb auftretenden Kollektive notwendig, da sie sich in der konkreten Zielsetzung unterscheiden (s. u. Teil 1 III. 2. c) dd) (2)).

Der parlamentarisch-demokratische Rechtsstaat verlangt, dass die miteinander konkurrierenden autonomen Gruppen die ungeschriebenen Regeln eines fairen Wettbewerbs beachten.[221] Denn zum Funktionieren des Wettbewerbs bedarf es

---

[217] *H. M. Heinig/M. Morlok*, ZG 2000, 371 (373); *A. Benz*, Politischer Wettbewerb, in: A. Benz/S. Lütz/U. Schimank/G. Simonis (Hrsg.), Handbuch Governance, 2007, S. 54 (56).

[218] *A. Musil*, Wettbewerb in der staatlichen Verwaltung, 2005, S. 385 f.; vgl. auch *A. Benz*, Politischer Wettbewerb, in: A. Benz/S. Lütz/U. Schimank/G. Simonis (Hrsg.), Handbuch Governance, 2007, S. 54 (57 ff.); *A. Kißlinger*, Das Recht auf politische Chancengleichheit, 1998, S. 130; *A. Hatje*, VVDStRL 69 (2010), 135 (149).

[219] *A. Musil*, Wettbewerb in der staatlichen Verwaltung, 2005, S. 386. S. auch *J. Detjen*, Prinzipien des Pluralismus und ihre politisch-kommunikativen Implikationen, in: O. Jarren/U. Sarcinelli/U. Saxer (Hrsg.), Politische Kommunikation in der demokratischen Gesellschaft, 1998, S. 275 (281 f.); *H. Oberreuter*, Bewährung und Herausforderung, 1989, S. 155 ff.; *W. Hoffmann-Riem*, Massenmedien, in: HdbVerfR, 1. Aufl. 1983, S. 389 ff.

[220] Dazu *M. Morlok*, Parteienrecht als Wettbewerbsrecht, in: P. Häberle/M. Morlok/V. Skouris (Hrsg.), Festschrift für Dimitris Th. Tsatsos, 2003, S. 408 (408); *J. Krüper/H. Kühr*, ZJS 2014, 16 (16 f.); *A. Hatje*, VVDStRL 69 (2010), 135 (142, 146, 155); *M. Kotzur*, VVDStRL 69 (2010), 173 (190 f.).

[221] *E. Fraenkel*, Akademische Erziehung und politische Berufe (1955), in: F. Esche/F. Grube (Hrsg.), Ernst Fraenkel: Reformismus und Pluralismus, 1973, S. 315 (320); *A. Benz*, Politischer Wettbewerb, in: A. Benz/S. Lütz/U. Schimank/G. Simonis (Hrsg.), Handbuch Governance, 2007, S. 54 (56, 65); s. auch *A. Hatje*, VVDStRL 69 (2010), 135 (142 f., 148 f.); *M. Kotzur*, VVDStRL 69 (2010), 173 (185).

solcher Regeln, die allen Wettbewerbsteilnehmern bekannt sein müssen und von ihnen einzuhalten sind. Sonst wird der Wettbewerb gestört. Insbesondere bedarf es der Gewährleistung der gleichen Chance der politischen Entfaltung und Mitwirkung am politischen Meinungs- und Willensbildungsprozess (s. u. Teil 2 I. 5.). Die Wettbewerbsteilnehmer müssen die gleiche Möglichkeit haben, sich im Wettbewerb um die Gunst der Bürger politisch zu betätigen und durchsetzen zu können, was jedoch nicht bedeutet, dass der Staat tatsächlich bestehende Unterschiede zwischen den Teilnehmern ausgleichen oder verschärfen darf, insbesondere darf er die vorgefundene Wettbewerbslage nicht verfälschen.[222]

Die personelle Dimension des politischen Wettbewerbs ist weit zu verstehen. Für das inhaltliche Wirken ist die Form der Organisation in erster Linie unerheblich, denn alle Personen und Organisationen, die eine politische Ansicht vertreten, tragen zur Entwicklung der politische Meinungs- und Willensbildung bei. Es kommt auf die Existenz einer politischen Meinung und ihre Repräsentation nach außen an. Repräsentation ist „das verbindliche Handeln eines durch Wahl oder Auftrag aus der Gesamtheit oder ihren Gruppen bestellten Personenkreises (oder auch einer Person)."[223] Sie ermöglicht die Beteiligung des Volkes am politischen Diskurs und ist daher notwendiger Bestandteil der demokratischen Ordnung. Ausgangspunkt für das öffentliche Wirken von politischen Vereinigungen ist der Wille des Bürgers, der den Zusammenschluss zu Organisationen determiniert.

Als Teilnehmer des Wettbewerbs werden all diejenigen angesehen, die tatsächlich an dem Prozess der politischen Meinungs- und Willensbildung mitwirken und miteinander in Konkurrenz stehen.[224] Wichtig ist der Faktor der Konkurrenz, da dieser entscheidendes Merkmal des Wettbewerbs ist.

---

[222] BVerfGE 8, 51 (67); 41, 399 (413 f.); 52, 63 (89); 69, 92 (109); 73, 40 (89); 78, 350 (358); 85, 264 (297); 104, 287 (300); 111, 382 (398) jeweils m. w. N., stRspr.; ferner *M. Morlok*, in: Dreier, GG, Bd. 2, 3. Aufl. 2015, Art. 21 Rn. 80; *J. Krüper/H. Kühr*, ZJS 2014, 143 (146); *A. Kißlinger*, Das Recht auf politische Chancengleichheit, 1998, S. 14; *T. Barczak*, NVwZ 2015, 1014 (1014).

[223] *U. Scheuner*, DÖV 1965, 577 (579), insgesamt lesenswert zur Repräsentation; s. auch *H. Krüger*, NJW 1956, 1217 (1218 f.); *ders.*, Allgemeine Staatslehre, 1964, S. 253 ff. *Scheuner* unterscheidet klar zwischen politischer Repräsentation durch die Parteien und Wahrnehmung von Interessen durch Interessenverbände. Dem ist vor dem Hintergrund der lediglich Parteien zukommenden Einflussmöglichkeiten auf die staatliche Sphäre und der darunter fallenden Mitwirkung an der demokratischen Repräsentation des Volkes durch die Volksvertretung zuzustimmen. Hier geht es um Repräsentation im untechnischen und allgemeinen Sinne: Sowohl Parteien als auch Interessenvereinigungen bündeln politische Interessen und vertreten diese für ihre Anhänger in der Bevölkerung.

[224] So auch *M. Kotzur*, VVDStRL 69 (2010), 173 (190). Wohl anders *T. Barczak*, NVwZ 2015, 1014 (1019), da er zwar die Forderung nach staatlicher Neutralität aufgrund gesellschaftlichen Pluralismus auch auf bürgerschaftliche Bewegungen wie Blockupy oder Pegida erstreckt, aber seine Ausführungen zum politischen Wettbewerb sind auf politische Parteien zugeschnitten. So auch *M. Morlok*, Parteienrecht als Wettbewerbsrecht, in: FS Tsatsos, 2003, S. 408 (408); *P. Badura*, in: Bonner Kommentar, GG, Anhang z. Art. 38: Bundeswahlrecht (2013) Rn. 16. Auch in BVerfGE 44, 125 (145 f.) klingt es danach, dass Wettbewerb nur dann angenommen wird, wenn

Die Weite der personellen Dimension des Wettbewerbs hängt ferner mit der zeitlichen Dimension zusammen. Denn hängt politischer Wettbewerb in seiner Existenz nicht von Wahlen ab und wird er dementsprechend ausgeweitet auf den gesamten Prozess der politischen Willensbildung, so sind all diejenigen als Wettbewerber anzusehen, die an diesem Prozess mitwirken und nicht nur diejenigen, die an Wahlen teilnehmen.[225]

Die personelle Unterscheidung nach der Art des Kollektivs spielt für die Existenz politischen Pluralismus keine Rolle und ist unerheblich; vielmehr spielt sie dann eine Rolle, wenn es um die Situation des politischen Wettbewerbs geht. Denn erst wenn dieser angenommen wird, ist die Frage nach der Zielsetzung politischer Organisationen notwendigerweise zu stellen, da diese je nach Organisationsform differiert.

(2) Merkmal der Institutionalisierung

Aus dem Kreis der politischen Zusammenschlüsse sind es nur die politischen Parteien, die direkte Einwirkungsmöglichkeiten auf die staatliche Willensbildung haben. Sie[226] nehmen an Wahlen teil, sie stellen Kandidaten auf, deren Wahlsieg zur Folge hat, dass ihre parteipolitische Meinung auf direktem Wege im staatlichen Bereich Gehör findet.[227] Sie sind demnach diejenigen, die in der Lage sind, unmittelbar an der inhaltlichen Bestimmung staatlicher Entscheidungen mitzuwirken und staatliche Macht zu erlangen. Dadurch tragen sie maßgeblich zur Gemeinwohlkonkretisierung bei, welcher der politische Wettbewerb dient.[228] Der politische Wettbewerb schafft zwar die Möglichkeit des Hineinwirkens politischer Ansichten aus dem gesellschaftlichen Bereich in den staatlichen Bereich,[229] allerdings stehen unmittelbare Einwirkungsmöglichkeiten eben nur politischen Parteien zu. Sonstige politische Zusammenschlüsse sind auf informellere und indirektere Wege verwiesen, um Einfluss auf die staatliche Willensbildung ausüben zu können.

Wahlen und dementsprechend politische Parteien und ihre Teilnahme an Wahlen in Rede stehen. An den Ausführungen ist nichts auszusetzen, auch wenn der engen Auslegung des Begriffs des politischen Wettbewerbs nicht zugestimmt wird.

225 *A. Kißlinger*, Das Recht auf politische Chancengleichheit, 1998, S. 15, 90.

226 Auch Wählergemeinschaften, die hauptsächlich in der Kommunalpolitik auftauchen, können an Wahlen teilnehmen, ohne Partei zu sein. Dazu, vor allem im Vergleich mit politischen Parteien, *M. Morlok/H. Merten*, DÖV 2011, 125 ff.

227 BVerfGE 20, 56 (99, 101) jeweils m. w. N.; *M. Kotzur*, VVDStRL 69 (2010), 173 (207); *J. Krüper/H. Kühr*, ZJS 2014, 143 (143 f.); *W. Henke*, Das Recht der politischen Parteien, 2. Aufl. 1972, S. 18, 32 ff.; *P. Bender*, NWVBl. 2016, 143 (146 f.).

228 Zum Gemeinwohl und Wettbewerb *A. Musil*, Wettbewerb in der staatlichen Verwaltung, 2005, S. 385 f.; *A. Hatje*, VVDStRL 69 (2010), 135 (137 ff.); *M. Kotzur*, VVDStRL 69 (2010), 173 (179 ff.).

229 *A. Musil*, Wettbewerb in der staatlichen Verwaltung, 2005, S. 385; *A. Kißlinger*, Das Recht auf politische Chancengleichheit, 1998, S. 130; *W. Henke*, Das Recht der politischen Parteien, 2. Aufl. 1972, S. 18.

Grundsätzlich besteht Konkurrenz zwischen allen Teilnehmern des politischen Wettbewerbs, seien es Parteien, seien es sonstige Gruppierungen (s. o.).[230] Diese Konkurrenzsituation erstreckt sich auf den gesamten Prozess der politischen Willensbildung. Allerdings ist der Konkurrenzkampf, je näher Wahlen heranrücken, unter den politischen Parteien heftiger und stärker ausgeprägt, weil sie kurz davor stehen, von den Bürgern eine Rückmeldung zu bekommen für ihre Politik. Sie stehen unter Druck und haben Überzeugungsarbeit zu leisten durch immer intensiver und mehr werdende Wahlkampfaktionen. Die Rivalität der Parteien um die Gunst und die Zustimmung der Bürger spitzt sich zu. Daher findet faktisch gesehen in den letzten Monaten vor Wahlen der Konkurrenzkampf und Wettbewerb im engeren Sinne hauptsächlich nur zwischen den parteipolitischen Interessen statt. Die anderen politischen Interessen rücken in den Hintergrund, jedenfalls entsteht nicht zu Unrecht dieser Eindruck. Ihr öffentliches Handeln wird im Wettbewerb nicht auf diese Weise auf den Prüfstand gestellt. Sie kämpfen zwar auch um gesellschaftlichen Zuspruch, „nicht in einem rechtlich wie rechnerisch strikten Verfahren und mit einem exakten, auf die einzelne Wählerstimme hin verifizierbaren Ergebnis demokratischer Zustimmung oder Ablehnung."[231]

Das Grundgesetz, dem keine ausdrücklichen Aussagen über den politischen Wettbewerb zu entnehmen sind, sieht den demokratischen Prozess der Willensbildung als einen kompetitiven Prozess vor, was sich besonders durch das in Artikel 21 GG niedergelegte Mehrparteiensystem und durch das Stattfinden von Wahlen gemäß Artikel 38 GG zeigt.[232] Mit der Gewährleistung der Artikel 21 und 38 GG kommt zum Ausdruck, dass bei Wahlen am Ende jeder Legislaturperiode der parteipolitische Wettbewerb seinen Höhepunkt erreicht und politische Parteien maßgeblich involviert sind am Stattfinden von Wahlen. Diese kompetitiven, verfassungsrechtlich verankerten Elemente weisen eher einen Bezug zu politischen Parteien als zu sonstigen politischen Gruppierungen auf.

Den Bereich des Wettbewerbs, in dem politische Parteien agieren, bezeichnet man aufgrund der direkten Einwirkungsmöglichkeiten, vor allem der Teilnahme an der staatlichen Veranstaltung „Wahl", als institutionalisierten[233] Wettbewerb. In der Demokratie bedarf es zur staatlichen Entscheidungsfindung der Institutionalisierung.[234] Da andere politische Personengruppen nicht an Wahlen teilnehmen,

[230] Klingt so auch in BVerfGE 85, 264 (285), 91, 276 (286): Parteien „müssen aber nicht minder auch nach außen tätig werden, im Wettbewerb mit anderen Parteien und sonstigen auf die Bildung der öffentlichen Meinung Einfluß nehmenden Einrichtungen und Verbänden die Bürger von der Richtigkeit ihrer Politik zu überzeugen versuchen." S. auch *T. Wahnschaffe*, NVwZ 2016, 1767 (1770 f.).

[231] *P. Bender*, NWVBl. 2016, 143 (147).

[232] *A. Musil*, Wettbewerb in der staatlichen Verwaltung, 2005, S. 71 f.; *A. Hatje*, VVDStRL 69 (2010), 135 (151 ff.).

[233] Dazu *M. Morlok*, Parteienrecht als Wettbewerbsrecht, in: P. Häberle/M. Morlok/V. Skouris (Hrsg.), Festschrift für Dimitris Th. Tsatsos, 2003, S. 408 (408); *H. M. Heinig/M. Morlok*, ZG 2000, 371 (372); *P. Bender*, NWVBl. 2016, 143 146 f.).

[234] *H. M. Heinig/M. Morlok*, ZG 2000, 371 (372) m. w. N.

sind sie nicht Teil des institutionalisierten politischen Wettbewerbs. Sie können nicht aktive Akteure der staatlichen Entscheidungsfindung sein, so weit kann ihr Wirken nicht reichen. Institutionalisierung hängt nicht lediglich von der Teilnahme an Wahlen ab, dies wäre eine verkürzte Erklärung. Sie umfasst neben der Teilnahme an Wahlen auch die Gründung als Partei unter Erfüllung der rechtlichen Voraussetzungen und ferner den mit einem Wahlsieg verbundenen Einzug der von Parteien aufgestellten Kandidaten in die Volksvertretung, in der diese sodann wesentliche Entscheidungen treffen. Damit einhergehend machen die zahlreichen rechtlichen Regelungen für Parteien einen Teil des Merkmals der Institutionalisierung aus.

Terminologisch ist folglich zu unterscheiden zwischen dem institutionalisierten politischen Wettbewerb und dem allgemeinen politischen Wettbewerb. Das Merkmal der Institutionalisierung ist keine Voraussetzung für das Vorliegen des politischen Wettbewerbs. Es konkretisiert diesen, indem es den Unterschied zu anderen Kollektiven hervorhebt, sodass daraus eine Zweiteilung in personeller Hinsicht folgt. Politischer Wettbewerb ist nach wie vor durch das Wirken sowohl von politischen Parteien als auch von anderen Personenzusammenschlüssen gegeben.

(3) Auswirkung der Institutionalisierung auf Anwendungsintensität der politischen Neutralität

Die Annahme politischen Wettbewerbs darf jedoch nicht darüber hinwegtäuschen, dass es nichtsdestotrotz einen grundlegenden Unterschied zwischen diesen zwei Organisationsformen gibt, dem Rechnung zu tragen ist. Dieser schlägt sich in der Ausgestaltung des politischen Wettbewerbs nieder. Politische Parteien nehmen eine Sonderstellung ein, da sie nicht lediglich dem gesellschaftlichen Bereich zuzuordnen sind und ihr wettbewerbliches Handeln ein besonderes Näheverhältnis zum staatlichen Bereich aufweist (s. o.). Aufgrund dieser Verbindung ist der politische Wettbewerb bei politischen Parteien intensiver, da es ihnen um mehr geht als nur um das öffentliche Wirken und den Beitrag zur politischen Willensbildung des Volkes. Damit verbunden ist, dass die sich aus dem Phänomen des politischen Wettbewerbs ergebenden Regelungen im Hinblick auf politische Parteien strenger zu sein haben, vor allem der Gleichbehandlungsgrundsatz. Man nähert sich im institutionalisierten Wettbewerb einer Wirkungsgleichheit aufgrund der Sensibilität dieses Bereichs. Vom Staat wird Parteien gegenüber besondere Vorsicht verlangt. Dieser Gedanke spiegelt sich bei dem hier relevanten politischen Neutralitätsgebot[235] wider, dessen Anwendungsintensität höher ist, wenn es um staatliches Kommunikationshandeln gegenüber politischen Parteien geht. Daher hat sich die Unterscheidung zwischen dem institutionalisierten und dem nicht-institu-

[235] Vgl. *T. Barczak*, NVwZ 2015, 1014 ff. für Ausführungen zur parteipolitischen Neutralität unter besonderer Hervorhebung des Gedankens des politischen Wettbewerbs.

tionalisierten Wettbewerb auf den Maßstab des politischen Neutralitätsgrundsatzes mit seinen Kriterien niederzuschlagen. Sonst würde sie in die Leere laufen bzw. praktisch bedeutungslos sein. „Je schwerwiegender die Äußerungen in den Wettbewerb der Parteien eingreifen, desto strengere Anforderungen wären an ihre materielle Zulässigkeit zu stellen."[236]

Der Staat darf im allgemeinen Wettbewerb, das heißt gegenüber sonstigen Kollektiven, mehr als im institutionalisierten Wettbewerb gegenüber politischen Parteien. Mit „mehr" ist gemeint, dass der Maßstab staatlichen Handelns lockerer zu handhaben ist im nicht-institutionalisierten Wettbewerb. Dies ist im Einzelfall zu berücksichtigen. Neben den bisher genannten Gründen liegt dies auch daran, dass die Verfassung, auch wenn sie von der „Mit"wirkung politischer Parteien spricht, diesen eine Sonderstellung einräumt (vgl. Artikel 21 GG). Das Parteienrecht ist detailliert ausgestaltet, neben der Verfassung ebenfalls durch den einfachen Gesetzgeber. Die Notwendigkeit für die Anwendungsintensität und Strenge des politischen Neutralitätsgebots folgt aus der Bedeutung und den Einflussmöglichkeiten politischer Parteien an der Schnittstelle zwischen Staat und Gesellschaft. Ihr Erfolg oder Misserfolg ist ausschlaggebend für die Zusammensetzung der Volksvertretung, welche weitreichende und langfristige Entscheidungen personeller wie inhaltlicher Art trifft. Einflüsse, die von staatlichem Kommunikationshandeln auf die Bürgerschaft ausgehen, sind folgenschwerer, wenn sie parteipolitisches Geschehen betreffen. Werden Äußerungen in Bezug auf politische Vereinigungen, die keine politische Partei darstellen, getroffen, so sind damit ebenfalls Konsequenzen verbunden. Diese schlagen sich aber nicht in der Wahlentscheidung nieder, da sie nicht an Wahlen teilnehmen. Das „Schlimmste" ist der Verlust von Anhängern oder der Verlust von Zuspruch aus der Mitte der Gesellschaft, im Falle von negativen Äußerungen von staatlicher Seite.

3. Politische Neutralität als ein Neutralitätsfeld unter vielen

„Neutralität ist zum Schlagwort und Träger geworden für alle möglichen Gedanken über den Staat und sein Verhältnis zu anderen Gruppen, Verbänden und Institutionen in den Bereichen der Politik, Kultur und Wirtschaft."[237] Es gibt aber nicht *das* eine Neutralitätsgebot. Neutralität als ein vielseitiges Phänomen ist in mehreren Bereichen[238] von Relevanz. Vorliegend bildet das Verhältnis des Staates zu am politischen Meinungs- und Willensbildungsprozess beteiligten Kollektiven wie den

---

[236] *S. Tanneberger/H. Nemeczek*, NVwZ 2015, 209 (216); vgl. auch *P. Bender*, NWVBl. 2016, 143 (147).

[237] *K. Schlaich*, Neutralität als verfassungsrechtliches Prinzip, 1972, S. 1.

[238] *S. Huster*, Die ethische Neutralität des Staates, 2002, S. 634; vgl. für eine umfassende Darstellung der Neutralität *H. Steiger/M. Schweitzer*, Neutralität, in: O. Brunner/W. Conze/R. Koselleck (Hrsg.), Geschichtliche Grundbegriffe – Historisches Lexikon zur politisch-sozialen Sprache in Deutschland, Bd. 4, 1978, S. 315 ff.

politischen Parteien und sonstigen Interessenvereinigungen die Grundlage für die in dieser Arbeit im Vordergrund stehende Forderung nach politischer Neutralität.

Die Wurzel der Neutralitätsthematik ist im Völkerrecht (und später dem Religionsrecht), denn Neutralität im Völkerrecht tauchte bereits in der Antike als Rechtsinstitut auf und prägte wesentlich die Begriffsbildung der Neutralitätsfigur.[239] Im Laufe der Zeit entwickelte sich der Neutralitätsgrundsatz, der für immer mehr Bereiche an Bedeutung gewann, zu einem allgemeinen Begriff, der vor allem im politischen und wissenschaftlichen Sprachgebrauch auftauchte und nicht mehr nur im Zusammenhang mit völker- und religionsrechtlichen Fragen.[240] Allerdings wurde auch die politische Neutralität schon früh in der Literatur thematisiert.[241]

Andere Neutralitätsfelder sind beispielsweise die völkerrechtliche Neutralität, die Neutralität im Berufsbeamtentum, die weltanschaulich-religiöse und die arbeitskampfrechtliche Dimension der Neutralität. Die Forderung nach Neutralität wird darüber hinaus unter anderem im Zusammenhang mit einigen Freiheitsgrundrechten erörtert und gefordert, beispielsweise der Kunst- und Wissenschaftsfreiheit[242]

---

[239] *H. Steiger/M. Schweitzer*, Neutralität, in: O. Brunner/W. Conze/R. Koselleck (Hrsg.), Geschichtliche Grundbegriffe – Historisches Lexikon zur politisch-sozialen Sprache in Deutschland, Bd. 4, 1978, S. 315 ff. mit einer ausführlichen und vor allem chronologischen Darstellung der Entwicklung des Neutralitätsbegriffs.

[240] *H. Steiger*, Neutralität, in: O. Brunner/W. Conze/R. Koselleck (Hrsg.), Geschichtliche Grundbegriffe – Historisches Lexikon zur politisch-sozialen Sprache in Deutschland, Bd. 4, 1978, S. 315 (362).

[241] Vgl. *C. Schmitt*, Der Begriff des Politischen: Text von 1932, 3. Aufl. 1991, S. 20 ff., der zwar unter innenpolitischer Neutralität alle neutralitätsrelevanten Bereiche versteht, aber auch Ausführungen zur politischen Neutralität im hier verstandenen Sinne macht. Auch *H. Steiger*, Zur innenpolitischen Neutralität des Staates, in: F. Kaulbach/W. Krawietz (Hrsg.), Recht und Gesellschaft, Festschrift für Helmut Schelsky zum 65. Geburtstag, 1978, S. 659 ff., 667 ff. sowie *ders.*, Neutralität, in: O. Brunner/W. Conze/R. Koselleck (Hrsg.), Geschichtliche Grundbegriffe – Historisches Lexikon zur politisch-sozialen Sprache in Deutschland, Bd. 4, 1978, S. 315 (360 ff., 366 ff.) spricht von innerpolitischer und innerstaatlicher Neutralität, fasst dabei aber auch alle innerstaatlichen Konstellationen zusammen wie die religiöse, künstlerische und wissenschaftliche Neutralität, ohne politische Neutralität im engeren Sinne zu meinen. Vgl. insbesondere *W. Henke*, Das Recht der politischen Parteien, 2. Aufl. 1972, S. 110 ff., der die politische Neutralität der unterschiedlichen staatlichen Stellen im Hinblick auf politische Parteien einzeln erörtert. Aus jüngerer Zeit spricht sich beispielsweise *T. Barczak*, NVwZ 2015, 1014 ff. für die Notwendigkeit und Geltung eines politischen Neutralitätsgebots, das nicht beschränkt ist auf politische Parteien, aus; so auch *C. Hillgruber*, Zwischen wehrhafter Demokratie und „political correctness“; wieweit darf die politische Mehrheit die Spielregeln der politischen (Meinungs-) Bildung bestimmen?, in: W. Kluth (Hrsg.), „Das wird man ja wohl noch sagen dürfen.“ Staatliche Organe und die Pflicht zur Neutralität, 2015, S. 77 (81, 83).

[242] S. in Bezug auf die Kunstfreiheit *S. Huster*, Die ethische Neutralität des Staates, 2002, S. 436 ff.; s. in Bezug auf die Wissenschaftsfreiheit *T. Oppermann*, Freiheit von Forschung und Lehre, in: HStR, Bd. VI, 2. Aufl. 2001, S. 809 (820 f.); vgl. auch *H. Steiger*, Zur innenpolitischen Neutralität des Staates, in: F. Kaulbach/W. Krawietz (Hrsg.), Recht und Gesellschaft, Festschrift für Helmut Schelsky zum 65. Geburtstag, 1978, S. 659 (667); *M. Kriele*, Freiheit und Gleichheit, in: HdbVerfR, 1. Aufl. 1983, S. 129 (151).

sowie im Bereich des Rundfunkrechts.[243] Die aufgezählten Bereiche sind vorliegend nicht Gegenstand der Untersuchung. Sie zeigen aber, dass die Liste der Anwendungsfelder der Neutralitätsforderung nicht abschließend ist. Ferner ergibt sich daraus der generelle Charakter der Neutralitätsforderung, welche thematisch nicht beschränkt ist auf einen einzelnen Sachbereich.

Da Gegenstand der Arbeit politische Neutralität ist, wird auf die Darstellung der anderen Neutralitätsfelder verzichtet. Dies schließt jedoch nicht aus, diese an passenden Stellen in der Arbeit anzuführen. Allerdings ist die Neutralität im Berufsbeamtentum aufgrund der Parallelen von besonderer Bedeutung und wird daher gesondert thematisiert. Denn sie hat ebenfalls politische Neutralität zum Gegenstand, wenn auch beschränkt auf Berufsbeamte als Verpflichtete.

a) Politische Neutralität als innerstaatliche Neutralität

Politische Neutralität wird vorliegend vom Staat als Verpflichteten verlangt (s. o. Teil 1 III. 1.). Es geht um das Verhältnis des Staates zur Bürgerschaft. Die Hervorhebung des Staates als Verpflichteten ist notwendig, um zu betonen, dass politische Neutralität eine Art von innerstaatlicher Neutralität darstellt. Innerstaatliche Neutralität[244] unterscheidet sich von außerstaatlicher Neutralität. Während politische Neutralität wie die übrigen Neutralitätsfelder (s. o. Teil 1 III. 3.) der Kategorie der innerstaatlichen Neutralität zuzuordnen ist, ist der Grundsatz völkerrechtlicher Neutralität *das* Beispiel für außerstaatliche Neutralität. In dieser Ausrichtung ist nicht das Verhältnis des Staates zur Bürgerschaft tangiert, vielmehr geht es um die Neutralität eines Staates gegenüber anderen Staaten und damit um Neutralität im Außenverhältnis eines Staates. Die völkerrechtliche Neutralität stellt eine gewohnheitsrechtlich anerkannte Richtlinie für die Außenpolitik der Staaten dar[245] und ist im V. und XIII. Haager Abkommen vom 18. Oktober 1907[246] niedergelegt. Inhaltlich verlangt völkerrechtliche Neutralität die „Nichtbeteiligung eines Staates an einem Krieg oder sonstigen dem Kriegsrecht unterliegenden bewaffneten Konflikt".[247]

---

[243] Vgl. dazu *K. Schlaich*, Neutralität als verfassungsrechtliches Prinzip, 1972, S. 83 ff.; s. auch *A. Bleckmann*, Allgemeine Staats- und Völkerrechtslehre, 1995, S. 345 ff.

[244] Terminologie ist angelehnt an *H. Steiger*, Neutralität, in: O. Brunner/W. Conze/R. Koselleck (Hrsg.), Geschichtliche Grundbegriffe – Historisches Lexikon zur politisch-sozialen Sprache in Deutschland, Bd. 4, 1978, S. 315 (366 ff.).

[245] Umfassend zur Neutralität im Völkerrecht *R. L. Bindschedler*, ZaöRV 17 (1956), 1 ff.; *C. Schmitt*, Neutralität und Neutralisierungen, in: ders. (Hrsg.), Positionen und Begriffe, 1940, S. 271 (284 ff.).

[246] Abkommen betreffend die Rechte und Pflichten der neutralen Mächte und Personen im Falle eines Landkriegs, abgeschlossen in Den Haag am 18. Oktober 1907.

[247] Brockhaus Enzyklopädie, Bd. 19, 21. Aufl. 2006, S. 603; *M. Droege*, in: W. Heun/M. Honecker/M. Morlok/J. Wieland (Hrsg.), Evangelisches Staatslexikon, 2006, Sp. 1620 f.; vgl. auch *T. Stein/C. v. Buttlar*, Völkerrecht, 13. Aufl. 2012, S. 463 ff.; *M. Schweitzer*, Neutralität, in:

b) *Grundsatz politischer Neutralität im Berufsbeamtentum*

aa) Inhalt der beamtenrechtlichen politischen Neutralität

Das Grundgesetz definiert zwar den Begriff des Berufsbeamten nicht, setzt diesen jedoch in Artikel 33 Abs. 5 GG voraus. Berufsbeamte haben der Allgemeinheit zu dienen und stellen ihre Arbeitskraft einem Dienstherrn zur Verfügung.[248] Das Beamtenverhältnis ist geprägt von den Rechten und Pflichten des Beamten, die teils geschrieben, teils ungeschrieben sind.[249] Eine Pflicht stellt unter anderem der Grundsatz parteipolitischer Neutralität dar, welcher aus einfachgesetzlichen Vorschriften entnommen wird. Was früher in § 35 Abs. 1 Beamtenrechtsrahmengesetz normiert war, ist heute in § 33 Abs. 1 Beamtenstatusgesetz für Beamtinnen und Beamte der Länder, Gemeinden und Gemeindeverbände und in § 60 Abs. 1 Bundesbeamtengesetz für Beamtinnen und Beamten des Bundes geregelt. Auf diesem Gebiet handelt es sich aufgrund des Wortlauts der Bestimmungen terminologisch um ein parteipolitisches Neutralitätsgebot, das Beamten die Pflicht auferlegt, bei Erfüllung ihrer Aufgaben im Interesse des Gemeinwohls zu agieren und sich nicht von parteipolitischen Ansichten leiten zu lassen. Die Gemeinwohlorientierung zeichnet das Beamtentum im Vergleich zu privaten Berufen aus[250] und ergibt sich als Kerneigenschaft des Beamtentums auch ausdrücklich aus dem Wortlaut der beamtenrechtlichen Vorschriften („Wohl der Allgemeinheit").

„Das Handlungsumfeld des Beamten ist von einer quadrinomischen Interessenstruktur geprägt: dem Gemeinwohl (öffentliche Interessen), den parteipolitischen Interessen, den Gruppen-/Verbandsinteressen und den Eigeninteressen."[251] Daher bedarf es der Unparteilichkeit von Beamten. Im Recht des Berufsbeamtentums wird das Neutralitätsgebot gegenüber politischen Parteien besonders hervorgehoben und ist allgemein anerkannt; dies liegt insbesondere an dem Umstand, dass durch den regelmäßigen Regierungswechsel die parteipolitische Ausrichtung der

---

O. Brunner/W. Conze/R. Koselleck (Hrsg.), Geschichtliche Grundbegriffe – Historisches Lexikon zur politisch-sozialen Sprache in Deutschland, Bd. 4, 1978, S. 315 (365 f.); *M. Herdegen*, Völkerrecht, 14. Aufl. 2015, § 57 Rn. 1 ff. Insbesondere zur Unterscheidung zwischen gewöhnlicher und dauernder völkerrechtlicher Neutralität *L. Folscheid*, Forum für Politik, Gesellschaft und Kultur 257 (2006), 25 (26); *R. L. Bindschedler*, ZaöRV 17 (1956), 1 ff.

248 *H. W. Scheerbarth/H. Höffken/H.-J. Bauschke/L. Schmidt*, Beamtenrecht, 6. Aufl. 1992, S. 150; *R. Summer*, Die hergebrachten Grundsätze des Berufsbeamtentums – ein Torso, in: M. Pechstein (Hrsg.), Beiträge zum Beamtenrecht, 2007, S. 177 (177). Grundlegendes zum Berufsbeamtentum BVerfGE 9, 268 (285 f.); *J. Isensee*, Öffentlicher Dienst, in: HdbVerfR, 2. Aufl. 1995, 1527 (1550 ff.); *H. Lecheler*, Der öffentliche Dienst, in: HStR, Bd. V, 3. Aufl. 2007, S. 559 (570 ff.).

249 *H. Steiner*, DÖD 2013, 133 (133).

250 *U. Battis*, in: ders., BBG, 4. Aufl. 2009, § 60 Rn. 5 m. w. N. Die Gemeinwohlorientierung des Beamtentums und allgemeiner des Amtsprinzips ergibt sich aus der Gemeinwohlorientierung des Republikprinzips, aus welchem diese Institute abgeleitet werden; s. u. Teil 2 I. 2.

251 *H. Steiner*, DÖD 2013, 133 (134).

jeweiligen Staatsleitung wechselt,[252] was die Forderung nach Neutralität begründet. Auch der Wortlaut der oben genannten einfachgesetzlichen Normen nennt explizit politische Parteien. Nichtsdestotrotz gilt die beamtenrechtliche Neutralität auch gegenüber sonstigen Gruppierungen. Denn nicht nur politische Parteien wirken am gesellschaftlichen Meinungs- und Willensbildungsprozess mit (s. o. Teil 1 III. 2. c)). Ferner erschöpft sich der Sinn und Zweck des Verbots der Parteilichkeit, welcher darin besteht, dass Beamte sich an den öffentlichen Interessen und damit am Gemeinwohl orientieren sollen bei Erfüllung der Aufgaben, nicht nur in Bezug auf parteipolitische Interessen. Als gemeinwohlorientierte Interessenneutralität findet das Neutralitätsgebot für Berufsbeamte daher gegenüber allen in der Gesellschaft vertretenen politischen Interessen und Gruppierungen Anwendung.[253]

Demnach ist auch hier auf die genaue Terminologie zu achten und es empfiehlt sich, allgemein von politischer Neutralität im Berufsbeamtentum zu sprechen, wenn es nicht gerade um politische Parteien geht. Nichtsdestotrotz ist die explizite Erwähnung politischer Parteien im Wortlaut der oben genannten Bestimmungen deshalb berechtigt, da die Programme politischer Parteien – und nicht die der sonstigen Vereinigungen – durch Regierungswechsel zum Regierungsprogramm werden.

Im Zuge einer inhaltlichen Konkretisierung kann dem Neutralitätsgebot sowohl eine objektive als auch eine subjektive Dimension entnommen werden: Aus objektiver Sicht ist der Beamte verpflichtet, die ihm zugewiesenen Aufgaben unparteiisch zu erledigen und sich nicht von parteipolitischen Erwägungen leiten zu lassen; aus subjektiver Sicht sollte in der Öffentlichkeit nicht der Eindruck entstehen, dass der Beamte sich im Rahmen seiner Diensttätigkeiten an politischen Interessen orientiert.[254] Die subjektive Dimension ist zwar im Vergleich zur objektiven Dimension

---

[252] BVerfGE 119, 247 (261); *K. Hailbronner*, ZaöRV 69 (2009), 267 (267); *G. Püttner*, Zur Neutralitätspflicht des Beamten, in: K. König/H.-W. Laubinger/F. Wagner (Hrsg.), Öffentlicher Dienst, Festschrift für Carl Hermann Ule zum 70. Geburtstag, 1977, S. 383 (384).

[253] *U. Battis*, in: ders., BBG, 4. Aufl. 2009, § 60 Rn. 7; *H. Steiner*, DÖD 2013, 133 (134). Zu Recht stellt Letzterer m. w. N. ferner dar, dass die sich aus § 61 Abs. 1 S. 2 Bundesbeamtengesetz und aus § 34 S. 2 Beamtenstatusgesetz (Erfüllung der ihnen übertragenen Aufgaben uneigennützig nach bestem Gewissen) ergebende Altruismus- und Gewissensklausel das Gebot der Unparteilichkeit konkretisiere und daher in engem Zusammenhang mit diesem stehe. Unparteiisch könne der Beamte nur handeln, wenn er Entscheidungen im öffentlichen Interesse treffe und nicht im Einzelinteresse. Im Zusammenhang mit dem beamtenrechtlichen Neutralitätsgebot stehe ferner der übergeordnete Grundsatz der persönlichen Unabhängigkeit des Beamten, welcher unter anderem durch unparteiische Amtsführung realisiert werde; dazu ausführlich *J. F. Lindner*, ZBR 2013, 145 (151).

[254] *J. F. Lindner*, ZBR 2010, 325 (328). Er verwendet für die objektive und subjektive Dimension die von der Religionsfreiheit bekannten Begrifflichkeiten des forum internums und forum externums. Vgl. dazu auch *G. Püttner*, Zur Neutralitätspflicht des Beamten, in: K. König/H.-W. Laubinger/F. Wagner (Hrsg.), Öffentlicher Dienst, Festschrift für Carl Hermann Ule zum 70. Geburtstag, 1977, S. 383 (394, 396); ferner *H. Lecheler*, Der öffentliche Dienst, in: HStR, Bd. V, 3. Aufl. 2007, S. 559 (587).

eine strenge Regelung, aber im Hinblick auf den Umstand, dass Beamte von der Öffentlichkeit, sei es von der Bürgerschaft, sei es von der Presse, primär als Repräsentant des Staates wahrgenommen werden und dieser neutral zu sein hat, ist sie notwendig. Darüber hinaus folgt die Wichtigkeit des subjektiven Eindrucks des Beamten aus einem Erst-Recht-Schluss mit der Zurückhaltungs- und Mäßigungspflicht aus § 33 Abs. 2 Beamtenstatusgesetz und § 60 Abs. 2 Bundesbeamtengesetz, denn wenn diese vom Beamten in seiner Rolle als Privatmann sogar Zurückhaltung und Mäßigung verlangt, dann darf vom Beamten in seiner Rolle als Beamter erst recht verlangt werden, nach außen hin nicht den Eindruck zu erwecken, als ließe er sich von einer bestimmten parteipolitischen Ausrichtung leiten.[255]

Eine verfassungsrechtliche Anknüpfung der beamtenrechtlichen Neutralität findet sich in dem für das Beamtenrecht besonders wichtigen Artikel 33 Abs. 5 GG, wonach das Recht des öffentlichen Dienstes unter Berücksichtigung der hergebrachten Grundsätze des Berufsbeamtentums zu regeln und fortzuentwickeln ist. Als ein hergebrachter Grundsatz erkennt das Bundesverfassungsgericht das Gebot der parteipolitischen Neutralität an.[256] Damit gehört das Gebot zu den wesentlichen Merkmalen des Berufsbeamtentums und stellt eine verfassungsrechtlich verankerte Pflicht dar, die bei Ausübung des Amtes zu beachten ist. Der Wortlaut der Bestimmung spricht jedoch nur von der Berücksichtigung der Grundsätze, sodass eine absolute verfassungsrechtliche Gewährleistung dieser und damit auch der Neutralität nicht gegeben ist.[257]

Auch auf landesverfassungsrechtlicher Ebene[258] existieren Bestimmungen, die den Gedanken der Neutralität aufgreifen und konkretisieren; die nordrhein-westfälische Verfassung normiert – ähnlich wie die eben genannten einfachgesetzlichen Vorschriften – in Artikel 80 S. 1 und S. 2, dass die Beamten und sonstigen Ver-

---

[255] *J. F. Lindner*, ZBR 2010, 325 (328).

[256] BVerfGE 9, 268 (286); vgl. auch BVerfGE 7, 155 (162 f.); BVerwGE 90, 104 (110); für eine ausführliche Auflistung *U. Battis*, in: Sachs, GG, 7. Aufl. 2014, Art. 33 Rn. 73; *J. Isensee*, Verwaltung zwischen Sachgesetzlichkeit und Parteipolitik, in: R. Hrbek (Hrsg.), Personen und Institutionen in der Entwicklung der Bundesrepublik Deutschland, 1985, S. 67 (78); s. auch *C. Schmitt*, Der Hüter der Verfassung, 1931, S. 149 ff.; *K. Schlaich*, Neutralität als verfassungsrechtliches Prinzip, 1972, S. 45, der u. a. Bezug nimmt auf die in Artikel 130 Abs. 1 WRV verfassungsrechtlich normierte parteipolitische Neutralität („Die Beamten sind Diener der Gesamtheit, nicht einer Partei."); *D. Kugele*, Der politische Beamte, 1976, S. 164 ff. (bezüglich des Zusammenspiels von Neutralität und Loyalität im Beamtenverhältnis); *J. F. Lindner*, ZBR 2010, 325 (327 f.); umfassend zu den hergebrachten Grundsätzen des Berufsbeamtentums *H. Lecheler*, Der öffentliche Dienst, in: HStR, Bd. V, 3. Aufl. 2007, S. 559 (572 ff.); *R. Summer*, Die hergebrachten Grundsätze des Berufsbeamtentums – ein Torso, in: M. Pechstein (Hrsg.), Beiträge zum Beamtenrecht, 2007, S. 177 ff. sowie BVerfGE 119, 247 (260 ff.) m. w. N.

[257] *G. Püttner*, Zur Neutralitätspflicht des Beamten, in: K. König/H.-W. Laubinger/F. Wagner (Hrsg.), Öffentlicher Dienst, Festschrift für Carl Hermann Ule zum 70. Geburtstag, 1977, S. 383 (388 f.).

[258] Vgl. *M. Putzer*, DÖV 2015, 417 (424) für eine Aufzählung der jeweiligen Normen der Landesverfassungen.

waltungsangehörigen Diener des ganzen Volkes und nicht einer Partei oder sonstigen Gruppe sind und ihr Amt und ihre Aufgaben unparteiisch und ohne Rücksicht auf die Person nur nach sachlichen Gesichtspunkten wahrzunehmen haben. Diese Norm hat, wie auch die einfachgesetzlichen Vorschriften, ausdrücklich das Gebot beamtenrechtlicher Neutralität zum Gegenstand und ihr kann entnommen werden, dass nicht nur Neutralität gegenüber politischen Parteien, sondern auch gegenüber sonstigen Gruppen verlangt wird, was die hier vertretene These unterstützt.

Überdies sind auch verfassungsrechtliche Normen und Prinzipien wie den sich unter anderem aus Artikel 21 GG ergebenden Grundsatz der Chancengleichheit, die parlamentarische Parteiendemokratie sowie die Grundrechtsstaatlichkeit rechtlich relevante Grundlagen,[259] denn ist dem Beamten auferlegt, sich im Amt nicht von politischen Ansichten leiten zu lassen, so tangiert eine solche Überlegung die Parteiendemokratie, geht es konkret um parteipolitische Ansichten, und allgemein die Gewährleistung der Grundrechte, die den gesellschaftlichen Pluralismus ermöglichen und absichern. Insbesondere der Grundsatz der Chancengleichheit, der zu Gunsten politischer Parteien und sonstiger Teilnehmer des politischen Pluralismus greift (s. u. Teil 2 I. 5. c)), stellt ein grundlegendes Motiv für die Neutralitätsforderung dar.

Als Staatsdiener und damit Teil des Staates gilt das Gebot, sich insbesondere nicht an der politischen Auffassung einer Partei zu orientieren und ihr Parteiprogramm zum Leitfaden zu machen, um den Parteienwettbewerb nicht zu beeinträchtigen. Eine solche Distanz ist eher eine Voraussetzung als ein Widerspruch zur Parteiendemokratie,[260] die vom Bestehen einer Vielzahl von politischen Parteien lebt und gerade ihre Wurzel darin hat. Es ist jedoch zu bedenken, dass sobald Parteiprogramme durch demokratische Legitimation zu Regierungsprogrammen bzw. Gesetzen werden, sie nicht mehr bedenklich sind in Bezug auf das beamtenrechtliche Neutralitätsgebot, da sie zum Gegenstand der Diensttätigkeit des Beamten werden.[261]

Zwar dürfen sich Beamte bei Erfüllung ihrer Dienstaufgaben aufgrund der Geltung des Neutralitätsgebotes nicht von politischen Erwägungen leiten lassen, jedoch heißt dies nicht, dass es Beamten als Privatpersonen und damit Grundrechtsträger untersagt wäre, sich politisch zu engagieren und am politischen Meinungskampf teilzunehmen. Dies hat unter Beachtung der in § 33 Abs. 2 Beamtenstatusgesetz bzw.

---

[259] So *J. F. Lindner*, ZBR 2010, 325 (327 ff.). Auf die hier genannten Überlegungen wird in dieser Arbeit im Rahmen der rechtlichen Gewährleistungen der politischen Neutralität auch eingegangen, da die Chancengleichheit, die Existenz einer Parteiendemokratie und die Grundrechte Beweggründe darstellen, die nicht nur hinter der beamtenrechtlichen Neutralität stehen, sondern allgemein das Wesen der politischen Neutralitätsidee charakterisieren.

[260] *J. Isensee*, Öffentlicher Dienst, in: HdbVerfR, 2. Aufl. 1995, S. 1527 (1540); s. auch *J. F. Lindner*, ZBR 2010, 325 (328 f.); *G. Püttner*, Zur Neutralitätspflicht des Beamten, in: K. König/H.-W. Laubinger/F. Wagner (Hrsg.), Öffentlicher Dienst, Festschrift für Carl Hermann Ule zum 70. Geburtstag, 1977, S. 383 (383 ff., 387).

[261] *J. F. Lindner*, ZBR 2010, 325 (329).

§ 60 Abs. 2 Bundesbeamtengesetz normierten Zurückhaltungs- und Mäßigungspflicht zu erfolgen.[262] Während Absatz 1 das Neutralitätsgebot für das Handeln des Beamten im Amte betrifft, ist Absatz 2 gerichtet auf die Rolle des Beamten als Bürger. Aus diesen Regelungen lässt sich die Doppelrolle, die Beamte – so wie auch sonstige Amtsträger – innehaben, entnehmen,[263] bei der je nach Rolle und Funktion verschiedene Maßstäbe anzulegen sind (s. u. Teil 3 II.).

An dieser Stelle verdient das Institut des politischen Beamten des deutschen Berufsbeamtentums als rechtliche Besonderheit ausdrückliche Erwähnung. Wer dieses Amt bekleiden kann, normieren § 30 Abs. 1 Beamtenstatusgesetz für die Beamten der Länder, Gemeinden und Gemeindeverbände und § 54 Abs. 1 Bundesbeamtengesetz für diejenigen des Bundes. In Anlehnung an § 30 Abs. 1 Beamtenstatusgesetz handelt es sich bei politischen Beamten um solche Beamte, die in fortdauernder Übereinstimmung mit den grundsätzlichen politischen Ansichten und Zielen der Regierung stehen und damit an der Schnittstelle zwischen Regierung und Verwaltung zu verorten sind.[264] Die Besonderheit dieses beamtenrechtlichen Instituts besteht darin, dass politische Beamte gerade wegen ihrer politischen Couleur ihr Amt bekleiden. Ihnen kommt eine Transformationsfunktion dergestalt zu, dass sie politische Vorgaben in die Verwaltung hineintragen, sodass ihre Existenz durch ihre Übereinstimmung mit den Ansichten der Regierung legitimiert wird.[265] Gerade zu Zeiten des Regierungswechsels soll es jederzeit möglich sein, politische Beamte in den einstweiligen Ruhestand zu versetzen. Eine solche Regelung ist im Hinblick auf die im Beamtenrecht geltenden Grundsätze nicht unproblematisch, weswegen zu Recht stichhaltige Bedenken gegen dieses Institut geäußert werden.[266]

---

[262] Umfassend zu parteipolitischen Tätigkeiten von Beamten und zur Neutralität im Berufsbeamtentum *J. F. Lindner*, ZBR 2010, 325 ff.; *J. Isensee*, Öffentlicher Dienst, in: HdbVerfR, 2. Aufl. 1995, S. 1527 (1540 f.); *K. Schlaich*, Neutralität als verfassungsrechtliches Prinzip, 1972, S. 44 ff.; *H. Lecheler*, Der öffentliche Dienst, in: HStR, Bd. V, 3. Aufl. 2007, S. 559 (586 f.); s. auch *J. Isensee*, Verwaltung zwischen Sachgesetzlichkeit und Parteipolitik, in: R. Hrbek (Hrsg.), Personen und Institutionen in der Entwicklung der Bundesrepublik Deutschland, 1985, S. 67 (78); *G. Püttner*, Zur Neutralitätspflicht des Beamten, in: K. König/H.-W. Laubinger/F. Wagner (Hrsg.), Öffentlicher Dienst, Festschrift für Carl Hermann Ule zum 70. Geburtstag, 1977, S. 383 (394 f.); die Verfassungsmäßigkeit der Mäßigungs- und Zurückhaltungspflicht untersucht *S. Sieweke*, ZBR 2010, 157 ff.; s. auch *H. Köster*, ZBR 1981, 210 ff. sowie *M. Förster*, PersV 2012, 444 ff. für Ausführungen zur Meinungsfreiheit im Beamtenverhältnis.

[263] *H. Köster*, ZBR 1981, 210 (211); *J. F. Lindner*, ZBR 2010, 325 (325); s. auch *M. Förster*, PersV 2012, 444 (446).

[264] *J. F. Lindner*, ZBR 2011, 150 (150); *M. Schröder*, Stellung der Parteien, in: HdbGR, Bd. V, 2013, S. 519 (533); *K. Grünning*, VR 1988, 80 (85); *H. W. Scheerbarth/H. Höffken/H.-J. Bauschke/L. Schmidt*, Beamtenrecht, 6. Aufl. 1992, S. 161; Allgemeines zum politischen Beamten *D. Kugele*, Der politische Beamte, 1976.

[265] *K. Grünning*, VR 1988, 80 (83); *J. F. Lindner*, ZBR 2011, 150 (156); zum Begriff des politischen Beamten *D. Kugele*, Der politische Beamte, 1976, S. 9 ff.

[266] Vgl. für eine ausführliche und vor allem kritische Abhandlung *J. F. Lindner*, ZBR 2011, 150 ff.; für eine ausführliche, aber ältere Darstellung *K. Grünning*, VR 1988, 80 ff.

Besonders der Grundsatz parteipolitischer Neutralität als hergebrachter Grundsatz des Berufsbeamtentums wird beeinträchtigt,[267] denn es handelt sich bei politischen Beamten um solche Personen, die letztlich aufgrund ihrer politischen Ausrichtung eher einer Partei dienen als dem ganzen Volk im Sinne der § 33 Abs. 1 Beamtenstatusgesetz und § 60 Abs. 1 Bundesbeamtengesetz. Da der politische Beamte in der Praxis dem Wechsel der parteipolitischen Gestaltungskräfte folgt, wird er in parteipolitische Zusammenhänge einbezogen und kann so dem Grundsatz der parteipolitischen Neutralität kaum Rechnung tragen.[268] Dies hat gleichzeitig zur Folge, dass die Gemeinwohlorientierung des amtlichen Handelns darunter leidet und ihr nicht in dem eigentlich erforderlichen Maße Rechnung getragen werden kann. Da politische Beamte aufgrund der Durchbrechung sämtlicher beamtenrechtlicher Grundsätze, unter anderem des Neutralitätserfordernisses, eine nicht ganz unproblematische Ausnahme darstellen, ist restriktiv mit der Einsetzung politischer Beamte umzugehen. Es bedarf verfassungsrechtlicher Gründe für die Durchbrechung des beamtenrechtlichen Neutralitätsgebots, welches gemäß Artikel 33 Abs. 5 GG einen hergebrachten Grundsatz des Berufsbeamtentums darstellt (s. o.). Andererseits dürfen die bestehenden guten Gründe für den Einsatz von politischen Beamten (s. o.) nicht unberücksichtigt bleiben.

Die in diesem Kapitel gemachten Ausführungen sind auf Berufsbeamte zugeschnitten, darunter fallen auch politische Beamte (s. o.).[269] Von Berufsbeamten sind Wahlbeamte, die durch eine vorausgehende Wahl durch das Volk oder durch eine kommunale Vertretungskörperschaft an ihr Amt gelangen[270] und die in der Regel auf kommunaler Ebene in Erscheinung treten, zu unterscheiden. Allgemein von Berufsbeamten sind politische Amtsinhaber, die ein Amt zur Repräsentation eines Gemeinwesens, zur Rechtsetzung, zur Regierung und bzw. oder zur politischen Kontrolle innehaben, zu unterscheiden.[271] Gegenstand der Arbeit ist ein politisches Neutralitätsgebot für Amtsträger im weiteren Sinne, worunter politische und gewählte Amtsträger fallen.

---

[267] *J. F. Lindner*, ZBR 2011, 150 (152, 158).

[268] *J. F. Lindner*, ZBR 2011, 150 (158) m. w. N., insb. aus der Rechtsprechung.

[269] Für eine Systematisierung der Arten von Beamten vgl. *H. W. Scheerbarth/H. Höffken/H.-J. Bauschke/L. Schmidt*, Beamtenrecht, 6. Aufl. 1992, S. 149 ff.

[270] *H. W. Scheerbarth/H. Höffken/H.-J. Bauschke/L. Schmidt*, Beamtenrecht, 6. Aufl. 1992, S. 161. Vgl. zur Übertragbarkeit der Grundsätze des Berufsbeamtentums auf kommunale Wahlbeamte BVerfGE 7, 155 (163 ff.); 44, 249 (262 ff.); *M. Schrameyer*, Der kommunale Wahlbeamte. Die Rechtsstellung der kommunalen Wahlbeamten in Nordrhein-Westfalen nach der Reform der Kommunalverfassung 1994, 2004, S. 17 ff. m. w. N.; *D. zu Hohenlohe*, VerwArch 2016, 62 (65 ff.); s. auch *K. F. Gärditz*, NWVBl. 2015, 165 (167 f.).

[271] *H. J. Wolff/O. Bachof*, Verwaltungsrecht II (Organisations- und Dienstrecht), 4. Aufl. 1976, S. 33.

bb) Vergleich zwischen der beamtenrechtlichen politischen Neutralität und der politischen Neutralität im weiteren Sinne

Von dem Grundsatz politischer Neutralität im Berufsbeamtentum kann bei Entwicklung eines allgemeinen politischen Neutralitätsgebots profitiert werden.

Vorliegend ist das Amtsprinzip und das damit im Zusammenhang stehende Gemeinwohlprinzip für die Untersuchung staatlicher Neutralität deswegen wichtig, weil der Kreis der Verpflichteten sich aus Personen und Institutionen zusammensetzt, deren Verhalten dem Staat zuzurechnen ist, welcher stets dem Gemeinwohl verpflichtet ist (s. u. Teil 2 I. 2.). Dies gilt unabhängig von der Eigenschaft als Berufsbeamter. Der Umstand, dass sowohl bei der beamtenrechtlichen als auch bei der allgemeinen politischen Neutralität ein Motiv für die Geltung staatlicher Neutralität in der Gemeinwohlorientierung zu sehen ist, ist nicht überraschend. Denn solange es um die den Staat treffende Neutralität geht, verdient Gemeinwohl stets Beachtung. Zu den Verpflichteten der politischen Neutralität im Berufsbeamtentum gehören alle Berufsbeamte (s. o. Teil 1 III. 3. b) aa)), während der Kreis der Verpflichteten der allgemeinen politischen Neutralität im hier verstandenen Sinne weiter gefasst ist (s. o. Teil 1 III. 1.). In beiden Fällen kommt es maßgeblich auf das Amtsprinzip an.

Eine weitere Gemeinsamkeit besteht für den Kreis der Begünstigten der politischen Neutralitätsforderung. Die hier zu untersuchende politische Neutralität kommt nicht nur politischen Parteien zugute – parteipolitische Neutralität ist allgemein anerkannt –, sondern auch sonstigen politischen Gruppierungen, die am politischen Meinungsbildungsprozess des Volkes mitwirken und Teil des politischen Pluralismus sind. Dasselbe gilt auch für die Neutralitätsforderung im Berufsbeamtentum. Zwar nennt der Wortlaut der beamtenrechtlichen Vorschriften lediglich politische Parteien, jedoch ist er extensiv auszulegen, sodass auch andere politische Vereinigungen darunter zu fassen sind (s. o. Teil 1 III. 3. b) aa)). Daher handelt es sich dann um parteipolitische Neutralität im Berufsbeamtentum, wenn konkret politische Parteien in Rede stehen, ansonsten sollte allgemeiner von politischer Neutralität im Berufsbeamtentum gesprochen werden. Diese Terminologie ist daher ebenfalls für die beamtenrechtliche Neutralität zu berücksichtigen.

Neben den gesetzlichen Bestimmungen zur Neutralität im Berufsbeamtentum werden zu Recht allgemeine rechtliche Grundlagen wie der Grundsatz der Chancengleichheit und die Gewährleistung von Grundrechten zur rechtlichen Begründung herangezogen. Diese sind ebenfalls rechtliche Gewährleistungen für das allgemeine politische Neutralitätsgebot (s. u. Teil 2 I. 4., 5.). Aus rechtlicher Perspektive begründen diese die Notwendigkeit politischer Neutralität, sowohl der beamtenrechtlichen als auch der allgemeinen politischen Neutralität, da in beiden Bereichen die faktische Grundlage der politische Pluralismus und der Wettbewerb der Beteiligten am politischen Meinungs- und Willensbildungsprozess ist.

Bei einer Neutralitätsforderung, die an Repräsentanten des Staates adressiert ist, sei es an Berufsbeamte, sei es an sonstige Amtsträger, bedarf es für die Geltung dieser Forderung, dass diese in amtlicher Eigenschaft handeln, denn neutral müssen diese Personen nur im Amte sein, nicht jedoch als Privatpersonen und damit als Grundrechtsträger. Dass diese Unterscheidung im Berufsbeamtentum Beachtung findet, ist den gesetzlichen Grundlagen zu entnehmen, die zwischen Neutralität im Amte und einer Zurückhaltungs- und Mäßigungspflicht in der Eigenschaft als politisch aktiver Bürger differenzieren (s. o. Teil 1 III. 3. b) aa)). Auch für die Reichweite des vorliegend behandelten allgemeinen politischen Neutralitätsgebots ist eine Unterscheidung zwischen dem Amtsträger in amtlicher Eigenschaft und in privater Eigenschaft notwendig, denn Neutralität gilt nur im Amte (s. u. Teil 3 II.). Die strenge Forderung einer Zurückhaltungs- und Mäßigungspflicht im Berufsbeamtentum ist nicht ohne Weiteres auf sonstige Amtsträger zu übertragen, die nicht denselben strengen rechtlichen Grundlagen unterworfen sind wie Berufsbeamte. Diese sind aufgrund ihrer Eignung, Befähigung und fachlichen Leistung in ihr Amt gelangt, wohingegen die in dieser Arbeit im Fokus stehenden Amtsträger politisch geprägte Ämter innehaben und durch Wahlen an ihr Amt gelangen. Sie können und sollen sich sogar im Amt politisch äußern unter Einhaltung der Neuralitätsanforderungen (s. o. Teil 1 III. 2.; s. u. Teil 3). Da wäre es unverhältnismäßig, ihnen in der Eigenschaft als Privatperson eine Zurückhaltungs- und Mäßigungspflicht aufzuerlegen. Anstelle einer solchen strengen Regelung ist es eher geboten, eine einzelfallabhängige Bewertung anhand des Kriterium der Unterscheidung zwischen privater und amtlicher Handlung von Amtsträgern vorzunehmen (s. u. Teil 3 II. 2.).

Eine zentrale Gemeinsamkeit besteht in den amtlichen Ressourcen, die sowohl Berufsbeamten als auch sonstigen Amtsträgern für die Amtsausführung zur Verfügung stehen, sowie im Aufmerksamkeitsvorsprung, den diese Personen im Vergleich zu „einfachen Bürgern“ im Prozess der politischen Willensbildung genießen. Der Amtsbonus als potenzielle Missbrauchsquelle (s. u. Teil 3 II. 1. d)) stellt sowohl beim politischen Neutralitätsgrundsatz für Berufsbeamte als auch beim allgemeinen politischen Neutralitätsgrundsatz für alle Amtsträger eines der rechtlichen Motive für die Existenz der Neutralitätsforderung dar.

4. Abgrenzung politischer Neutralität vom Grundsatz der Sachlichkeit

In den Kontext der Ausführungen zum Neutralitätsgrundsatz gehören auch solche zu einem Sachlichkeitsgebot. Es handelt sich bei beiden Figuren um unterschiedliche, aber grundlegende Prinzipien, die bei Handlungen in amtlicher Eigenschaft zu beachten sind. Eine weitere Gemeinsamkeit besteht ferner darin, dass eine ausdrückliche normative Verankerung fehlt, zumindest lassen sich der Verfassung diese Grundsätze nicht ausdrücklich entnehmen, obgleich beide unter anderem im Verfassungsrecht eine Rolle spielen. Die Handhabung des ungeschriebenen Sachlichkeitsgebots wird zwar nicht so kontrovers diskutiert wie die des Neutralitätsgebots, allerdings beschäftigten sich in der Vergangenheit verschiedene Gerichte mit der Geltung des Sachlichkeitsgebots.

a) Adressat des Sachlichkeitsgrundsatzes

Das Gebot der Sachlichkeit stellt einen Grundsatz dar, der sich an den Staat richtet, sodass sich staatliches Handeln an diesem zu orientieren hat. Insofern ergibt sich kein Unterschied im Vergleich zum politischen Neutralitätsgebot (s. o. Teil 1 III. 1.).

Die Reichweite des Sachlichkeitsgebots beschränkt sich nicht auf eine bestimmte staatliche Handlungsform. Sachlichkeit stellt eine stets zu beachtende Anforderung an jedwede Art von Staatshandeln dar, egal ob faktisches Handeln oder rechtsförmliches Handeln, wobei vorliegend der Fokus auf Staatshandeln in Form von Äußerungen liegt in Gegenüberstellung zum politischen Neutralitätsgebot, das hier in Bezug auf Kommunikationshandeln untersucht wird.[272] Das bedeutet aber nicht, dass der Sachlichkeitsgrundsatz nur bei staatlichen Äußerungen als faktische Handlungsform einzuhalten ist.

Privatpersonen müssen sich nicht sachlich verhalten oder ihre Meinung sachlich kundtun. Sie sind – grundgesetzlich gesichert – frei in der Auswahl ihrer Formulierungen und daher nicht an das Gebot gebunden; jedoch nur so lange, wie sie nicht in Ausübung eines ihnen übertragenen Amtes agieren. Für die Frage nach der Reichweite des Sachlichkeitsgebots bedarf es – so wie beim Neutralitätsgrundsatz auch (s. u. Teil 3 II.) – der Unterscheidung zwischen dem Handeln als Privatperson und demjenigen als Amtsinhaber.[273] Es kommt auf die Zurechenbarkeit des zu untersuchenden Handelns zum Staat für die Geltung des Sachlichkeitsgebots an. Diese bestimmt sich nach der Inanspruchnahme von Amtsautorität und von amtlichen Ressourcen, deren Verwendung Privatpersonen nicht zusteht, wozu finanzielle, sächliche, organisatorische, personelle Mittel u. ä. zählen.[274] Die Frage der Reichweite stellt sich sowohl in Bezug auf das Sachlichkeitsgebot als auch auf das Neutralitätsgebot.

Anstatt Kriterien zu entwickeln und das Gesamtbild sowie den Rahmen, in dem Äußerungen getätigt werden, anzuschauen, hat der Bayerische Verfassungsgerichtshof für die Abgrenzung eine Vermutungsregel aufgestellt. „Das politische Engagement von Amtsträgern darf unter Berücksichtigung ihrer grundrechtlichen Freiheitsrechte, insbesondere des Grundrechts der Meinungsäußerungsfreiheit, nicht durch eine zu weite Ausdehnung des Begriffs amtlicher Handlungen eingeengt werden. In Zweifelsfällen sind die Äußerungen und Handlungen von Amts-

---

[272] Auch das BVerfG bekennt sich eindeutig dazu, dass Informationen wie jedes Staatshandeln auch dem Sachlichkeitsgebot unterliegen; in: BVerfGE 105, 252 (272); 40, 287 (293); 57, 1 (8); BVerwGE 82, 76 (83). Das Sachlichkeitsgebot als eine allgemeine rechtsstaatliche Anforderung an staatliche Äußerungen befürwortet auch *M. Payandeh*, Der Staat 55 (2016), 519 (546 f.).

[273] *A. Schmehl*, KommJur 2006, 321 (324) m. w. N.; *M. Morlok/V. P. Voss*, BayVBl. 1995, 513 (519); *M. Möstl*, in: J. F. Lindner/M. Möstl/H. Amadeus Wolff (Hrsg.), Verfassung des Freistaates Bayern, 2009, Art. 74 Rn. 19; s. auch *C. Thum*, KommP Bayern 2007, 212 (212).

[274] Sondervotum *Geiger*, BVerfGE 44, 125 (167 [175]); *H. Schnell*, Freie Meinungsäußerung und Rederecht der kommunalen Mandatsträger unter verfassungsrechtlichen, kommunalrechtlichen und haftungsrechtlichen Aspekten, 1998, S. 68.

trägern folglich nicht als amtlich einzustufen und hier schon deshalb keiner weiteren inhaltlichen Überprüfung zu unterziehen."[275] Es scheint so, als habe diese Regel nicht zum Ziel, die Abgrenzung zu erleichtern, sondern dem Gerichtshof Arbeit zu ersparen, da dieser sonst eine Einordnung des in Frage stehenden staatlichen Handelns hätte vornehmen müssen (s. u. Teil 3 II. 2. b)).

b) Inhaltliche Konkretisierung des Sachlichkeitsgrundsatzes

aa) Begriffsbestimmung

Ein Handeln bzw. eine Äußerung ist als sachlich einzustufen, wenn sie der Wahrheit entspricht, objektiv und frei von Emotionen ist sowie keine Herabsetzung beinhaltet; ferner, wenn sie nicht übertreibend und polemisch ist.

Nach dieser Definition stellt die Wahrheit von Äußerungen eine der Voraussetzungen dar, die das Sachlichkeitsgebot von staatlichen Äußerungen verlangt.[276] Jedoch kann sie auch als ein eigenständiges Gebot, welches nicht unter die Sachlichkeit fällt, verstanden werden.[277] Letztlich macht es aber keinen Unterschied, wie man dies handhabt, solange die Voraussetzung der Wahrhaftigkeit bestehen bleibt, woran keine Zweifel bestehen dürften.

Ist in diesem Abschnitt über Sachlichkeit die Rede von Äußerungen, so sind damit sowohl die Vermittlung von Informationen als auch die Wiedergabe von Wertungen gemeint. Maßgebliches Unterscheidungsmerkmal zwischen Informationen und Wertungen ist der Wahrheitsgehalt. Während bei Informationen zwischen wahr und falsch unterschieden werden kann, ist dies nicht der Fall bei Werturteilen.[278]

---

[275] VerfGH Bayern, Entscheidung v. 19. Januar 1994, Vf. 89-III-92, Vf. 92-III-92, in: BayVBl. 1994, 203 (208); VerfGH Bayern, Beschluss v. 17. März 1997, 4 ZE 97.874, in: BayVBl. 1997, 435 (435); StGH Bremen, Entscheidung v. 29. Juli 1996, St 3/95, in: NVwZ 1997, 264 (266); VerfGH Rheinland-Pfalz, Beschluss v. 21. Mai 2014, VGH A 39/14, S. 11 f. Kritisch *J. Oebbecke*, BayVBl. 1998, 641 (643); *M. Morlok/V. P. Voss*, BayVBl. 1995, 513 (516).

[276] So wohl auch StGH Bremen, Entscheidung v. 29. Juli 1996, St 3/95, in: NVwZ 1997, 264 (265); VG Köln, Beschluss v. 18. November 2003, 4 L 2623/03, juris Rn. 27 ff. m. w. N.; OVG NRW, Beschluss v. 16. Dezember 2003, 15 B 2455/03, juris Rn. 38.

[277] So klingt es u. a. in BVerfGE 105, 252 (272 f.); s. auch *M. J. Vogt*, Zur Informationstätigkeit des Bundesrechnungshofes, 2013, S. 231 f.; *J. Oebbecke*, DVBl. 1994, 147 (154). Teilweise wird das Erfordernis der Sachlichkeit und Wahrheit als Willkürverbot zusammengefasst (mehr dazu unten), s. dafür BverfG, Beschluss v. 15. August 1989, 1 BvR 881/89, in: NJW 1989, 3269 (3270); OVG NRW, Urteil v. 22. Mai 1990, 5 A 2694/88, in: NVwZ 1991, 176 (178). Zur Wahrheitspflicht staatlichen Informationshandelns unabhängig vom Sachlichkeitsgrundsatz *C. Gramm*, Der Staat 30 (1991), 51 (75); *J. Oebbecke*, DVBl. 1994, 147 (154).

[278] S. dazu jeweils m. w. N. *C. Starck*, in: Mangoldt/Klein/Starck, GG, Bd. 1, 6. Aufl. 2010, Art. 5 Abs. 1, 2 Rn. 22 ff., 26 f.; *H. Schulze-Fielitz*, in: Dreier, GG, Bd. 1, 3. Aufl. 2013, Art. 5 I, II Rn. 62 ff.; *H. Bethge*, in: Sachs, GG, 7. Aufl. 2014, Art. 5 Rn. 25 ff., 27 ff. sowie *L. Michael/M. Morlok*, Grundrechte, 5. Aufl. 2015, Rn. 209 ff.

Eine ausdrückliche Normierung und Definition der Sachlichkeit bzw. vielmehr Unsachlichkeit – aus einem anderen Zusammenhang – findet sich in § 43a Bundesrechtsanwaltsordnung, wonach sich gemäß § 43a Abs. 3 Satz 1 ein Rechtsanwalt bei der Berufsausübung nicht unsachlich verhalten darf. Gemäß Satz 2 ist insbesondere ein solches Verhalten unsachlich, bei dem es sich um die bewusste Verbreitung von Unwahrheiten oder solche herabsetzenden Äußerungen handelt, zu denen andere Beteiligte oder der Verfahrensverlauf keinen Anlass gegeben haben. Der Formulierung in Satz 2 („insbesondere") lässt sich entnehmen, dass die Aufzählung von unsachlichen Verhaltensweisen nicht abschließend ist.[279]

In einer bundesverfassungsgerichtlichen Grundsatzentscheidung aus dem Jahr 1987 zu den Grundpflichten von Rechtsanwälten und vor allem zum anwaltlichen Sachlichkeitsgebot haben sich drei Fallgruppen zur Feststellung von Verstößen gegen dieses Gebot etabliert.[280] Das anwaltliche Sachlichkeitsgebot wird verletzt, erstens, wenn der Rechtsanwalt in strafbarer Weise beleidigt und damit einen Beleidigungstatbestand nach § 185 ff. Strafgesetzbuch verwirklicht; zweitens, wenn er bewusst Unwahrheiten verbreitet und drittens, wenn er herabsetzende Äußerungen vornimmt, zu denen andere Beteiligte oder der Verfahrensverlauf keinen Anlass gegeben haben. Die Tatsache, dass zwei der allgemein anerkannten Fallgruppen ausdrücklich im Wortlaut des § 43a Abs. 3 S. 2 Bundesrechtsanwaltsordnung normiert sind, die Fallgruppe der strafbaren Beleidigung jedoch nicht, ist zum einen eben aufgrund des nicht abschließenden Charakters der Aufzählung nicht problematisch und zum anderen, weil die strafbare Beleidigung und die herabsetzende Äußerung ohne Anlass ohnehin die Verwirklichung eines Beleidigungstatbestandes nach § 185 ff. Strafgesetzbuch voraussetzen und damit inhaltlich dieselben Anforderungen an die Verletzung des Sachlichkeitsgebots stellen.[281]

Diese Norm passt zwar von ihrem Regelungsgegenstand nicht in den hier zu untersuchenden Kontext, zumal sich die daraus ergebende Sachlichkeitsanforderung an Rechtsanwälte und nicht an Personen richtet, deren Handeln dem Staat zuzurechnen ist. Inhaltlich geht es beim Sachlichkeitsgebot, sowohl von Rechtsanwälten als auch von Trägern öffentlicher Gewalt, aber um das Gleiche: Unwahre

---

[279] *W. E. Feuerich*, in: ders./D. Weyland/A. Vossebürger, BRAO, 7. Aufl. 2008, § 43a Rn. 32; *M. Henssler*, in: ders./H. Prütting, BRAO, 3. Aufl. 2010, § 43a Rn. 134.

[280] BVerfGE 76, 171 (193); *W. E. Feuerich*, in: ders./D. Weyland/A. Vossebürger, BRAO, 7. Aufl. 2008, § 43a Rn. 35 ff.; *M. Henssler*, in: ders./H. Prütting, BRAO, 3. Aufl. 2010, § 43a Rn. 134 ff.; *M. Kleine-Cosack*, in: ders., BRAO, 7. Aufl. 2015, § 43a Rn. 94 ff.

[281] *M. Henssler*, in: ders./H. Prütting, BRAO, 3. Aufl. 2010, § 43a Rn. 134 f. m. w. N.; *W. E. Feuerich*, in: ders./D. Weyland/A. Vossebürger, BRAO, 7. Aufl. 2008, § 43a Rn. 52; *M. Kleine-Cosack*, in: ders., BRAO, 7. Aufl. 2015, § 43a Rn. 110. Dies ergibt sich aber auch schon aus der Urteilsbegründung der BVerfGE 76, 71 (193): „Herabsetzende Äußerungen, die ein Anwalt im Zusammenhang mit seiner Berufsausübung und der dabei zulässigen Kritik abgibt, sind noch kein Anlaß zu standesrechtlichem Eingreifen, wenn nicht besondere Umstände hinzutreten. Sie sind erst dann als Berufspflichtverletzung zu beanstanden, wenn die Herabsetzungen nach Inhalt oder Form als strafbare Beleidigungen zu beurteilen sind, ohne durch die Wahrnehmung berechtigter Interessen gedeckt zu werden."

Tatsachenbehauptungen und beleidigende Äußerungen sollen untersagt sein. Die Norm aus der Bundesrechtsanwaltsordnung bestätigt die obigen Ausführungen. Auch wenn der Aspekt, dass Äußerungen nicht von Emotionen und Übertreibungen geprägt sein sollen, nicht ausdrücklich in § 43a Bundesrechtsanwaltsordnung oder den dazu entwickelten Fallgruppen zum Ausdruck kommt, stellt dieser beim anwaltlichen Sachlichkeitsgebot einen wichtigen Normzweck dar. Ein unabhängiger Sachwalter hat den Vorteil, dass er in der Regel die Rechtslage sowie die eigenen Chancen objektiv betrachtet und nicht durch emotionale Befindlichkeiten daran gehindert wird.[282]

Trotz des unterschiedlichen Regelungsgegenstandes und -zwecks eignet sich das anwaltliche Sachlichkeitsgebot als Vergleichsmaßstab für das Sachlichkeitsgebot von Trägern öffentlicher Gewalt, weil beide Personengruppen, sowohl Rechtsanwälte als auch Träger öffentlicher Gewalt, nicht in privater Eigenschaft agieren, sondern andere Personen vertreten und in dieser Rolle an das Sachlichkeitsgebot gebunden sind. Rechtsanwälte vertreten ihre Mandanten – sind aber zugleich Organ der Rechtspflege –, Träger öffentlicher Gewalt vertreten den Staat gegenüber den Bürgern. Von beiden Personengruppen wird daher erwartet, in der Eigenschaft als „Vertreter" sachlich zu bleiben, um die ihnen übertragenen Aufgaben angemessen und professionell[283] durchführen zu können.

bb) Sachlichkeitsgrundsatz in der Rechtsprechung

Eine Verletzung des Sachlichkeitsgebots wurde des Öfteren gerichtlich gerügt, sodass sich in der Rechtsprechung grundlegende Ausführungen zu dieser Figur finden lassen. Auch diese bestätigen die oben vorgenommenen Konkretisierungen.

Ein nicht unerheblicher Teil eben dieser Rechtsprechung zur Sachlichkeit setzt sich mit der Frage auseinander, wann das Sachlichkeitsgebot in Abgrenzung zum Neutralitätsgebot zur Anwendung kommt, insbesondere im Hinblick auf direktdemokratische Elemente. In den zugrundeliegenden Sachverhalten geht es zusammengefasst um die Beeinflussung der Bürgerschaft durch Träger der öffentlichen Gewalt im Vorfeld von direktdemokratischen Elementen auf kommunaler Ebene und auf Landesebene.[284] Auf die daran angelehnte Gegenüberstellung von Sachlichkeit und Neutralität wird noch eingegangen (s. u. Teil 1 III. 4. d)).

---

[282] *M. Henssler*, in: ders./H. Prütting, BRAO, 3. Aufl. 2010, § 43a Rn. 125.

[283] Die Professionalitätssicherung des anwaltlichen Handelns und insgesamt die Zwecke des Sachlichkeitsgebots für Rechtsanwälte stellt dar *M. Henssler*, in: ders./H. Prütting, BRAO, 3. Aufl. 2010, § 43a Rn. 125.

[284] Insgesamt zur Problematik von Äußerungen staatlicher Stellen im Vorfeld von kommunalen Abstimmungen und zum Sachlichkeitsgebot vgl. *C. Thum*, KommP Bayern 2007, 164 ff. und 212 ff. m. w. N. Zu einem Sachlichkeits- und Objektivitätsgebot im Rahmen von Abstimmungen in der Schweiz s. *P. Tschannen*, Stimmrecht und politische Verständigung, 1995, S. 102 ff.

Der Bayerische Verfassungsgerichtshof nimmt noch keinen Verstoß gegen das Sachlichkeitsgebot an, wenn ein Amtsträger manchmal pauschale, plakative oder auch überspitzte Formulierungen verwende. Darin sei so lange keine illegitime Polemik zu sehen, wie der inhaltliche Bezug zur sachlichen Information und Bewertung erkennbar bleibe und sich die Äußerung nicht in überspitzten Schlagwörtern erschöpfe.[285] Für die Annahme der Verletzung des Sachlichkeitsgebots sei es daher notwendig, dass sich die Äußerung gezielt an die Abstimmenden wende und ferner inhaltlich über Informationen und Bewertungen hinausgehe sowie eine eindeutige, unmittelbare Abstimmungsempfehlung enthalte und nicht mehr nur auf die Meinungsbildung ziele.[286] Den Hoheitsträgern wird hierdurch Freiraum zugesprochen für ihre Äußerungen in amtlicher Funktion, insbesondere dadurch, dass keine strengen Anforderungen aufgestellt werden.

Der Bremer Staatsgerichtshof fasst das Sachlichkeits- und Objektivitätsgebot als eine Forderung auf, die vom Träger öffentlicher Gewalt nicht verlange, die eigene Ansicht zu unterdrücken, sondern diese in einer die Entscheidungsfreiheit der Stimmberechtigten respektierenden Weise kundzutun, was jedoch nicht heiße, dass parteiergreifende Äußerungen ausgeschlossen seien, sofern sie sachlich und nur auf die Meinungsbildung gerichtet seien.[287] Sachlichkeit sei gewahrt, wenn die von staatlicher Seite verbreiteten Informationen korrekt seien, sodass die Stimmberechtigten nicht falsch oder irreführend informiert würden.[288] Damit arbeitet der Gerichtshof im Rahmen der Definition von Sachlichkeit einen der Zwecke, nämlich den Schutz der Entscheidungsfreiheit der Stimmberechtigten (s. u. Teil 2 I. 3.), heraus. Ferner wird dadurch, dass parteiergreifende Äußerungen vom Gerichtshof nicht ausgeschlossen werden, eine Weiche gestellt, was die Gegenüberstellung mit der Neutralität betrifft.

Laut dem Verwaltungsgericht Köln stellt der Maßstab des Sachlichkeitsgebots in Anlehnung an die bayerische Rechtsprechung die Forderung auf, dass als Amtsträger abgegebene Äußerungen „weder bewusst irreführend oder falsch noch ausschließlich polemisch“[289] sein dürften. Pauschale, plakative oder zugespitzte Aussagen zum Inhalt und zu den Auswirkungen der zur Abstimmung vorgelegten Angelegenheit seien im öffentlichen Meinungskampf generell üblich und so lange zulässig, wie der inhaltliche Bezug zur sachlichen Information und Bewertung er-

---

[285] VerfGH Bayern, Entscheidung v. 19. Januar 1994, Vf. 89-III-92, Vf. 92-III-92, in: BayVBl. 1994, 203 (208). Kritisch dazu die abweichende Meinung in: BayVBl. 1994, 241 (242), die in der Begründung der Entscheidung eine Aushöhlung des Sachlichkeitsgebots aufgrund der geringen Anforderungen sieht. *W. Schmitt Glaeser/H.-D. Horn*, BayVBl. 1994, 289 (300) sowie *M. Morlok/V. P. Voss*, BayVBl. 1995, 513 (517) meinen, dass Sachlichkeit nicht nur im Inhalt, sondern auch in der Form zu verlangen sei.

[286] VerfGH Bayern, Entscheidung v. 19. Januar 1994, Vf. 89-III-92, Vf. 92-III-92, in: BayVBl. 1994, 203 (208).

[287] StGH Bremen, Entscheidung v. 29. Juli 1996, St 3/95, in: NVwZ 1997, 264 (266).

[288] StGH Bremen, Entscheidung v. 29. Juli 1996, St 3/95, in: NVwZ 1997, 264 (265).

[289] VG Köln, Beschluss v. 18. November 2003, 4 L 2623/03, juris Rn. 27 ff.

kennbar sei; die Unzulässigkeit könne sich dann ergeben, wenn Äußerungen sich hauptsächlich aus überspitzten Schlagwörtern zusammensetzen würden, eindeutig falsche Behauptungen oder persönliche Verunglimpfungen enthalten würden.[290] Miteinzubeziehen sei insbesondere der Zusammenhang, in dem eine Äußerung getätigt worden sei, und ihr Gesamtinhalt.[291]

Der erstinstanzlichen Entscheidung nachfolgend fordert das nordrhein-wetsfälische Oberverwaltungsgericht, dass um dem Sachlichkeitsgebot zu genügen, „mitgeteilte Tatsachen zutreffend wiedergegeben werden müssen und Werturteile nicht auf sachfremden Erwägungen beruhen und den sachlich gebotenen Rahmen nicht überschreiten dürfen sowie auf einem im Wesentlichen zutreffenden und zumindest sachgerecht und vertretbar gewürdigten Tatsachenkern beruhen müssen.“[292] Dabei stellt das Gericht klar, dass es die genannten rechtsstaatlichen Anforderungen von staatlichen Äußerungen unter dem Oberbegriff „Sachlichkeitsgebot“ zusammenfasst.

Neben der Rechtsprechung, die sich explizit mit dem Sachlichkeitsgebot, vor allem auch in Gegenüberstellung zum Neutralitätsgebot, beschäftigt, gibt es ebenfalls Bundesverfassungsgerichtsentscheidungen, die sich mit Äußerungen von Hoheitsträgern in Bezug auf die Verfassungsfeindlichkeit der NPD auseinandersetzen und dabei Aussagen zum Sachlichkeitsgebot treffen. In der Entscheidung aus 1975 zum Verfassungsschutzbericht „Verfassungsschutzbericht ’73“,[293] in der das Bundesinnenministerium die NPD betreffende Werturteile[294] äußerte, welche Letztere vor Gericht rügte, wird als Prüfungsmaßstab für Äußerungen von Staatsträgern ein Willkürverbot angenommen. Danach sei es der Regierung nicht erlaubt, eine nicht verbotene politische Partei in der Öffentlichkeit nachhaltig verfassungswidriger Zielsetzung und Betätigung zu verdächtigen, wenn diese Maßnahme bei verständiger Würdigung der das Grundgesetz beherrschenden Gedanken nicht mehr verständlich wäre und sich daher der Schluss aufdrängte, daß sie auf sachfremden Erwägungen beruhte.[295] Diese Aussage eignet sich aufgrund der inhaltlichen Anforderungen, vergegenwärtigt man sich die obigen Erläuterungsansätze des Sachlichkeitsgebots, als ergänzende Konkretisierung des Sachlichkeitsgebots.

---

[290] VG Köln, Beschluss v. 18. November 2003, 4 L 2623/03, juris Rn 49 ff.

[291] VG Köln, Beschluss v. 18. November 2003, 4 L 2623/03, juris Rn 49.

[292] OVG NRW, Urteil v. 16. Dezember 2003, 15 B 2455/03, juris Rn. 38 und später auch OVG NRW, Beschluss v. 12. Juli 2005, 15 B 1099/05, juris Rn. 15. S. auch *J. Oebbecke*, BayVBl. 1998, 641 (644 f.); ferner BVerfG, Beschluss v. 15. August 1989, 1 BvR 881/89, in: NJW 1989, 3269 (3270); BVerfGE 57, 1 (8); s. auch E 40, 287 (293).

[293] BVerfGE 40, 287 ff.

[294] BVerfGE 40, 287 (289): Die NPD wird u. a. als Erscheinung des organisierten Rechtsradikalismus, als ein Repräsentant der „Alten Rechten“, als eine Partei mit verfassungsfeindlicher Zielsetzung und Betätigung, als Feindin der Freiheit in dem Verfassungsschutzbericht bezeichnet.

[295] BVerfGE 40, 287 (293); so auch E 133, 100 (108).

Eine weitere Konkretisierung lässt sich aus einer weiteren Entscheidung des Verfassungsgerichts entnehmen, in der es ebenfalls um Äußerungen des Bundesinnenministeriums gegenüber der NPD und ihrer (möglichen) Verfassungsfeindlichkeit ging.[296] Es wird mit Verweis auf die Entscheidung zum Verfassungsschutzbericht die Verletzung des Willkürverbots gerügt, sodass auch in dieser Entscheidung Aussagen zum Willkürverbot gemacht werden: Das alle Staatsorgane bindende Willkürverbot verpflichte diese insbesondere, mitgeteilte Tatsachen korrekt wiederzugeben und deren Beurteilung sachlich vorzunehmen.[297] Diese Ausführungen sprechen zwar auch ausdrücklich vom Willkürverbot, aber gehen inhaltlich auf das Erfordernis der Sachlichkeit und Wahrhaftigkeit ein.

Auch das Oberverwaltungsgericht Nordrhein-Westfalen erwähnt in dem oben bereits genannten Beschluss unter anderem das Willkürverbot als eine rechtsstaatliche Grenze von staatlichen Äußerungen. Sodann folgt die Aussage, dass die rechtsstaatlichen Anforderungen an staatliche Äußerungen, womit das Verhältnismäßigkeitsprinzip und das Willkürverbot gemeint seien, als Sachlichkeitsgebot zusammengefasst würden.[298] Auch hieran wird deutlich, dass generell eine Verknüpfung angenommen wird zwischen dem Sachlichkeitsgebot und dem Willkürverbot, ohne dass diese beiden Figuren voneinander abgegrenzt werden.

Für den vorliegenden Kontext kommt es nicht auf die Unterscheidung zwischen dem Willkürverbot[299] und Sachlichkeitsgebot an, da sie sich mit Blick auf ihre inhaltlichen Voraussetzungen teilweise überschneiden. Sie stellen beide Anforderungen auf, die von Trägern öffentlicher Gewalt zu beachten sind im Rahmen amtlicher Handlungen und insbesondere Äußerungen, um rechtsstaatlich und demokratisch begründete Vorgaben nicht zu verletzen. Es handelt sich dabei um grundlegende Anforderungen, die kumulativ zu berücksichtigen sind. Äußerungen von Trägern öffentlicher Gewalt haben sowohl willkürfrei als auch sachlich zu erfolgen. Willkürfreiheit verlangt in diesem Zusammenhang, dass Äußerungen in sachlich nachvollziehbarer Weise erfolgen und die Grundgedanken der Verfassung und Rechtsordnung nicht konterkarieren. Ziel beider Figuren ist ein sich an den realen Gegebenheiten und den grundgesetzlichen Vorgaben orientierendes staatliches Verhalten frei von Polemik und Herabsetzungen.

Was beispielsweise das Oberverwaltungsgericht Nordrhein-Westfalen als Anforderungen des Sachlichkeitsgebots anerkennt (s. o.), fasst das Bundesverfassungsgericht in den soeben genannten Entscheidungen als Anforderungen des Will-

---

[296] BVerfGE 57, 1 ff.

[297] BVerfGE 57, 1 (8).

[298] OVG NRW, Beschluss v. 16. Dezember 2003, 15 B 2455/03, juris Rn. 36 ff. Auch in seiner Dügida-Rechtsprechung nennt das OVG das Sachlichkeitsgebot und den Verhältnismäßigkeitsgrundsatz in einem Zug als Äußerungsgrenzen; vgl. OVG NRW, Urteil v. 04. November 2016, 15 A 2293/15, S. 25 f.

[299] Allgemein zum Willkürverbot als Garant materieller Gleichheit und Gerechtigkeit *P. Kunig*, Das Rechtsstaatsprinzip, 1986, S. 303 f.

kürverbots auf. Dass das Bundesverfassungsgericht selbst terminologisch nicht unterscheidet zwischen den Oberbegriffen „Sachlichkeitsgebot" und „Willkürverbot", zeigt sich beispielsweise daran, dass es in seiner Glykolwein-Entscheidung feststellt, dass Informationen wie jedes staatliche Handeln dem Sachlichkeitsgebot unterlägen und dafür die oben dargestellte Passage aus der Entscheidung BVerfGE 57, 1 (8) zitiert, in der es heißt, dass das Willkürverbot dazu verpflichte, mitgeteilte Tatsachen korrekt wiederzugeben und deren Beurteilung sachlich vorzutragen.

Dass das Willkürverbot und das Sachlichkeitsgebot von der Rechtsprechung zu staatlichen Äußerungen nicht voneinander abgegrenzt werden, liegt auch daran, dass das Gleichbehandlungsgrundrecht Willkür zum Prüfungsmaßstab von Differenzierungen macht und dabei einen sachlich vertretbaren und nachvollziehbaren Grund verlangt. Gegen den Willkürmaßstab wird verstoßen, wenn sich kein vernünftiger, sich aus der Natur der Sache ergebender oder ein sonstiger sachlich einleuchtender Grund für eine staatliche Ungleichbehandlung bzw. Gleichbehandlung finden lässt.[300] Dieser Maßstab ist auf das Gleichheitsrecht zugeschnitten, aber es existiert daneben noch ein allgemeines verfassungsrechtliches Willkürverbot, welches hier mit Blick auf Äußerungen im Vordergrund steht. Grundrechtlich gesichert ist das Willkürverbot durch den allgemeinen Gleichheitssatz, aber es ist vielmehr auch ein Element des objektiven Gerechtigkeitsprinzips und damit des Grundsatzes der Rechtsstaatlichkeit.[301] Als Ausfluss des Rechtsstaatsprinzips gilt das allgemeine Willkürverbot – unabhängig von einer Ungleichbehandlung – für jedwede staatliche Handlung.[302] Es ist verletzt, wenn eine staatliche Maßnahme bei verständiger Würdigung der das Grundgesetz beherrschenden Gedanken nicht mehr verständlich ist und sich daher der Schluss aufdrängt, dass sie auf sachfremden Erwägungen beruht.[303]

An dem allgemeinen Willkürverbot ist deshalb festzuhalten, da dieses Anforderungen aufstellt, die unabhängig von Differenzierungen Beachtung verdienen. Ob man diese Anforderungen, die der soeben genannten Definition entnommen werden können, unter den Begriff des Willkürverbots oder des Sachlichkeitsgebots fasst, hängt mit dem Verhältnis dieser Figuren zusammen. Sie sind mit Blick auf ihre Anforderungen inhaltlich miteinander verwandt. Daher werden sie im Wesentlichen zusammen angeführt, vor allem von der Rechtsprechung. Dies mag hinsichtlich der Definition des Willkürverbots daran liegen, dass dieses verlangt, dass eine

[300] BVerfGE 1, 14 (52); 33, 44 (51) m. w. N.; 33, 367 (384); 38, 1 (17); 71, 39 (58) m. w. N.; 75, 108 (157); 89, 132 (141); 107, 27 (45 f.); 114, 258 (297 f.).

[301] BVerfGE 23, 353 (372 f.); 26, 228 (244); 86, 148 (251); s. auch *P. Kunig*, Das Rechtsstaatsprinzip, 1986, S. 302 ff., 312 ff.; *K. Sobota*, Das Prinzip Rechtsstaat, 1997, S. 62 f., 483 f.; *W. Heun*, in: Dreier, GG, Bd. 1, 3. Aufl. 2013, Art. 3 GG Rn. 66 m. w. N.

[302] *U. Kischel*, BeckOK GG, Art. 3 (2016) Rn. 83; *D. Lang*, ZJS 2015, 39 (40). Kritisch *K. Stern*, in: ders., Das Staatsrecht der Bundesrepublik Deutschland, Bd. IV/2, 2011, S. 1516 f.; Sondervotum *Geiger*, BVerfGE 42, 64 (79 ff.); s. auch *W. Höfling*, JZ 1991, 955 ff.

[303] So schon BVerfGE 4, 1 (7) in Bezug auf Gerichtsentscheidungen. Danach taucht diese Formulierung immer wieder auf; bspw. in BVerfGE 40, 287 (293); 133, 100 (108).

staatliche Maßnahme nicht unverständlich sein und nicht auf sachfremden Erwägungen beruhen darf, womit Voraussetzungen angesprochen werden, die hier und in einigen Entscheidungen dem Sachlichkeitsgrundsatz unterfallen.

In der bundesverfassungsgerichtlichen Grundsatzentscheidung zur regierungsamtlichen Öffentlichkeitsarbeit aus dem Jahr 1977 finden sich relevante Aussagen für das Sachlichkeitsgebot. Während das Gericht auf die Notwendigkeit von Öffentlichkeitsarbeit eingeht, stellt es fest, dass die sachgerechte und objektiv vorgetragene Information über das den Bürger unmittelbar angehende Recht ein legtimes Anliegen im sozialen Rechtsstaat sein könne. Viele Gesetze seien aufgrund ihrer hohen Technizität ohne sachkundige Anleitung kaum verständlich.[304] Damit wird neben der Notwendigkeit der Öffentlichkeitsarbeit zugleich die Notwendigkeit und der Sinn und Zweck einer sachlichen Informationsvermittlung zutreffend herausgearbeitet, wenn auch nicht ausdrücklich von einem Gebot der Sachlichkeit gesprochen wird.

Die bundesverfassungsgerichtliche Rechtsprechung zu staatlichen Warnungen (im Lebensmittelsektor) enthält ebenfalls Aussagen zur Sachlichkeit, die generell für staatliche Äußerungen fruchtbar gemacht werden können. Die Berufsfreiheit schütze nicht vor inhaltlich zutreffenden und unter Beachtung des Sachlichkeitsgebots und mit angemessener Zurückhaltung formulierten Informationen.[305] Demnach werden die Gebote der Wahrhaftigkeit und Sachlichkeit als Voraussetzungen für zulässige Äußerungen deklariert. „Wertungen dürfen nicht auf sachfremden Erwägungen beruhen. Die Information darf auch bei zutreffendem Inhalt in der Form weder unsachlich noch herabsetzend formuliert sein. Im Übrigen ist die Verbreitung von Informationen unter Berücksichtigung möglicher nachteiliger Wirkungen für betroffene Wettbewerber auf das zur Informationsgewährung Erforderliche zu beschränken."[306] Damit wird die oben vorgenommene Definition bestätigt.

Das Bundesverfassungsgericht trifft auch in jüngeren Entscheidungen Aussagen, welche den Sachlichkeitsgrundsatz betreffen. Unzulässig (da nicht vereinbar mit der Repräsentations- und Integrationsaufgabe des Bundespräsidenten) seien solche Äußerungen, die keinen Beitrag zur sachlichen Auseinandersetzung leisten, vielmehr ausgrenzend wirken würden, wie dies bei beleidigenden Äußerungen, insbesondere bei Schmähkritik, regelmäßig der Fall sei.[307] Neue Erkenntnisse ergeben sich hieraus nicht, aber es wird deutlich, dass das Sachlichkeitsgebot mit seinen Anforderungen von der Rechtsprechung nicht vernachlässigt wird, auch wenn grundlegende Ausführungen fehlen.

---

[304] BVerfGE 44, 125 (148).
[305] BVerfGE 105, 252 (272).
[306] BVerfGE 105, 252 (272f.).
[307] BVerfGE 136, 323 (335f.); wiederholt in E 138, 102 (112f.).

c) Herleitung des Sachlichkeitsgrundsatzes

In der Rechtsprechung wird entweder gar keine Aussage zu den rechtlichen Grundlagen der Sachlichkeit gemacht oder aber es wird auf eine Norm oder einen Rechtsgrundsatz verwiesen. Eine ausdrückliche Normierung, die sich mit einem allgemeinen Sachlichkeitsgebot, das sich an jedwede Art von Staatshandeln richtet, existiert nicht, was jedoch nichts an der Notwendigkeit dieses Gebots ändert. In einigen Bundesländern bestehen teilweise Normen, die in bestimmten Situationen sachliches Handeln verlangen. Ein Beispiel für eine textliche Fixierung bildet Artikel 74 Abs. 7 der Bayerischen Verfassung, dem die Geltung eines Sachlichkeitsgebots im Volksgesetzgebungsverfahren zu entnehmen ist.[308] Auf diese Norm wird die Sachlichkeitspflicht von Äußerungen im Vorfeld von Volksbegehren in der oben bereits thematisierten und im Zusammenhang mit dem Sachlichkeitsgebot relevanten Entscheidung des Bayerischen Verfassungsgerichtshofs gestützt.[309]

Die Verfassung enthält keine Norm, die allgemein ein solches Gebot behandelt und dementsprechende Anforderungen an staatliches Handeln, insbesondere Äußerungen, stellt. Dies dürfte aufgrund der Abstraktheit von Verfassungen auch nicht überraschen. Jedoch bedarf es für die Geltung von wichtigen Grundsätzen auch nicht unbedingt einer ausdrücklichen textlichen Fixierung, solange sie aus der Verfassung und den ihr zu entnehmenden Prinzipien abgeleitet werden können.

aa) Rechtsstaatliche Komponente

Ein Anknüpfungspunkt für das Sachlichkeitsgebot ist das Rechtsstaatsprinzip im Grundgesetz. Es wird als Maßstab das Grundgesetz genommen, da das Sachlichkeitsgebot vorliegend als ein essenzieller Grundsatz, der jede Art von Staatshandeln und damit alle Personen, deren Verhalten dem Staat zurechenbar sind, erfassen soll, zu verstehen ist; unabhängig von der staatlichen Ebene. Die Anforderungen, die das Rechtsstaatsprinzip stellt, sind nicht nur bei der Rechtsetzung, Rechtsanwendung

---

[308] „Jeder dem Volk zur Entscheidung vorgelegte Gesetzentwurf ist mit einer Weisung der Staatsregierung zu begleiten, die bündig und sachlich sowohl die Begründung der Antragsteller wie die Auffassung der Staatsregierung über den Gegenstand darlegen soll." Ein weiteres Beispiel für eine textliche Normierung bietet § 55 Abs. 2 S. 2 Nr. 3 HessKommwahlG, wonach in der Bekanntmachung eines Bürgerentscheids durch den Gemeindevorstand eine kurze und sachliche Darlegung u. a. der von den Gemeindeorganen vertretenen Auffassung über den Gegenstand des Bürgerentscheids erfolgen soll.

[309] VerfGH Bayern, Entscheidung v. 19. Januar 1994, Vf. 89-III-92, Vf. 92-III-92, in: BayVBl. 1994, 203 (205). Als Rechtsgrundlage wird – auf Rüge der Antragsteller – auch Art. 14 Abs. 3 LWahlG Bayern a. F. (Art. 12 Abs. 3 n. F.) herangezogen, wonach es Amtsträgern nicht erlaubt ist, die Abstimmung in irgendeiner Weise zu beeinflussen oder das Abstimmungsgeheimnis zu verletzen. Jedoch sei die einfachgesetzliche Bestimmung nicht in der Lage, verfassungsrechtliche Befugnisse von Amtsträgern einzuschränken, und daher verfassungskonform auszulegen; vgl. dazu im Detail Rn. 83, 105.

und Rechtsprechung zu beachten, sondern auch bei faktischem Staatshandeln, worunter die hier zu untersuchenden Äußerungen gehören.

Auch das nordrhein-westfälische Oberverwaltungsgericht leitet das Sachlichkeitsgebot aus dem Rechtsstaatsprinzip ab bzw. nennt dieses als Ableitungsgrundlage,[310] ohne jedoch eine Begründung vorzunehmen. Dies mag auch daran liegen, dass dieses Prinzip zu einem Teil aus in der Verfassung ausdrücklich genannten Einzelelementen besteht, z. B. Artikel 20 Abs. 2 GG: Grundsatz der Gewaltenteilung, Artikel 20 Abs. 3 GG: Grundsatz der Gesetzesbindung und zum anderen aus Fallgruppen, die zwar nicht explizit Gegenstand der Verfassung sind, aber anerkanntermaßen dem Rechtsstaatsprinzip zuzuordnen sind wie beispielsweise der Grundsatz der Verhältnismäßigkeit.[311]

Das Sachlichkeitsgebot mit seinen Anforderungen an staatliches Handeln kann unter anderem durch die Bindung der Staatsgewalt an Gesetz und Recht aus Artikel 20 Abs. 3 GG legitimiert werden. Eine Anknüpfung des Sachlichkeitserfordernisses daran erfolgt deswegen, weil die Sachlichkeit Anforderungen aufstellt, die sich auch bereits aus der Rechtsordnung ergeben, wie zum Beispiel, dass Äußerungen wahre Tatsachen wiedergeben und beleidigungsfrei erfolgen müssen (vgl. §§ 185 ff. Strafgesetzbuch). Dadurch, dass die staatliche Gewalt ohne Einschränkung gebunden ist an Gesetz und Recht, ist sie daher schon an solche Regelungen gebunden. Demzufolge dient dieser Gedanke des Rechtsstaats als eine Begründungsmöglichkeit für ein allgemeines Sachlichkeitsgebot.

Die inhaltliche Verknüpfung des Willkürverbots und des Sachlichkeitsgebots miteinander, die sich aus den Voraussetzungen dieser Figuren ergibt und ebenfalls in der Rechtsprechung niederschlägt, verleiht dem Sachlichkeitsgebot eine weitere rechtsstaatliche Komponente, da das allgemeine Willkürverbot eine Ausprägung

---

[310] Vgl. OVG NRW, Beschluss v. 16. Dezember 2003, 15 B 2455/03, juris Rn. 27, 36 ff.: „den allgemein das hoheitliche Handeln bestimmenden Rechtsnormen, insbesondere dem Rechtsstaatsprinzip, hier in Form des Sachlichkeitsgebots" oder „Gebote der Wahrhaftigkeit und Sachlichkeit als Ausfluss des Rechtsstaatsprinzip(s)". S. auch OVG NRW, Beschluss v. 12. Juli 2005, 15 B 1099/05, juris Rn. 15 sowie jüngst OVG NRW, Urteil v. 04. November 2016, 15 A 2293/15, S. 25. Aus der Literatur zur Ableitung aus dem Rechtsstaatsprinzip *J. Oebbecke*, BayVBl. 1998, 641 (645). Dieser meint ferner, auch das BVerfG habe in seinem Baden-Beschluss (BVerfGE 37, 84 (91)) die Sachlichkeitsaufforderung aufgestellt, als es ohne den Begriff des Sachlichkeitsgebots zu verwenden, davon gesprochen habe, dass ein durch staatliche Stellen erfolgtes Eingreifen in den Abstimmungskampf wie eine der beteiligten Gruppen unzulässig sei. Diese Deutung ist problematisch bzw. nicht offensichtlich, da das BVerfG kein Wort zum Sachlichkeitsgebot verliert, weder in der zitierten Aussage noch an anderer Stelle in der Entscheidung. Zur Wahrheitspflicht staatlicher Äußerungen aus dem Rechtsstaatsprinzip, welche nach hier vertretener Ansicht eine Forderung des Sachlichkeitsgebots darstellt, s. *C. Gramm*, Der Staat 30 (1991), 51 (75); *J. Oebbecke*, DVBl. 1994, 147 (154).

[311] Vgl. BVerfGE 30, 1 (24 f.); allgemeiner und ausführlicher zum Rechtsstaatsprinzip und seinen Elementen *P. Kunig*, Das Rechtsstaatsprinzip, 1986; *K. Sobota*, Das Prinzip Rechtsstaat, 1997.

des Rechtsstaatsprinzips[312] darstellt. Grundrechtlich gesichert ist das Willkürverbot zwar durch den allgemeinen Gleichheitssatz, aber es ist zugleich ein Element des objektiven Gerechtigkeitsprinzips und damit des Rechtsstaatsprinzips.[313] Vorliegend kommt das Willkürverbot hier nicht in seiner grundrechtlichen Ausprägung zum Tragen, sondern als allgemeiner Handlungsmaßstab, der von staatlicher Seite zu berücksichtigen ist (s. o. Teil 1 III. 4. b) bb)).

bb) Demokratische Komponente

Neben dem Rechtsstaatsprinzip ist auch das Demokratieprinzip eine Legitimationsquelle für das Sachlichkeitsgebot. Die Anforderungen des Demokratieprinzips sind bei der Rechtsetzung, Rechtsanwendung und Rechtsprechung zu beachten, aber auch bei faktischem Staatshandeln, worunter die hier zu untersuchenden Äußerungen fallen.

Oben wurde bereits kurz angedeutet, dass die Sachverhalte der Rechtsprechung zu diesem Gebot direktdemokratische Elemente zum Gegenstand haben, in deren Vorfeld staatliche Stellen Äußerungen vornehmen, und sich die Frage nach dem Prüfungsmaßstab – Neutralitätsgebot oder Sachlichkeitsgebot – stellt. Auf die Gegenüberstellung dieser beiden Figuren wird im nächsten Abschnitt noch eingegangen. An dieser Stelle ist jedoch bereits vorwegzunehmen, dass die Gegenüberstellung sich darauf stützt, ob die staatlichen Äußerungen im Vorfeld von Wahlen oder von Abstimmungen erfolgen. Unbestritten ist in der genannten Rechtsprechungslinie jedenfalls die Geltung des Sachlichkeitsgebots vor direktdemokratischen Elementen als Mindestanforderung. Da der hier erörterte Sachlichkeitsgrundsatz ohne Einschränkung immer gilt, gilt er auch im Vorfeld von Wahlen, sodass sich der Staat im Vorfeld von repräsentativdemokratischen Elementen sachlich zu verhalten hat. Dass hier zumeist von Staatshandeln in Form von Äußerungen gesprochen wird, liegt daran, dass sie Untersuchungsgegenstand dieser Arbeit sind, und nicht daran, dass das Sachlichkeitsgebot lediglich bei staatlichen Äußerungen gilt. Durch die Geltung des Sachlichkeitsgebots im Vorfeld von Wahlen und Abstimmungen gewinnt dieses eine demokratische Begründungsoption.

Demokratie als Herrschaft durch das Volk muss gemäß Artikel 20 Abs. 2 GG gewährleisten, dass der Volkswille durch Wahlen und Abstimmungen zum Ausdruck kommt. Maßgeblich ist die Volkssouveränität.[314] Insbesondere die Wahl-

---

[312] Vgl. dazu *P. Kunig*, Das Rechtsstaatsprinzip, 1986, S. 302 ff. und S. 312 ff. jeweils m. w. N. Dabei werden unter anderem auch Ausführungen zu einem (staatsinternen) Willkürverbot im Verhältnis der Staatsgewalten untereinander gemacht; s. auch BVerfGE 23, 353 (372 f.); 25, 198 (205); 26, 228 (244).

[313] BVerfGE 23, 353 (372 f.); 26, 228 (244); 86, 148 (251 f.); s. auch *P. Kunig*, Das Rechtsstaatsprinzip, 1986, S. 302 ff., 312 ff.; *K. Sobota*, Das Prinzip Rechtsstaat, 1997, S. 62 f., 483 f.; *W. Heun*, in: Dreier, GG, Bd. 1, 3. Aufl. 2013, Art. 3 GG Rn. 66 m. w. N.

[314] Zur Volkssouveränität *M. Morlok*, Demokratie und Wahlen, in: P. Badura/H. Dreier (Hrsg.), Festschrift 50 Jahre Bundesverfassungsgericht, Bd. 2, 2001, S. 559 ff.

rechtsgrundsätze aus Artikel 38 Abs. 1 S. 1 GG dienen der Gewährleistung und dem Schutz der Volkssouveränität,[315] vor allem die Grundsätze der Freiheit und Chancengleichheit der Bürger im politischen Meinungs- und Willensbildungsprozess.

Das Recht politischer Parteien auf Chancengleichheit, das auch Bürgern als individualrechtliche Ausprägung, nämlich als Recht der Bürger auf gleiche Teilhabe an der politischen Willensbildung, zusteht und aus dem Gleichheitssatz in Verbindung mit dem demokratischen Prinzip abgeleitet werden (s. u. Teil 2 I. 5. b)), ist einschlägig für die sich vor der Abstimmung engagierenden Gruppierungen.[316] Denn Chancengleichheit wird im gesamten demokratischen Prozess der Willensbildung als das den politischen Wettbewerb absichernde demokratische Recht gewährleistet, sowohl im Kontext von Wahlen und Abstimmungen als auch unabhängig von diesen Ereignissen (s. u.). Dieser Grundsatz verlangt, dass jeder Vereinigung grundsätzlich die gleichen Möglichkeiten im Abstimmungskampf und -verfahren und damit die gleiche Chance im Wettbewerb um die Stimmen zu gewährleisten ist.[317] Staatsorgane dürfen durch ihre Äußerungen die Entscheidung der Abstimmenden nicht beeinflussen und damit die vorgefundene politische Wettbewerbslage nicht verfälschen.[318]

Das Sachlichkeitsgebot mit seinen Voraussetzungen schützt davor, dass die bestehende Wettbewerbslage verzerrt wird von staatlicher Seite. Weder dürfen bestehende faktische Ungleichheiten staatlicherseits nivelliert noch verschärft werden. Äußert sich ein Hoheitsträger unsachlich über eine politische Gruppierung, sodass diese in der Öffentlichkeit in ihrem Ansehen beeinträchtigt wird, so ist nicht auszuschließen, dass der Zuspruch der Bürger abnimmt, vor allem im Lichte des Aufmerksamkeitsvorsprungs, den Hoheitsträger genießen. Ausreichend für die Verletzung der Chancengleichheit ist nämlich bereits die Möglichkeit der nachteiligen Auswirkung auf den Wettbewerb (s. u. Teil 2 I. 5. c)). Indem Träger öffentlicher Gewalt dem Sachlichkeitsgebot unterworfen werden, wird also der Grundsatz der Chancengleichheit geschützt.

Der Grundsatz der Freiheit der Wahl soll eine von Zwang und unzulässiger politischer, wirtschaftlicher und sozialer Einflussnahme freie Präferenzbildung des Bürgers und ihren Ausdruck bei der Stimmabgabe sichern.[319] Der Freiheitsgrund-

---

[315] *M. Morlok*, Demokratie und Wahlen, in: P. Badura/H. Dreier (Hrsg.), Festschrift 50 Jahre Bundesverfassungsgericht, Bd. 2, 2001, S. 559 (589 f.).

[316] *M. Morlok/V. P. Voss*, BayVBl. 1995, 513 (517); *R. Leukart*, Das Bürgerbegehren und der Bürgerentscheid in der Sächsischen Gemeindeordnung (§§ 24, 25 SächsGemO), 2012, S. 169 ff.

[317] BVerfGE 42, 53 (59); 96, 231 (238); vgl. auch *M. Morlok/V. P. Voss*, BayVBl. 1995, 513 (517).

[318] Zur vorgefundenen Wettbewerbslage BVerfGE 8, 51 (67); 41, 399 (413 f.); 52, 63 (89); 69, 92 (109); 73, 40 (89); 78, 350 (358); 85, 264 (297); 104, 287 (300); 111, 382 (398) jeweils m. w. N., stRspr.; ferner *M. Morlok*, in: Dreier, GG, Bd. 2, 3. Aufl. 2015, Art. 21 Rn. 80; *J. Krüper/H. Kühr*, ZJS 2014, 143 (146); *A. Kißlinger*, Das Recht auf politische Chancengleichheit, 1998, S. 14; *T. Barczak*, NVwZ 2015, 1014 (1014).

[319] BVerfGE 7, 63 (69); 20, 56 (97 f.); 85, 264 (287); *H.-H. Trute*, in: Münch/Kunig, GG, 6. Aufl. 2012, Art. 38 Rn. 35; *H. H. Klein*, in: Maunz/Dürig, GG, Art. 38 (2016) Rn. 107 m. w. N.

satz bezieht sich zwar primär auf den Wahlakt,[320] allerdings ist diese verfassungsrechtliche Forderung auch auf den Prozess der vorhergehenden Meinungs- und Willensbildung auszuweiten,[321] da dieser die Gewährleistung eines freien und offenen Meinungsprozesses zum Ziel hat (Grundsatz der Staatsfreiheit). Beabsichtigt ist dabei der Schutz der Entscheidungsfreiheit des Bürgers, welcher erst dann verwirklicht wird, wenn die einer Entscheidung des Bürgers vorhergehende Willensbildung staatsfrei bleibt. Im öffentlichen Meinungs- und Willensbildungsprozess des Volkes ist das verfassungsrechtliche Gebot der Staatsfreiheit für die Bildung der grundgesetzlich geschützten öffentlichen Meinung nicht wegzudenken.

Das Erfordernis der Sachlichkeit ist deshalb aus dem Grundsatz der Staatsfreiheit des Meinungs- und Willensbildungsprozesses abzuleiten, da dieser Grundsatz zum Ziel hat, dass der Bürger bei seiner Willensbildung nicht von außen gelenkt wird und somit seinen Willen unverfälscht zum Ausdruck bringen kann (s. u. Teil 2 I. 3.). Ein dem Sachlichkeitsgebot widersprechendes Verhalten von amtlicher Seite, das heißt irreführende, falsche oder polemische Äußerungen von Amtsträgern sind geeignet, den Bürger zu beeinflussen[322] und dergestalt auf seinen Willen einzuwirken, dass er sich kein objektives Bild mehr verschaffen kann über ein Ereignis. Dadurch ist seine Entscheidungsfreiheit beeinträchtigt. Gerade dies soll jedoch ausgeschlossen werden durch die Garantie des Freiheitsgrundsatzes. Zwar bedeutet die Staatsfreiheit des Willensbildungsprozesses nicht, dass von staatlicher Seite gar keine Äußerungen getätigt werden dürfen – zumal diese auch erwünscht und notwendig sind –, allerdings dürfen diese nicht weitergehen, als es das Informationsbedürfnis der Bürger erfordert.[323] Besonders vor dem Hintergrund der Gemeinwohlorientierung kann die Vermittlung von Informationen und Wertungen durch Träger öffentlicher Gewalt zum Zwecke der Erlangung eines guten Ergebnisses geboten sein, vor allem was komplexe Materien betrifft.[324] Äußerungen dürfen jedoch nicht die Entscheidungsfreiheit manipulativ beeinträchtigen. Hier kann als Maßstab die Grenze zwischen Information und Intervention herangezogen werden.[325] Durch

---

[320] BVerfGE 7, 63 (69); ausführend E 20, 56 (97 ff.); 44, 125 (139); 47, 253 (282); 73, 40 (85); *J. A. Frowein*, AöR 99 (1974), 72 (103 f.); *W. Kluth*, in: Schmidt-Bleibtreu/Hofmann/Henneke, GG, 13. Aufl. 2014, Art. 38 Rn. 23 m. w. N.

[321] BVerfGE 20, 56 (97 ff.); 44, 125 (139); 73, 40 (85); 91, 262 (267); 103, 111 (130); 138, 102 (109); *C. Hillgruber*, Parteienfreiheit, in: HdbGR, Bd. V, 2013, S. 463 (467).

[322] S. zum Wahrheitsgebot aus dem Grundsatz der Freiheit BVerwGE 118, 101 (106 f.).

[323] *M. Morlok/V. P. Voss*, BayVBl. 1995, 513 (514, 518).

[324] *M. Morlok/V. P. Voss*, BayVBl. 1995, 513 (514). Vgl. auch *B. J. Hartmann*, AöR 134 (2009), 1 (7 ff.).

[325] *M. Morlok/V. P. Voss*, BayVBl. 1995, 513 (518); *J. Oebbecke*, BayVBl. 1998, 641 (644); vgl. dazu und allgemein zu einem Sachlichkeits- und Objektivitätsgebot in der Schweiz *P. Tschannen*, Stimmrecht und politische Verständigung, 1995, S. 102 ff. Der Bayerische Verfassungsgerichtshof in der in diesem Abschnitt relevanten Entscheidung (VerfGH Bayern, Entscheidung v. 19. Januar 1994, Vf. 89-III-92, Vf. 92-III-92, in: BayVBl. 1994, 203 ff., 238 ff.) beschäftigt sich u. a. verfassungsvergleichend mit dem Thema staatlicher Äußerungen vor Wahlen und Abstimmungen in der Schweiz. Eine Unterscheidung zwischen Wahlen und Abstimmungen im Hinblick auf die vorherige Informierung durch Amtsträger werde auch vom Schweizer Bundes-

die Einhaltung der Anforderungen des Sachlichkeitsgebots wird die Staatsfreiheit des Willensbildungsprozesses und konkret die Entscheidungsfreiheit abgesichert.[326]

Die Grundsätze der Staatsfreiheit und Chancengleichheit in der Willensbildung gelten jedenfalls ausdrücklich für Wahlen, was sich aus Artikel 38 Abs. 1 S. 1 GG ergibt. Dennoch ist ihre Anwendung darüber hinaus auf direktdemokratische Entscheidungsfindung durch das Volk auszuweiten.[327] Rechtlicher Ausgangspunkt für diese Erweiterung ist das Prinzip der Volkssouveränität, das nicht nur gebietet, den Willensbildungsprozess der Bürger bei personellen Entscheidungen zu schützen, sondern auch bei sachlichen Entscheidungen.[328] Auch Formen direkter Demokratie sind Elemente der Volkssouveränität (vgl. Artikel 20 Abs. 2 S. 2 Halbs. 1 GG). Wenn der stellvertretende Willensbildungsprozess von Abgeordneten, die anstelle des Volkes entscheiden, nach Maßgabe des Artikel 38 Abs. 1 S. 1 GG von den Grundsätzen der Freiheit und Gleichheit determiniert wird, dann ist dieser Gedanke auch auf sachliche Entscheidungen zu übertragen, bei denen das Volk selbst handelt und eine Entscheidung trifft. Hinter der Volkssouveränität steht die Sicherung der Selbstbestimmung der Bürger[329] und diese ist sowohl bei Wahlen als auch bei Abstimmungen ein zentrales Schutzgut, da der Bürgerschaft in beiden Fällen die Funktion des Souveräns zukommt. Will man einen offenen und freien Meinungsprozess als Prämisse einer Demokratie[330] garantieren, so ist es nur notwendig, die Integrität der Bürger sowohl in repräsentativen als auch in direkten Demokratieformen und damit insgesamt die Möglichkeit einer chancengleichen Betätigung zu sichern.

---

gericht vorgenommen, das vor Wahlen ein staatliches Eingreifen ausschließe, während es vor Abstimmungen Empfehlungen und Erläuterungen von staatlicher Seite erlaube, sofern die Pflicht zur objektiven und wahrheitsgetreuen Information nicht verletzt werde. Dabei verweist der Gerichtshof auf sämtliche Entscheidungen des schweizerischen Bundesgerichts. Ein Vergleich mit der Rechtslage in der Schweiz eignet sich aufgrund der Tatsache, dass dort direktdemokratische Elemente stark ausgeprägt sind und es hier um die Zulässigkeit und Grenzen staatlicher Informationstätigkeiten im Vorfeld von direktdemokratischen Elementen geht, besonders gut.

[326] *A. Schmehl*, KommJur 2006, 321 (323).

[327] *M. Morlok*/*V. P. Voss*, BayVBl. 1995, 513 (516f.); *J. Oebbecke*, BayVBl. 1998, 641 (643f.) m. w. N. und v. a. thematisiert er jeden Wahlrechtsgrundsatz auf seine Übertragbarkeit auf Abstimmungen; *H.-U. Erichsen*, Jura 1983, 635 (635); s. auch BVerfGE 13, 54 (91ff.); 28, 220 (224). In letztgenannter Entscheidung heißt es, dass die Wahlrechtsgrundsätze „als ungeschriebenes demokratisches Verfassungsrecht" auch für Volksentscheide gelten würden. Vgl. bzgl. der Staatsfreiheit auch *A. Schmehl*, KommJur 2006, 321 (323). BVerfGE 37, 84 (91) spricht von dem „Verfassungsgebot der grundsätzlich staatsfreien Meinungs- und Willensbildung des Volkes bei Abstimmungen".

[328] *M. Morlok*/*V. P. Voss*, BayVBl. 1995, 513 (517); zur Prinzipienqualität *M. Morlok*, Demokratie und Wahlen, in: P. Badura/H. Dreier (Hrsg.), Festschrift 50 Jahre Bundesverfassungsgericht, Bd. 2, 2001, S. 559 (562ff.).

[329] *M. Morlok*/*V. P. Voss*, BayVBl. 1995, 513 (514); allgemein zur Volkssouveränität *M. Morlok*, Demokratie und Wahlen, in: P. Badura/H. Dreier (Hrsg.), Festschrift 50 Jahre Bundesverfassungsgericht, Bd. 2, 2001, S. 559ff.

[330] BVerfGE 20, 56 (98f.).

Eine Herleitung aus den Grundsätzen der Staatsfreiheit und Chancengleichheit verleiht dem Sachlichkeitsgebot, vor allem im Vorfeld von Wahlen und Abstimmungen, eine demokratische Begründung.[331]

d) Anwendungsbereich des Sachlichkeitsgrundsatzes in Gegenüberstellung zur politischen Neutralität

Das Sachlichkeitsgebot gilt bei allen Handlungsformen, also sowohl bei rechtsförmlichem als auch bei kommunikativem Handeln, während das hier verstandene Neutralitätsgebot „lediglich" bei kommunikativem Staatshandeln durch den handelnden Amtsinhaber zu berücksichtigen ist.

Das Sachlichkeitsgebot erlegt deutlich weniger Beschränkungen auf als ein Neutralitätsgebot.[332] Sachlichkeit gilt zwar stets, stellt aber geringere Anforderungen als die Neutralität auf, welche zwar nicht immer, sondern nur bei kommunikativem Handeln gilt, aber dafür zusätzliche und strengere Anforderungen aufstellt. Zu diesen Anforderungen gehören die Nicht-Identifikation und die Unparteilichkeit, die von Trägern öffentlicher Gewalt verlangt wird. Sie sollen sich zurückhalten im pluralistischen Meinungskampf und durch Äußerungen weder positiv noch negativ aufgrund des ihnen zustehenden Amtsbonus in diesen eingreifen. Vor diesem Hintergrund sind in Bezug auf die Neutralität – nicht jedoch in Bezug auf die Sachlichkeit – vor allem parteiergreifende Stellungnahmen problematisch.

Dass der Grundsatz der Neutralität strengere Anforderungen an staatliches Handeln stellt als derjenige der Sachlichkeit, ist auch an der Judikatur des Bundesverfassungsgerichts in seiner Grundsatzentscheidung aus dem Jahre 1977 festzumachen. Im Rahmen seiner Ausführungen zur Bedeutung der Vorwahlzeit als Kriterium der Neutralität stellt das Gericht fest, dass die Grenze zwischen zulässiger und unzulässiger Äußerungen in der Vorwahlzeit auch dort überschritten sein könne, „wo regierungsamtliche Veröffentlichungen sich auf eine sachliche Information des Bürgers beschränken, sich also weder durch ihren Inhalt noch durch ihre Aufmachung als Werbemaßnahmen zugunsten eigener Machterhaltung oder für eine politische Partei zu erkennen geben".[333] Allein die Einhaltung des Sachlichkeitsgebots, welches die sachliche Informierung der Bürger verlangt, solle zu Recht nicht ausreichen für die Zulässigkeit, da bei staatlichen Äußerungen, die im Vorfeld einer Wahl getätigt werden, die besondere Nähe zur Wahl ausschlag-

---

[331] So auch *J. Oebbecke*, BayVBl. 1998, 641 (644 f.); *A. Schmehl*, KommJur 2006, 321 (323); *R. Leukart*, Das Bürgerbegehren und der Bürgerentscheid in der Sächsischen Gemeindeordnung (§§ 24, 25 SächsGemO), 2012, S. 170.

[332] *A. Schmehl*, KommJur 2006, 321 (323); *T. Wahnschaffe*, NVwZ 2016, 1767 (1768 f.); s. auch *R. Leukart*, Das Bürgerbegehren und der Bürgerentscheid in der Sächsischen Gemeindeordnung (§§ 24, 25 SächsGemO), 2012, S. 170.

[333] BVerfGE 44, 125 (151); kritisch Sondervotum *Rottmann* BVerfGE 44, 125 (181 [193]); 63, 230 (244).

gebend sei (s. u. Teil 3 III.). Die Kriterien, die die Neutralität aufstellt, treten ergänzend neben diejenigen der Sachlichkeit, die Mindestanforderungen für staatliches Handeln darstellen.

aa) Gegenüberstellung in der Judikatur zu Abstimmungen

Dass das Neutralitätsgebot strenger ist, betonen auch einzelne Gerichte wie der Bayerische Verfassungsgerichtshof, der Bremer Staatsgerichtshof und die nordrhein-westfälischen Verwaltungsgerichte. Sie bejahen alle die Anwendbarkeit des Sachlichkeitsgebots im Vorfeld von Abstimmungen und die Anwendbarkeit des Neutralitätsgebots im Vorfeld von Wahlen. Trotz desselben Ergebnisses sind die Begründungen der einzelnen Gerichte für diese Judikatur teilweise unterschiedlich. Insbesondere auf die Frage, wann der Neutralitätsgrundsatz im Verhältnis zum Sachlichkeitsgebot zur Anwendung gelangt, kommt es für den vorliegenden Kontext an.

„Bei *Wahlen* rückt das Neutralitätsgebot in den Vordergrund, weil es um Personen und zu politischen Parteien mit ihrer Programmatik verfestigten Gruppen geht, nicht um einzelne Sachfragen selbst. Die Wahlentscheidung ist eine gegenüber den verschiedensten Sachfragen generalisierte Entscheidung. Wenn damit die Rechtfertigung staatlicher Informationstätigkeit wegfällt, greifen die Rechtsgebote für eine Enthaltsamkeit der Staatsorgane mit aller Strenge. Bei *Abstimmungen* über Sachfragen kommen demgegenüber die genannten Gegengründe mit ins Spiel."[334]

(1) Bayerischer Verfassungsgerichtshof

Das Gericht hatte über die Gültigkeit eines Volksentscheids über das Abfallrecht in Bayern zu entscheiden, welche er im Ergebnis bejahte.[335] Diese Entscheidung ist die Erste, die sich mit den Grenzen staatlicher Äußerungen im Vorfeld von direktdemokratischen Elementen auseinandersetzt und dafür Kriterien entwickelt.[336] Daher gilt sie als Vorreiter.

Dieses Urteil zeichnet sich dadurch aus, dass es als Rechtfertigung für die unterschiedliche Geltungsreichweite des Sachlichkeits- und Neutralitätsgebots zum einen eine Abgrenzung zwischen Wahlen und Abstimmungen vornimmt und zum anderen die Gleichrangigkeit von Volksgesetzgebung und Parlamentsgesetzgebung hervorhebt.[337] Hierbei betont der Gerichtshof, dass es sich um ein auf Wahlen bezogenes Neutralitätsgebot handele, das sich zwar neben dem Grundgesetz auch

---

334 *M. Morlok/V. P. Voss*, BayVBl. 1995, 513 (514).

335 VerfGH Bayern, Entscheidung v. 19. Januar 1994, Vf. 89-III-92, Vf. 92-III-92, in: BayVBl. 1994, 203 ff., 238 ff.

336 *W. Schmitt Glaeser/H.-D. Horn*, BayVBl. 1994, 289 (296 ff.).

337 *M. Morlok/V. P. Voss*, BayVBl. 1995, 513 (515).

aus der Bayerischen Verfassung ergebe, aber sich aufgrund fundamentaler Unterschiede nicht auf Abstimmungen übertragen lasse.[338]

Ein basaler Unterschied liegt – wie der Gerichtshof zutreffend darstellt[339] – darin, dass bei Wahlen eine personelle Legitimation – wenn Bürger Repräsentanten wählen, die für sie Entscheidungen treffen – und bei Abstimmungen eine sachliche Legitimation – wenn Bürger selbst eine Entscheidung treffen – gegeben ist.

Es ist wichtig, im Kontext der Volkssouveränität, den Begriff der Legitimation aufzuwerfen und verschiedene Formen zu unterscheiden.[340] Um mit *Ernst-Wolfgang Böckenförde* zu sprechen, besteht die demokratische Legitimation neben der funktionellen und institutionellen Legitimation, welche hier nicht zu erörtern sind, aus der organisatorisch-personellen und der sachlich-inhaltlichen Legitimation sowie deren Zusammenwirken.[341] Die Formen der personellen und sachlichen Legitimationen sind zugleich Aspekte bzw. Dimensionen der Volkssouveränität.[342]

Organisatorisch-personelle Legitimation meint eine ununterbrochene, auf das Volk zurückzuführende Legitimationskette für das staatliche Handeln.[343] Die Form der sachlich-inhaltlichen Legitimation verlangt die Herleitung der Ausübung der Staatsgewalt ihrem Inhalt nach vom Volk.[344] Will man nicht eine eigenständige, dem Inhalt nach vom Volkswillen unabhängige Herrschaftsgewalt, bedarf es neben der personellen Legitimation der Entscheidungsträger zugleich einer sachlich-inhaltlichen Legitimation.[345] Der sachliche Bezug zwischen dem Volk und der letztendlich getroffenen Entscheidung kommt maßgeblich hinzu.[346] Denn eine Entscheidung muss auch inhaltlich auf das Volk zurückführbar sein, wenn sie demokratisch legitimiert sein möchte. In einem repräsentativdemokratischen System geschieht dies durch die Bindung der staatlichen Organe an den demokratischen,

---

338 VerfGH Bayern, Entscheidung v. 19. Januar 1994, Vf. 89-III-92, Vf. 92-III-92, in: BayVBl. 1994, 203 (204ff.).

339 VerfGH Bayern, Entscheidung v. 19. Januar 1994, Vf. 89-III-92, Vf. 92-III-92, in: BayVBl. 1994, 203 (205).

340 *M. Morlok*, Demokratie und Wahlen, in: P. Badura/H. Dreier (Hrsg.), Festschrift 50 Jahre Bundesverfassungsgericht, Bd. 2, 2001, S. 559 (569).

341 *E.-W. Böckenförde*, Demokratie als Verfassungsprinzip, in: HStR, Bd. II, 3. Aufl. 2004, S. 429 (438ff.); teilweise kritisch *M. Morlok*, Demokratie und Wahlen, in: P. Badura/H. Dreier (Hrsg.), Festschrift 50 Jahre Bundesverfassungsgericht, Bd. 2, 2001, S. 559 (569f.), unter anderem im Hinblick auf das Fehlen der zeitlichen Komponente bei den Legitimationsformen.

342 Für die drei Dimensionen der Volkssouveränität *M. Morlok*, Demokratie und Wahlen, in: FS 50 BVerfG, 2001, S. 559 (565ff.).

343 *E.-W. Böckenförde*, Demokratie als Verfassungsprinzip, in: HStR, Bd. II, 3. Aufl. 2004, S. 429 (438); *M. Morlok*, Demokratie und Wahlen, in: P. Badura/H. Dreier (Hrsg.), Festschrift 50 Jahre Bundesverfassungsgericht, Bd. 2, 2001, S. 559 (567f.).

344 *E.-W. Böckenförde*, Demokratie als Verfassungsprinzip, in: HStR, Bd. II, 3. Aufl. 2004, S. 429 (441).

345 *E.-W. Böckenförde*, Demokratie als Verfassungsprinzip, in: HStR, Bd. II, 3. Aufl. 2004, S. 429 (442f.).

346 *M. Morlok/V. P. Voss*, BayVBl. 1995, 513 (516).

personell legitimierten Gesetzgeber und seine Gesetze und durch eine sanktionierte demokratische Verantwortlichkeit, die für die Volksvertretung in dem periodisch wiederkehrenden Wahlakt besteht.[347] Bei Wahlen wird in erster Linie die personelle Legitimation sichergestellt, jedoch muss daneben aus den genannten Gründen die soeben geschilderte sachlich-inhaltliche Legitimation hinzutreten. Bei einem direktdemokratischen Verfahren ergibt sich eine sachlich-inhaltliche Legitimation unmittelbar aus dem Umstand, dass das Volk selbst handelt und eine Sachentscheidung trifft,[348] sodass es keiner personellen Herleitung über andere mehr bedarf.

Mithin bestehen aus dem Blickwinkel der Volkssouveränität als Kern des Demokratieprinzips zwar Unterschiede zwischen repräsentativ- und direktdemokratischen Verfahren. Allerdings kommt es bei beiden Elementen sowohl auf eine personelle als auch auf eine sachlich-inhaltliche Legitimation an, sodass man nicht von einem fundamentalen Unterschied, wie es der Gerichtshof meint, sprechen kann.[349] Dass es bei Abstimmungen nicht zu einer personellen Legitimation kommt, liegt daran, dass das Volk unmittelbar selbst Entscheidungen in der Sache trifft als Träger der Staatsgewalt. Ferner kann alleine aus dem Unterschied zwischen Wahlen und Abstimmungen, der in der Natur der Sache liegt, nicht gefolgert werden, dass unterschiedliche Maßstäbe anzulegen sind. Es bedarf vielmehr der inhaltlichen Auseinandersetzung mit den Konsequenzen, die die Geltung des Neutralitätsgebots im Vorfeld von Abstimmungen nach sich ziehen würde; gerade im Hinblick darauf, dass dieser Grundsatz eine stärkere Beschränkung für staatliches Handeln bedeutet als der Grundsatz der Sachlichkeit.

Mit der Bindung an ein Neutralitätsgebot vor Abstimmungen ist es einerseits nicht möglich, dass Staatsorgane ihre Auffassung zu einem Thema, von dem sie unmittelbar betroffen sind, äußern können[350] und andererseits ist es nicht ganz unwahrscheinlich, dass die Abstimmenden eine Sachentscheidung treffen, ohne umfassend informiert zu sein und das Thema zu überblicken. Eine hinreichende Informierung des Volkes stellt aber eine wichtige Voraussetzung dafür dar, dass die Stimmberechtigten das Thema umfassend verstehen und einschätzen können,

[347] *E.-W. Böckenförde*, Demokratie als Verfassungsprinzip, in: HStR, Bd. II, 3. Aufl. 2004, S. 429 (441 ff.).

[348] *M. Morlok*, Demokratie und Wahlen, in: P. Badura/H. Dreier (Hrsg.), Festschrift 50 Jahre Bundesverfassungsgericht, Bd. 2, 2001, S. 559 (565 f.).

[349] VerfGH Bayern, Entscheidung v. 19. Januar 1994, Vf. 89-III-92, Vf. 92-III-92, in: BayVBl. 1994, 203 (205); dazu kritisch auch *M. Morlok/V. P. Voss*, BayVBl. 1995, 513 (516). S. auch die abweichende Meinung in: BayVBl. 1994, 241 (242), die die Anwendung der Neutralität auf Volksentscheide bejaht – jedoch in Gestalt der Sachlichkeit iSd Art. 74 Abs. 7 der bayerischen Verfassung – und das Bestehen fundamentaler Unterschiede zwischen Wahlen (Neutralität) und Abstimmungen (Sachlichkeit) verneint. Vor allem spreche die Herleitung beider Figuren aus dem Grundsatz der Staatsfreiheit des Meinungsbildungsprozesses dagegen. Vgl. ferner BVerfGE 13, 54 (92 f.) für eine Unterscheidung zwischen Wahlen und Volksentscheiden nach Art. 29 III GG.

[350] VerfGH Bayern, Entscheidung v. 19. Januar 1994, Vf. 89-III-92, Vf. 92-III-92, in: BayVBl. 1994, 203 (205 f.).

um anschließend auf dieser Grundlage im Rahmen eines offenen Prozesses eine Sachentscheidung treffen zu können. Der durch das Prinzip der Volkssouveränität beabsichtigte Schutz der Selbstbestimmung der Bürger hindert nicht daran, von staatlicher Seite informiert zu werden; sie „verlangt keinesfalls die Bewahrung der Unwissenheit, begründet kein Recht auf Dummheit."[351] Wenn das Volk Staatsentscheidungen und insbesondere Gesetzgebungsaufgaben ohne größere Sachkunde allein treffen könnte, so bedürfte es nicht, wie es das Grundgesetz vorsieht, eines repräsentativdemokratischen Schwerpunktes, der die Delegation der Wahrnehmung von Staatsgewalt auf ein Repräsentativorgan veranlasst, das über Wissen und Erfahrung verfügt, sich dieses jedenfalls aneignen kann.

Zu Recht führt der Gerichtshof das Prinzip der Staatsfreiheit des Meinungs- und Willensbildungsprozesses, welches unter anderem der Herleitung des Sachlichkeitsgebot dienlich ist, an und lässt nach Maßgabe der bundesverfassungsgerichtlichen Judikatur in BVerfGE 20, 56 (99)[352] eine Durchbrechung dieses Prinzips zum Zwecke eines besonderen, die Durchbrechung verfassungsrechtlich legitimierenden Grundes zu (s. u. Teil 2 I. 3.), welcher in der Regelung des Artikels 74 der Bayerischen Verfassung und in der Funktion des Volkes als Gesetzgeber liege. Die von der Verfassung ausdrücklich vorgesehene Regelung der Mitwirkung der Staatsorgane an der Volksgesetzgebung würde ihren Zweck nicht erreichen, verzichtete man an dieser Stelle auf eine Durchbrechung der Staatsfreiheit. Sie ist daher verfassungsrechtlich notwendig. Auch gebietet die Gesetzgebungsfunktion des Volkes eine Durchbrechung, denn diese kann – parallel wie diejenige des Parlaments – dann erst hinreichend wahrgenommen werden, wenn der Entscheidungsträger sich mit allen Ansichten befasst und auf dieser Grundlage eine Entscheidung trifft. Dies wäre nicht möglich, wollte man das Prinzip der Staatsfreiheit nicht einschränken.[353]

---

[351] *M. Morlok*/*V. P. Voss*, BayVBl. 1995, 513 (514); s. auch auch *J. Oebbecke*, BayVBl. 1998, 641 (645).

[352] „Das bedeutet, daß es den Staatsorganen grundsätzlich verwehrt ist, sich in bezug auf den Prozeß der Meinungs- und Willensbildung des Volkes zu betätigen, daß dieser Prozeß also grundsätzlich „staatsfrei" bleiben muß. Einwirkungen der gesetzgebenden Körperschaften und von Regierung und Verwaltung auf diesen Prozeß sind nur dann mit dem demokratischen Grundsatz der freien und offenen Meinungs- und Willensbildung vom Volk zu den Staatsorganen vereinbar, wenn sie durch einen besonderen, sie verfassungsrechtlich legitimierenden Grund gerechtfertigt werden können."

[353] Während das BVerfG in der vom Bayerischen VerfGH zitierten Entscheidung (E 20, 56 (99)) für Einwirkungen auf den Grundsatz der Staatsfreiheit einen besonderen, sie verfassungsrechtlich legitimierenden Grund verlangt, lässt er in seiner Entscheidung zur Baden-Abstimmung für Einwirkungen von Staatsorganen ein „legitimes Interesse, in angemessener Weise ihre Auffassung über die Vor- und Nachteile der einen oder anderen Lösung zu äußern, ihre Politik darzustellen und die bisherigen Leistungen des Landes zu würdigen.", ausreichen; s. dazu BVerfGE 37, 84 (90f.). Eine Diskrepanz besteht damit im Hinblick auf die Hürde für die Durchbrechung des Grundsatzes der Staatsfreiheit. Zwar wird von Seiten des Gerichts nicht der Grund für diese Diskrepanz dargelegt, dieser wird wohl – wie zu Recht von *Oebbecke* (BayVBl. 1998, 641 (644f.)) festgestellt – darin zu sehen sein, dass es in der Entscheidung, in der eine höhere Anforderung gestellt wird, um Einwirkungen vor Wahlen geht, während im Baden-Beschluss für Einwirkungen vor Abstimmungen ein legitimes Interesse als ausreichend

Es kann verfassungsrechtlich nicht gewollt sein, dass das Volk als Gesetzgeber tätig wird, ohne umfassend informiert zu sein. Die Grenze der Einschränkung des Grundsatzes der Staatsfreiheit ist aber erreicht, wenn der sich äußernde Hoheitsträger neben den beteiligten Gruppen wie einer von ihnen gleichermaßen in den Abstimmungskampf eingreift.[354]

Zu den rechtlichen Gewährleistungen, die hinter dem Gebot der Sachlichkeit stehen, zählen unter anderem der Grundsatz der Staatsfreiheit des Meinungs- und Willensbildungsprozesses der Abstimmenden, welcher durch den Bayerischen Verfassungsgerichtshof in seiner rechtlichen Würdigung berücksichtigt wird, sowie der Grundsatz der Chancengleichheit, welcher hingegen keine Beachtung findet. Im Rahmen seiner Ausführungen zur Neutralität bei Wahlen nennt der Gerichtshof zwar das Recht auf gleiche Chance im Wettbewerb um die Wählerstimmen, stellt aber sodann fest, dass diese Erwägungen – damit sind alle im vorherigen Abschnitt der Entscheidung getroffenen Aussagen zu repräsentativdemokratischen Verfahren und zur Neutralität gemeint – nicht auf einen Volksentscheid zuträfen.[355] Ob er damit auch meint, dass das Recht auf gleiche Chance bei der politischen Betätigung im Rahmen von Abstimmungen nicht einschlägig oder relevant sei, wird nicht ersichtlich. Denn weitere Ausführungen folgen nicht, obwohl unter anderem der Grundsatz der Chancengleichheit von den Antragstellern gerügt wurde.[356] Wenn der Gerichtshof das so meinen sollte, so bedarf es hier einer Korrektur (s. o. Teil 1 III. 4. c) bb)). Politische Teilnehmer sind nicht nur dann schützenswert, wenn sie vor Wahlen stehen, sondern auch im Vorfeld von Abstimmungen, obgleich die Intensität des Wettbewerbs und der Konkurrenzkampf nicht gleichermaßen ausgeprägt sind.

Großen Begründungsaufwand leistet der Bayerische Verfassungsgerichtshof zur Darlegung der Gleichrangigkeit von Volksgesetzgebung und Parlamentsgesetzgebung, welche sodann als Rechtfertigung für die Nichtanwendung des Neu-

---

angesehen wird. Auch wenn dies nicht ausdrücklich aus den Entscheidungen hervorgeht, ist diese These berechtigt in Anbetracht der Informationsbedürftigkeit der Bürger vor Abstimmungen im Gegensatz zu Wahlen. Dies wird in diesem Abschnitt auch daran deutlich, dass – nach hier vertretener Auffassung – vor Abstimmungen nicht das strenge Neutralitätsgebot, sondern „nur" das Sachlichkeitsgebot, das stets für jede Art staatlichen Handelns gilt, gilt. Die Gefahr der unzulässigen Beeinflussung ist größer bei Äußerungen vor Personalentscheidungen als vor Sachentscheidungen, bei denen erstens die Abstimmenden auf Informationen und Bewertungen durch die Staatsorgane angewiesen sind und zweitens der Aspekt des politischen Wettbewerbs im Vergleich nicht gleichermaßen stark ausgeprägt ist. Dass der VerfGH für den ihm vorliegenden Fall den strengeren Rechtfertigungsgrund aus BVerfGE 20, 56 (99) heranzieht für die Durchbrechung der Staatsfreiheit und ein solches zu Recht bejaht, ist aus dem Grund nicht weiter tragisch, weil ein legitimes Interesse dann erst recht vorliegt aufgrund der Notwendigkeit einer umfassenden Informierung.

354 BVerfGE 37, 84 (91).

355 VerfGH Bayern, Entscheidung v. 19. Januar 1994, Vf. 89-III-92, Vf. 92-III-92, in: BayVBl. 1994, 203 (205).

356 VerfGH Bayern, Entscheidung v. 19. Januar 1994, Vf. 89-III-92, Vf. 92-III-92, in: BayVBl. 1994, 203 (204).

tralitätsgebots bei direktdemokratischen Verfahren wie der Volksgesetzgebung eingesetzt wird.[357]

Zu Recht stellt der Gerichtshof fest, dass im parlamentarischen Gesetzgebungsverfahren die Entscheidungsträger im engeren Sinne mit allen Meinungskundgaben konfrontiert würden.[358] Dies ist nicht nur zulässig, sondern auch erwünscht, denn gerade die Auseinandersetzung mit anderen inhaltlichen Positionen im Parlament belebt die Diskussion und verhindert einseitige, schnell getroffene Entscheidungen bei der Entstehung von Gesetzen. Dazu gehört auch eine gegenseitige Einflussnahme. Das Kollektivorgan „Volksvertretung" zeichnet sich besonders dadurch aus, dass es eine Plattform des Austausches bietet. Die parteiliche Rolle der Entscheidungsträger ist da vorprogrammiert. Damit die Repräsentanten bestmöglich die ihnen übertragenen Aufgaben, vor allem diejenige der Gesetzgebung, wahrnehmen können, sollten sie umfassend informiert sein über die verschiedenen Standpunkte, die vertreten werden. Aus diesen Gründen findet der Neutralitätsgrundsatz keine Anwendung auf die Parlamentsgesetzgebung.

Obwohl Unterschiede zwischen Abstimmenden und Abgeordneten bestehen, ist beiden Personengruppen gemein, dass sie darauf angewiesen sind, sich Informationen einzuholen und zu erkundigen über die Meinungen, die zu einem Gesetzesentwurf vertreten werden, bevor sie eine eigene Entscheidung treffen. Bejaht man die Notwendigkeit einer vorherigen Informierung, so ist die Geltung der Neutralität, sowohl bei der Parlamentsgesetzgebung als auch bei der Volksgesetzgebung zu verneinen, vor allem, weil zu einer umfassenden Informierung auch gehört, dass die Einschätzungen staatlicher Stellen in die Entscheidung des Entscheidungsträgers, sei es der Abgeordnete oder sei es der einzelne Bürger, mit einfließen sollten. Auch die Tatsache, dass die Volksgesetzgebung als ein legislativer Akt neben der Parlamentsgesetzgebung steht und beide Formen von Verfassungs wegen gleichrangig sind – wobei sie aber nicht den gleichen Regeln unterworfen sind –, kann die Nichtgeltung des Neutralitätsgrundsatzes bei der Volksgesetzgebung als ein direktdemokratisches Element rechtfertigen. Die Schwerpunktsetzung auf das Argument der Gleichrangigkeit von Volks- und Parlamentsgesetzgebung durch den Gerichtshof ist folglich gewinnbringend für das getroffene Ergebnis der Nichtgeltung der Neutralität.[359]

---

[357] VerfGH Bayern, Entscheidung v. 19. Januar 1994, Vf. 89-III-92, Vf. 92-III-92, in: BayVBl. 1994, 203 (206).

[358] VerfGH Bayern, Entscheidung v. 19. Januar 1994, Vf. 89-III-92, Vf. 92-III-92, in: BayVBl. 1994, 203 (206).

[359] Demgegenüber kritisch die abweichende Meinung in: BayVBl. 1994, 241 (242), welche meint, dass das Verhältnis zwischen Parlament und Regierung nicht vergleichbar sei mit dem Verhältnis zwischen Volk und Staatsorganen und u. a. deswegen das Neutralitätsgebot, aber in Form des Sachlichkeitsgebots aus Art. 74 Abs. 7 BayVerf, als anwendbar erachtet. S. dazu *W. Schmitt Glaeser/H.-D. Horn*, BayVBl. 1994, 289 (299, Fn. 136), der dem widerspricht. Die abweichende Meinung verkenne, dass es „nicht um eine Polarität von Volk und Staatsorganen geht, sondern um eine Repräsentation (der Allgemeinheit) des Volkes durch die Staatsorgane im Volksgesetzgebungsverfahren."

Nicht zu Unrecht stützt sich der Gerichtshof auf die verfassungsrechtliche Regelung in Artikel 74 der Bayerischen Verfassung.[360] Denn diese Norm behandelt die Modalitäten der Volksgesetzgebung und nicht minder die Mitwirkung der einzelnen Staatsorgane dabei. Die Beteiligung der Staatsregierung und Volksvertretung bei dieser Form der Gesetzgebung ist ausdrücklich vorgesehen. Wenn einerseits eine solche Beteiligung vorgesehen ist, andererseits aber Neutralität im Sinne von Unparteilichkeit und Zurückhaltung verlangt wird, so kann nur eine dieser beiden Erwartungen erfüllt werden, da sie nicht miteinander in Einklang gebracht werden können, wie der Gerichtshof zutreffend feststellt.[361] Die Tatsache, dass es gesetzliche Bestimmungen gibt, die ausdrücklich eine Informierung der Bürgerschaft im Vorfeld von Abstimmungen vorsehen, ist in den Rechtsordnungen der Ländern nicht unüblich.[362]

Nicht zuletzt aufgrund der ausdrücklichen Regelung in Artikel 74 Abs. 7 der Bayerischen Verfassung, die der Staatsregierung ein Objektivitäts- und Sachlichkeitserfordernis für ihr Mitwirken bei der Volksgesetzgebung auferlegt,[363] kommt der Bayerische Verfassungsgerichtshof zum Ergebnis, dass an die Stelle eines Neutralitätsgebots ein Objektivitäts- und Sachlichkeitsgebot trete. Auch die Entstehungsgeschichte dieser Bestimmung zieht das Gericht als Indiz für die Zulässigkeit von parteiergreifenden Äußerungen von Staatsorganen und damit für die Nichtgeltung der Neutralität heran.[364] Diese verfassungsrechtliche Bestimmung verlangt gerade eine Weisung der Staatsregierung, in der sowohl die Begründung der Antragsteller sowie die Auffassung der Staatsregierung enthalten sind. Die Mitwirkung der Staatsregierung – unter Einhaltung der Sachlichkeit und Bündigkeit[365] – ist gesetzlich intendiert.

---

[360] VerfGH Bayern, Entscheidung v. 19. Januar 1994, Vf. 89-III-92, Vf. 92-III-92, in: BayVBl. 1994, 203 (205).

[361] *M. Möstl*, in: J. F. Lindner/M. Möstl/H. Amadeus Wolff, Verfassung des Freistaates Bayern, 2009, Art. 74 Rn. 19; *W. Schmitt Glaeser/H.-D. Horn*, BayVBl. 1994, 289 (298). Vgl. auch VG Darmstadt, Beschluss v. 17. Januar 2002, 3 G 100/02, in: NVwZ-RR 2002, 365 ff. Darin wird klargestellt, dass der Gesetzgeber dadurch, dass er die Einmischung der Gemeindeorgane verlangt, diesen nicht gleichzeitig eine Neutralitätsverpflichtung auferlegt.

[362] Für Informationshandeln vor Bürgerentscheiden u. a. § 21 Abs. 5 GO Baden-Württemberg; § 17a Abs. 6 GO Rheinland-Pfalz; § 8b Abs. 5 GO Hessen. Vgl. zu letztgenannter Norm VG Darmstadt, Beschluss v. 17. Januar 2002, 3 G 100/02, in: NVwZ-RR 2002, 365 ff. sowie *K. Berghäuser/M. Born*, Hessische Städte- und Gemeinde-Zeitung 2008, 246 (251 f.). Eine solche Regelung fehlt beispielsweise in der nordrhein-westfälischen (vgl. § 26 GO NRW) oder auch in der sächsischen Gemeindeordnung (vgl. §§ 24, 25 GO Sachsen).

[363] VerfGH Bayern, Entscheidung v. 19. Januar 1994, Vf. 89-III-92, Vf. 92-III-92, in: BayVBl. 1994, 203 (205). Vgl. dazu auch *M. Möstl*, in: J. F. Lindner/M. Möstl/H. Amadeus Wolff, Verfassung des Freistaates Bayern, 2009, Art. 74 Rn. 19.

[364] VerfGH Bayern, Entscheidung v. 19. Januar 1994, Vf. 89-III-92, Vf. 92-III-92, in: BayVBl. 1994, 203 (205); das Gericht betont, dass in den Beratungen zum Abs. 7 damals parteiergreifende Äußerungen der Staatsorgane im Vorfeld eines Volksentscheids als zulässig angesehen worden seien, solange sie sich an den Grundsätzen der Objektivität und Sachlichkeit halten würden.

[365] Die abweichende Meinung zur Entscheidung des VerfGH Bayern in: BayVBl. 1994, 241 (242) sowie *M. Morlok/V. P. Voss*, BayVBl. 1995, 513 (518) weisen darauf hin, dass Artikel 74 Abs. 7 der bayerischen Verf neben der Sachlichkeit auch die Anforderung der Bündigkeit verlangt, welche in der Entscheidung vernachlässigt werde.

Die Aussage, dass an die Stelle eines Neutralitätsgebots ein Objektivitäts- und Sachlichkeitsgebot trete, erweckt den Eindruck einer Alternativfunktion des Sachlichkeitsgebots im Verhältnis zum Neutralitätsgebot. Beabsichtigt ist wegen der Nichtgeltung der Neutralität bei direktdemokratischen Elementen, dass wenigstens ein Sachlichkeitsgebot gelten solle, als ein weniger strenger Ansatz als derjenige der Neutralität. Dass das Neutralitätsgebot für staatliche Äußerungen im Vorfeld von direktdemokratischen Verfahren nicht gelten soll, ist zutreffend. Klarstellungsbedürftig ist anlässlich der hier zitierten Aussage, dass das Sachlichkeitsgebot nicht nur deswegen gilt, weil das Neutralitätsgebot nicht gilt und daher als Ersatzfigur einspringen soll, sondern schon deswegen, weil es einen eigenständigen Maßstab für jedwede Form von staatlichem Handeln darstellt. Eine Funktion als Lückenfüller würde die Bedeutung dieses allgemeinen Grundsatzes konterkarieren.

Fraglich ist, inwieweit das Argument, dass die Möglichkeit des Parlaments, ein vom Volk beschlossenes Gesetz ändern bzw. aufheben zu können, einen tiefgreifenden Eingriff in die Volksgesetzgebung darstelle,[366] Informations- und Meinungsäußerungen der Staatsorgane vor einem Volksentscheid legitimieren kann. Der Gerichtshof sieht diese Möglichkeit aus einem besonderen Grund als einen tiefgreifenden, aber zulässigen Eingriff an: Das Volk ist im Fall der Volksgesetzgebung der Entscheidungsträger eines Gesetzes – anstelle des Parlaments, dessen Hauptaufgabe sonst die Gesetzgebung ist – und wenn ein vom Volk beschlossenes Gesetz durch das Parlament geändert oder gar aufgehoben wird, könne das Recht, als Volksgesetzgeber tätig zu werden, beeinträchtigt werden durch den „anderen" Gesetzgeber. Es ist zutreffend, dass ein Volksgesetz und ein Parlamentsgesetz denselben Rang haben und daher die Möglichkeit der Änderung oder Aufhebung auch bei Volksgesetzen gegeben ist. Allerdings stellt diese Möglichkeit keinen Eingriff in das Recht der Volksgesetzgebung dar. Es ist nämlich zwischen den Zeitpunkten zu unterscheiden: Problematisch wäre der Fall, wenn der Parlamentsgesetzgeber in der Entstehungsphase in dieses Recht eingreift, nicht jedoch, wenn er nach Abschluss des Volksgesetzes dieses Gesetz wie jedes andere auch behandelt und gegebenenfalls ändert oder aufhebt.[367] Das Argument, dass die nachträgliche Möglichkeit der Änderung oder Aufhebung durch den Parlamentsgesetzgeber besteht, kann die Nichtgeltung der Neutralität nicht begründen. Ferner ist der Zusammenhang zwischen Äußerungen und der nachträglichen Möglichkeit der Änderung oder Aufhebung nicht klar. Der Erst-Recht-Schluss, den der Gerichtshof zieht, taugt daher nicht zur Begründung.

Dieser Entscheidung ist zu verdanken, dass die Grundsätze der Neutralität und Sachlichkeit gegenübergestellt werden.

---

[366] VerfGH Bayern, Entscheidung v. 19. Januar 1994, Vf. 89-III-92, Vf. 92-III-92, in: BayVBl. 1994, 203 (206).

[367] So auch *M. Morlok*/*V. P. Voss*, BayVBl. 1995, 513 (517).

(2) Bremer Staatsgerichtshof

In einem Rechtsstreit über die Gültigkeit eines Volksentscheids, der die Änderung von Bestimmungen über den Volksentscheid in der Bremer Verfassung zum Gegenstand hat, schloss sich der Bremer Staatsgerichtshof der Judikatur des Bayerischen Verfassungsgerichtshofs an und lehnte die Anwendung des Grundsatzes der Neutralität auf Volksentscheide ab. Die Rüge der Beschwerdeführer stützte sich hauptsächlich darauf, dass die Abstimmenden des Volksentscheids unzureichend und unvollständig informiert worden seien und dass einige Amtsträger einseitig Partei ergriffen haben.[368] Die Entscheidung lässt sich zweiteilen: Zunächst zeigt der Gerichtshof die Notwendigkeit der Informierung der Abstimmenden auf, um im nächsten Schritt die Nichtgeltung der Neutralität darzulegen.

Der Bayerische Verfassungsgerichtshof thematisiert zwar eingehend die Informationsbedürftigkeit im Vorfeld von direktdemokratischen Verfahren, jedoch geht er im Vergleich zum Bremer Staatsgerichtshof nicht auf die Notwendigkeit der Selbstständigkeit der Abstimmenden, welche eigene Bemühungen erfordere, ein.[369] Ein Mindestmaß an Qualität von plebiszitären Entscheidungen kann nämlich nur dann gewährleistet werden.[370] Der Wichtigkeit dieses Aspektes ist beizupflichten, denn die Chance, anstelle des Parlaments legislativ tätig werden zu können, bedarf eines dementsprechenden Aufwandes. Denn auch das Parlament hat einen solchen Aufwand zu betreiben, um der verantwortungsvollen Aufgabe der Gesetzgebung gerecht zu werden. Es muss einen Mittelweg der Informationsgewinnung und -vermittlung geben; weder können sich die Abstimmenden die nötige Sachkunde alleine aneignen noch ist es sinnvoll, dass die Staatsorgane den Abstimmenden alle möglichen Informationen vorsetzen. Außerdem gehört zur Legislativfunktion nicht lediglich die Entscheidung (im engeren Sinne) am Ende, sondern stets auch die dazu gehörige Vor- und Eigenarbeit.

Die Verschiedenheit von Wahlen und Abstimmungen wird auch hier nicht angezweifelt, kann aber – wie bereits oben im Rahmen der bayerischen Rechtsprechung dargelegt – allein nicht ausschlaggebend für die Geltung unterschiedlicher Maßstäbe sein. Ferner sollte die Bedeutung des Zusammenspiels der personellen Legitimation mit der sachlich-inhaltlichen Legitimation der Entscheidung zu entnehmen sein. Es kann nicht nur und vor allem nicht pauschal die Unterscheidung, dass es bei Abstimmungen um Sachfragen und bei Wahlen um die Übertragung von Staatsgewalt geht, als Begründung angeführt werden (s. o.), obwohl im Ergebnis die

368 StGH Bremen, Entscheidung v. 29. Juli 1996, St 3/95, in: NVwZ 1997, 264 (264).

369 StGH Bremen, Entscheidung v. 29. Juli 1996, St 3/95, in: NVwZ 1997, 264 (265).

370 StGH Bremen, Entscheidung v. 29. Juli 1996, St 3/95, in: NVwZ 1997, 264 (265) mit Verweis auf *P. Krause*, Verfassungsrechtliche Möglichkeiten unmittelbarer Demokratie, in: HStR, Bd. II, 1. Aufl. 1987, S. 313 (334): „Pragmatisch betrachtet, kann die plebiszitäre Entscheidung jedenfalls nur dann ein Mindestmaß an Qualität gewinnen, wenn sie durch politische Tradition eingeübt ist“, d. h. der Stimmbürger fähig und bereit ist, die Mühsal auf sich zu nehmen, die eine solche Entscheidung erfordert.

Nichtgeltung der Neutralität bei direktdemokratischen Verfahren richtig ist. Zwar lässt sich in der Bremer Entscheidung keine Aussage zur „Alternativfunktion" des Sachlichkeitsgrundsatzes finden, nichtsdestotrotz wäre auch von dieser Entscheidung zu erwarten gewesen, diesen Grundsatz als eine eigenständige Forderung an staatliches Handeln zu verstehen und vor allem darzustellen. Der Eindruck der Sachlichkeit als „Lückenbüßer" bzw. „Platzhalter" sollte nicht entstehen.

Ein struktureller Unterschied zwischen den Anforderungen, die das Neutralitätsgebot stellt, und denjenigen, die das Sachlichkeitsgebot stellt, soll darin bestehen, dass parteiergreifende Äußerungen von Amtsträgern keinen Verstoß gegen das Sachlichkeitsgebot darstellen sollen. Dazu sagt der Bremer Staatsgerichtshof, dass das Objektivitäts- und Sachlichkeitsgebot von staatlichen Organen nicht verlange, ihre eigene Ansicht zu unterdrücken, sondern nur, ihre Meinung in einer die Entscheidungsfreiheit der Abstimmenden respektierenden Weise zu äußern und dies schließe parteiergreifende Äußerungen, sofern sie sachlich seien, nicht aus.[371] Dem ist zuzustimmen, weil das Sachlichkeitsgebot keine Anforderung aufstellt, die persönliche Stellungnahmen oder parteiergreifende Äußerungen ausschließt, sodass dementsprechend kein Verstoß verzeichnet werden kann. Das Sachlichkeitsgebot stellt keine strenge Einschränkung staatlichen Handelns dar und verlangt daher nicht, dass die eigene Meinung nicht geäußert werden darf, solange sie den Mindestanforderungen genügt (s. o. Teil 1 III. 4. b)). Demgegenüber verlangt Neutralität Unparteilichkeit bei staatlichen Äußerungen (s. o. Teil 1 III. 2. a), b)). Das Erfordernis der Unparteilichkeit als Hauptaspekt der Neutralität ist eine strenge Voraussetzung, die an staatliche Äußerungen gestellt wird. Würde man im Rahmen der Sachlichkeit unparteiliche Äußerungen verlangen, so würden Sachlichkeit und Neutralität in dem Punkt dieselbe Anforderung stellen und ein Unterschied im Niveau dieser zwei Figuren bestünde nicht mehr. Da es aber gleichwohl einen Unterschied gibt, stellt das Sachlichkeitsgebot diese Forderung nicht auf, sodass die vom Gericht festgestellte Zulässigkeit parteiergreifender Äußerungen durch staatliche Stellen richtig ist. Während also die Neutralität parteiergreifende Äußerungen untersagt, erlaubt die Sachlichkeit diese, solange dabei die Voraussetzungen des Sachlichkeitsgebots erfüllt werden und die Entscheidungsfreiheit der Abstimmungsberechtigten nicht unterlaufen wird.[372]

Auch diese Entscheidung – wie diejenige des Bayerischen Verfassungsgerichtshofs – entbehrt jeder Aussage zum Grundsatz der Chancengleichheit, was im Hinblick auf eine teilweise Herleitung der Sachlichkeit aus diesem Grundsatz problematisch ist.

---

[371] StGH Bremen, Entscheidung v. 29. Juli 1996, St 3/95, in: NVwZ 1997, 264 (266). Dazu auch *M. Möstl*, in: J. F. Lindner/M. Möstl/H. Amadeus Wolff, Verfassung des Freistaates Bayern, 2009, Art. 74 Rn. 19; *R. Leukart*, Das Bürgerbegehren und der Bürgerentscheid in der Sächsischen Gemeindeordnung (§§ 24, 25 SächsGemO), 2012, S. 170 m. w. N.

[372] VerfGH Bayern, Entscheidung v. 19. Januar 1994, Vf. 89-III-92, Vf. 92-III-92, in: BayVBl. 1994, 203 (208).

Die Entscheidung des Bremer Staatsgerichtshofs lässt die Annahme zu, dass das Gericht sich nicht in dem Umfang mit dem Anwendungsbereich des Neutralitätsgebots auseinandersetzt wie der Bayerischen Verfassungsgerichtshofs, welcher sich umfassend mit der Frage der Geltung der zwei Grundsätze auseinandersetzt, obwohl beide Gerichte zum gleichen Ergebnis kommen. Dies mag auch daran liegen, dass zum ersten Mal in dem Maße das politische Neutralitätsgebot dem Sachlichkeitsgebot gegenüberstellt wird, woraus die Notwendigkeit der Abgrenzung der beiden entstanden ist. Der Bremer Staatsgerichtshof konnte auf der bestehenden Rechtsprechung aufbauend judizieren und darauf verweisen.

(3) Nordrhein-westfälische Verwaltungsrechtsprechung

In einem Verfahren über die Zulässigkeit von gemeindlichen Äußerungen im Vorfeld von Bürgerbegehren und Bürgerentscheid kommt das Verwaltungsgericht Köln zum Ergebnis, dass das Sachlichkeitsgebot eine inhaltliche Grenze darstelle, nicht jedoch das für Wahlen geltende strengere Neutralitätsgebot.[373] Damit wiederholt das Gericht das, was die Landesverfassungsgerichte judizieren (s. o. Teil 1 III. 4. d) aa) (1), (2)). Die Nichtgeltung der Neutralität wird auch hier auf grundlegende Unterschiede zwischen Wahlen und Abstimmungen gestützt.[374]

Der erstinstanzlichen Entscheidung nachfolgend beschäftigt sich auch das nordrhein-westfälische Oberverwaltungsgericht mit der Gegenüberstellung der Neutralität und Sachlichkeit und kommt zum gleichen Ergebnis wie die Vorinstanz, was die Nichtgeltung der Neutralität im Vorfeld von Bürgerbegehren betrifft.[375]

Den Ausführungen des Verwaltungsgerichts Köln ist an dieser Stelle zuzustimmen. Zu Recht legt das Gericht dar, dass neben den anderen Argumenten vor allem die gesetzlich vorgesehene Mitwirkung von Gemeindeorganen (§ 26 Abs. 6 S. 3 Gemeindeordnung Nordrhein-Westfalen) dafür spricht, die Geltung der Neutralität bei direktdemokratischen Verfahren abzulehnen.[376] Es kann nicht sein, dass ein Gemeindeorgan einerseits aufgrund des gesetzlich vorgegeben Verfahrens zu einem bestimmten Zeitpunkt inhaltlich zu einem Bürgerbegehren Stellung nehmen und sich andererseits neutralitätskonform verhalten soll. Es bleibt bei der Geltung

[373] VG Köln, Beschluss v. 18. November 2003, 4 L 2623/03, juris Rn. 27 ff.

[374] VG Köln, Beschluss v. 18. November 2003, 4 L 2623/03, juris Rn. 32.

[375] OVG NRW, Beschluss v. 16. Dezember 2003, 15 B 2455/03, juris Rn. 16; kurze Urteilsanmerkung zur Entscheidung des OVG *F. Otto*, DVP 2005, 129. So auch *W. Schmitt Glaeser/ H.-D. Horn*, BayVBl. 1994, 289 (297 f.); *M. Morlok/V. P. Voss*, BayVBl. 1995, 513 (514 f.); *R. Leukart*, Das Bürgerbegehren und der Bürgerentscheid in der Sächsischen Gemeindeordnung (§§ 24, 25 SächsGemO), 2012, S. 170; *A. Schmehl*, KommJur 2006, 321 (322); neben der bayerischen, bremischen und den nordrhein-westfälischen Entscheidungen so auch VG Darmstadt, Beschluss v. 17. Januar 2002, 3 G 100/02, in: NVwZ-RR 2002, 365 (366).

[376] VG Köln, Beschluss v. 18. November 2003, 4 L 2623/03, juris Rn. 32.

der Sachlichkeit, wonach Stellungnahmen zu Recht zulässig sind, im Gegensatz zur Neutralität, deren Geltung bei direktdemokratischen Verfahren zu weit ginge.

In Bezug auf Abstimmungsempfehlungen ist – wie bereits oben im Rahmen der Entscheidung des Bremer Staatsgerichthof festgestellt – dem Bayerischen Verfassungsgerichtshof zu folgen und diese als unzulässig anzusehen, wenn sie über Informationen und Bewertungen hinausgehen.[377] Der Einwand dazu vom Verwaltungsgericht, dass eine Abstimmungsempfehlung quasi eine zusammenfassende Äußerung einer sowieso schon geäußerten Bewertung hinsichtlich der Unterstützung oder Nichtunterstützung eines Bürgerbegehrens sei und damit zulässig sein müsse,[378] verkennt, dass eine unmittelbare Empfehlung eines Trägers öffentlicher Gewalt direkt auf die Meinungsbildung der Abstimmenden und darüber hinaus auf die Abstimmungsentscheidung abzielt. Dementsprechend groß ist der Einfluss auf die Entscheidungsfreiheit. Eine wertende Stellungnahme, die ja erlaubt ist, hat nicht den gleichen Einfluss. Sie ist zwar subjektiv und enthält eine Meinung, allerdings ohne die Abstimmenden gezielt aufzufordern, eine bestimmte Entscheidung zu treffen. Gerade aufgrund der Stellung von Trägern öffentlicher Gewalt gegenüber dem Volk sind solche gezielten Ansprachen zu vermeiden und mit dem Sachlichkeitsgebot unvereinbar.

Auch das Oberverwaltungsgericht betont die Wichtigkeit der gesetzlich vorgesehenen Mitwirkung von Staatsorganen als Argument gegen die Geltung der Neutralität, wenn es zutreffend feststellt, dass es nicht sein könne, dass beim Bürgerbegehren und Bürgerentscheid die Mitwirkung der Organe durch die Bindung an das Neutralitätsgebot verhindert würde, wohingegen sie beim gewöhnlichen Verfahren eines Ratsbeschlusses in vielfältiger Weise möglich und sogar vorgesehen sei.[379] Die Forderung von Neutralität unterliefe den Prozess der gemeindlichen Willensbildung in direktdemokratischen Entscheidungsverfahren, besonders vor dem Hintergrund, dass ein Bürgerentscheid die Wirkung eines Ratsbeschlusses hat.[380] Im üblichen Verfahren eines Ratsbeschlusses gilt der Grundsatz der Neutralität nicht.

Die Grenzen der Einhaltung der Kompetenznormen, der Wahrung der Teilnahmefreiheit der Abstimmungsberechtigten, der Wahrung der Gebote der Wahrhaftigkeit und Sachlichkeit sowie der Einhaltung des Willkürverbots und des Verhältnismäßigkeitsprinzips benennt das Oberverwaltungsgericht zu Recht als Grenzen für staatliche Äußerungen im Vorfeld von Bürgerbegehren und Bürgerentscheid.[381] Was bisher nicht zur Sprache kam, aber primär als formelle Voraus-

[377] VerfGH Bayern, Entscheidung v. 19. Januar 1994, Vf. 89-III-92, Vf. 92-III-92, in: BayVBl. 1994, 203 (208).

[378] VG Köln, Beschluss v. 18. November 2003, 4 L 2623/03, juris Rn. 41 ff.

[379] OVG NRW, Beschluss v. 16. Dezember 2003, 15 B 2455/03, juris Rn. 21.

[380] S. z. B. § 26 VIII 1 Gemeindeordnung Nordrhein-Westfalen.

[381] OVG NRW, Beschluss v. 16. Dezember 2003, 15 B 2455/03, juris Rn. 27, 36 ff.; die Verhältnismäßigkeit nennt und prüft auch OVG NRW, Beschluss v. 12. Juli 2005, 15 B 1099/05, juris Rn. 15, 23 ff.; vgl. ferner OVG NRW, Urteil v. 04. November 2016, 15 A 2293/15, S. 25 f.

setzung zu beachten ist, ist die Wahrung der Kompetenznormen, die für das sich äußernde Organ gilt.[382] Es kommt nämlich nicht zu den anderen Voraussetzungen wie unter anderem derjenigen der Sachlichkeitskonformität, wenn das Organ sich bereits außerhalb seiner Kompetenzen bewegt (s. u. Teil 3 I.).

Auch wenn das Gericht nicht explizit das Sachlichkeitsgebot aus dem Grundsatz der Staatsfreiheit und damit aus der Gewährleistung der Entscheidungsfreiheit der Abstimmenden ableitet, geht es inhaltlich darauf ein, indem es die Wahrung der Teilnahme- bzw. Entscheidungsfreiheit als eine Grenze staatlicher Äußerungen neben dem Grundsatz der Sachlichkeit erwähnt.[383] Dass das Sachlichkeitsgebot, wozu auch das Gebot der Wahrhaftigkeit gehört, als Grenze dient, bedarf hier keiner weiteren Ausführung mehr. „Neu" in der hier behandelten Rechtsprechungslinie ist, dass das Oberverwaltungsgericht neben diesen drei Voraussetzungen und Grenzen zusätzlich das sich aus dem Rechtsstaatsprinzip ergebende Willkürverbot und Verhältnismäßigkeitsprinzip nennt.

Jedoch stellt sich hier die Frage der Geltung dieser zwei rechtsstaatlichen Ausprägungen. Dazu sagt das Oberverwaltungsgericht Folgendes: „Über diese die Unterzeichnungsfreiheit betreffenden Schranken hinaus haben sich amtliche Äußerungen an den allgemeinen Grundsätzen für rechtsstaatliches Verhalten in der Ausprägung des Willkürverbots und des Verhältnismäßigkeitsprinzips (auch außerhalb des grundrechtlichen Bereichs) zu orientieren. (…) Dies bedeutet als Sachlichkeitsgebot zusammengefasst, dass mitgeteilte Tatsachen zutreffend wiedergegeben werden müssen und Werturteile nicht auf sachfremden Erwägungen beruhen und den sachlich gebotenen Rahmen nicht überschreiten dürfen sowie auf einem im Wesentlichen zutreffenden und zumindest sachgerecht und vertretbar gewürdigten Tatsachenkern beruhen müssen. Außerdem dürfen die Äußerungen im Hinblick auf das mit der Äußerung verfolgte sachliche Ziel im Verhältnis zur Unterzeichnungsfreiheit der Bürger nicht unverhältnismäßig sein."[384]

Das rechtsstaatliche Willkürverbot ist nach hier vertretener Ansicht keine von dem Grundsatz der Sachlichkeit trennbare Figur; beide lassen sich zusammenfassen als ein Handlungsmaßstab für staatliches Handeln – nicht beschränkt auf Äußerungen. Dafür spricht auch die Handhabung der Gerichte, die die Anforderungen der Sachlichkeit mit denen des Willkürverbots zusammenfassen (s. o. Teil 1 III. 4. b) bb)). Dass auch das nordrhein-westfälische Oberverwaltungsgericht die genannten rechtsstaatlichen Anforderungen von staatlichen Äußerungen als Sachlich-

---

[382] Vgl. schon BVerfGE 44, 125 (149); 63, 230 (243 f.); *M. J. Vogt*, Zur Informationstätigkeit des Bundesrechnungshofes, 2013, S. 231. Für weitere Nachweise s. o. Teil 1 III. 1. c) dd) und s. u. Teil 3 I.

[383] OVG NRW, Beschluss v. 16. Dezember 2003, 15 B 2455/03, juris Rn. 31 ff.

[384] OVG NRW, Beschluss v. 16. Dezember 2003, 15 B 2455/03, juris Rn. 36, 38. Auch in seiner jüngsten Entscheidung werden das Sachlichkeitsgebot und der Verhältnismäßigkeitsgrundsatz als Äußerungsgrenzen herangezogen, s. OVG NRW, Urteil v. 04. November 2016, 15 A 2293/15, S. 25 ff.

keitsgebot zusammenfasst und damit explizit eine Verknüpfung herstellt zwischen den Maßstabsfiguren, ist nachvollziehbar und nicht schädlich.

Der Grundsatz der Verhältnismäßigkeit hat verfassungsrechtlichen Rang, er ergibt sich aus dem Rechtsstaatsprinzip und aus dem Wesen der Grundrechte, die als Ausdruck des allgemeinen Freiheitsanspruchs des Bürgers gegenüber dem Staat nur zum Schutz öffentlicher Interessen beschränkt werden dürfen.[385]

Die Geltung des Verhältnismäßigkeitsprinzips, welches das Gericht ausdrücklich als Grenze nennt,[386] ist insoweit problematisch, als dieses Prinzip sich zwar inzwischen zu einem allgemeinen Rationalitätsprinzip entwickelt hat, aber seinen Ursprung im grundrechtsrelevanten Bereich hat. Es ist zu einem Verfassungsgrundsatz erwachsen, der für jedes staatliche Handeln, die gesamte Staatsgewalt und das gesamte öffentliche Recht gilt.[387] In diesem Fall, in dem es aber um die Verletzung des Rechts auf gesetzliche Durchführung eines Bürgerbegehrens geht, bedürfte es einer Begründung für die Ausweitung der Anwendung dieses Prinzips; besonders vor dem Hintergrund, dass das Gericht Fundstellen für rechtsstaatliche Anforderungen an staatliche Äußerungen, unter anderem für das Verhältnismäßigkeitsprinzip, zitiert,[388] die zitierten Gerichtsentscheidungen aber Fälle staatlicher Warnungen betreffen, welche sich im Grundrechtsbereich abspielen und bei denen sich die Frage eines möglichen Grundrechtseingriffs stellt. Es ist natürlich, dass dort der Grundsatz der Verhältnismäßigkeit als erste Schranke für den staatlichen Eingriff herangezogen wird.[389]

Wie in der vorinstanzlichen Entscheidung fehlen auch in der Entscheidung des Oberverwaltungsgerichts im Rahmen des Sachlichkeitsgebots Ausführungen zur Chancengleichheit. Demgegenüber nennt er diese als Rechtsgrundlage bei seinen Ausführungen zur Neutralität vor Wahlen. Bei Wahlen geböten „die Wahlrechtsgrundsätze der Wahlfreiheit und Wahlgleichheit in der besonderen Form der Chancengleichheit, dass staatliche Stellen nicht in mehr als nur unerheblichem Maße

---

[385] BVerfGE 19, 342 (348 f.); s. m. w. N. zum Verhältnismäßigkeitsprinzip auch BVerfGE 23, 127 (133 f.); *P. Kunig*, Das Rechtsstaatsprinzip, 1986, S. 350 ff.; *K. Sobota*, Das Prinzip Rechtsstaat, 1997, S. 234 ff.

[386] So auch z. B. VG Darmstadt, Beschluss v. 17. Januar 2002, 3 G 100/02, in: NVwZ-RR 2002, 365 (366).

[387] BVerfGE 23, 127 (133 f.) m. w. N.; *A. Voßkuhle*, JuS 2007, 429 (429) m. w. N.; *K. Sobota*, Das Prinzip Rechtsstaat, 1997, S. 234 ff., 251 f. m. w. N., 515.

[388] OVG NRW, Beschluss v. 16. Dezember 2003, 15 B 2455/03, juris Rn. 37 → BVerfG, Beschluss v. 15. August 1989, 1 BvR 881/89, in: NJW 1989, 3269 (3270); BVerwG, Beschluss v. 13. März 1991, 7 B 99/90, in: NJW 1991, 1770 (1771); BVerwGE 82, 76 (83); OVG NRW, Urteil v. 22. Mai 1990, 5 A 2694/88, in: NVwZ 1991, 176 (178).

[389] BVerwGE 82, 76 (83); BVerfG, Beschluss v. 15. August 1989, 1 BvR 881/89, in: NJW 1989, 3269 (3270); OVG NRW, Urteil v. 22. Mai 1990, 5 A 2694/88, in: NVwZ 1991, 176 (178). S. auch *M. J. Vogt*, Zur Informationstätigkeit des Bundesrechnungshofes, 2013, S. 233, der den Grundsatz der Verhältnismäßigkeit in Anlehnung an die Glykolwein-Entscheidung (BVerfGE 105, 252 ff.) als eine Rechtmäßigkeitsvoraussetzung und Grenze staatlicher Öffentlichkeitsarbeit deklariert.

parteiergreifend auf die Bildung des Wählerwillens einwirken, sie insofern also einem Neutralitätsgebot unterliegen".[390]

Die hier dargestellten Entscheidungen der vier Gerichte verkennen die Bedeutung der Chancengleichheit als ein demokratisches Prinzip, dessen Wirkung nicht lediglich auf Wahlen und die Zeit davor beschränkt ist und welches im politischen Wettbewerb stets zur Anwendung kommt (s. u. Teil 2 I. 5. c)). Ist die Sachlichkeit unter anderem ein vor Wahlen und Abstimmungen zu beachtendes staatliches Gebot, so ist eine dementsprechende Herleitung aus demokratischen Grundsätzen unentbehrlich (s. o. Teil 1 III. 4. c) bb)).

bb) Stärkung der Anwendung des Sachlichkeitsgebots

Das nordrhein-westfälische Oberverwaltungsgericht hat in seinem Urteil in Sachen Dügida die Grenzen amtlicher Äußerungsbefugnisse in den einschlägigen Kompetenznormen (s. u. Teil 3 I.), den fachgesetzlichen Normen des betroffenen Rechtskreises und den rechtsstaatlichen Anforderungen des Sachlichkeitsgebots und des Verhältnismäßigkeitsgrundsatzes gesehen.[391]

Indem sich das Gericht zum Sachlichkeitsgebot äußert und dieses in einem Fall anwendet, in dem es nicht wie sonst um direktdemokratische Elemente geht (s. o.), stärkt es den Anwendungsbereich dieses Gebots und wird dessen eigenständiger Bedeutung als staatliches Handlungsgebot gerecht. Es erfolgt jedoch keine Subsumtion der Voraussetzungen. Gerade aber in diesem Fall, in dem das Gericht neben den einschlägigen Normen – nach Ablehnung der Geltung des politischen Neutralitätsgebots – lediglich das Sachlichkeitsgebot als Äußerungsgrenze ansieht, wäre eine genaue Subsumtion notwendig gewesen.

Im Hinblick auf die „Licht aus!"-Aktion des Oberbürgermeisters stützt das Oberverwaltungsgericht die Verletzung des Sachlichkeitsgebots darauf, dass diese Aktion mitsamt der Erklärungen im Internet und dem Lichtausschalten den Rahmen des sachlich Gebotenen überschritten habe.[392] Damit knüpft es seine Argumentation formal wenigstens an eine Voraussetzung des Sachlichkeitsgebots an. Die

---

[390] OVG NRW, Beschluss v. 16. Dezember 2003, 15 B 2455/03, juris Rn. 16f. m. w. N.

[391] OVG NRW, Urteil v. 04. November 2016, 15 A 2293/15, S. 26. Zu Recht werden diese Grenzen genannt, sie werden aber nur teilweise geprüft. Insbesondere die Heranziehung des Sachlichkeitsgebots und des Verhältnismäßigkeitsgrundsatzes ist zutreffend. Da der Rechtsstreitigkeit die Frage nach dem Vorliegen eines Grundrechtseingriff durch Äußerungen des Oberbürgermeisters zugrunde liegt, sind Aussagen zum Verhältnismäßigkeitsprinzip notwendig gewesen.

[392] OVG NRW, Urteil v. 04. November 2016, 15 A 2293/15, S. 27. Bei der anderen Erklärung, dem Aufruf zur Teilnahme an einer Gegendemonstration, wird zu Recht die Verletzung des Sachlichkeitsgebots abgelehnt; S. 29f. Die Zulässigkeit beider Aussagen ist nicht im Hinblick auf das Sachlichkeitsgebot problematisch gewesen, sondern im Hinblick auf das Neutralitätsgebot.

Überschreitung des sachlich gebotenen Rahmens liege in der Verwendung eines Instruments der symbolisch-politischen Kommunikation, das nur ihm zur Verfügung stand, womit er „den auf die geistige, diskursive Auseinandersetzung beschränkten Bereich kommunalpolitischer Kommunikation" verlassen habe.[393]

Die Erörterung der Zulässigkeit von Symbolen im Rahmen des Sachlichkeitsgebots wirft die Frage auf, ob dieses Gebot symbolische Mittel in der politischen Kommunikation verbietet.

Schaut man sich die Anforderungen, die dieses Gebot aufstellt, an und ruft man sich Sinn und Zweck dieses Gebots in Erinnerung, so wird nicht ersichtlich, warum es gegen das Sachlichkeitsgebot verstoßen soll, symbolpolitische Mittel zu benutzen. Der politische Meinungs- und Willensbildungsprozess ist angewiesen auf den Einsatz von Symbolen, die die einzelnen Beteiligten dieses Prozesses zur Unterstreichung ihrer Positionen einsetzen. Billigt man Amtsträgern das Recht zu, sich an diesem Prozess zu beteiligen, so dürfen sie grundsätzlich ebenfalls Symbole verwenden. Die Anknüpfung der Symbol-Argumentation an das Sachlichkeitsgebot durch das Oberverwaltungsgericht ist nicht einleuchtend. Der Maßstab der Sachlichkeit wird falsch interpretiert und mit der Symbol-Argumentation aufgeladen. Die dem Sachlichkeitsgebot innewohnenden Voraussetzungen sind nämlich an sich erfüllt.

Daraus folgt jedoch nicht, dass sich der Oberbürgermeister des Lichtlöschens hat bedienen dürfen. Dadurch, dass er sich damit eines Mittels bediente, das – wie zu Recht durch das Gericht festgestellt – nur ihm zur Verfügung stand, ist der Einsatz dieses konkreten Symbols unzulässig. Ausschlaggebend ist hier der Einsatz öffentlicher Kommunikationsressourcen.[394] Es kommt darauf an, dass der Oberbürgermeister ein amtliches Mittel in Anspruch nahm, dessen Nutzung nur ihm möglich war und nicht den anderen Teilnehmern am politischen Meinungskampf. Da das Gericht die Anwendbarkeit des Neutralitätsgebots mangels Parteieigenschaft ablehnt und somit der Rückgriff auf Amtsmittel bei Äußerungen gegenüber sonstigen politischen Vereinigungen die Bindung an das Neutralitätsgebot nicht auslöst, geht das Gericht im Rahmen der Prüfung der Sachlichkeit wenigstens – wenn auch nicht im Detail und nur ganz kurz – auf diesen Aspekt ein.

Insgesamt nachvollziehbarer wäre es gewesen, hätte das Gericht klargestellt, dass Symbole nicht partout ausgeschlossen sind und bei ihrem Einsatz durch Amtsträger aber darauf geachtet werden muss, ob sie dadurch amtliche Ressourcen beanspruchen. Dies sind aber keine Voraussetzungen des Sachlichkeitsgebots. Dieses wird lediglich als rechtlicher Anknüpfungpunkt und Deckel für die Argumentation des Gerichts herangezogen, besonders vor dem Hintergrund, dass zuvor die Anwendung des politischen Neutralitätsgebots zu Unrecht abgelehnt wird.

---

[393] OVG NRW, Urteil v. 04. November 2016, 15 A 2293/15, S. 27 ff.

[394] OVG NRW, Urteil v. 04. November 2016, 15 A 2293/15, S. 28.

Die Ablehnung des politischen Neutralitätsgebot und stattdessen nur die Anwendung des Sachlichkeitsgebots ist nicht verständlich. Aufgrund der direkten Gegenüberstellung, die die verschiedenen Gerichte vornehmen, mag so der Eindruck entstehen, als gelte die Neutralität nur in der Phase vor Wahlen. Dies liegt am direkten Vergleich von Wahlen und Abstimmungen. Dieser dient vor allem dazu herauszuarbeiten, dass Äußerungen im Vorfeld von Abstimmungen nicht neutral, jedenfalls aber sachlich, sein müssen. Der Fokus liegt auf der Nichtgeltung des Neutralitätsgebots vor direktdemokratischen Elementen. Daraus ist jedoch nicht zu folgern, dass politische Neutralität lediglich vor Wahlen einzuhalten ist. Dies entspräche auch nicht den rechtlichen Beweggründen für die Geltung dieses Grundsatzes (s. u. Teil 2 I.). Der Neutralitätsgrundsatz gilt grundsätzlich im gesamten Prozess der politischen Willensbildung für amtliches Kommunikationshandeln – außer im Vorfeld von Abstimmungen.

e) Fazit

Das allgemeine Sachlichkeitsgebot ist eine Hürde und Grenze jedes staatlichen Handelns und damit von allen Personen zu beachten, deren Handeln dem Staat zuzurechnen ist. Sobald ein Handeln als privat einzustufen ist, kommt das Sachlichkeitsgebot nicht zum Einsatz.

Zu einem Verstoß kann es nur dann kommen, wenn es um amtliche Handlungen geht und die inhaltlichen Anforderungen des Gebots verletzt werden; dabei ist auf den Kontext der Äußerung und dessen Gesamtinhalt[395] zu schauen. Zu diesen Anforderungen gehören die Wahrheit, Objektivität und Freiheit von Herabsetzungen. Dies schließt parteiergreifende Äußerungen von staatlicher Seite deswegen nicht aus, da Sachlichkeit nicht Unparteilichkeit oder Nicht-Identifikation vom handelnden Hoheitsträger erwartet. Diese sind vielmehr Anforderungen der Neutralität. Ferner kommt es darauf an, ob sich der Hoheitsträger mit seinen Äußerungen gezielt an die Abstimmenden wendet und ob die Äußerungen inhaltlich über Informationen und Bewertungen hinausgehen und eine unmittelbare Abstimmungsempfehlung beinhalten.

Seine Daseinsberechtigung zieht das Sachlichkeitsgebot vor allem aus dem Rechtsstaats- und Demokratieprinzip bzw. deren konkreten Ausprägungen. Der Grundsatz der Sachlichkeit ist ein Sammelbegriff, der sich aus mehreren rechtlichen Anforderungen an staatliches Handeln zusammensetzt. Durch ihre Funktion als zusammenfassende Formel ist die Sachlichkeit ein objektives Gebot und staatlicher Handlungsmaßstab.

---

[395] So auch VG Köln, Beschluss v. 18. November 2003, 4 L 2623/03, juris Rn. 49; VerfGH Bayern, Entscheidung v. 19. Januar 1994, Vf. 89-III-92, Vf. 92-III-92, in: BayVBl. 1994, 203 (208).

Es kommt nicht auf ein zeitliches Kriterium an, sodass Amtsträger in der heißen Phase vor einer Wahl oder Abstimmung nicht stärker an das Sachlichkeitsgebot gebunden sind als in der sonstigen Zeit.[396] In der Praxis gewinnt die Sachlichkeit typischerweise aber erst in der heißen Phase vor einer Wahl oder Abstimmung an Relevanz, da dann erst Äußerungen von allen Seiten publik werden und sich häufen und sich dementsprechend die Frage ihrer Zulässigkeit stellt.

Eine Unterscheidung zwischen Neutralität und Sachlichkeit ist nach wie vor wünschenswert, allerdings ist darüber hinaus von der Rechtsprechung zu erwarten, dass sie der Bedeutung des eigenständigen Sachlichkeitsgebots neben der prominenten Figur der Neutralität gerecht wird. Wichtig ist, dass kein Alternativverhältnis zwischen den Geboten der Neutralität und Sachlichkeit herrscht und dass das Sachlichkeitsgebot nicht die Funktion des „Lückenfüllers" hat für den Fall, dass die Geltung der Neutralität verneint wird. Es ist Vorsicht geboten im Umgang mit pauschalen Verweisen auf die Unterschiede zwischen repräsentativ- und direktdemokratischen Verfahrensformen, aus denen die Geltung bzw. Nichtgeltung dieser Gebote abgeleitet werden.

5. Faktische Grundlagen politischer Neutralität

Hinter der Neutralitätsforderung steckt eine Vielzahl von Beweggründen, was nicht unwesentlich die Findung einer einheitlichen Definition erschwert.[397] Diese legitimieren das Bedürfnis nach staatlicher Neutralität. Vorliegend lassen sich die Gründe für dieses Gebot im politischen Bereich zweiteilen in faktische und rechtliche Gründe. Weder sind es nur die faktischen noch allein die rechtlichen Motive, die die Neutralitätsforderung begründen.

a) Grund politischer Neutralität: Pluralismus

Pluralismus ist einer der grundlegenden Motive für die Neutralitätsforderung, unabhängig vom jeweiligen Neutralitätsfeld. Pluralismus, ursprünglich ein Phänomen aus der Philosophie und Politologie, hat sich seit der zweiten Hälfte des 20. Jahrhunderts zu einem Mode- und Schlagwort entwickelt.[398]

Vorliegend liegt der Fokus auf politischem Pluralismus als Motiv für den politischen Neutralitätsgrundsatz. Nichtsdestotrotz passen die allgemeinen Ausführungen

---

[396] Anders *A. Schmehl*, KommJur 2006, 321 (324), der den Zeitpunkt der Festlegung des Abstimmungstages zum Zwecke der rechtlichen Beurteilung als Orientierungspunkt für den Beginn der heißen Phase bestimmt.

[397] *K. Schlaich*, Neutralität als verfassungsrechtliches Prinzip, 1972, S. 222.

[398] *E. Fraenkel*, Pluralismus als Demokratietheorie des Reformismus, in: v. Brünneck, Alexander/Buchstein, Hubertus/Göhler, Gerhard (Hrsg.), Ernst Fraenkel: Gesammelte Schriften. Demokratie und Pluralismus, 2007, S. 344 (347).

zum Pluralismus zu allen gesellschaftlichen Bereichen, die von Vielfalt geprägt sind. Denn Pluralismus ist nicht beschränkt auf bestimmte gesellschaftliche Bereiche.

Neben dem politischen Pluralismus besteht in der Gesellschaft beispielsweise religiöser und weltanschaulicher Pluralismus. Dieser zeichnet sich dadurch aus, dass eine Vielzahl von religiösen und weltanschaulichen Wertvorstellungen existiert, von denen jede einen Anspruch auf die einzig wahre Lebensanschauung erhebt. Alle Bürger, auch in kollektiver Form, haben aufgrund der grundgesetzlichen Gewährleistung der Religions- und Weltanschauungsfreiheit die gleiche Möglichkeit, ihre Religion und Weltanschauung zum Ausdruck zu bringen, wodurch Pluralismus entsteht (s. u. Teil 2 I. 4.). Auch in diesem Bereich hat die Neutralitätsforderung ihre Existenzberechtigung.

Ganz grundlegend ist zunächst die Frage, warum eine Gesellschaft überhaupt pluralistisch ist, um die Verknüpfung zwischen Pluralismus und Neutralität erfassen zu können.

Pluralismus setzt voraus, dass voneinander abweichende politische Wahrheitsansprüche nebeneinander leben können und auch können sollten. Dies ist dem Umstand geschuldet, dass die Verfassung den Bürgern individuelle wie kollektive Freiheiten gewährt,[399] deren Inanspruchnahme die Grundlage für die individuelle und kollektive Entfaltung darstellt, welche sich sodann in der Gesellschaft niederschlägt. Wenn allen Beteiligten die gleichen Freiheiten zur Entfaltung zustehen, wird die Gesellschaft pluralistisch.

Damit die verfassungsrechtliche Gewährleistung der gleichen Freiheiten für die am Pluralismus Beteiligten sichergestellt wird, bedarf es einer Erwartungshaltung wie derjenigen der Neutralität. Denn der Staat darf keine einseitige Ausrichtung aufweisen.[400] Eine solche stellte sich als problematisch dar im Hinblick auf den friedlichen Bestand der vielfältigen Ansichten.

Je nach Neutralitätsfeld unterscheiden sich die einschlägigen Grundrechte. An dem obigen Beispiel sieht man, dass die verfassungsrechtlich garantierte Religions- und Weltanschauungsfreiheit zum religiösen und weltanschaulichen Pluralismus führen. Im Fall des politischen Pluralismus sind es die politischen Freiheitsrechte des Grundgesetzes, die der Bürgerschaft die politische Entfaltung und dementsprechend das öffentliche Handeln ermöglichen. Pluralismus im Zusammenspiel mit den jeweiligen verfassungsrechtlichen Grundlagen erweckt das Bedürfnis nach Neutralität auf den verschiedenen Feldern (s. u. Teil 2 I. 4.).

---

[399] *U. Scheuner*, Konsens und Pluralismus als verfassungsrechtliches Problem, in: G. Jakobs (Hrsg.), Rechtsgeltung und Konsens, 1976, S. 33 (54) hebt auch hervor, dass die grundrechtlichen Freiheiten die verfassungsrechtliche Grundlage für den Pluralismus bilden, wie z. B. die Meinungs- oder Vereinigungsfreiheit.

[400] *U. Scheuner*, Konsens und Pluralismus als verfassungsrechtliches Problem, in: G. Jakobs (Hrsg.), Rechtsgeltung und Konsens, 1976, S. 33 (53).

Das Faktum des Pluralismus[401] ist Strukturelement eines freiheitlichen, demokratischen Staates.[402] Pluralismus ist zum einen ein gesellschaftliches Prinzip, weil es eine Form der Austragung gesellschaftlicher Konflikte konfligierender Interessen darstellt, und zum anderen ein politisches Prinzip, weil es eine Form der Legitimation politischer Entscheidungen, der Mitwirkung an der politischen Willensbildung und der Bestimmung des Gemeinwohls darstellt.[403] Pluralismus bedeutet primär, dass in einer Gesellschaft eine Vielfalt verschiedenartiger Interessen und Ansichten existiert, welche mit- und nebeneinander leben und konkurrieren. Sie ringen autonom und gleichberechtigt um Einfluss und Geltung in der Gesellschaft.[404] Dies ist zwar richtig, aber darüber hinaus ist die Konsequenz daraus das Ausschlaggebende: die Bildung von Personenzusammenschlüssen zur Interessendurchsetzung.[405] „Um dem Schicksal der Vermassung zu entgehen, gewähren die westlichen Demokratien ihren Bürgern die uneingeschränkte Möglichkeit, sich in einer Vielzahl von Verbänden *pluralistisch* zu organisieren, zu betätigen und kollektiv in das Staatsganze einzugliedern."[406] Anhand von Pluralismus wird vor

---

[401] Vgl. dazu *J. Rawls*, Der Gedanke eines übergreifenden Konsenses, in: W. Hinsch (Hrsg.), John Rawls: Die Idee des politischen Liberalismus-Aufsätze 1978–1989, 1992, S. 293 (294, 298 ff.) sowie *J. Rawls*, Der Bereich des Politischen und der Gedanke eines übergreifenden Konsenses, in: W. Hinsch (Hrsg.), John Rawls: Die Idee des politischen Liberalismus-Aufsätze 1978–1989, 1992, S. 333 (334). Grundlegend zu Pluralismus *E. Fraenkel*, Strukturanalyse der modernen Demokratie (1970), in: F. Esche/F. Grube (Hrsg.), Ernst Fraenkel: Reformismus und Pluralismus, 1973, S. 404 (424 ff.); *ders.*, Der Pluralismus als Strukturelement der freiheitlich-rechtsstaatlichen Demokratie (1964), in: ders. (Hrsg.), Deutschland und die westlichen Demokratien, 6. Aufl. 1974, S. 197 ff. Zur Entwicklung des Pluralismus *W. Brugger*, Liberalismus, Pluralismus, Kommunitarismus, 1999, S. 197 ff.; vgl. für eine Zusammenfassung kritischer Positionen *C. Böhret/W. Jann/E. Kronenwett*, Innenpolitik und politische Theorie, 3. Aufl. 1988, S. 169 ff.; insbesondere kritisch *C. Schmitt*, Der Hüter der Verfassung, 1931, S. 71 ff.

[402] *W. Schmitt Glaeser*, Der freiheitliche Staat des Grundgesetzes, 2008, S. 189; *U. Scheuner*, Konsens und Pluralismus als verfassungsrechtliches Problem, in: G. Jakobs (Hrsg.), Rechtsgeltung und Konsens, 1976, S. 33 (44); *J. Isensee*, Staat und Verfassung, in: HStR, Bd. II, 3. Aufl. 2004, S. 3 (47 f.).

[403] *C. Böhret/W. Jann/E. Kronenwett*, Innenpolitik und politische Theorie, 3. Aufl. 1988, S. 41. Zur Bedeutung von Konsens und Konflikt im Pluralismus *H. Oberreuter*, Bewährung und Herausforderung, 1989, S. 43 ff., 77 ff.

[404] *J. Detjen*, Prinzipien des Pluralismus und ihre politisch-kommunikativen Implikationen, in: O. Jarren/U. Sarcinelli/U. Saxer (Hrsg.), Politische Kommunikation in der demokratischen Gesellschaft, 1998, S. 275 (276); *W. Brugger*, Liberalismus, Pluralismus, Kommunitarismus, 1999, S. 200.

[405] *W. Schmitt Glaeser*, Der freiheitliche Staat des Grundgesetzes, 2008, S. 140, 184 f., 189 f.; *U. Scheuner*, Konsens und Pluralismus als verfassungsrechtliches Problem, in: G. Jakobs (Hrsg.), Rechtsgeltung und Konsens, 1976, S. 33 (43); *J. Detjen*, Prinzipien des Pluralismus und ihre politisch-kommunikativen Implikationen, in: O. Jarren/U. Sarcinelli/U. Saxer (Hrsg.), Politische Kommunikation in der demokratischen Gesellschaft, 1998, S. 275 (275); *C. Böhret/W. Jann/E. Kronenwett*, Innenpolitik und politische Theorie, 3. Aufl. 1988, S. 42. Ausführlich zum Gemeinwohl *H. H. v. Arnim*, Gemeinwohl und Gruppeninteressen, 1977.

[406] *E. Fraenkel*, Der Pluralismus als Strukturelement der freiheitlich-rechtsstaatlichen Demokratie (1964), in: ders. (Hrsg.), Deutschland und die westlichen Demokratien, 6. Aufl. 1974, S. 197 (199).

allem die Wichtigkeit der Vergesellschaftung und Vergemeinschaftung, welche grundlegende Bestandteile von Menschsein und Persönlichkeitsentfaltung sind, hervorgehoben.[407]

In Bezug auf das Agieren der gesellschaftlichen Gruppen setzt Pluralismus voraus, dass diese frei und autonom wirken können, in Anerkennung grundlegender rechtlicher Grundlagen am Prozess der politischen Willensbildung teilnehmen, ihr Verhältnis zueinander von Konkurrenz geprägt ist, aber dennoch unter Beachtung von Offenheit und Toleranz gepflegt wird und ferner, dass ihr Handeln darauf ausgerichtet ist, dem Gemeinwohl zu dienen.[408]

Wichtig im Zusammenhang mit Pluralismus ist die Haltung des Staates den unterschiedlichen Gruppierungen und Interessen gegenüber. Denn Pluralismus setzt voraus, dass der Staat der Meinungsvielfalt gegenüber zum einen offen ist und zum anderen den verschiedenen Interessen und Meinungen Raum für ihr öffentliches Wirken gewährt.[409] Diese offene Haltung des Staates ist insbesondere auf die grundrechtlichen Freiheiten in der Verfassung, die erst das Bestehen und Wirken verschiedener politischer Richtungen ermöglichen, zurückzuführen. Das Erfordernis der Offenheit des Staates sowie insgesamt der Gedanke des Pluralismus stehen daher im Zusammenhang mit den grundrechtlichen Freiheiten.[410] Dadurch, dass alle die gleichen Freiheiten genießen, können sich alle frei entfalten und neueren Interessen und Interessengruppen ist der Zugang zum Markt der Meinungen aufgrund dieser Freiheiten eröffnet.

Zum Funktionieren einer pluralistischen Gesellschaft bedarf es auch und vor allem der Offenheit und Toleranz der verschiedenen Strömungen untereinander.[411] Den unterschiedlichen Überzeugungen muss klar sein, dass sie friedlich miteinander aus-

---

[407] *W. Brugger*, Liberalismus, Pluralismus, Kommunitarismus, 1999, S. 199 f.; s. ferner *E. Fraenkel*, Der Pluralismus als Strukturelement der freiheitlich-rechtsstaatlichen Demokratie (1964), in: ders. (Hrsg.), Deutschland und die westlichen Demokratien, 6. Aufl. 1974, S. 197 (199).

[408] *E. Fraenkel*, Pluralismus als Demokratietheorie des Reformismus, in: v. Brünneck, Alexander/Buchstein, Hubertus/Göhler, Gerhard (Hrsg.), Ernst Fraenkel. Gesammelte Schriften. Demokratie und Pluralismus, 2007, S. 344 (348); *C. Böhret/W. Jann/E. Kronenwett*, Innenpolitik und politische Theorie, 3. Aufl. 1988, S. 41.

[409] *U. Scheuner*, Konsens und Pluralismus als verfassungsrechtliches Problem, in: G. Jakobs (Hrsg.), Rechtsgeltung und Konsens, 1976, S. 33 (43 f.); s. auch *J. Detjen*, Prinzipien des Pluralismus und ihre politisch-kommunikativen Implikationen, in: O. Jarren/U. Sarcinelli/U. Saxer (Hrsg.), Politische Kommunikation in der demokratischen Gesellschaft, 1998, S. 275 (276); *J. Isensee*, Staat und Verfassung, in: HStR, Bd. II, 3. Aufl. 2004, S. 3 (47 f.); *H. Oberreuter*, Bewährung und Herausforderung, 1989, S. 56 f.

[410] Betont auch *U. Scheuner*, Konsens und Pluralismus als verfassungsrechtliches Problem, in: G. Jakobs (Hrsg.), Rechtsgeltung und Konsens, 1976, S. 33 (44); *J. Detjen*, Prinzipien des Pluralismus und ihre politisch-kommunikativen Implikationen, in: O. Jarren/U. Sarcinelli/U. Saxer (Hrsg.), Politische Kommunikation in der demokratischen Gesellschaft, 1998, S. 275 (275); *J. Isensee*, Staat und Verfassung, in: HStR, Bd. II, 3. Aufl. 2004, S. 3 (47 f.).

[411] *U. Scheuner*, Konsens und Pluralismus als verfassungsrechtliches Problem, in: G. Jakobs (Hrsg.), Rechtsgeltung und Konsens, 1976, S. 33 (53).

kommen müssen. Ferner muss Einigkeit bestehen, was die Anerkennung bestimmter rechtlicher Grundlagen, die das Zusammenleben reglementieren, angeht.[412]

Die Differenzierung zwischen einem kontroversen und einem nicht-kontroversen Sektor des gesellschaftlichen Lebens nach *Ernst Fraenkel*[413] eignet sich gut, um aufzuzeigen, in welchem Bereich im Pluralismus Konflikt zugelassen, sogar erwünscht, ist und in welchem Bereich Konsens bestehen muss. Der nicht-kontroverse Sektor meint die rechtlichen Regelungen und Vorschriften, in deren Kenntnis die gesellschaftlichen Teilnehmer am politischen Prozess teilnehmen. Er zeichnet sich durch Konsens aus, während der kontroverse Sektor das Feld für den Pluralismus im engeren Sinne darstellt und sich durch Konflikt unter den Teilnehmern auszeichnet. Damit Konflikte ausgetragen werden können, muss es von vornherein festgelegte Strukturen geben. Der Bereich, in dem Konflikte bzw. Dissens bestehen, baut daher auf dem Bereich, in dem Konsens herrscht, auf. Pluralismus ist also nicht nur in Zusammenhang mit Konflikten zu sehen, vielmehr gehört auch das Element des Konsenses zum Phänomen des Pluralismus.

Die *Fraenkel'sche* Zweiteilung eignet sich auch, um das Zusammenspiel der Elemente „Konsens" und „Konflikt" hervorzuheben, welche Kernelemente der Demokratie sind und in einem komplementären Verhältnis zueinanderstehen.[414]

Pluralismus tangiert nicht nur den Bereich der Gesellschaft, sondern auch die staatliche Sphäre, daher bedarf es überhaupt der Ausführungen zur Rolle des Staates. Neben der Tatsache, dass der Staat nicht zuletzt aufgrund der verfassungsrechtlichen Grundlagen eine offene Haltung zu präsentieren hat, was die Existenz und das Handeln von unterschiedlichen Ansichten betrifft, ist des Weiteren zu beachten, dass der Staat ebenso wie die anderen Teilnehmer im politischen Prozess auftritt. Jedoch ist er diesen nicht gleichgestellt. Er hat eine übergeordnete Rolle. Sie beruht vor allem auf den vielfältigen Möglichkeiten und Mitteln, die nur ihm zur Verfügung stehen, nicht jedoch den gesellschaftlichen Teilnehmern.[415] Konkret

---

[412] *U. Scheuner*, Konsens und Pluralismus als verfassungsrechtliches Problem, in: G. Jakobs (Hrsg.), Rechtsgeltung und Konsens, 1976, S. 33 (53 f.); *C. Böhret/W. Jann/E. Kronenwett*, Innenpolitik und politische Theorie, 3. Aufl. 1988, S. 42; *H. Oberreuter*, Bewährung und Herausforderung, 1989, S. 45.

[413] *E. Fraenkel*, Möglichkeiten und Grenzen politischer Mitarbeit der Bürger in einer modernen parlamentarischen Demokratie (1966), in: F. Esche/F. Grube (Hrsg.), Ernst Fraenkel: Reformismus und Pluralismus, 1973, S. 389, 401; *ders.*, Strukturanalyse der modernen Demokratie (1970), in: F. Esche/F. Grube (Hrsg.), Ernst Fraenkel: Reformismus und Pluralismus, 1973, S. 404, 429. Dem zustimmend *A. Benz*, Politischer Wettbewerb, in: A. Benz/S. Lütz/U. Schimank/G. Simonis (Hrsg.), Handbuch Governance, 2007, S. 54 (65); *H. Oberreuter*, Bewährung und Herausforderung, 1989, S. 45.

[414] *H. Oberreuter*, Bewährung und Herausforderung, 1989, S. 43 ff., 77 ff.

[415] Zur Rolle des Staates *E. Fraenkel,* Der Pluralismus als Strukturelement der freiheitlich-rechtsstaatlichen Demokratie (1964), in: ders. (Hrsg.), Deutschland und die westlichen Demokratien, 6. Aufl. 1974, S. 197 (202 ff.). Dieser vertritt zu Recht die Ansicht, dass der Staat kein gleichgestellter Teilnehmer sei, sondern einer, der mit speziellen Mitteln ausgestattet sei und

geht es um den Amtsbonus, der staatlichen Ämtern in mehrfacher Hinsicht einen Vorteil bietet. Dazu zählen die Amtsautorität und die Amtsressourcen (s. u. Teil 3 II. 2. c)). Ferner unterscheidet sich der Staat von diesen durch seine Funktion, darüber zu wachen, dass die rechtlichen Regeln, über die Konsens besteht (s. o.), eingehalten werden. Auch obliegt ihm die Verhinderung der Monopolisierung einzelner Interessen. Die Bezeichnung des Staates als Teilnehmer sui generis eignet sich gut, um die herausragende Stellung des Staates gegenüber den anderen Teilnehmern hervorzuheben. Gerade der Umstand, dass staatliches Handeln im Prozess der politischen Willensbildung inmitten der unterschiedlichen gesellschaftlichen Interessen auftaucht, stellt sich als problematisch dar und bringt die Neutralitätsthematik auf den Punkt.

„Nur die freie öffentliche Diskussion über Gegenstände von allgemeiner Bedeutung sichert die freie Bildung der öffentlichen Meinung, die sich im freiheitlich demokratischen Staat notwendig „pluralistisch" im Widerstreit verschiedener und aus verschiedenen Motiven vertretener, aber jedenfalls in Freiheit vorgetragener Auffassungen, vor allem in Rede und Gegenrede vollzieht. Jedem Staatsbürger ist durch Art. 5 Abs. 1 Satz 1 GG das Recht gewährleistet, an dieser öffentlichen Diskussion teilzunehmen."[416] Pluralismus dient insoweit dem Demokratieprinzip, als es das Prinzip der Volkssouveränität ausführt und verwirklicht.[417] Denn Pluralismus ermöglicht den Bürgern, an der öffentlichen Meinungsbildung mitzuwirken, indem sie sich inhaltlich positionieren, gruppenmäßig zusammenschließen und öffentlich agieren können mit dem Ziel, ihre Ansicht durchzusetzen. Dadurch ist die demokratische Mitwirkung und Einflussmöglichkeit der Bürgerschaft nicht auf die Teilnahme an Wahlen alle paar Jahre beschränkt.[418] Die Demokratie nährt sich von der Freiheit der öffentlichen Meinungsbildung, in der die Bürger ihre Meinung zum Ausdruck bringen. Der durch Auseinandersetzungen der kollektiven Gruppen zum

---

eine besondere Rolle im Pluralismus spiele. Damit unterscheidet er sich von der Ansicht des englischen Pluralisten *Harold Laski*, der die staatliche Souveränität verneint und den Staat den gesellschaftlichen Vereinigungen gleichsetzt. Weder in der Literatur hat diese Ansicht Zustimmung gefunden noch hat Laski nach der vielfachen Kritik selbst an seiner Lehre festgehalten. Dazu mehr bei *Fraenkel*, ebd., S. 203 f. sowie bei *C. Böhret/W. Jann/E. Kronenwett*, Innenpolitik und politische Theorie, 3. Aufl. 1988, S. 173 ff.

416 BVerfGE 12, 113 (125); zur öffentlichen Meinung *E. Fraenkel*, Demokratie und öffentliche Meinung (1963), in: ders. (Hrsg.), Deutschland und die westlichen Demokratien, 6. Aufl. 1974, S. 173 ff.

417 *J. Detjen*, Prinzipien des Pluralismus und ihre politisch-kommunikativen Implikationen, in: O. Jarren/U. Sarcinelli/U. Saxer (Hrsg.), Politische Kommunikation in der demokratischen Gesellschaft, 1998, S. 275 (275). S. auch *W. Brugger*, Liberalismus, Pluralismus, Kommunitarismus, 1999, S. 197.

418 *J. Detjen*, Prinzipien des Pluralismus und ihre politisch-kommunikativen Implikationen, in: O. Jarren/U. Sarcinelli/U. Saxer (Hrsg.), Politische Kommunikation in der demokratischen Gesellschaft, 1998, S. 275 (275); allgemeiner dazu *E. Fraenkel*, Möglichkeiten und Grenzen politischer Mitarbeit der Bürger in einer modernen parlamentarischen Demokratie (1966), in: F. Esche/F. Grube (Hrsg.), Ernst Fraenkel: Reformismus und Pluralismus, 1973, S. 389 ff.; *K. Hesse*, Grundzüge des Verfassungsrechts der Bundesrepublik Deutschland, 20. Aufl. 1999, S. 67 f.

Vorschein kommende Dissens zeichnet den Lebensimpuls der freiheitlichen Demokratie aus.[419] Denn zur Demokratie gehört sowohl Konsens als auch Dissens (s. o.).

Pluralismus ist eine Grundvoraussetzung für den Prozess der Gemeinwohlfindung, denn erst durch Pluralismus gibt es eine breitgefächerte Vielfalt an divergierenden Wahrheitsansprüchen, deren kollektive Geltendmachung notwendig ist, um in den Prozess der Gemeinwohlfindung einzufließen. Die Verknüpfung zwischen Pluralismus und Gemeinwohl geht von der Prämisse aus, dass sich das Gemeinwohl a posteriori entfaltet und nicht von vornherein von staatlicher Seite vorgegeben ist (s. u. Teil 2 I. 2.).[420]

Sowohl politischer Pluralismus als auch politischer Wettbewerb sind jeweils für sich genommen Gründe, die insbesondere die Forderung nach Neutralität begründen. Jedoch weisen auch diese einen inneren Zusammenhang auf. Bevor es nämlich zu einer Wettbewerbssituation kommt, gibt es zunächst Pluralismus. Denn der Wettbewerb entsteht erst durch das Auftreten von mindestens zwei gesellschaftlichen Teilnehmern und setzt damit gesellschaftliche Heterogenität voraus, damit er zur Entfaltung kommt (s. o. Teil 1 III. 2. c) dd)).

Die politische Neutralität ist eine Erwartungshaltung an den Staat, die im Hinblick auf den politischen Pluralismus die Funktion hat, dafür zu sorgen, dass die in der Gesellschaft vertretenen unterschiedlichen Selbstverständnisse nebeneinander leben können sollen, ohne dass von staatlicher Seite eine Gruppierung bevorzugt oder eine andere benachteiligt wird. „Die Aufgabe, die in der Perspektive der verschiedenen Selbstverständnisse vertretenen Ansprüche im Interesse der jeweils anderen Rechtspositionen zu begrenzen und damit auch die Dominanz von Partialinteressen zu verhindern, setzt ebenso wie die Notwendigkeit, in einer pluralistischen Gesellschaft mit ihren konkurrierenden und widersprüchlichen Orientierungsangeboten Koordination zu ermöglichen und einheitliche Orientierungsmachten zu setzen, die Unabhängigkeit des Rechts von und seine Neutralität gegenüber den verschiedenen Selbstverständnissen voraus. Nur ein grundsätzlich selbstverständnisunabhängiges Recht kann den gemeinsamen Schranken- und Ordnungsrahmen bilden."[421]

Damit die Idee der pluralistischen Demokratie, wonach verschiedene Selbstverständnisse nebeneinander existieren und öffentlich handeln dürfen, nämlich funk-

---

[419] *J. Detjen*, Prinzipien des Pluralismus und ihre politisch-kommunikativen Implikationen, in: O. Jarren/U. Sarcinelli/U. Saxer (Hrsg.), Politische Kommunikation in der demokratischen Gesellschaft, 1998, S. 275 (277); s. auch *J. Isensee*, Staat und Verfassung, in: HStR, Bd. II, 3. Aufl. 2004, S. 3 (47 f.); *H. Oberreuter*, Bewährung und Herausforderung, 1989, S. 136 ff.

[420] Vgl. *E. Fraenkel*, Der Pluralismus als Strukturelement der freiheitlich-rechtsstaatlichen Demokratie (1964), in: ders. (Hrsg.), Deutschland und die westlichen Demokratien, 6. Aufl. 1974, S. 197 (200); *ders.*, Pluralismus als Demokratietheorie des Reformismus, in: v. Brünneck, Alexander/Buchstein, Hubertus/Göhler, Gerhard (Hrsg.), Ernst Fraenkel. Gesammelte Schriften. Demokratie und Pluralismus, 2007, S. 344 (349 f.).

[421] *M. Morlok*, Selbstverständnis als Rechtskriterium, 1993, S. 331.

tioniert, bedarf es einer staatlichen Gewalt, die sich nicht auf bestimmte Wertvorstellungen und Lebensanschauungen festlegt und diese für die Bürgerschaft verbindlich macht.[422] Ein parteiergreifendes Handeln von staatlicher Seite hat eine herausragende Wirkung und ist nicht förderlich für die natürliche Entfaltung des politischen Pluralismus. Die Forderung nach staatlicher Neutralität stellt einen Schutzmechanismus bzw. eine unverzichtbare Bedingung der gesellschaftlichen Heterogenität dar.[423] Staatliche Neutralität ist demnach Pluralismusfolgerecht.

Die allgemeinen Ausführungen zum Pluralismus sind zwar nicht beschränkt auf einen bestimmten Bereich, hier jedoch sind sie zugeschnitten auf den Bereich des Politischen. Politischer Pluralismus beschreibt die Vielfalt der politischen Interessen und Akteure, die in der gesellschaftlichen Meinungsbildung mit dem Ziel der inhaltlichen Bestimmung verbindlicher staatlicher Entscheidungen sowie der Machterhaltung miteinander konkurrieren.[424] Auch hier sei aber bezüglich der soeben genannten Ziele daran erinnert, dass zu unterscheiden ist zwischen politischen Parteien einerseits und sonstigen politischen Gruppen andererseits (s. o. Teil 1 III. 2. c)). Beide Arten dieser Personenzusammenschlüsse tragen jedoch zum politischen Pluralismus bei, indem sie ihre politischen Ansichten kollektiv einbringen in den politischen Prozess, sodass sich die Unterschiede auf die grundlegenden Ausführungen zum Pluralismus nicht auswirken.

b) Funktionen politischer Neutralität

Die Neutralitätsforderung verfolgt mehrere Funktionen. Diese sind nicht beschränkt auf den politischen Bereich, jedoch sind die Ausführungen an dieser Stelle darauf ausgerichtet. Sie sind gleichzeitig Zwecke wie auch Folgen der Forderung nach Neutralität des Staates.

---

422 *U. Scheuner*, Konsens und Pluralismus als verfassungsrechtliches Problem, in: G. Jakobs (Hrsg.), Rechtsgeltung und Konsens, 1976, S. 33 (44); vgl. auch *J. Isensee*, Gemeinwohl und Staatsaufgaben im Verfassungsstaat, in: HStR, Bd. III, 2. Aufl. 1996, S. 3 (27); *M. Kriele*, Freiheit und Gleichheit, in: HdbVerfR, 1. Aufl. 1983, S. 129 (151).

423 Vgl. *M. Morlok*, Selbstverständnis als Rechtskriterium, 1993, S. 332; s. auch *K. Schlaich*, Neutralität als verfassungsrechtliches Prinzip, 1972, S. 244 ff., der die Neutralität im Kontext der pluralistischen Gesellschaftsstruktur sieht („Neutralität als Gebot eines freiheitlichen Ausgleichs im Tumult und in der Konkurrenz der Vielfalt von Handlungs- und Entscheidungsmaßstäben (…)“, S. 250). Vgl. auch *C. Gusy*, NVwZ 2015, 700 (703), demzufolge Neutralität ein Wettbewerbsverhältnis und demnach eine Vielfalt von Ansichten voraussetze, damit das Bedürfnis überhaupt bestehe, dass der Staat neutral ist.

424 Vgl. *M. Morlok*, Parteienrecht als Wettbewerbsrecht, in: P. Häberle/M. Morlok/V. Skouris (Hrsg.), Festschrift für Dimitris Th. Tsatsos, 2003, S. 408 (408); *J. Krüper/H. Kühr*, ZJS 2014, 16 (16 f.); *A. Hatje*, VVDStRL 69 (2010), 135 (142, 146, 155); *M. Kotzur*, VVDStRL 69 (2010), 173 (190 f.).

aa) Friedenssicherungs- und Präventivfunktion

Staatliche Neutralität erfüllt durch die Anforderung der Unparteilichkeit und Nicht-Identifikation eine Friedenssicherungsfunktion. Auf die Einhaltung dieses Grundsatzes und seiner Voraussetzungen kommt es dann an, wenn mehr als eine politische Ansicht bzw. Interessenvereinigung in der Gesellschaft existiert, also diese pluralistisch ist und sich durch Vielfalt kennzeichnet. Die unterschiedlichen Anschauungen konkurrieren in organisierter Form miteinander in der Gesellschaft, wodurch das Bedürfnis nach Neutralität seitens des Staates entsteht, dessen Handeln ihn aufgrund der ihm zur Verfügung stehenden Ressourcen und des Aufmerksamkeitsvorsprungs gefährlich machen. Dies ist die Ausgangssituation der Neutralitätsforderung. Durch das Einhalten einer neutralen Position inmitten der gesellschaftlichen Heterogenität sorgt der Staat dafür, dass die gesellschaftlichen Teilnehmer friedlich nebeneinander existieren und wirken können ohne einseitige Parteinahme von staatlicher Seite zu Gunsten bzw. zu Lasten einzelner Teilnehmer. Das Grundgesetz garantiert den Beteiligten am politischen Meinungsbildungsprozess die gleichen Chancen der politischen Betätigung; unterstützt durch die Neutralitätsforderung hat dies zur Konsequenz, dass gesellschaftlicher Frieden[425] gegeben und gefördert wird. Die Friedensfunktion staatlicher Neutralität wird so lange bestehen, wie es dieses Gebot gibt und diesem Folge geleistet wird, denn diese Eigenschaft wohnt diesem Grundsatz inne.

Die friedensfördernde Funktion der Neutralität kommt nicht nur im Verhältnis Bürger-Staat zum Vorschein, sondern auch im Verhältnis der Bürger untereinander. Die Friedensfunktion, die zwar primär im Bürger-Staat-Verhältnis besteht, hat eine Ausstrahlungswirkung, denn indem der Staat sich zurückhält und unparteiisch ist, entstehen zwischen den einzelnen Beteiligten des politischen Meinungs- und Willensbildungsprozesses keine Konflikte aufgrund von parteiischen Äußerungen, die auf der einen Seite zu Lasten der einen und auf der anderen Seite zu Gunsten der anderen erfolgen.

---

[425] Die Friedensfunktion staatlicher Neutralität ist in der Literatur nicht unbekannt: Vgl. dazu *F. v. Holtzendorff*, Die Principien der Politik, 2. Aufl. 1879, S. 298 f., der von der „Bewahrung des gesellschaftlichen, vornehmlich wirthschaftlichen und confessionellen Friedens“, als Aufgabe des Staates spricht. S. auch *H. Steiger*, Neutralität, in: O. Brunner/W. Conze/R. Koselleck (Hrsg.), Geschichtliche Grundbegriffe – Historisches Lexikon zur politisch-sozialen Sprache in Deutschland, Bd. 4, 1978, S. 315 (362), der sich umfassend mit den Thesen *Holtzendorffs* auseinandersetzt; *J.-B. Schrooten*, Gleichheitssatz und Religionsgemeinschaften, 2015, S. 20; *K. Hailbronner*, ZaöRV 69 (2009), 267 (270); *C. Schmitt*, Das Zeitalter der Neutralisierungen und Entpolitisierungen, in: ders., Positionen und Begriffe, 1940, S. 120 (127 f.); *W. Schmitt-Glaeser*, Der freiheitliche Staat des Grundgesetzes, 2008, S. 138; vgl. *W. Henke*, Das Recht der politischen Parteien, 2. Aufl. 1972, S. 168 und nicht zuletzt *S. Huster*, Die ethische Neutralität des Staates, 2002, S. 49, 653 und *M. Morlok*, Selbstverständnis als Rechtskriterium, 1993, S. 333 sowie *C. Wöhst*, Das Konzept der Neutralität im politischen Liberalismus, 2011, S. 17 f., die von der Friedensfunktion im Zusammenhang mit der Neutralität im Religionsrecht sprechen. Auch das BVerfG spricht von der Aufrechterhaltung des religiösen Friedens in E 93, 1 (16); 105, 279 (294).

Eng verbunden mit der friedenssichernden Funktion kommt dem Grundsatz der Neutralität eine Präventivfunktion zu. Eine Vielfalt an unterschiedlichen Interessen in der Gesellschaft sorgt für Konfliktpotenzial und erhöht dieses.[426] Mischt der Staat sich nicht von „oben" in den Prozess der Meinungs- und Willensbildung ein, so vermeidet er Konflikte. Durch die Einhaltung politischer Neutralität erfüllt diese daher die Funktion, Instrument der Konfliktverhütung zu sein, der Sicherung der Stabilität des Staates willen.[427]

Die Friedenssicherungs- und Präventivfunktion des Neutralitätsgebots, die sich zugleich als Zweck und Folge der Unparteilichkeit und Nicht-Identifikation darstellen, treten dann ein, wenn diesem Gebot Folge geleistet wird. Sie spiegeln daher das Idealbild wider.

bb) Demokratische Offenheit

Eine gesellschaftliche Vielfalt an politischen Interessen, die die Ausgangssituation der Forderung nach staatlicher Neutralität darstellt, symbolisiert Offenheit[428] des Staates gegenüber dem existierenden pluralistischen Bestand sowie gegenüber dem Zugang von neueren politischen Erscheinungen zum politischen Meinungsbildungsprozess. Hält das Neutralitätsgebot staatliche Stellen dazu an, sich nicht mit einer bestimmten inhaltlichen Position zu identifizieren, hat dies zur Folge, dass der Staat offen gegenüber den einzelnen politischen Positionen auftritt. Das Prinzip der Nicht-Identifikation als der grundlegendste Bestandteil der Neutralität, bedeutet zwar, dass der Staat sich nicht zu einzelnen materiellen Gehalten bekennen und sich diese nicht zu eigen machen darf, nicht aber, dass er durch Freiheitsverbürgungen den pluralistischen Bestand dieser Gehalte nicht schützen darf (s. o. Teil 1 III. 2. a)).[429] Die demokratische Offenheit stellt ein Strukturmerkmal des modernen Staates dar. Denn die Demokratie lebt von der politischen Mitwirkung

---

[426] *M. Morlok*, Selbstverständnis als Rechtskriterium, 1993, S. 332.

[427] S. *C. Wöhst*, Das Konzept der Neutralität im politischen Liberalismus, 2011, S. 18, der dies in Bezug auf Neutralität gegenüber dem religiösen Pluralismus sagt und sich ausführlich mit den Facetten von Neutralität im politischen Liberalismus auseinandersetzt.

[428] Vgl. dazu *H. Steiger*, Zur innenpolitischen Neutralität des Staates, in: F. Kaulbach/W. Krawietz (Hrsg.), Recht und Gesellschaft, Festschrift für Helmut Schelsky zum 65. Geburtstag, 1978, S. 659 (665, 673); *U. Scheuner*, Konsens und Pluralismus als verfassungsrechtliches Problem, in: G. Jakobs (Hrsg.), Rechtsgeltung und Konsens, 1976, S. 33 (53); *H.-R. Lipphardt*, Die Gleichheit der politischen Parteien vor der öffentlichen Gewalt, 1975, S. 60 f.; s. auch *W. Henke*, Das Recht der politischen Parteien, 2. Aufl. 1972, S. 157; *H. Oberreuter*, Bewährung und Herausforderung, 1989, S. 57; *K. Hesse*, Grundzüge des Verfassungsrechts der Bundesrepublik Deutschland, 20. Aufl. 1999, S. 71 f.; *J. Isensee*, Gemeinwohl und Staatsaufgaben im Verfassungsstaat, in: HStR, Bd. III, 2. Aufl. 1996, S. 3 (27).

[429] *K. Schlaich*, Neutralität als verfassungsrechtliches Prinzip, 1972, S. 241; *J. Krüper*, JöR 53 (2005), S. 79 (100); zur demokratischen Funktion der Grundrechte *K. Hesse*, Grundzüge des Verfassungsrechts der Bundesrepublik Deutschland, 20. Aufl. 1999, S. 72.

der Bürger und dies nicht nur durch Wahlen, sondern auch und vor allem durch ihre Beteiligung an der politischen Willensbildung, insbesondere in Form von kollektiven Zusammenschlüssen (s. o. Teil 1 III. 2. c)). Der Prozess der politischen Willensbildung ist offen für alle Personen und Personengruppen, die sich an der Bildung der öffentlichen Meinung beteiligen.

Teil 2

Rechtliche Fundierung politischer Neutralität

I. Rechtsgrundlagen der politischen Neutralität

Parallel zu den faktischen Grundlagen politischer Neutralität bestehen ebenfalls rechtliche Grundlagen für die politische Neutralitätsforderung. Die faktische und rechtliche Dimension bestehen nicht lediglich nebeneinander, sie sind vielmehr miteinander verknüpft. Die faktischen Grundlagen finden ihr Pendant in den rechtlichen Gewährleistungen.

Im Grundgesetz ist das Gebot einer allgemeinen politischen Neutralität nicht ausdrücklich normiert. Lediglich der Grundsatz politischer Neutralität im Beamtentum hat seine verfassungsrechtlichen Wurzeln in Artikel 33 Abs. 5 GG über das Institut der hergebrachten Grundsätze, obwohl auch dieser nicht ausdrücklich normiert ist. In der nordrhein-westfälischen Landesverfassung gibt es zwar Artikel 80 S. 1 und 2, der ähnlich wie die einfachgesetzlichen beamtenrechtlichen Bestimmungen ein Neutralitätsgebot für Beamte und sonstige Verwaltungsangehörige normiert (s. o. Teil 1 III. 3. b) aa)). Jedoch existiert unabhängig vom Berufsbeamtentum keine Norm, die sich darüber hinaus mit einer weit zu verstehenden Neutralität von Hoheitsträgern – ohne Beschränkung auf Berufsbeamte – beschäftigt.

Eine fehlende ausdrückliche Normierung ist in der Jurisprudenz aber nicht unüblich und hat nicht automatisch zur Konsequenz, dass das Gebot politischer Neutralität gar keine normative Verankerung hat. Vielmehr bedarf es der Anknüpfung an Rechtsgrundlagen, vor allem an solche der Verfassung, da der Grundsatz politischer Neutralität insbesondere eine bedeutende Rolle in der Rechtsprechung des Bundesverfassungsgerichts einnimmt. Dementsprechend ist die Figur der Neutralität ein bekannter Prüfungsmaßstab, nicht nur auf dem Feld der politischen Neutralität; vor allem zur weltanschaulich-religiösen Neutralität existiert eine beachtliche Rechtsprechung.[1]

Schaut man sich einige andere Neutralitätsfelder an, so stellt sich heraus, dass das „Problem“ der fehlenden ausdrücklichen Normierung auch dort teilweise besteht. Die weltanschaulich-religiöse Neutralität beispielsweise soll sich verfassungsrecht-

---

[1] Vgl. z.B. BVerfGE 24, 236 (246 f.); 30, 414 (421 f.); 93, 1 (16 f.); 102, 370 (390, 393 f.); 108, 282 (299 f.). Vgl. für einen Überblick zur religiösen Neutralität *C. Hufen*, Der Ausgleich verfassungsrechtlich geschützter Interessen bei der Ausgestaltung des Sonn- und Feiertagsschutzes, 2014, S. 262 ff.; *K. Schlaich*, Neutralität als verfassungsrechtliches Prinzip, 1972, S. 26 ff., 129 ff.

lich aus Artikel 4 Abs. 1, Artikel 3 Abs. 3, Artikel 33 Abs. 3 GG sowie aus Artikel 136 Abs. 1 und 4 und Artikel 137 Abs. 1 WRV in Verbindung mit Artikel 140 GG ergeben.[2] Rechtliche Grundlage für die arbeitskampfrechtliche Neutralität ist die in Artikel 9 Abs. 3 GG verankerte Koalitionsfreiheit.[3] Auf diesen Feldern wird auf Vorschriften der Verfassung zurückgegriffen, die die jeweilige Neutralitätsforderung verfassungsrechtlich unterstützen. Im Vergleich dazu ist beispielsweise die völkerrechtliche Neutralität zu sehen, die auf das Haager Abkommen gestützt wird, in dem es explizit um Neutralität in Kriegsfällen geht. Ein weiteres Beispiel für die ausdrückliche Thematisierung eines Neutralitätsgebots findet sich im Berufsbeamtentum; dort in § 33 Abs. 1 Beamtenstatusgesetz und § 60 Abs. 1 Bundesbeamtengesetz. Dabei wird aber – wie auf den obigen Neutralitätsfeldern – zusätzlich auf eine Verfassungsnorm zurückgegriffen, nämlich Artikel 33 Abs. 5 GG, aus der die bundesverfassungsgerichtliche Judikatur sowie die Literatur die beamtenrechtliche politische Neutralität entnehmen.

Auch für das allgemeine politische Neutralitätsgebot bestehen rechtliche Gewährleistungen in der Verfassung. Diese Gewährleistungen sind nicht isoliert voneinander zu betrachten, sondern ihre Zusammenschau begründet erst rechtlich die politische Neutralitätsforderung.

1. Demokratieprinzip

Zunächst einmal ist eine entscheidende rechtliche Grundlage für den politischen Neutralitätsgrundsatz das in Artikel 20 Abs. 1 und 2 GG verankerte Demokratieprinzip.[4] Dieses steht übergeordnet über den anderen, noch zu erörternden Herleitungsgrundlagen.

Ein faktisches Motiv stellt die Vielfalt der politischen Überzeugungen in der Gesellschaft dar, welche sich in organisierter Form am effektivsten Geltung verschaffen. Diese sorgen dafür, dass die politische Meinungs- und Willensbildung zur Entfaltung kommt und letztlich ein politischer Wille vorgeformt[5] wird (s. o. Teil 1 III. 2. c) cc)). Vom öffentlichen Wirken politischer Gruppen profitiert die

---

[2] BVerfGE 19, 206 (216).

[3] Auch im Arbeitskampfrecht besteht ein staatliches Gebot zur Neutralität. Dieses untersagt dem Staat die Einmischung in Tarifauseinandersetzungen und Arbeitskämpfen zwischen Arbeitgeber- und Arbeitnehmerverbänden. Als textliche Fixierung lässt sich hier die verfassungsrechtlich garantierte Koalitionsfreiheit aus Artikel 9 Abs. 3 GG anführen. Die Regelung der Arbeitsbedingungen ist den Arbeitgeber- und Arbeitsnehmerverbänden selbst zu überlassen, frei von staatlicher Einflussnahme, was sich aus der verfassungsrechtlichen Entscheidung für ein freiheitliches Tarifvertrags- und Arbeitskampfsystem ergibt. Vgl. im Detail zu dieser Ausrichtung der Neutralität *H. Seiter*, Staatsneutralität im Arbeitskampf, 1987.

[4] Vgl. BVerfGE 44, 125 (138 ff.); 63, 230 (242 ff.); 73, 40 (84 f.); ferner *W. Schmitt Glaeser/H.-D. Horn*, BayVBl. 1994, 289 (297).

[5] Zur Vorformung des politischen Willens BVerfGE 8, 104 (112 f.); 20, 56 (99); 44, 125 (140); 52, 63 (83); die Formulierung „Vorformung des politischen Willens" ist wesentlich ge-

demokratische Ordnung, denn sie ist auf das Wirken der gesellschaftlichen Kräfte angewiesen. Sie gewährleistet individuelle Freiheiten und kollektive Selbstbestimmung, damit voneinander abweichende Wahrheitsansprüche nebeneinander leben und sich entfalten können.

Auch zwischen dem Demokratieprinzip und dem politischen Wettbewerb besteht eine Verknüpfung, denn erst die Konkurrenz der Teilnehmer belebt den Meinungs- und Willensbildungsprozess und trägt zur Bildung einer politischen Meinung bei (s. o. Teil 1 III. 2. c) dd)). Zum Funktionieren des demokratischen Wettbewerbs bedarf es der Gewährleistung von Gleichheit und Freiheit (s. u. Teil 2 I. 4. a)). Das „Doppelparadigma" beinhaltet daher einerseits das Prinzip freier politischer Teilhabe – verwirklicht durch die politischen Freiheitsrechte – und andererseits das egalitär-demokratische Prinzip der Chancengleichheit (s. u. Teil 2 I. 5.).[6]

2. Amtsprinzip

Das politische Neutralitätsgebot in dem hier verstandenen Sinne stellt eine Forderung an den Staat und seine Repräsentanten dar. Dass Neutralität vorliegend nicht zwischen Privatpersonen zu fordern ist, ist darauf zurückzuführen, dass zum einen diese grundrechtsberechtigt, nicht aber grundrechtsverpflichtet sind, und dass zum anderen die Grundrechte eine grundlegende rechtliche Herleitung der Neutralitätsforderung darstellen. Adressat ist der Staat, daher ist terminologisch die Rede von staatlichen Stellen, Hoheitsträgern oder Amtsträgern. Haben Amtsträger den politischen Neutralitätsgrundsatz zu beachten bei amtlichem Handeln bzw. gilt dieser unmittelbar für sie, so stellt die Amtseigenschaft einen Anhaltspunkt dar, der die Anwendung dieses Grundsatzes auslöst.

Während die ersten beiden Begrifflichkeiten keiner weiteren Erörterung bedürfen, besteht das Bedürfnis, näher auf den Amtsbegriff einzugehen. Dies liegt nicht zuletzt an dem Umstand, dass bereits zuvor Ausführungen zur Neutralität des Berufsbeamten, welche eine Art der Amtsträgerschaft innehaben, erfolgt sind (s. o. Teil 1 III. 3. b) aa)). Amtsträger sind sowohl Beamte im klassischen Sinn – geregelt durch das besondere Verwaltungsrecht – als auch sonstige Amtsträger in einem öffentlich-rechtlichen Amtsverhältnis – geregelt durch die Verfassung oder durch besondere Gesetze.[7]

---

prägt worden von *U. Scheuner*, ZEE 1957, 30 (34 ff.); vgl. ferner *K. Hesse*, Grundzüge des Verfassungsrechts der Bundesrepublik Deutschland, 20. Aufl. 1999, S. 68.

[6] *M. Kotzur*, VVDStRL 69 (2010), 173 (191 f., 202 f.); *ders.*, Freiheit und Gleichheit der Wahl, in: HdbGR, Bd. V, 2013, S. 555 (556); *A. Kißlinger*, Das Recht auf politische Chancengleichheit, 1998, S. 89; vgl. auch *A. Hatje*, VVDStRL 69 (2010), 135 (139 f.).

[7] Vgl. *R. Summer*, Das Amt im statusrechtlichen Sinne, in: M. Pechstein (Hrsg.), Beiträge zum Beamtenrecht, 2007, S. 45 (67 f.); ferner *S. Leppek*, Beamtenrecht, 2011, S. 2, 20 und *H. J. Wolff*/*O. Bachof*, Verwaltungsrecht II (Organisations- und Dienstrecht), 4. Aufl. 1976, S. 27 ff.

Ausgehend vom Wortsinn meint Amt „den verantwortlich wahrzunehmenden Aufgabenbereich eines Menschen, der ihm für andere obliegt, und zwar sowohl gegenüber dem eigentlichen Träger der anvertrauten Geschäfte (Innenverhältnis), als auch gegenüber den von der Pflichtausübung Betroffenen (Außenverhältnis) und gegenüber der Allgemeinheit."[8] Damit ist ein Bereich der Staatsgewalt gemeint, der einem Einzelnen zur treuhänderischen Wahrnehmung übertragen ist.[9] Die treuhänderische Wahrnehmung erfolgt gemeinwohlorientiert, denn öffentliche Ämter sind dazu da, Aufgaben von juristischen Personen des öffentlichen Rechts zu erfüllen.[10] Daher sind die Interessen der Allgemeinheit die Richtschnur für das Handeln im Amt. Durch die Begründung von öffentlich-rechtlichen Amtsrechtsverhältnissen wird ferner staatliches Handeln geordnet und rational fassbar, wodurch der Staat in die Lage versetzt wird, seiner Grundrechtsbindung gerecht zu werden.[11] Die Schaffung von Ämtern erfolgt durch die Zusammenfassung von Wahrnehmungszuständigkeiten und die Besetzung mit einem Amtswalter, allerdings besteht das Amt unabhängig von diesem.[12]

Das Amtsprinzip kann nicht thematisiert werden, ohne dass Ausführungen zum Gemeinwohl folgen, denn die Wahrnehmung der Amtsfunktion hat gemeinwohlorientiert zu erfolgen (s. o.). Gemeinwohl ist zu verstehen als das öffentliche Interesse und damit Gesamtinteresse des Volkes, das auf das Wohl aller Bürger gerichtet ist.[13] Es steht im Gegensatz zu Partikularinteressen. „Das Gemeinwohl repräsentiert das Bild des Gemeinwesens, wie es sein soll, und dieses deckt sich nicht notwendig mit der Wirklichkeit. Es ist Vorbild, nicht Abbild des staatlichen Lebens, aber deshalb fähig, dessen Richtmaß zu sein."[14]

---

[8] *H. J. Wolff/O. Bachof*, Verwaltungsrecht II (Organisations- und Dienstrecht), 4. Aufl. 1976, S. 28; ferner *A. Musil*, Wettbewerb in der staatlichen Verwaltung, 2005, S. 389 f.

[9] *J. Isensee*, Öffentlicher Dienst, in: HdbVerfR, 2. Aufl. 1995, S. 1527 (1534 f.); *R. Gröschner*, Die Republik, in: HStR, Bd. II, 3. Aufl. 2004, S. 369 (419); ferner allgemein dazu *J. Isensee*, Amt in der Republik, in: R. Gröschner/O. W. Lembcke (Hrsg.), Freistaatlichkeit, 2011, S. 163 ff.; *H. Krüger*, Allgemeine Staatslehre, 2. Aufl. 1966, S. 253 ff.; *H. J. Wolff/O. Bachof*, Verwaltungsrecht II (Organisations- und Dienstrecht), 4. Aufl. 1976, S. 27 ff.

[10] *H. J. Wolff/O. Bachof*, Verwaltungsrecht II (Organisations- und Dienstrecht), 4. Aufl. 1976, S. 31; s. auch *A. Musil*, Wettbewerb in der staatlichen Verwaltung, 2005, S. 389 f.; *R. Gröschner*, Die Republik, in: HStR, Bd. II, 3. Aufl. 2004, S. 369 (415).

[11] *J. Isensee*, Amt in der Republik, in: R. Gröschner/O. W. Lembcke (Hrsg.), Freistaatlichkeit, 2011, S. 163 (168); s. auch *K. Nowrot*, Das Republikprinzip in der Rechtsordnungengemeinschaft, 2014, S. 403 f.

[12] *H. J. Wolff/O. Bachof*, Verwaltungsrecht II (Organisations- und Dienstrecht), 4. Aufl. 1976, S. 29, 31.

[13] BVerfGE 44, 125 (141 f.); ausführlich dazu *B. J. Hartmann*, AöR 134 (2009), 1 (15) m. w. N.; *A. Musil*, Wettbewerb in der staatlichen Verwaltung, 2005, S. 380 f.; grundlegend *P. Häberle*, Öffentliches Interesse als juristisches Problem, 2. Aufl. 2006, für eine Zusammenfassung s. S. 716 ff.; *W. Brugger*, Gemeinwohl als Ziel von Staat und Recht, in: D. Murswiek/U. Storost/H. A. Wolff (Hrsg.), Staat – Souveränität – Verfassung, Festschrift für Helmut Quaritsch zum 70. Geburtstag, 2000, S. 45 ff.

[14] *J. Isensee*, Gemeinwohl und Staatsaufgaben im Verfassungsstaat, in: HStR, Bd. III, 2. Aufl. 1996, S. 3 (19).

Das Amt bildet den Gegenethos zu Eigennutz und Eigenwilligkeit, wie sie von den Grundrechten aktiviert werden.[15] Die Inhaber von Amtsrechtsverhältnissen sollen sich daher bei Konkretisierung und Verwirklichung der gesetzlichen Vorgaben und insgesamt bei Vornahme staatlicher Handlungen vom Gesamtinteresse der Allgemeinheit leiten lassen und nicht von Einzelinteressen.[16] Staatliches Handeln unterliegt nämlich stets der Gemeinwohlbindung, welche eine Rechtspflicht darstellt.[17] Denn der Staat darf nur gemeinnützig handeln, während Private auch eigennützig handeln dürfen.[18] Eben eine solche Unterscheidung zwischen dem Gesamtinteresse und privaten Partikularinteressen macht das Republikprinzip aus, dessen Leitgedanke die Gemeinwohlverwirklichung durch die Amtsinhaber ist.

Das Amtsprinzip ist daher vornehmlich aus dem Republikprinzip zu entnehmen, welches sich durch eine am Gemeinwohl orientierte und durch Freiheit legitimierte politische Ordnung kennzeichnet.[19] Die Verknüpfung dieser zwei Prinzipien ergibt sich konkreter aus dem Umstand, dass das Amtsprinzip ein Instrument für die staatliche Gemeinwohlbindung, welche ein zentrales Ordnungselement der Republik ist,[20] darstellt. Das Amt ist „condicio sine qua non der Republik", denn sie ermöglicht die gemeinwohlkonkretisierende Gestaltungsaufgabe der Republik.[21] Das Republikprinzip verlangt von den Amtsinhabern zwar nicht, dass sie ihre persönlichen Fähigkeiten und Eigenschaften komplett ausblenden, jedoch verlangt es von diesen, dass sie die Amtsstellung nicht zu persönlichen Zwecken missbrauchen dürfen.[22] Im Amte sind sie sowieso grundrechtsverpflichtet und nicht grundrechtsberechtigt. Die rechtliche Bindung der Amtsträger steht der rechtlichen Freiheit der Bürger gegenüber.[23] Das Amt ist eine wesentliche Voraussetzung für die staatliche Gemeinwohlverpflichtung.[24] Inwieweit das Republikprinzip in einem Staat Wirkung entfaltet bzw. sich durchsetzt, lässt sich anhand der Ämterordnung und der

---

[15] *J. Isensee*, Öffentlicher Dienst, in: HdbVerfR, 2. Aufl. 1995, S. 1527 (1536).

[16] *R. Gröschner*, Republik, in: W. Heun/M. Honecker/M. Morlok/J. Wieland (Hrsg.), Evangelisches Staatslexikon, 2006, Sp. 2041 (2044); *ders.*, Die Republik, in: HStR, Bd. II, 3. Aufl. 2004, S. 369 (415); *J. Isensee,* Gemeinwohl und Staatsaufgaben im Verfassungsstaat, in: HStR, Bd. III, 2. Aufl. 1996, S. 3 (7 f.).

[17] *B. J. Hartmann*, AöR 134 (2009), 1 (28); *C. Link*, VVDStRL 48 (1990), 7 (19). Letzterer zur Gemeinwohlverpflichtung als Staatszweck.

[18] *A. Musil*, Wettbewerb in der staatlichen Verwaltung, Tübingen 2005, S. 381.

[19] *R. Gröschner*, Republik, in: W. Heun/M. Honecker/M. Morlok/J. Wieland (Hrsg.), Evangelisches Staatslexikon, 2006, Sp. 2041 (2041); *A. Musil*, Wettbewerb in der staatlichen Verwaltung, 2005, S. 389, 391; für grundlegende Ausführungen zur Republik s. *R. Gröschner*, Die Republik, in: HStR, Bd. II, 3. Aufl. 2004, S. 369 ff.; *K. Nowrot*, Das Republikprinzip in der Rechtsordnungengemeinschaft, 2014.

[20] *K. Nowrot*, Das Republikprinzip in der Rechtsordnungengemeinschaft, 2014, S. 362 ff.

[21] *R. Gröschner*, Die Republik, in: HStR, Bd. II, 3. Aufl. 2004, S. 369 (420).

[22] *R. Gröschner*, Die Republik, in: HStR, Bd. II, 3. Aufl. 2004, S. 369 (423); *J. Isensee*, Öffentlicher Dienst, in: HdbVerfR, 2. Aufl. 1995, S. 1527 (1535 f.); ferner so in etwa auch *H. J. Wolff/ O. Bachof*, Verwaltungsrecht II (Organisations- und Dienstrecht), 4. Aufl. 1976, S. 39.

[23] *J. Isensee*, Gemeinwohl und Staatsaufgaben im Verfassungsstaat, in: HStR, Bd. III, 2. Aufl. 1996, S. 3 (29).

[24] *A. Musil*, Wettbewerb in der staatlichen Verwaltung, 2005, S. 383.

Haltung der Amtsträger ablesen.[25] Republik und Gemeinwohl sind ohne das Amtsprinzip nicht vorstellbar, daher besteht eine untrennbare inhaltliche Verknüpfung dieser drei Elemente miteinander.

Des Weiteren ist im Zusammenhang mit der staatlichen Gemeinwohlbindung auch und vor allem das Demokratieprinzip ein relevanter Anknüpfungspunkt. Dieses erschöpft sich nicht lediglich in seiner Bedeutung als Herrschaft durch das Volk, welche sich ausdrücklich aus Artikel 20 Abs. 2 S. 1 GG ergibt. In seiner Bedeutung als Herrschaft für das Volk,[26] welche ebenfalls einen wichtigen Teil der abgeleiteten Staatsgewalt ausmacht, meint das Demokratie- und Volkssouveränitätsprinzip, dass die Interessen des Volkes das Herrschaftshandeln zu determinieren haben.[27] Genau dies umschreibt den Kern der Gemeinwohlidee, nämlich, dass sich staatliches Handeln am Interesse der Allgemeinheit auszurichten hat. Im modernen Verfassungsstaat ist es das Volk, das zur Findung des Gemeinwohls berufen ist, allerdings bedarf es dazu konkret der Institutionen, die im Wege demokratischer Prozesse mit der Kompetenz ausgestattet werden, Staatsgewalt im Sinne des Volkes auszuüben.[28] Es kommt auf Repräsentation an, welches das wesentliche Instrument zur Ausübung der Staatsgewalt und damit zur Findung der Entscheidungen im Sinne des Volks darstellt. Und Repräsentation ist nicht ohne das Amtsprinzip möglich, denn es erfordert eine Loslösung von Partikularinteressen zu Gunsten der Artikulation des Volkswillens.[29] Das Demokratieprinzip ist die prozedurale Absicherung der Gemeinwohlkonkretisierung[30] und fordert dementsprechend eine Organisation in Ämtern. „In demokratischer Sicht ist das Amt Ermächtigung zum Handeln, die, letztlich vom Volk erteilt, der Rückkoppelung an das Volk bedarf, indes es aus republikanischer Sicht die Verpflichtung bedeutet, der Sache des Volkes zu dienen, und deshalb wiederum Verantwortung gegenüber dem Dienstherrn begründet."[31]

---

[25] *R. Gröschner*, Die Republik, in: HStR, Bd. II, 3. Aufl. 2004, S. 369 (423).

[26] Anschaulich sprach *Abraham Lincoln* in seiner berühmten Rede „Gettysburg Address" am 19. November 1863 von der Demokratie als „government of the people, by the people, for the people". Zum Verhältnis von Gemeinwohl und repräsentativer Demokratie *A. Musil*, Wettbewerb in der staatlichen Verwaltung, 2005, S. 383, 391 f. Kritisch zur Heranziehung dieser Rede bzw. Formel im Kontext der Gemeinwohlorientierung und des Demokratieprinzips *K. Nowrot*, Das Republikprinzip in der Rechtsordnungengemeinschaft, 2014, S. 388 f. m. w. N.

[27] Während „Herrschaft durch das Volk" als Element des demokratischen Prinzips angesehen wird, wird teilweise „Herrschaft für das Volk" aufgrund seiner inhaltlichen Bedeutung dem Republikprinzip zugeschrieben; so z. B. bei *J. Isensee,* Gemeinwohl und Staatsaufgaben im Verfassungsstaat, in: HStR, Bd. III, 2. Aufl. 1996, S. 3 (43, 45).

[28] *A. Musil*, Wettbewerb in der staatlichen Verwaltung, 2005, S. 383.

[29] *A. Musil*, Wettbewerb in der staatlichen Verwaltung, 2005, S. 388; *H. Krüger*, Allgemeine Staatslehre, 1964, S. 265; zum Prinzip der Repräsentation im Zusammenhang mit Gemeinwohl *J. Isensee,* Gemeinwohl und Staatsaufgaben im Verfassungsstaat, in: HStR, Bd. III, 2. Aufl. 1996, S. 3 (42); s. auch *ders.*, Gemeinwohl im Verfassungsstaat, in HStR, Bd. III, 3. Aufl. 2005, S. 3 (64 f.).

[30] *A. Musil*, Wettbewerb in der staatlichen Verwaltung, 2005, S. 383, 388; *J. Isensee,* Gemeinwohl und Staatsaufgaben im Verfassungsstaat, in: HStR, Bd. III, 2. Aufl. 1996, S. 3 (39 ff.).

[31] *J. Isensee,* Gemeinwohl und Staatsaufgaben im Verfassungsstaat, in: HStR, Bd. III, 2. Aufl. 1996, S. 3 (43); s. auch *ders.*, Gemeinwohl im Verfassungsstaat, in HStR, Bd. III, 3. Aufl. 2005, S. 3 (64 ff.).

Daher dienen beide zusammen, sowohl das Demokratie- als auch das Republikprinzip, der verfassungsrechtlichen Anknüpfung des Gemeinwohl- und Amtsprinzips.

Der Aspekt der Gemeinwohlförderung kommt in der Situation des politischen Wettbewerbs, in dem Konkurrenzkampf zwischen den Teilnehmern herrscht, besonders deutlich zum Ausdruck. Das Gemeinwohl ist nicht a priori feststellbar, vielmehr entwickelt sie sich a posteriori aus den Konflikten und Kompromissen der gesellschaftlichen Gruppen, sodass die Verwirklichung des Gemeinwohls das Resultat des politischen Wettbewerbs ist.[32] Die Gemeinwohlfindung ist das Ergebnis eines gesellschaftlichen Prozesses und nicht von vornherein vorgegeben.[33] Demnach ist Pluralismus Grundvoraussetzung für die Findung des Gemeinwohls. Er bekennt sich aber nur insoweit zu der Idee des Gemeinwohls, als es um ein a posteriori Gemeinwohl geht, an dem die gesellschaftlichen Beteiligten mitwirken.[34] Die kollektive Geltendmachung von Partikularinteressen im Sinne des Pluralismus ist vonnöten, damit aus diesen das Gemeinwohl gewonnen werden kann und sich nicht der a priori bestehende Wille einer staatlichen Kraft durchsetzt.[35] Je mehr politische Positionen sich an diesem Prozess beteiligen und sich gegenseitig zu über-

---

[32] *C. Böhret/W. Jann/E. Kronenwett*, Innenpolitik und politische Theorie, 3. Aufl. 1988, S. 174 in Anlehnung an *E. Fraenkel* → *E. Fraenkel*, Strukturanalyse der modernen Demokratie (1970), in: F. Esche/F. Grube (Hrsg.), Ernst Fraenkel: Reformismus und Pluralismus, 1973, S. 404, 424 ff., 427 ff.; *E. Fraenkel*, Der Pluralismus als Strukturelement der freiheitlich-rechtsstaatlichen Demokratie (1964), in: ders. (Hrsg.), Deutschland und die westlichen Demokratien, 6. Aufl. 1974, S. 197 ff.; s. auch *A. Musil*, Wettbewerb in der staatlichen Verwaltung, 2005, S. 385, 388 ff.; *J. Isensee*, Gemeinwohl und Staatsaufgaben im Verfassungsstaat, in: HStR, Bd. III, 2. Aufl. 1996, S. 3 (34).

[33] *E. Fraenkel*, Der Pluralismus als Strukturelement der freiheitlich-rechtsstaatlichen Demokratie (1964), in: ders. (Hrsg.), Deutschland und die westlichen Demokratien, 6. Aufl. 1974, S. 197, 200; *A. Musil*, Wettbewerb in der staatlichen Verwaltung, 2005, S. 385. Vgl. zum prozeduralen Gemeinwohlbegriff *M. Morlok/L. Michael*, Staatsorganisationsrecht, 3. Aufl. 2017, Rn. 34; *B. J. Hartmann*, AöR 134 (2009), 1 (13 ff.); *R. Gröschner*, Die Republik, in: HStR, Bd. II, 3. Aufl. 2004, S. 369 (404 f.); *K. Nowrot*, Das Republikprinzip in der Rechtsordnungengemeinschaft, 2014, S. 394 f. m. w. N. sowie grundlegend und umfassend *P. Häberle*, Öffentliches Interesse als juristisches Problem, 2. Aufl. 2006, S. 87 ff.

[34] *E. Fraenkel*, Pluralismus als Demokratietheorie des Reformismus, in: v. Brünneck, Alexander/Buchstein, Hubertus/Göhler, Gerhard (Hrsg.), Ernst Fraenkel. Gesammelte Schriften. Demokratie und Pluralismus, 2007, S. 344 (349 f.). Die Idee des a posteriori Gemeinwohls ist von der Idee des a priori Gemeinwohls, von der *Rousseaus* Theorie ausgeht, gerade im Hinblick auf die Verknüpfung mit Pluralismus zu unterscheiden. Diese Theorie stellt maßgeblich auf eine volonté générale ab im Vergleich zu den im Pluralismus im Vordergrund stehenden Einzelinteressen. In wenigen Worten zur Lehre *Rousseaus* vgl. *J. Isensee*, Gemeinwohl und Staatsaufgaben im Verfassungsstaat, in: HStR, Bd. III, 2. Aufl. 1996, S. 3 (41). Zum Zusammenhang von Pluralismus und Gemeinwohl *P. Häberle*, Öffentliches Interesse als juristisches Problem, 2. Aufl. 2006, S. 60; s. auch *R. Gröschner*, Die Republik, in: HStR, Bd. II, 3. Aufl. 2004, S. 369 (404 f.).

[35] *E. Fraenkel*, Der Pluralismus als Strukturelement der freiheitlich-rechtsstaatlichen Demokratie (1964), in: ders. (Hrsg.), Deutschland und die westlichen Demokratien, 6. Aufl. 1974, S. 197, 200; *J. Isensee*, Gemeinwohl und Staatsaufgaben im Verfassungsstaat, in: HStR, Bd. III, 2. Aufl. 1996, S. 3 (41).

trumpfen versuchen, desto mehr politische Positionen sind in die Findung des Gemeinwohls integriert, woraus sich die Offenheit der Gemeinwohlkonkretisierung herauskristallisiert. Das Faktum der Konkurrenz führt somit im politischen Prozess dazu, dass möglichst viele Interessen in die staatliche Entscheidungsfindung einfließen und dadurch der Ausformung des Gemeinwohls dienlich sind.[36]

In erster Linie richtet sich die Gemeinwohlverpflichtung an den Staat und die ihm zurechenbaren Einrichtungen, jedoch sind neben diesen auch und vor allem die gesellschaftlichen Teilnehmer, deren materiellen Überzeugungen in den Prozess der Gemeinwohlfindung einfließen, an diesem Prozess beteiligt.[37] Sie tragen ebenfalls die Verantwortung für die Herstellung des Gemeinwohls. Allein der Staat – ohne die Mitwirkung der gesellschaftlichen Teilnehmer – könnte nicht dafür sorgen, dass sich das Gemeinwohl entwickelt. Er schafft die äußeren Bedingungen und trifft die notwendigen Vorkehrungen für den Prozess der Willensbildung, aus dem das Gemeinwohl resultiert. Zum Funktionieren dieses Prozesses tragen aber inhaltlich maßgeblich die gesellschaftlichen Teilnehmer mit ihren unterschiedlichen Positionen bei. Diese Mitwirkung ist verfassungsrechtlich abgesichert durch die Grundrechte, die die individuelle und kollektive Entfaltung in vielfältiger Hinsicht ermöglichen und gewährleisten. Damit fungieren „Grundrechte als Rechtstitel zur Mitwirkung am Gemeinwohl".[38]

Allerdings steht die Findung des Gemeinwohls stets unter der Prämisse, dass die beteiligten Interessen und Gruppierungen ein Mindestmaß an vorher feststehenden, allgemeingültigen Regeln sozialen Verhaltens und die rechtlichen Verfahrensregeln einschließlich der Gebote des fair play beachten und respektieren, denn diese Regelungen sichern erst den Prozess der politischen Willensbildung und die Funktionsfähigkeit eines Staates ab (s. o. Teil 1 III. 5. a)).[39] Insbesondere ist verfahrenstechnisch das Mehrheitsprinzip von Bedeutung, da dieses maßgeblich der Findung des Gemeinwohls dient. Die Auffassung, die den Zuspruch der Mehrheit bekommt, erlangt den Status des Gemeinwohls.

---

[36] *H. M. Heinig/M. Morlok*, ZG 2000, 371 (373); *M. Morlok*, Parteienrecht als Wettbewerbsrecht, in: P. Häberle/M. Morlok/V. Skouris (Hrsg.), Festschrift für Dimitris Th. Tsatsos, 2003, S. 408 (414).

[37] S. auch *P. Häberle*, Öffentliches Interesse als juristisches Problem, 2. Aufl. 2006, S. 87 ff., 101; *A. Musil*, Wettbewerb in der staatlichen Verwaltung, 2005, S. 381; zum Subjekt des Gemeinwohls *J. Isensee*, Gemeinwohl und Staatsaufgaben im Verfassungsstaat, in: HStR, Bd. III, 2. Aufl. 1996, S. 3 (35 ff.).

[38] *J. Isensee*, Gemeinwohl und Staatsaufgaben im Verfassungsstaat, in: HStR, Bd. III, 2. Aufl. 1996, S. 3 (36).

[39] *E. Fraenkel*, Der Pluralismus als Strukturelement der freiheitlich-rechtsstaatlichen Demokratie (1964), in: ders. (Hrsg.), Deutschland und die westlichen Demokratien, 6. Aufl. 1974, S. 197, 200; *ders.*, Strukturanalyse der modernen Demokratie (1970), in: F. Esche/F. Grube (Hrsg.), Ernst Fraenkel: Reformismus und Pluralismus, 1973, S. 404, 428 ff. Zu den rechtlichen Regeln zählen nach *Fraenkel* grundlegende Werte der Rechtsordnung wie u. a. das Mehrheitsprinzip, die Gleichheit vor dem Gesetz, das Wahlrecht, die Unzulässigkeit der Folter.

Die Forderung nach politischer Neutralität des Staates besteht nicht zuletzt aufgrund der Gemeinwohlverpflichtung des Staates. Der Prozess der Gemeinwohlfindung ist offen,[40] da das Gemeinwohl eben nicht von vornherein festgelegt ist, sondern erst aus einem funktionierenden politischen Wettbewerb resultiert. Genau wegen der Vielfalt der Teilnehmer, die beteiligt sind an dem Prozess der Gemeinwohlfindung, hat der Staat, der primär zur Gemeinwohlfindung berufen ist, unparteiisch zu sein. Der Prozess der Gemeinwohlfindung soll sich natürlich entfalten und keine vorgeprägte Entscheidung sein. Will der Staat seiner Bestimmung, „Hüter des Gemeinwohls gegenüber Gruppeninteressen zu sein"[41], gerecht werden und die Offenheit des gesellschaftlichen Meinungs- und Willensbildungsprozesses aufrechterhalten, so hat er gegenüber allen gesellschaftlichen Teilnehmern Distanz zu wahren, indem er sich nicht mit einzelnen Interessen identifiziert.[42] Ferner ist die Findung des Gemeinwohls stärker fundiert, wenn die verschiedenen politischen Interessen die Möglichkeit haben, sich zu entfalten. Politische Neutralität hindert die Akteure des politischen Wettbewerbs nicht daran, ihre subjektiven politischen Gemeinwohlvorstellungen in den Meinungsbildungsprozess einzubringen, sondern stellt einen Mechanismus dar, der eine staatliche Monopolisierung bestimmter Überzeugungen vorbeugen soll.[43] Daher kann man zu Recht von gemeinwohlbezogener Neutralität[44] sprechen.

Die Verknüpfung zwischen der Idee der Gemeinwohlverwirklichung und politischer Neutralität spiegelt sich im Amtsprinzip wider, welches von Amtsinhabern die Ausübung hoheitlicher Gewalt im Dienste des Volkes unter Berücksichtigung des öffentlichen Interesses verlangt. Eine solche abgeleitete Macht und treuhänderische Wahrnehmung setzt Fremdnützigkeit statt Eigennutz und Subjektivität voraus.[45] Und Fremdnützigkeit schließt amtliches Handeln, das auf die Durchsetzung anderer Interessen als denen des Gemeinwohls abzielt, aus. Mit anderen Interessen sind sowohl die eigenen Interessen als auch diejenigen der politischen Parteien sowie sonstiger politischer Interessenvereinigungen gemeint. Das Verhältnis des Amtsträgers zum Amt hat sich durch Unpersönlichkeit seiner Motivation

---

40 *P. Häberle*, Öffentliches Interesse als juristisches Problem, 2. Aufl. 2006, S. 101; *J. Isensee*, Gemeinwohl und Staatsaufgaben im Verfassungsstaat, in: HStR, Bd. III, 2. Aufl. 1996, S. 3 (27, 34).

41 BVerfGE 33, 125 (159).

42 *J. Isensee*, Gemeinwohl und Staatsaufgaben im Verfassungsstaat, in: HStR, Bd. III, 2. Aufl. 1996, S. 3 (27).

43 Angelehnt an *C. Link*, VVDStRL 48 (1990), 7 (21), der dies in Bezug auf die religiös-weltanschauliche Neutralität und ihr Verhältnis zum Gemeinwohl sagt.

44 *J. Isensee*, Gemeinwohl und Staatsaufgaben im Verfassungsstaat, in: HStR, Bd. III, 2. Aufl. 1996, S. 3 (28).

45 *J. Isensee*, Öffentlicher Dienst, in: HdbVerfR, 2. Aufl. 1995, S. 1527 (1534 ff.); *H. J. Wolff/O. Bachof*, Verwaltungsrecht II (Organisations- und Dienstrecht), 4. Aufl. 1976, S. 39; *M. Morlok*, Demokratie und Wahlen, in: P. Badura/H. Dreier (Hrsg.), Festschrift 50 Jahre Bundesverfassungsgericht, Bd. 2, 2001, S. 559 (572); *M. Morlok/L. Michael*, Staatsorganisationsrecht, 3. Aufl. 2017, Rn. 146; *A. Musil*, Wettbewerb in der staatlichen Verwaltung, 2005, S. 390.

auszuzeichnen.[46] Der Verzicht auf Eigennutz durch Amtswalter zu Gunsten der Fremdnützigkeit ist eine notwendige Bedingung und Grundlage des Vertrauens der Bürger in die staatliche Ordnung.[47]

Die Forderung nach politischer Neutralität steht ferner aufgrund der dem Staat zur Verfügung stehenden amtlichen Ressourcen im Zusammenhang mit dem Amtsprinzip. Diese Möglichkeiten stellen Vorteile im politischen Wettbewerb dar, von denen lediglich der Staat inklusive die ihm zuzurechnenden Personen profitiert, nicht jedoch Privatpersonen (s. u. Teil 3 II.).

Auch im Recht des Berufsbeamtentums stellt das Amtsprinzip einen zentralen Anknüpfungspunkt dar. Die Neutralitätsforderung wird in dem Bereich den einfachgesetzlichen Vorschriften aus § 33 Abs. 1 Beamtenstatusgesetz und § 60 Abs. 1 Bundesbeamtengesetz entnommen (s. o. Teil 1 III. 3. b) aa)). In diesen wird die Ausrichtung der Amtsführung am Gemeinwohl („Wohl der Allgemeinheit“) ausdrücklich genannt, sodass unproblematisch die beamtenrechtliche Neutralität aus dem Amts- und Gemeinwohlprinzip abgeleitet wird. Zwar existiert eine solche Normierung für das allgemeine politische Neutralitätsgebot nicht, jedoch kann diejenige aus dem Recht des Berufsbeamtentums als Konkretisierung herangezogen werden. Denn die Beamtengesetze formulieren den Zweck von Ämtern und die Pflichten von Amtsinhabern verallgemeinerungsfähig für alle Ämter und Amtsinhaber.[48] Nicht nur der Berufsbeamte ist dem Gemeinwohl verpflichtet, jedes Handeln in amtlicher Eigenschaft hat sich am Gemeinwohl zu orientieren (s. o.). Gäbe es eine konkrete Normierung des politischen Neutralitätsgebots für alle Amtsträger, so beinhaltete diese ebenfalls zu Recht den Gemeinwohlgedanken.

Zusammenfassend lässt sich festhalten, dass sich die Gemeinwohlausrichtung des Republikprinzips auf das Amtsprinzip, welches von den Amtsträgern Unparteilichkeit verlangt zur bestmöglichen Umsetzung der Gemeinwohlidee, niederschlägt. Daher kann man von einer republikanischen Legitimationskette[49] sprechen, deren Ausgangspunkt das Gesamtinteresse der Allgemeinheit darstellt.

---

[46] *H. Krüger*, Allgemeine Staatslehre, 1964, S. 268.

[47] *A. Musil*, Wettbewerb in der staatlichen Verwaltung, 2005, S. 390 f.; für Berufsbeamte vgl. *H. Lecheler*, Der öffentliche Dienst, in: HStR, Bd. V, 3. Aufl. 2007, S. 559 (587).

[48] So auch *J. Isensee*, Amt in der Republik, in: R. Gröschner/O. W. Lembcke (Hrsg.), Freistaatlichkeit, 2011, S. 163 (171).

[49] Wird so bezeichnet bei *R. Gröschner*, Republik, in: W. Heun/M. Honecker/M. Morlok/J. Wieland (Hrsg.), Evangelisches Staatslexikon, 2006, Sp. 2041 (2044). Die inhaltliche Verknüpfung zwischen dem Gemeinwohlgedanken und der Forderung staatlicher Neutralität kann man anhand der Terminologie „gemeinwohlbezogene Neutralitätspflicht“ von *Isensee* zum Ausdruck bringen, s. *J. Isensee,* Gemeinwohl und Staatsaufgaben im Verfassungsstaat, in: HStR, Bd. III, 2. Aufl. 1996, S. 3 (28).

3. Grundsatz der Staatsfreiheit des Meinungs- und Willensbildungsprozesses

Eine grundlegende rechtliche Gewährleistung stellt das Verfassungsgebot[50] des freien, offenen und unreglementierten Prozesses der Meinungs- und Willensbildung des Volkes (auch: Staatsfreiheit) dar.

Der Grundsatz der Staatsfreiheit, welcher maßgeblich durch die Rechtsprechung des Bundesverfassungsgerichts[51] geprägt ist, ist als Verfassungsgebot eine bedeutende Säule des Demokratieverständnisses nach dem Grundgesetz. Im öffentlichen Meinungs- und Willensbildungsprozess des Volkes ist das verfassungsrechtliche Gebot der Staatsfreiheit als Garantie für die Bildung der grundgesetzlich geschützten öffentlichen Meinung essenziell. Die Staatsfreiheit darf nicht durch die dem Staat zur Verfügung stehende „Kommunikationsmacht" beeinträchtigt werden.[52]

Die Bedeutung eines staatsfreien Meinungs- und Willensbildungsprozesses im Kontext der politischen Neutralität ergibt sich vor allem durch ihre personelle Dimension, nämlich durch das Bestehen einer Vielzahl von Begünstigten. Politische Kollektive wirken maßgeblich an der Entstehung eines Volkswillens und der Bildung der öffentlichen Meinung mit. Unter anderem durch den Grundsatz der Staatsfreiheit soll ihnen das öffentliche Wirken unter gleichen Bedingungen ermöglicht werden, da dieser Grundsatz einseitige staatliche Äußerungen bzw. generell Handlungen untersagt.

In dem Punkt, dass der politische Meinungs- und Willensbildungsprozess staatsfrei sein soll, ist kein Unterschied zwischen politischen Parteien und anderen Interessenvereinigungen zu machen, denn an diesen wirken beide Personengruppen mit und beide haben dementsprechend davon zu profitieren, dass der Meinungsbildungsprozess staatsfrei bleiben soll. Dies gilt unabhängig von der Organisationsstruktur, zumal der Grundsatz der Staatsfreiheit nicht daran anknüpft.

Der Grundsatz der Staatsfreiheit des Meinungs- und Willensbildungsprozesses bezweckt den Schutz vor staatlichen Übergriffen in diesen Prozess in Form von Einflussnahmen auf die Entscheidungsfreiheit der Bürger. Staatliche Stellen sollen durch ihr Handeln nicht lenkend eingreifen, da die politische Meinungs- und Willensbildung von unten nach oben stattzufinden hat und staatliches Handeln von oben

---

[50] BVerfGE 20, 56 (100, 101, 111); „Der verfassungsrechtliche Grundsatz der Staatsfreiheit (…)" heißt es in BVerfGE 85, 264 (287). *E. Bärmeier*, Über die Legitimität staatlichen Handelns unter dem Grundgesetz der Bundesrepublik Deutschland, 1992, S. 87ff. spricht ähnlich vom „Verfassungsprinzip der Staatsfreiheit".

[51] Vor allem in BVerfGE 20, 56ff.; 44, 125ff.; 12, 205ff.; 73, 118ff. (die beiden Letzteren sind aus dem Rundfunkrecht); vgl. zur ausführlichen Darstellung und Entwicklung der Staatsfreiheit *E. Bärmeier*, Über die Legitimität staatlichen Handelns unter dem Grundgesetz der Bundesrepublik Deutschland, 1992, S. 87ff. sowie S. 142ff. für eine Verallgemeinerung und Ausweitung der Staatsfreiheit als allgemein verbindlichen Grundsatz.

[52] Vgl. *F. Hufen*, LKRZ 2007, 41 (42).

herab grundsätzlich geeignet ist, diesen Prozess zu beeinträchtigen.[53] Demnach sind in amtlicher Funktion vorgenommene Einflussnahmen nicht erwünscht im gesellschaftlichen Meinungsbildungsprozess. Unter Beeinflussung der Bürger bzw. Wähler ist jedes Verhalten von Amtsträgern, aber auch von Privaten, zu verstehen, das dazu bestimmt und geeignet ist, auf die Willensbildung des Einzelnen einzuwirken.[54]

Von Beeinflussungen seitens des Staates zu unterscheiden ist daher die Beeinflussung der Bürger durch Private. Diese ist grundsätzlich zulässig, da der Meinungs- und Willensbildungsprozess in der Gesellschaft von politischen Debatten lebt, diese sogar voraussetzt; dazu gehört auch die Meinungskundgabe jeder einzelnen Person – verfassungsrechtlich abgesichert durch Artikel 5 Abs. 1 GG.[55] Im Gegensatz zu Trägern öffentlicher Gewalt, die nicht Träger der Meinungsfreiheit sind, können und sollen Privatpersonen aufgrund dieses fundamentalen Grundrechts an der Meinungsbildung mitwirken. Die Grenze zur Unzulässigkeit durch private Einflussnahmen wird aber dann überschritten, wenn die Äußerungen einer Privatperson Zwangswirkung entfalten, nicht jedoch durch polemische oder zugespitzte Äußerungen, denn auch diese sind grundrechtlich geschützt.[56]

a) Verfassungsrechtliche Grundlagen

Primärer normativer Ausgangspunkt ist die in Artikel 20 Abs. 2 S. 1 GG verbürgte Volkssouveränität.[57] Unter ihrer Geltung ist die Legitimität aller staatlichen Gewalt vom Volk her begründet. Dessen Einfluss findet seinen deutlichsten institutionalisierten Ausdruck in Wahlen (s. o. Teil 1 III. 2. c) dd)). Daneben findet aber ein ständiger Kommunikationsprozess dar, in dem die unterschiedlichen politischen Interessen gebildet und artikuliert werden. Der vielfältige Prozess der Willensbildung hat sich frei zu entfalten ohne staatliche Einwirkung. Darauf zielt der Grundsatz der Staatsfreiheit ab.

Neben dem Prinzip der Volkssouveränität ist das Gebot der Staatsfreiheit in Verbindung mit dem Wahlrechtsgrundsatz der Freiheit der Wahl zu sehen. Normative Grundlage für den Grundsatz der Freiheit der Wahl stellt Artikel 38 Abs. 1 S. 1 GG,

---

53 BVerfGE 44, 125 (140).

54 BVerfGE 103, 111 (125) m. w. N.; *S. Studenroth*, AöR 125 (2000), 257 (258).

55 *M. Morlok/L. Michael*, Staatsorganisationsrecht, 3. Aufl. 2017, Rn. 222; *S. Magiera*, in: Sachs, GG, 7. Aufl. 2014, Art. 38 Rn. 88 m. w. N.; *T. Oppermann*, JuS 1985, 519 (521); vgl. grundlegend zur Abgrenzung zwischen amtlicher und privater Wahlbeeinflussung *S. Studenroth*, AöR 125 (2000), 257 ff.

56 *M. Morlok/L. Michael*, Staatsorganisationsrecht, 3. Aufl. 2017, Rn. 222; *M. Morlok*, in: Dreier, GG, Bd. 2, 3. Aufl. 2015, Art. 38 Rn. 95 m. w. N.; *S. Magiera*, in: Sachs, GG, 7. Aufl. 2014, Art. 38 Rn. 88 f. m. w. N. Vgl. ferner *T. Oppermann*, JuS 1985, 519 (521 ff.), der die Grenzen zur unzulässigen Beeinflussung unter Heranziehung der BVerfGE 66, 369 ff. bespricht.

57 *M. Morlok*, Demokratie und Wahlen, in: P. Badura/H. Dreier (Hrsg.), Festschrift 50 Jahre Bundesverfassungsgericht, Bd. 2, 2001, S. 559 ff.

welcher ebenfalls der verfassungsrechtlichen Herleitung des Demokratieprinzips dienlich ist, dar.

Zunächst ist damit die Freiheit der Wahl und der Wahlrechtsartikel der Verfassung in den Blick zu nehmen. Artikel 38 Abs. 1 S. 1 GG verlangt zwar mit der Freiheit der Wahl, dass der Wahlakt frei von Zwang und Druck bleibt,[58] allerdings ist diese verfassungsrechtliche Forderung auch auf den Prozess der vorhergehenden Meinungs- und Willensbildung auszuweiten,[59] damit dieser Grundsatz umfassende Wirkung auf den gesamten Prozess entfalten kann. Er verfolgt das Ziel einer von Zwang und politischer, wirtschaftlicher sowie staatlicher Einflussnahme freie Meinungs- und Willensbildung der Bürger.[60] Deren Entscheidungsfreiheit im Rahmen von Wahlen ist erst dann ausreichend gewährleistet, wenn die ihrer Entscheidung vorgelagerte Willensbildung als Prozess staatsfrei bleibt.

Auch sonstige Personenvereinigungen kommen in den Genuss der Staatsfreiheit, da sie neben politischen Parteien an der politischen Meinungs- und Willensbildung beteiligt sind. Die Bildung des Volkswillens hängt nicht von der Organisationsform eines Kollektivs ab. Ob politische Partei oder sonstige Vereinigung spielt hierbei grundsätzlich keine Rolle, es kommt auf die inhaltlichen Positionen an, die diese vertreten und die der Meinungsbildung der Bürger dienen.

Allgemeiner gefasst ist die Notwendigkeit der Staatsfreiheit des Meinungs- und Willensbildungsprozesses des Volkes auf die freiheitliche demokratische Grundordnung an sich zu stützen.[61] Auf die freiheitlich demokratische Grundordnung und damit auf das Demokratieprinzip abzustellen stellt keine zusätzliche Herleitungsgrundlage neben derjenigen des Artikels 38 Abs. 1 S. 1 GG dar. Denn das Demokratieprinzip setzt sich aus der Zusammenschau mehrerer Garantien und Normen zusammen, wozu auch der zuvor genannte Artikel mit seinen Gewährleistungsinhalten sowie die grundrechtliche Absicherung der Kommunikationsfreiheiten, die den Willensbildungsprozess erst ermöglichen, gehört. Gerade den sonstigen politischen Vereinigungen kommen die Kommunikationsfreiheiten als politische Freiheitsrechte zu. Letztlich handelt es sich bei den erwähnten Rechtsgrundlagen

---

58 BVerfGE 7, 63 (69); ausführend 20, 56 (97 ff.); 44, 125 (139); 47, 253 (282); 73, 40 (85); *J. A. Frowein*, AöR 99 (1974), 72 (103 f.); *W. Kluth*, in: Schmidt-Bleibtreu/Hofmann/Henneke, GG, 13. Aufl. 2014, Art. 38 Rn. 23 m. w. N.

59 BVerfGE 20, 56 (97 ff.); 44, 125 (139); 73, 40 (85); 91, 262 (267); 103, 111 (130); 138, 102 (109); *C. Hillgruber*, Parteienfreiheit, in: HdbGR, Bd. V, 2013, S. 463 (467).

60 BVerfGE 7, 63 (69); 20, 56 (97 f.); 85, 264 (287); *H.-H. Trute*, in: Münch/Kunig, GG, 6. Aufl. 2012, Art. 38 Rn. 35; *H. H. Klein*, in: Maunz/Dürig, GG, Art. 38 (2016) Rn. 107 m. w. N.

61 BVerfGE 20, 56 (97 f.); 69, 315 (346). Vgl. auch *E.-W. Böckenförde*, Demokratie als Verfassungsprinzip, in: HStR, Bd. II, 3. Aufl. 2004, S. 429 (464) und insgesamt den ganzen Beitrag sowie den Bericht der vom Bundesminister des Innern eingesetzten Parteienrechtskommission „Rechtliche Ordnung des Parteiwesens", S. 70 aus dem Jahre 1957. Vgl. auch BVerfGE 44, 125 (139 f.) für Beispiele zur Gewährleistung eines freien und offenen Meinungs- und Willensbildungsprozesses: u. a. grundsätzliche Öffentlichkeit der Verhandlungen von Bundestag und Bundesrat oder die Publizität der Rechtsetzung.

um eine normative Kette zwischen dem Demokratieprinzip, dem Grundsatz der Freiheit der Wahl und dem Grundsatz des freien und offenen Prozesses der Meinungs- und Willensbildung des Volkes.[62]

Diese Verknüpfung ergibt sich zudem aus der wichtigen Aussage des Bundesverfassungsgerichts, dass Wahlen nur dann demokratische Legitimation im Sinne des Artikels 20 Abs. 2 GG zu verleihen vermögen, wenn sie frei seien. Dies erfordere nicht nur einen von Zwang und unzulässigem Druck freibleibenden Akt der Stimmabgabe, sondern auch, dass die Wähler ihr Urteil in einem freien, offenen Prozess der Meinungsbildung gewinnen und fällen könnten.[63]

Dadurch, dass erst die Kommunikationsgrundrechte und damit die politischen Freiheitsrechte des Grundgesetzes den Prozess der Meinungs- und Willensbildung der Bürger verfassungsrechtlich ermöglichen und absichern, sind auch sie als rechtliche Grundlage der Staatsfreiheit der politischen Meinungs- und Willensbildung anzusehen.[64] Mit der Geltung der Grundrechte ist eine gesellschaftliche Vielfalt vorprogrammiert und damit die unterschiedlichen Ansichten friedlich nebeneinander leben und vor allem die gleiche Chance haben, sich entfalten zu können, bedarf es eines Grundsatzes wie den der Staatsfreiheit zur Absicherung eines fairen Wettbewerbs.[65]

Die politische Willensbildung in einem demokratischen Staat muss sich vom Volk zu den Staatsorganen und nicht umgekehrt von den Staatsorganen zum Volk hin vollziehen.[66] Zu Recht wird auf diese Aussage zur Konkretisierung der Staatsfreiheit zurückgegriffen. Der Aussagegehalt liegt darin, dass der Meinungs- und Willensbildungsprozess des Volkes nicht von Anfang an dergestalt von staatlicher Seite beeinflusst und determiniert sein soll, dass die Entscheidung der Bürger am Ende auf staatliches Handeln und deren Wirkung zurückzuführen ist, anstatt das Ergebnis eines unbeeinflussten Prozesses zu sein. Der Ausgangspunkt ist stets der Wille des Volkes, aus dem erst die Willensbildung des Staates entstehen kann.[67] Damit ist eine Selbstlegitimation ausgeschlossen. Dieser Grundgedanke wird von der Prämisse, dass sich die Willensbildung vom Volk zu den Staatsorganen vollzieht und nicht umgekehrt, unterstützt. Idealtypisch soll sich also der Wille der Bürger bilden, entwickeln und schließlich bei der Wahl zum Ausdruck kommen. Das Ziel der von unten nach oben stattfindenden Willensbildung verlangt einen staatsfreien

---

[62] S. *S. Studenroth*, AöR 125 (2000), 257 (259), dessen Ausführungen eine solche Verknüpfung nicht zu entnehmen ist; dieser unterscheidet zwischen dem Demokratieprinzip, aus dem er die Staatsfreiheit ableitet, und dem Wahlrechtsgrundsatz der Freiheit der Wahl.

[63] BVerfGE 44, 125 (139); 73, 40 (85); 91, 262 (267).

[64] *W. Schmitt Glaeser*, Der freiheitliche Staat des Grundgesetzes, 2008, S. 132; zu den Grundrechten BVerfGE 20, 56 (98).

[65] *W. Schmitt Glaeser*, Der freiheitliche Staat des Grundgesetzes, 2008, S. 132.

[66] BVerfGE 20, 56 (99); 44, 125 (140f.); 138, 102 (109); dazu aus der Literatur *E. Bärmeier*, Über die Legitimität staatlichen Handelns unter dem Grundgesetz der Bundesrepublik Deutschland, 1992, S. 97ff.

[67] BVerfGE 20, 56 (98) m. w. N.

Prozess. Denn sobald die Staatsfreiheit nicht mehr gewährleistet ist, besteht die Gefahr, dass die Willensbildung von oben nach unten läuft.

b) Merkmale: frei, offen, unreglementiert

Der politische Meinungs- und Willensbildungsprozess muss frei, offen und unreglementiert sein, damit die politischen Entscheidungen letztlich nicht von oben nach unten, sondern von unten nach oben verlaufen. Der Grundsatz der Staatsfreiheit vereint diese Eigenschaften in sich.

Mit dem Merkmal „frei" im engeren Sinne ist – wie bereits dargestellt – in Anlehnung an das Freiheitsdogma für den Akt der Stimmabgabe die Freiheit von staatlicher Einflussnahme und von Zwang gemeint.

Die Offenheit impliziert die Akzeptanz und das Erwünschtsein eines Kommunikationsprozesses, der sich durch eine bunte Vielfalt an Meinungen und Interessen auszeichnet. Gerade einen solchen Vorgang erlaubt die Gewährleistung der Grundrechte. Ferner ist mit Offensein eine unverschlossene Haltung gegenüber sich neu bildenden Ansichten gemeint; es sollen nämlich stets alle politischen Interessen Zugang zum Markt der Meinungen haben und sich entfalten können.

Die Forderung nach einem unreglementierten Kommunikationsprozess bedeutet angesichts der gesetzlich für Personenvereinigungen wie Parteien und Verbände bestehenden Organisationsstrukturen nicht, dass jede Regelung des Meinungs- und Willensbildungsprozesses untersagt ist, denn solche Einrichtungen bedürfen gerade gesetzlicher Regelungen, um funktionieren zu können.[68] Das Merkmal „unreglementiert" soll vielmehr Reglementierungen im Sinne von staatlicher Vorprogrammierung der Ergebnisse der Wahlentscheidung verhindern und nicht Regulierungen, die Personenzusammenschlüsse erst handlungsfähig machen.[69]

Diese drei Erwägungen charakterisieren zusammen den Grundsatz der Staatsfreiheit des politischen Meinungs- und Willensbildungsprozesses des Volkes.

c) Staatsfreiheit und politische Neutralität

Das Gebot der Staatsfreiheit und die politische Neutralität sind zwei miteinander in Zusammenhang stehende Grundsätze, weswegen Ersteres eine rechtliche Grundlage für Letzteres darstellt.[70] In den neutralitätsrelevanten Entscheidungen wird

---

[68] *W. Schmitt Glaeser*, Der freiheitliche Staat des Grundgesetzes, 2008, S. 133.

[69] *W. Schmitt Glaeser*, Der freiheitliche Staat des Grundgesetzes, 2008, S. 133.

[70] Die Anknüpfung der Neutralitätsidee an diesen Grundsatz nimmt zu Recht ebenfalls das BVerfG in den für die Neutralitätsthematik bedeutenden Entscheidungen vor: BVerfGE 44, 125 ff.; 63, 230 ff.; BVerfG 138, 102 ff.; lesenswert und m. w. N. auch BVerfGE 20, 56 ff. zu politischen Parteien und dem öffentlichen Meinungs- und Willensbildungsprozess im Allgemeinen. Vgl. auch *H. H. Klein*, in: Maunz/Dürig, GG, Art. 38 (2016) Rn. 109.

zu Recht staatliches Kommunikationshandeln an dem Grundsatz des freien und offenen Meinungs- und Willensbildungsprozess – neben dem der Chancengleichheit – gemessen, um eine Verletzung politischer Neutralität feststellen zu können.

Aus dem Grundgedanken der Staatsfreiheit lässt sich insofern die Forderung nach Neutralität ableiten, als nur eine öffentliche Gewalt, die neutral ist, das heißt sich nicht mit einzelnen Teilnehmern des politischen Wettbewerbs identifiziert und unparteiisch bleibt, dafür sorgen kann, dass die Meinungs- und Willensbildung frei von staatlichem Einfluss bleibt. Wenn sich staatliche Stellen nicht an den politischen Neutralitätsgrundsatz halten müssten, wäre die Geltung des Grundsatzes der Staatsfreiheit des Meinungs- und Willensbildungsprozesses nicht gesichert. Dies ist auch an dem bedeutenden Postulat, dass sich die Willensbildung vom Volk zu den Staatsorganen und nicht umgekehrt von den Staatsorganen zum Volk hin vollziehen darf,[71] festzumachen, denn die Nichteinhaltung der Neutralität würde zur unerwünschten Willensbildung von den Staatsorganen zum Volk führen. Dadurch, dass dieses Postulat der Be- und Umschreibung des Grundsatzes der Staatsfreiheit dient, steht es ebenfalls im Zusammenhang mit politischer Neutralität.

Eine von staatlicher Beeinflussung freie Willensbildung verfolgt die Intention, dass die Bürger ihren Willen unverfälscht, also ohne von außen kommende Einwirkung von staatlicher Seite, bilden und vertreten können. Dieses Ziel wäre untergraben, wenn eine staatliche Stelle ein Näheverhältnis zu einer politischen Richtung oder Gruppierung aufbaut und somit der Staat mit dieser in Verbindung gebracht wird aus der Perspektive der Bürgerschaft. Wenn dieser als von außenstehende Instanz dadurch in den Bereich der Gesellschaft eindringt, dass er sich zu Gunsten oder zu Lasten eines Kollektivs oder einer politischen Ansicht ausspricht, werden zum einen die anderen gesellschaftlichen Teilnehmer benachteiligt bzw. bevorzugt, und zum anderen ist die Möglichkeit einer Willensbildung des Volkes ohne staatliche Einwirkung nicht mehr gewährleistet.

Der Gedanke der Staatsfreiheit ist insofern zu relativieren, als nicht sichergestellt werden kann, dass die Bürgerschaft komplett frei von staatlichen Einwirkungen autonome Entscheidungen trifft und sich der vorhergehende Meinungs- und Willensbildungsprozess komplett frei von staatlichen Einwirkungen vollzieht. Zum einen liegt dies daran, dass der Nachweis, inwiefern staatliches Handeln tatsächlich Wirkung auf die Meinungsbildung der Bürger hat, nicht wirklich erbracht werden kann. Zum anderen ist die grundsätzliche Teilnahme des Staates an der öffentlichen Kommunikation demokratisch erwünscht sowie notwendig im politischen Prozess, sie gehört zum politischen Alltag.[72] „So sehr von dem Verhalten der Staatsorgane Wirkungen auf die Meinungsbildung und Willensbildung des Wählers ausgehen und dieses Verhalten selbst mit Gegenstand des Urteils des Wählers ist, so sehr ist es den Staatsorganen in amtlicher Funktion verwehrt, durch besondere Maßnahmen

---

[71] BVerfGE 20, 56 (99); 44, 125 (140).

[72] Vgl. dazu BVerfGE 44, 124 (140f.); *S.-C. Lenski*, Öffentliches Kulturrecht, 2013, S. 69; s. auch *dies.*, DÖV 2014, 585 (586); *F. Hufen*, LKRZ 2007, 41 (46).

darüber hinaus auf die Willensbildung des Volkes bei Wahlen einzuwirken, um dadurch Herrschaftsmacht in Staatsorganen zu erhalten oder zu verändern. Es ist ihnen von Verfassungs wegen versagt, sich als Staatsorgane im Hinblick auf Wahlen mit politischen Parteien oder Wahlbewerbern zu identifizieren und sie unter Einsatz staatlicher Mittel zu unterstützen oder zu bekämpfen, insbesondere durch Werbung die Entscheidung des Wählers zu beeinflussen."[73]

Die Verwendung amtlicher Ressourcen außerhalb von zulässiger und notwendiger Öffentlichkeitsarbeit stellt sich daher nicht nur vor dem Hintergrund des Grundsatzes der Chancengleichheit als problematisch dar (s. u. Teil 2 I. 5. d)), sondern auch vor dem Hintergrund des Grundsatzes der Staatsfreiheit. Denn Äußerungen, die unter Verwendung von amtlichen Mitteln getätigt werden, profitieren vom Amtsbonus und Aufmerksamkeitsvorsprung und haben dadurch höheres Beeinflussungspotenzial. Der Prozess der politischen Meinungs- und Willensbildung bleibt aber nicht mehr staatsfrei, wenn durch amtliche Mittel unterstützte Aussagen von Hoheitsträgern geeignet sind, die Meinungsfindung zu beeinflussen.

Beim Grundsatz der Staatsfreiheit sollte die Rede von einer *grundsätzlichen* Staatsfreiheit des Meinungs- und Willensbildungsprozesses sein, denn es kann durchaus verfassungsrechtliche Gründe geben, die Einwirkungen auf diesen Grundsatz legitimieren. Verfassungsrechtlich legitim ist beispielsweise das Kommunikationshandeln der staatlichen Stellen, die darauf abzielt, die Öffentlichkeit über ihre Politik, ihre Maßnahmen und Vorhaben sowie die künftig zu lösenden Fragen zu unterrichten.[74] Die Notwendigkeit staatlichen Kommunikationshandelns (s. o. Teil 1 III. 1. c)) stellt einen legitimen Grund für die Durchbrechung des Grundsatzes der Staatsfreiheit dar. Sie zeigt sich zum einen daran, dass sich das Kommunikationshandeln staatlicher Stellen auf die festgelegten Kompetenznormen stützen kann (s. u. Teil 3 I.) und zum anderen an den Funktionen: Neben der einfachen Funktion, dass die Bürgerschaft über das politische Vorgehen der Hoheitsträger und ihre Pläne informiert sein sollte, weil diese unmittelbar die Bürger betrifft, erfüllt kommunikatives Handeln ebenfalls eine legitimationsstiftende Funktion (s. o. Teil 1 III. 1. c) bb)). Staatliches Handeln sollte nicht nur kurz vor Wahlen auf den Prüfstand gestellt werden, vielmehr ist es wichtig, der Bürgerschaft stets die Möglichkeit zu geben, das politische Vorgehen der Staatsorgane zu hinterfragen, wofür eine Kommunikation mit diesen – in der Regel über die Presse vermittelt[75] – erforderlich ist. Kommunikationshandeln von Amtsträgern ist eine Funktionsbedingung der Demokratie.

---

[73] Vgl. dazu BVerfGE 44, 124 (140 f.).

[74] BVerfGE 20, 56 (99 f.): Hierin heißt es, dass es verfassungsrechtlich legitimierender Gründe bedürfe für die Einschränkung des Grundsatzes der Staatsfreiheit; vgl. ferner VerfGH Rheinland-Pfalz, Beschluss v. 21. Mai 2014, VGH A 39/14, S. 7 m. w. N.; *B. Daiber*, Grenzen staatlicher Zuständigkeit, 2006, S. 301; *E. Bärmeier*, Über die Legitimität staatlichen Handelns unter dem Grundgesetz der Bundesrepublik Deutschland, 1992, S. 90 f.

[75] Vgl. *H. Mandelartz/H. Grotelüschen*, NVwZ 2004, 647 (649 f.) und *H. Mandelartz*, DÖV 2009, 509 (513 f.) zur Unterscheidung zwischen Öffentlichkeitsarbeit und Pressearbeit; s. u. Teil 3 III. 5. Zur Rolle der Presse vgl. *H. Oberreuter*, Bewährung und Herausforderung, 1989, S. 155 ff. m. w. N.

So wie das Demokratieprinzip einen staatsfreien Meinungs- und Willensbildungsprozess verlangt, so verlangt es auch die Beteiligung des Staates an der öffentlichen Kommunikation,[76] vor allem damit der Grundkonsens aufrechterhalten wird und der Staat seiner demokratischen Verantwortung gerecht werden kann (s. o. Teil 1 III. 1. c) cc)). Dieser Widerspruch beschreibt die Krux des Kommunikationsverhaltens des Staates. Die verfassungsrechtliche Legitimation von staatlichem Informationshandeln stellt jedoch keinen Freibrief für parteiisches Handeln bezüglich bestimmter gesellschaftlicher Akteure dar, denn Kommunikation kann und sollte idealerweise ohne die Identifikation mit einzelnen Teilnehmern der politischen Meinungsbildung und insgesamt ohne „einseitige oder manipulative Einwirkung auf die Willensbildung"[77] vollzogen werden. Gerade das Bedürfnis nach staatlicher Kommunikation mit der Öffentlichkeit wird für neutralitätskritische Äußerungen ausgenutzt.

Zur Feststellung der Verletzung des politischen Neutralitätsgebots bedarf es stets der Einbeziehung des Grundsatzes der Staatsfreiheit des politischen Meinungs- und Willensbildungsprozesses, denn es ist nicht unwahrscheinlich, dass durch das neutralitätsverletzende staatliche Handeln auch auf diesen eingewirkt wurde, wofür es verfassungsrechtlich legitimer Gründe bedarf.

4. Grundrechte

Einen weiteren rechtlichen Grund für die Existenz des politischen Neutralitätsgebots stellen die Grundrechtsgewährleistungen des Grundgesetzes dar.

Diese sind das rechtliche Pendant zum Pluralismus. Faktisch betrachtet ist gesellschaftliche Heterogenität die Wurzel der Neutralitätsthematik, da Neutralität unverzichtbar für einen pluralistischen Gesellschaftsbestand ist, wenn dieser denn pluralistisch bleiben will (s. o. Teil 1 III. 5. a)). Pluralismus setzt nicht nur das Bestehen von verschiedenen Ansichten und Zusammenschlüssen voraus, ferner ist es auch erforderlich, diesen in der gesellschaftlichen Wirklichkeit Handlungsfreiheit einzuräumen.[78] Dies geschieht durch Grundrechte, die gerade die Vielfalt in der Gesellschaft fördern und sie überhaupt erst ermöglichen. Durch den individuellen und kollektiven Gebrauch der Grundrechtsgewährleistungen entsteht ein vielfältiges Gesellschaftsbild. Es ist nicht schädlich, dass das Grundgesetz nicht explizit von Pluralismus spricht, wenn es einen breit gefächerten Grundrechtskatalog hat, der eine pluralistische Gesellschaft zur Folge hat. Neben dem Pluralismus sind auch die Grundrechte verantwortlich für die Offenheit des politischen Prozesses.[79]

---

[76] S. dazu auch *S.-C. Lenski*, Öffentliches Kulturrecht, 2013, S. 69 m. w. N.

[77] *F. Hufen*, LKRZ 2007, 41 (46).

[78] *U. Scheuner*, Konsens und Pluralismus als verfassungsrechtliches Problem, in: G. Jakobs (Hrsg.), Rechtsgeltung und Konsens, 1976, S. 33 (43 f.); *W. Brugger*, Liberalismus, Pluralismus, Kommunitarismus, 1999, S. 199.

[79] *K. Hesse*, Grundzüge des Verfassungsrechts der Bundesrepublik Deutschland, 20. Aufl. 1999, S. 72.

Die Herleitung der politischen Neutralität aus den Grundrechten wird primär im Zusammenhang mit amtlichen Äußerungen gegenüber sonstigen politischen Gruppierungen angeführt.[80] Denn bei Äußerungen gegenüber politischen Parteien wird der Fokus vielmehr auf die sich aus Artikel 21 GG ergebende Parteienfreiheit gelegt, was nicht heißt, dass diese sich nicht auf einschlägige Grundrechte berufen können (s. o. Teil 1 III. 2. c) aa)).

Insbesondere die politischen Freiheitsrechte des Grundgesetzes sind vorliegend einschlägig für die Teilnehmer am politischen Meinungs- und Willensbildungsprozess. Sowohl für politische Parteien als auch für sonstige politische Vereinigungen bestehen Freiheitsrechte, auf die sie ihr Handeln stützen können. Es handelt sich besonders um die Artikel 5, 8, 9 und 21 GG. Diese Normen werden nicht zu Unrecht zur grundrechtlichen Fundierung der politischen Willensbildung herangezogen.[81] Sie sichern die freiheitsrechtliche Dimension der politischen Betätigung im Willensbildungsprozess ab.

Neben der freiheitsrechtlichen Dimension zielt die gleichheitrechtliche Dimension auf den Schutz von politischen Minderheiten ab. Diese müssen die gleiche Chance haben, einmal zur Mehrheit zu werden; neben dem Mehrparteiensystem, der Gründungsfreiheit und Chancengleichheit sorgen die Kommunikationsgrundrechte für verfassungsrechtlichen Schutz derjenigen, die eine parlamentarische Vertretung nicht anstreben und daher auf die organisierte Vermittlung als Partei verzichten.[82]

Im Zusammenhang mit der grundrechtlichen Herleitung des politischen Neutralitätsgebots kann eine Parallele gezogen werden zum weltanschaulich-religiösen Neutralitätsgebot. Dieses wird vor allem aus der Religionsfreiheit abgeleitet. „Das Grundgesetz legt durch Art. 4 Abs. 1, Art. 3 Abs. 3, Art. 33 Abs. 3 GG sowie durch Art. 136 Abs. 1 und 4 und Art. 137 Abs. 1 WRV in Verbindung mit Art. 140 GG dem Staat als Heimstatt aller Staatsbürger ohne Ansehen der Person weltanschaulich-religiöse Neutralität auf."[83] Das Neutralitätsbedürfnis in weltanschaulich-religiösen Fragen besteht wegen der Vielfalt der Anschauungen, die grundrechtlich durch die Religionsfreiheit abgesichert sind. Diese Herleitung kann man auf den poli-

[80] *M. Payandeh*, Der Staat 55 (2016), 519 (544 ff.).

[81] BVerfGE 5, 85 (134 f.); 20, 56 (98). *K. Hesse*, Grundzüge des Verfassungsrechts der Bundesrepublik Deutschland, 20. Aufl. 1999, S. 68.

[82] *K. Hesse*, Grundzüge des Verfassungsrechts der Bundesrepublik Deutschland, 20. Aufl. 1999, S. 70 m. w. N.; vgl. auch BVerfGE 44, 125 (145); 138, 102 (109 f.).

[83] BVerfGE 19, 206 (216); *S. Huster*, Die ethische Neutralität des Staates, 2002, S. 652 ff. Auch bei *Böckenförde* klingt es nach einer Herleitung der religiösen Neutralität aus der Gewährleistung der Religionsfreiheit, da er nach der Feststellung, dass die Glaubens- und Religionsfreiheit verfassungsrechtlich abgesichert ist, schlussfolgert, dass damit also der Staat als solcher neutral sei; s. *E.-W. Böckenförde*, Die Entstehung des Staates als Vorgang der Säkularisation, in: ders., Staat, Gesellschaft, Freiheit, 1976, S. 42 (56). Vgl. auch *M. Morlok*, Neutralität des Staates und religiöser Radikalismus, in: J. Masing/O. Jouanjan (Hrsg.), Weltanschauliche Neutralität, Meinungsfreiheit, Sicherungsverwahrung, 2013, S. 3 (9 ff.).

tischen Bereich übertragen. Ist unter anderem das Grundrecht auf Religionsfreiheit verantwortlich für die Existenz der Neutralitätsforderung in weltanschaulich-religiösen Fragen, so sind es im Bereich des politischen Pluralismus die politischen Freiheitsrechte, die die politische Neutralitätsforderung stützen. Sie sind die verfassungsrechtliche Grundlage für die Entfaltung des politischen Meinungs- und Willensbildungsprozesses, der wesentlich determiniert wird durch das Agieren von politischen Vereinigungen. Der Meinungsfreiheit ist ein grundsätzliches Recht auf freie politische Betätigung zu entnehmen, welches die grundlegende demokratische Absicherung für die Teilnahme am offenen Prozess der Meinungs- und Willensbildung bildet.[84]

Zum einen gibt es zwar Grundrechtsgewährleistungen für beide Personengruppen (s.o. Teil 1 III. 2. c) cc)), zum anderen ist aber stets die Besonderheit politischer Parteien zu würdigen. Verfassungsrechtlich ergibt sich die Sonderstellung aus Artikel 21 GG mit seinen Regelungen für politische Parteien. Darunter fällt insbesondere die Teilnahme von Parteien an der institutionalisierten Willensbildung des Staates im Vergleich zu sonstigen politischen Zusammenschlüssen. Die Notwendigkeit der zahlreichen gesetzlichen Normierungen begründet sich aus der Partizipation an Wahlen. Es ist also auch bei der grundrechtlichen Herleitung stets im Blick zu behalten, dass es sich beim Kreis der Begünstigten des politischen Neutralitätsgrundsatzes um zwei verschiedene Personengruppen handelt.

a) Freiheit und Gleichheit

> „Das Verfassungsrecht der Bundesrepublik Deutschland gewährt nicht nur Rechte auf bestimmte Freiheiten (...), sowie Rechte gegen bestimmte Diskriminierungen (...), sondern auch ein allgemeines Recht auf Freiheit und ein allgemeines Recht auf Gleichheit.“[85]

Es sind die Verbürgungen von Freiheit und Gleichheit, die für die Entfaltung politischer Willensbildung maßgeblich sind und das Handeln politischer Gruppen grundrechtlich absichern. So wichtig wie die Freiheitsrechte sind, so wichtig ist ebenfalls die Gleichheit in der freiheitlichen Betätigung. Daher müssen alle Teilnehmer in den Genuss vom Recht auf Freiheit und Gleichheit kommen. Die Notwendigkeit der Gewährleistung von Freiheit und Gleichheit besteht nicht lediglich im Zusammenhang mit politischer Betätigung, welche vorliegend im Fokus steht, sondern determinieren ganz allgemein den Kern der Grundrechte sowie insgesamt die verfassungsrechtliche Ordnung. Das Grundgesetz enthält sowohl Freiheits- als auch Gleichheitsverbürgungen.

---

[84] BVerfGE 5, 85 (134 f.); 12, 113 (125); 20, 56 (98).

[85] *R. Alexy*, Theorie der Grundrechte, 1986, S. 309. Allgemeiner und detaillierter zu Freiheit und Gleichheit *M. Kriele*, Freiheit und Gleichheit, in: HdbVerfR, 1. Aufl. 1983, S. 129 ff.

Freiheitsrechte sind Garantien rechtlich gleicher Freiheit.[86] Während Freiheitsrechte dem Grundrechtsträger Handlungsmöglichkeiten geben, verfolgen Gleichheitsrechte das Ziel, dass staatliche Maßnahmen einzelne Personen oder Personengruppen im Verhältnis zu anderen nicht privilegieren oder diskriminieren.[87]

Insbesondere der Umstand, dass Freiheit und Gleichheit im gleichen Atemzug genannt werden, wirft die Frage nach ihrem Verhältnis zueinander auf. Diese Prinzipien gehören zusammen und sind aufeinander angewiesen. Sie können beide nur insoweit bestehen, als die rechte Balance zwischen ihnen aufrechterhalten wird.[88] Sobald dies nicht mehr der Fall ist, so sind Freiheit und Gleichheit zusammen gefährdet.[89] Denn das eine Prinzip kann nicht ohne das andere bestehen nach der grundgesetzlichen Verfassungsordnung. Diese bringt die logische und inhaltliche Verknüpfung von Freiheit und Gleichheit in seinen normativen Verankerungen zum Ausdruck.[90] Eine notwendige Prämisse für die Entfaltung von Freiheit und Gleichheit ist die Gewährleistung des staatlichen Gewaltmonopols, der Gewaltenteilung, der bürgerlichen und politischen Rechte sowie des Demokratieprinzips.[91] Diese Prinzipien sind darüber hinaus auch deswegen im Zusammenhang zu sehen, weil Freiheit nur dann zum Tragen kommt und Wirkung entfaltet, wenn alle von ihr profitieren und sie in Anspruch nehmen können, das heißt Gleichheit herrscht. Gleichheit zielt auf die Gewährleistung von Freiheit ab, ist also ebenfalls abhängig vom Prinzip der Freiheit. „Gleichheit bedeutet nicht freiheitsbeeinträchtigende Gleichmacherei, sondern Gleichberechtigung der freien Entfaltung der Persönlichkeit: ein Prinzip, das die ganze Vielgestaltigkeit menschlicher Anlagen, Neigungen, Berufe, Interessen, Ideale, Engagements gewährleistet (…).“[92] Keins dieser beiden Prinzipien kann somit seinem Inhalt nach ohne Hinzuziehung des anderen Prinzips dargestellt oder gar verstanden werden.

Der Grundsatz der Gleichheit wird hier in Bezug auf faktisches Handeln in Form von kommunikativem Handeln relevant. Artikel 3 Abs. 1 GG wird trotz der Formulierung, dass alle Menschen vor dem Gesetz gleich sind, nicht lediglich die Gleichheit bei der Rechtsanwendung durch die Exekutive und Judikative entnommen, sondern auch die Bindung der Legislative im Rahmen der Gesetzgebung.[93]

---

[86] *C. Gusy*, NVwZ 2015, 700 (701); *M. Kotzur*, Freiheit und Gleichheit der Wahl, in: HdbGR, Bd. V, 2013, S. 555 (556).

[87] *H. Dreier*, in: Dreier, GG, Bd. 1, 3. Aufl. 2013, Vorb. vor Art. 1 GG Rn. 75 f.; zur Gleichheit s. *K. Hesse*, AöR 77 (1951/1952), 167 ff. sowie AöR 109 (1984), 174 ff.

[88] *M. Kriele*, Freiheit und Gleichheit, in: HdbVerfR, 1. Aufl. 1983, S. 129 (134).

[89] *M. Kriele*, Freiheit und Gleichheit, in: HdbVerfR, 1. Aufl. 1983, S. 129 (134).

[90] *M. Kriele*, Freiheit und Gleichheit, in: HdbVerfR, 1. Aufl. 1983, S. 129 (134 f.).

[91] Anschaulich anhand eines Stufenbaus *M. Kriele*, Freiheit und Gleichheit, in: HdbVerfR, 1. Aufl. 1983, S. 129 (135 ff.).

[92] *M. Kriele*, Freiheit und Gleichheit, in: HdbVerfR, 1. Aufl. 1983, S. 129 (135).

[93] *S. Boysen*, in: Münch/Kunig, GG, Bd. 1, 6. Aufl. 2012, Art. 3 Rn. 29; *J. Englisch*, in: Stern/Becker, Grundrechte-Kommentar, 2010, Art. 3 Rn. 9; *H. D. Jarass*, in: ders./Pieroth, GG, 14. Aufl. 2016, Art. 3 Rn. 1b; *H. Sodan*, in: ders., GG, 2. Aufl. 2011, Art. 3 Rn. 6 f.; *C. Kannengießer*, in: Schmidt-Bleibtreu/Hofmann/Henneke, GG, 13. Aufl. 2014, Art. 3 Rn. 13; vgl. grundlegender zur Gleichheit *K. Hesse*, AöR 77 (1951/1952), 167 ff. sowie AöR 109 (1984), 174 ff.

Ein solches Normverständnis bringt zum Ausdruck, dass alle Akte der öffentlichen Gewalt an den Gleichheitsgrundsatz gebunden sind.[94] Dies ergibt sich ebenfalls aus Artikel 1 Abs. 3 GG, wonach die Grundrechte alle drei Gewalten als unmittelbar geltendes Recht binden. Es ist zum einen kein Unterschied zu machen, von welcher Gewalt eine Maßnahme stammt, und zum anderen ist auch kein Unterschied zu machen, was die staatliche Handlungsform angeht. Daraus resultiert also eine umfassende Bindung an das Gleichheitspostulat. Für den vorliegenden Fall des kommunikativen Staatshandelns bedeutet dies, dass für die rechtliche Bewertung von staatlichen Äußerungen die Prinzipien Freiheit und Gleichheit gleichermaßen relevant sind, sodass der Staat bei Vornahme von Realakten[95] nicht freier bzw. weniger gebunden ist als bei anderen Akten. Wollte man die Bindung an den Gleichheitsgrundsatz verneinen, so könnten Träger öffentlicher Gewalt bei Vornahme von Äußerungen freier sein, da es nicht darauf ankäme, dass sich beispielsweise eine parteiliche Äußerung zu Gunsten einer Personenvereinigung negativ auf die anderen Teilnehmer am politischen Meinungsbildungsprozess auswirkt.

Im Kontext der politischen Betätigung zielt die Inanspruchnahme der politischen Freiheitsrechte auf die Teilnahme an der demokratischen Meinungs- und Willensbildung ab. Dies wird ganz grundlegend durch ein grundsätzliches Recht der freien politischen Betätigung, welches sich aus der Meinungsfreiheit ergibt, verwirklicht.[96] Ferner wird gewährleistet, sich mit Gleichgesinnten zu einem gemeinsamen Zweck zu versammeln (Versammlungsfreiheit), eine Vereinigung zu bilden zu einem gemeinsamen Zweck (Vereinigungsfreiheit), eine politische Partei zu gründen (Gründungsfreiheit der Parteien) und in Chancengleichheit zur Meinungsfindung und -bildung beizutragen. Die Gewährleistung der Gleichheit der freiheitlichen Betätigung soll durch die Gewährleistung der gleichen Chance der politischen Freiheitsentfaltungen verhindern, dass einzelne Personen oder Personengruppen, die sich an der politischen Willensbildung beteiligen, durch den Staat bevorzugt oder benachteiligt werden. Die sich ständig erneuernde demokratische Meinungs- und Willensbildung muss des Weiteren offengehalten werden, damit jeder Bürger die gleiche Chance hat, an der Gestaltung der öffentlichen Verhältnisse mitzuwirken.[97] Dies bedeutet, dass jeder Bürger die gleiche Chance bekommen soll, die politischen Freiheitsrechte in Anspruch zu nehmen, um sich an dem Prozess der Willensbildung beteiligen zu können (s. u. Teil 2 I. 5.).

Die Notwendigkeit der personellen Unterscheidung hinsichtlich der Akteure der politischen Willensbildung bzw. der Begünstigten politischer Neutralität kam bereits mehrfach zum Ausdruck. Damit geht die Notwendigkeit einher, die Unter-

---

[94] *S. Boysen*, in: Münch/Kunig, GG, Bd. 1, 6. Aufl. 2012, Art. 3 Rn. 29; *H. D. Jarass*, in: ders./Pieroth, GG, 14. Aufl. 2016, Art. 3 Rn. 1b; *C. Starck*, in: von Mangoldt/Klein/Starck, GG, Bd. 1, 6. Aufl. 2010, Art. 3 Rn. 244.

[95] Vgl. *H. D. Jarass*, in: ders./Pieroth, GG, 14. Aufl. 2016, Art. 3 Rn. 1b, der wie hier ausdrücklich die Anwendbarkeit auf Realakte bejaht.

[96] BVerfGE 5, 85 (134 f.); 12, 113 (125); 20, 56 (98).

[97] *M. Kriele*, Freiheit und Gleichheit, in: HdbVerfR, 1. Aufl. 1983, S. 129 (143).

schiede zwischen diesen zu berücksichtigen. Der die demokratische Ordnung besonders tangierende Hauptunterschied zwischen Parteien und politischen Gruppen ist die Teilnahme Ersterer an staatlichen Wahlen (s. o. Teil 1 III. 2. c) dd) (2)). Jedoch knüpfen sich daran bezüglich der Gewährleistung von Freiheit und Gleichheit keine Unterschiede. Beide Personengruppen sind nämlich Träger dieser Rechte. Von der Teilnahme an Wahlen hängen diese grundlegenden Rechte nicht ab.

Die grundrechtliche Gewährleistung von Freiheit und Gleichheit ist vor dem Hintergrund des politischen Wettbewerbs besonders wichtig, da dieser dann funktioniert, wenn alle Beteiligten die gleiche Chance der politischen Freiheitsentfaltung haben.[98] Auch aus dem Gesichtspunkt der Fairness des Wettbewerbs bedarf es von Anfang an der gleichen grundrechtlichen Freiheiten. Was die einzelnen Wettbewerbsteilnehmer letztendlich daraus machen, spielt für die Gewährleistung keine Rolle, solange alle die gleichen Ausgangsbedingungen haben. Im Wettbewerb ist der Gleichheitsaspekt besonders aus dem Grund hervorzuheben, weil der Wettbewerb nicht durch das Wirken eines einzigen Teilnehmers, sondern einer Vielzahl von Teilnehmern bestimmt wird, denen die gleichen Möglichkeiten zuteilwerden müssen. Beim politischen Wettbewerb handelt es sich um ein Feld, auf dem mehrere gesellschaftliche Teilnehmer agieren und ein Handeln des Staates als ein Teilnehmer sui generis in der Lage ist, den Wettbewerb zu beeinträchtigen. Sobald Wettbewerb funktioniert, wird damit der Entfaltung der politischen Willensbildung und der Findung der öffentlichen Meinung gedient. Der Beitrag, den der Wettbewerb sodann zum Prozess der Gemeinwohlfindung leistet, ist nicht unbeachtlich.

Die Forderung nach Neutralität folgt aus der Garantie der Gleichheit in der Freiheit.[99] Daraus lassen sich die zwei Eckpfeiler der grundrechtlichen Herleitung entnehmen. Politische Neutralität muss es also unter anderem wegen der Gewährleistung von Freiheit und Gleichheit geben. Denn Neutralität intendiert die Absicherung dieser Rechte. Solange sich Träger öffentlicher Gewalt neutralitätskonform, also unparteiisch verhalten und keine politische Ansicht bevorzugen oder benachteiligen, genießen alle Teilnehmer der politischen Willensbildung gleichermaßen die Rechte auf Freiheit und Gleichheit. Mit der Geltung von Unparteilich-

---

[98] S. auch *C. Gusy*, NVwZ 2015, 700 (701); *A. Hatje*, VVDStRL 69 (2010), 135 (139 f.); *M. Kotzur*, VVDStRL 69 (2010), 173 (202).

[99] *S. Huster*, Liberalismus, Neutralität und Fundamentalismus, in: A. Brockmöller/D. Buchwald u. a. (Hrsg.), Archiv für Rechts- und Sozialphilosophie, Ethische und strukturelle Herausforderungen des Rechts, Beiheft 66, 1997, S. 9 (17); *ders.*, Die ethische Neutralität des Staates, 2002, S. 89 f.; *M. Morlok*, Neutralität des Staates und religiöser Radikalismus, in: J. Masing/O. Jouanjan (Hrsg.), Weltanschauliche Neutralität, Meinungsfreiheit, Sicherungsverwahrung, 2013, S. 3 (16); ferner *C. Gusy*, NVwZ 2015, 700 (701); *C. Hufen*, Der Ausgleich verfassungsrechtlich geschützter Interessen bei der Ausgestaltung des Sonn- und Feiertagsschutzes, 2014, S. 281; *C. Möllers*, VVDStRL 68 (2009), 47 (58). Im Hinblick auf die weltanschaulich-religiöse Neutralität wird regelmäßig neben dem Freiheitsrecht der Religionsfreiheit auch auf das Postulat der Gleichheit abgestellt für die verfassungsrechtliche Verankerung. Vgl. dazu *G. Czermak*, NVwZ 2003, 949 (949 f.); *C. Jasper*, Religiös und politisch gebundene öffentliche Ämter, 2015, S. 205.

keit steht und fällt die gleiche Freiheit eines jeden.[100] Dadurch, dass Grundrechte einen Anspruch auf gleiche Freiheit und Achtung gewähren, enthalten sie einen Neutralitätsaspekt.[101] Ein individueller Anspruch auf gleiche Freiheit setzt voraus, dass der Grundrechtsschutz nicht von der Billigung bzw. Missbilligung der jeweiligen Mehrheit abhängt.[102]

Das der Neutralität inhärente Gebot der staatlichen Nicht-Identifikation mit bestimmten materiellen Ansichten gewährleistet zum einen die Freiheit der Bürger, solche Ansichten zu haben und sein Leben danach auszurichten, und zum anderen die Gleichheit in der Ausübung der Freiheit.[103] Sie geht in einem freiheitlichen Staat zu Recht von der Prämisse aus, dass es nicht eine „richtige" politische Ansicht gibt – so wie es nicht eine „richtige" Religion etc. gibt.[104] Demzufolge ist das Gebot der Nicht-Identifikation und damit die Forderung nach Neutralität richtigerweise aus der Gleichheit und den jeweiligen Freiheitsrechten abzuleiten, je nach dem, um welche Ausrichtung der Neutralität es geht.[105] Die Nicht-Identifikation ist eine allgemeine Forderung der Neutralitätsidee, deren Wirkung sich nicht auf einzelne Gebieten beschränkt (s. o. Teil 1 III. 2. a)).

b) Subjektivrechtliche Herleitung

Die Annahme der Grundrechte als rechtliches Motiv für die Existenz politischer Neutralität wirft die Frage der Dimensionen der Grundrechte auf. Zunächst einmal kommt eine Herleitung aus der subjektivrechtlichen Dimension in Frage.

Grundrechte sind in erster Linie dazu bestimmt, die Freiheitssphäre des Einzelnen vor Eingriffen der öffentlichen Gewalt zu sichern und sind damit Abwehrrechte des Bürgers gegen den Staat, was sich aus der historischen Entwicklung der Grundrechte zeigt.[106]

---

[100] *M. Kriele*, Freiheit und Gleichheit, in: HdbVerfR, 1. Aufl. 1983, S. 129 (151). Er spricht zwar nicht ausdrücklich von Neutralität, verwendet jedoch die die Neutralität charakterisierenden Begriffe der Unparteilichkeit und Nicht-Identifikation. S. auch *C. Hufen*, Der Ausgleich verfassungsrechtlich geschützter Interessen bei der Ausgestaltung des Sonn- und Feiertagsschutzes, 2014, S. 282.

[101] *S. Huster*, Die ethische Neutralität des Staates, 2002, S. 652 f.; s. auch *C. Gusy*, NVwZ 2015, 700 (701); *C. Hufen*, Der Ausgleich verfassungsrechtlich geschützter Interessen bei der Ausgestaltung des Sonn- und Feiertagsschutzes, 2014, S. 282; zu Freiheit und Gleichheit *M. Kotzur*, Freiheit und Gleichheit der Wahl, in: HdbGR, Bd. V, 2013, S. 555 (556).

[102] *S. Huster*, Die ethische Neutralität des Staates, 2002, S. 652.

[103] *M. Morlok*, Selbstverständnis als Rechtskriterium, 1993, S. 332; *C. Gusy*, NVwZ 2015, 700 (701); s. auch *W. Schmitt Glaeser*, Der freiheitliche Staat des Grundgesetzes, 2008, S. 138.

[104] So auch *W. Schmitt Glaeser*, Der freiheitliche Staat des Grundgesetzes, 2008, S. 138. *M. Kriele*, Freiheit und Gleichheit, in: HdbVerfR, 1. Aufl. 1983, S. 129 (151).

[105] *M. Kriele*, Freiheit und Gleichheit, in: HdbVerfR, 1. Aufl. 1983, S. 129 (151); s. auch *S. Huster*, Die ethische Neutralität des Staates, 2002, S. 652 f.; *S. Huster*, Liberalismus, Neutralität und Fundamentalismus, in: A. Brockmöller/D. Buchwald u. a. (Hrsg.), Archiv für Rechts- und Sozialphilosophie, Ethische und strukturelle Herausforderungen des Rechts, Beiheft 66, 1997, S. 9 (17).

[106] BVerfGE 7, 198 (204 f.).

Eine subjektivrechtliche Herleitung politischer Neutralität erfordert die Integration der vorliegend relevanten äußerungsrechtlichen Fälle in die abwehrrechtliche Grundrechtsdogmatik,[107] das heißt, es müsste ein ungerechtfertigter Eingriff in den Schutzbereich eines Grundrechts gegeben sein. Das Vorliegen eines Eingriffs ist oftmals problematisch. Dies macht sich auch in der einschlägigen Rechtsprechung bemerkbar. Denn nicht jede staatliche Kommunikation und Teilhabe am Meinungs- und Willensbildungsprozess ist ein Grundrechtseingriff.[108] Diese muss eine bestimmte Eingriffsschwelle überschreiten und darf nicht vorschnell als Grundrechtseingriff eingeordnet werden.

Grundrechtsdogmatisch bedarf es zunächst der Eröffnung des Schutzbereichs. In der Regel stellt diese keine unüberwindbare Hürde dar, denn der Zusammenschluss und das Handeln der in Rede stehenden politischen Gruppierungen werden grundsätzlich vom Schutzbereich der politischen Freiheitsrechte umfasst. Allerdings kommt es stets auf den konkreten Einzelfall an und es bedarf einer genauen Schutzbereichsprüfung. Die Zulässigkeit von politischen Äußerungen wird auf Ebene des Eingriffs thematisiert.

aa) Schutzbereich

Während der Grundsatz der Chancengleichheit die gleichheitsrechtliche und insbesondere die wettbewerbsspezifische Dimension der Rechtsgrundlagen des politischen Neutralitätsgrundsatzes abdeckt, erfüllen die politischen Freiheitsrechte diese Funktion aus freiheitsrechtlicher Hinsicht. Dazu zählen die Grundrechte der Vereinigungs-, Meinungs- und Versammlungsfreiheit sowie die Parteienfreiheit. Auf beide Aspekte zusammen kommt es für die rechtliche Bewertung an, denn amtliches Kommunikationshandeln tangiert nicht nur gleichheitsrelevante Aspekte. Es wäre unvollständig, stellte man bei Äußerungen gegenüber politischen Parteien allein auf das Recht auf Chancengleichheit und bei Äußerungen gegenüber sonstigen Kollektiven allein auf Freiheitsrechte ab, was bislang der Fall ist. Auch sonstige Kollektive genießen grundsätzlich den Schutz der Chancengleichheit (s. u. Teil 2 I. 5. c)) und Parteien können sich auf die in Artikel 21 Abs. 1 GG normierte Parteienfreiheit berufen für die freiheitsrechtliche Dimension ihres Wirkens (s. u. Teil 2 I. 5. b)). Nicht nur politische Parteien dürfen im politischen Wettbewerb nicht benachteiligt werden, sondern auch sonstige Personenzusammenschlüsse dürfen nicht benachteiligt werden. Dies gebietet die rechtliche Absicherung des politischen Wettbewerbs, an der alle Arten von Kollektiven teilnehmen (s. u. Teil 2 I. 5. c)).

---

[107] Vgl. für die Integration der weltanschaulich-religiösen Neutralität in die herkömmliche Grundrechtsdogmatik durch Aufstellen von Anforderungen an Schutzbereich und Eingriff *S. Huster*, Die ethische Neutralität des Staates, 2002, S. 653 ff.

[108] BVerfGE 113, 63 (76) m. w. N.; VG Düsseldorf, Urteil v. 28. August 2015, 1 K 1369/15, juris Rn. 72 f. m.w.N; OVG NRW, Beschluss v. 12. Juli 2005, 15 B 1099/05, juris Rn. 10; *M. Payandeh*, Der Staat 55 (2016), 519 (544).

Welches politische Freiheitsgrundrecht im Einzelfall einschlägig ist, hängt zum einen davon ab, welche Personenvereinigung vom amtlichen Kommunikationshandeln betroffen ist, und zum anderen davon, welche grundrechtlich geschützte Position beeinträchtigt sein soll. Da gilt es genau zu prüfen, ob das staatliche Handeln die Versammlungs-, Vereinigungs-, Meinungs- oder Parteienfreiheit tangiert, um sodann den Schutzbereich konkretisieren zu können. Sollten weder die Versammlungs- noch die Vereinigungsfreiheit einschlägig sein (s. o. Teil 1 III. 2. c) bb)), so ist jedenfalls die Meinungsäußerungsfreiheit als das grundlegende Recht der politischen Meinungs- und Willensbildung zu untersuchen.

Die Abgrenzung der genannten Grundrechte und die Frage der Eröffnung ihrer Schutzbereiche erfolgt nach den üblichen Kriterien je nach thematischer Einschlägigkeit. Es besteht kein eigener Abgrenzungskatalog, zumal die neutralitätsrelevante Problematik die Ebene des Eingriffs betrifft, auf der die Frage der Freiheitsverkürzung und der Zurechenbarkeit zu klären ist.

In Bezug auf die Versammlungs- und Vereinigungsfreiheit stellt sich die Frage, ob die Wirkungschancen von Personenvereinigungen grundrechtlich geschützt sind. Die Bejahung dieser Frage mag den Eindruck einer weiten Auslegung des Schutzbereichs erwecken, was auch nicht geleugnet wird, zumal eine Eingrenzung über die Eingriffsebene erfolgt. Die Wirkungschancen genießen deswegen Schutz, weil ein lückenloser Grundrechtsschutz nicht allein durch den Schutz des Zusammenkommens von Vereinigungen und Versammlungen gewährleistet werden kann. Auch das anschließende Betätigen und Wirken ist grundrechtlich gewollt und demzufolge grundsätzlich geschützt. Das bedeutet, dass bei staatlichem Handeln, das die Wirkungschancen eines Wettbewerbers betrifft, der Schutzbereich erst einmal eröffnet ist. Inwieweit darin eine Freiheitsverkürzung durch den Staat zu sehen ist, ist eine andere Frage und betrifft die Eingriffsebene.

Eine verwandte Frage taucht im Rahmen der Meinungsäußerungsfreiheit auf, nämlich, ob grundrechtlicher Schutz vor Gegnermeinungen besteht. Ein solcher Schutz besteht nicht, denn die Grundrechtsgewährleistungen sind auf Vielfalt angelegt und zielen nicht auf den Schutz einzelner Positionen ab, sondern haben zu gewährleisten, dass sich alle Meinungen frei entfalten und verbreiten können. Dieser Zielsetzung widerspräche es, wollte man einen Schutz vor Gegnermeinungen bejahen. Es wäre im Rahmen der Neutralitätsthematik verfehlt und zu kurz gegriffen, wenn man darin die entscheidende Frage sähe. Die entscheidende Frage ist nämlich nicht darin zu sehen, ob die Personenvereinigung, zu deren Lasten eine amtliche Äußerung ergeht, Schutz vor gegnerischen Meinungen genießt, vielmehr kommt es darauf an, ob das Handeln eines Hoheitsträgers eine gegnerische Meinung aktiv unterstützt und sich für diese einsetzt. Dies betrifft aber weniger freiheitsrechtliche Aspekte als vielmehr die Chancengleichheit des einzelnen politischen Wettbewerbers, die durch staatliches Handeln berührt wird. Es bedarf daher der Differenzierung zwischen der Ebene der freiheitlichsrechtlichen und der gleichheitsrechtlichen Beeinträchtigung.

bb) Eingriffsdogmatik

Besonderes Augenmerk ist auf die Ebene des Eingriffs zu legen. Diesem kommt eine Schlüsselfunktion für das Abwehrrecht zu.[109] Die Abwehrfunktion der Grundrechte erfasst nicht mehr nur zielgerichtete und unmittelbare Eingriffe, sondern auch faktische oder mittelbare Einwirkungen.[110] Daher ist zu unterscheiden zwischen dem klassischen und erweiterten Eingriffsbegriff. Die Voraussetzungen des klassischen Eingriffsbegriffs wurden erweitert, sodass nicht mehr nur bei Vorliegen dieser ein Grundrechtseingriff gegeben ist.

Im Zusammenhang mit staatlichem Kommunikationshandeln werden von den vier Voraussetzungen des klassischen Eingriffsbegriffs insbesondere die Merkmale der faktischen und mittelbaren Betroffenheit in den Vordergrund gestellt, häufig ist dabei die Rede von einem mittelbar-faktischen Eingriff (s. u.).

Das Merkmal der Imperativität ist nicht gegeben, da sich Kommunikationshandeln gerade als weiches Handeln darstellt, das nicht mit Zwang durchgesetzt werden kann (s. o. Teil 1 III. 1. c)).[111] Staatliche Kommunikation stellt faktisches Handeln[112] dar (s. o. Teil 1 III. 1. b)) und kann genauso wie rechtsförmliches Handeln zu einem Grundrechtseingriff führen und scheitert nicht bereits an der fehlenden Rechtsförmlichkeit. Die Nicht-Imperativität und Faktizität sind gerade typisch für kommunikatives Handeln und sind weniger problematisch bei der Frage der Eingriffsqualität.[113]

---

[109] *J. Isensee*, Das Grundrecht als Abwehrrecht und als staatliche Schutzpflicht, in: HStR, Bd. V, 2. Aufl. 2000, S. 143 (175) m. w. N.; *F.-J. Peine*, Der Grundrechtseingriff, in: HdbGR, Bd. III, 2009, S. 87 (92).

[110] *K. Stern*, in: Stern/Becker, Grundrechte-Kommentar, 2010, Einleitung: Die Hauptprinzipien des Grundrechtssystems des Grundgesetzes, Rn. 34; *J. Isensee*, Das Grundrecht als Abwehrrecht und als staatliche Schutzpflicht, in: HStR, Bd. V, 2. Aufl. 2000, S. 143 (175 ff.); *H. Bethge*, Mittelbare Grundrechtsbeeinträchtigungen, in: HdbGR, Bd. III, 2009, S. 113 (121 f.); *F.-J. Peine*, Der Grundrechtseingriff, in: HdbGR, Bd. III, 2009, S. 87 (98); *H. Dreier*, in: ders., GG, Bd. 1, 3. Aufl. 2013, Vorbemerkung vor Art. 1 Rn. 125; *C. Gramm*, Der Staat 30 (1991), 51 (76); *U. Di Fabio*, JZ 1993, 689 (694 ff.).

[111] Zu diesem Merkmal *F.-J. Peine*, Der Grundrechtseingriff, in: HdbGR, Bd. III, 2009, S. 87 (94 ff.).

[112] Zu diesem Merkmal *F.-J. Peine*, Der Grundrechtseingriff, in: HdbGR, Bd. III, 2009, S. 87 (94 f.). Nicht erforderlich für das Vorliegen eines Eingriffs ist, dass rechtliche Auswirkungen an das staatliche Handeln in Form des Informationshandelns geknüpft sind, faktische Nachteile reichen aus; s. BVerfGE 113, 63 (77); anders noch in E 40, 287 (293); so anscheinend immer noch *M. Putzer*, DÖV 2015, 417 (425).

[113] *H. Bethge*, Mittelbare Grundrechtsbeeinträchtigungen, in: HdbGR, Bd. III, 2009, S. 113 (123). Vgl. *L. Michael/M. Morlok*, Grundrechte, 5. Aufl. 2015, Rn. 494 ff., die es bei Beeinträchtigungen, die nicht alle vier Voraussetzungen des klassischen Eingriffsbegriffs erfüllen, ausreichen lassen, wenn wenigstens eines der vier Kriterien vorliegt. So könne zum einen der Vielfalt staatlichen Handelns gerecht werden und zum anderen werde so an den bewährten Voraussetzungen festgehalten. Ferner zu der Erweiterung des Eingriffs *H. Dreier*, in: ders., GG, Bd. 1, 3. Aufl. 2013, Vorbemerkung vor Art. 1 Rn. 125 f.

Einer genaueren Erörterung im Einzelfall bedarf es bei den Merkmalen der Finalität und Unmittelbarkeit. Die Finalität staatlicher Handlungen meint die Zielgerichtetheit und Absicht, die mit ihr verfolgt wird.[114] Unmittelbar ergeht eine staatliche Handlung, wenn der Staat sich ohne dazwischen geschaltete Akte direkt an den Grundrechtsberechtigten wendet.[115]

Oftmals gewinnt man durch die pauschale Verwendung der Doppelformel des mittelbar-faktischen Eingriffs den Eindruck, als sei neben der Mittelbarkeit auch die Faktizität problematisch. Dies ist nicht der Fall bei kommunikativem Handeln, welches kein förmliches Staatshandeln darstellt, da auch solches Handeln unproblematisch zur Beeinträchtigung grundrechtlicher Freiheiten führen kann. Die Doppelform ist auch deswegen misslich, da die zwei Aspekte zwar beide Repräsentanten des erweiterteren Grundrechtseingriffs sind, aber nicht deckungsgleich sind, sodass zwischen ihnen zu differenzieren ist.[116]

Das Merkmal der Unmittelbarkeit kann im Zusammenhang mit staatlichen Äußerungen problematisch sein, muss es aber nicht. Es kann politische Aussagen geben, die sich direkt an einen Grundrechtsträger richten, weil sie beispielsweise eine herabsetzende Meinung über ihn beinhalten (s. u. Teil 2 I. 4. b) cc)). In einem solchen Fall ist das Staatshandeln unmittelbar, weil nicht erst ein dazwischen geschaltetes Handeln anderer zu einer Beeinträchtigung führt. Auch unmittelbare Beeinträchtigungen haben das Kriterium der Finalität zu erfüllen, damit geklärt werden kann, ob sie dem Staat zugerechnet werden können.

Diejenigen Aussagen, die aber nicht unmittelbar eine grundrechtlich geschützte Position beeinträchtigen, sondern vermittelt durch dazwischen tretende Dritte zu einer Beeinträchtigung führen, erfolgen mittelbar. Damit ist Kommunikationshandeln mit Steuerungsfunktion gemeint,[117] welches eher aus dem Feld staatlicher verbraucherbezogener Warnungen bekannt ist, aber auch in der politischen Kommunikation auftauchen kann (s. u. Teil 2 I. 4. b) cc)).[118] In dieser Konstellation wendet

[114] *F.-J. Peine*, Der Grundrechtseingriff, in: HdbGR, Bd. III, 2009, S. 87 (94).

[115] *F.-J. Peine*, Der Grundrechtseingriff, in: HdbGR, Bd. III, 2009, S. 87 (94). Zu mittelbaren Grundrechtsbeeinträchtigungen vgl. *H. Bethge*, Mittelbare Grundrechtsbeeinträchtigungen, in: HdbGR, Bd. III, 2009, S. 113 ff.

[116] *H. Bethge*, Mittelbare Grundrechtsbeeinträchtigungen, in: HdbGR, Bd. III, 2009, S. 113 (131); *S.-C. Lenski*, ZJS 2008, 13 (16); *H. Dreier*, in: ders., GG, Bd. 1, 3. Aufl. 2013, Vorbemerkung vor Art. 1 Rn. 125.

[117] *D. Murswiek*, NVwZ 2003, 1 (6); *S.-C. Lenski*, ZJS 2008, 13 (13, 15); *F. Schoch*, NVwZ 2011, 193 (193); *H. Bethge*, Mittelbare Grundrechtsbeeinträchtigungen, in: HdbGR, Bd. III, 2009, S. 113 (129); *C. Gramm*, Der Staat 30 (1991), 51 (76 f.); *U. Di Fabio*, JZ 1993, 689 ff.

[118] Gegenstand dieser Arbeit sind zwar politische Äußerungen im politischen Meinungskampf und nicht Warnungen, Empfehlungen oder dergleichen vor Lebensmitteln oder Sekten. Letztere zielen auf Gefahrenabwehr ab und nicht auf die politische Willensbilung. Hier wird im Rahmen des Eingriffs nichtsdestotrotz auf die einschlägige Rechtsprechung und Literatur zu den Warnungsfällen zurückgegriffen, da diese grundlegende Ausführungen zu grundrechtlichen Eingriffen enthalten, die für die Eingriffsqualität von politischen Äußerungen fruchtbar gemacht werden können.

sich beispielsweise ein Amtsträger mit seinen Äußerungen über einen politischen Wettbewerber an die Bürger, indem er diese vor ihm warnt, und durch deren Handeln die grundrechtlich geschützten Wirkungschancen des Wettbewerbers berührt werden. Hierbei stellt sich die Frage, ob das Dazwischentreten eines Dritten die Zurechnung zum Staat, auf die es ganz wesentlich für das Vorliegen eines Eingriffs ankommt, unterbricht.

Hier mag man meinen, dass das Handeln Dritter deswegen nicht dem Staat zuzurechnen ist, da der mündige Bürger autonom entscheidet, ob er auf den sich äußernden Hoheitsträger hört und dementsprechend handelt.[119] Dies scheint auf den ersten Blick ein berechtigter Einwand zu sein. Allerdings ist die amtliche Urheberschaft von solchen Äußerungen und deren Gewicht zu berücksichtigen. Denn auch der mündige Bürger ist bei Äußerungen eines Amtsträgers geneigt, dessen Empfehlungen zu befolgen bzw. Beurteilungen zu akzeptieren und zu teilen. Das liegt maßgeblich daran, dass diese von einem Amtsträger kommen, welchem ein Aufmerksamkeitsvorteil zuteil wird, von dem dieser bei seiner Öffentlichkeitsarbeit ganz wesentlich profitiert. Ferner verkennt ein solches Argument die steuernde Wirkung von staatlichen Informationen, indem es von einem bipolaren Staat (Kommunikationsabsender)-Bürger (Kommunikationsadressat)-Verhältnis ausgeht, welches aber gerade nicht passt.[120] Es geht hier um ein Dreipersonenverhältnis, denn hinzukommt der von den Aussagen Betroffene (s. o.).

Das alles bedeutet aber nicht, dass die Verantwortung für Reaktionen der Bürger stets dem Amtsträger zuzuschreiben ist. Hierbei kommt es auf die Umstände des Einzelfalles an, sodass pauschal weder die Zurechnung zum Staat bejaht noch verneint werden kann. Jedenfalls bedarf es der Auseinandersetzung mit der Frage der Zurechnung, um zu einem vertretbaren Ergebnis zu gelangen. Diese Frage ist Dreh- und Angelpunkt der verfassungsrechtlichen Beurteilung staatlichen Informationshandelns.[121]

Die Frage der Zurechenbarkeit kann gerade bei kommunikativem Handeln mithilfe des Merkmals der Finalität, also der Zielrichtung staatlichen Handelns beantwortet werden.[122] Es kommt dabei auf eine objektive Zielrichtung und die voraussehbaren möglichen Wirkungen an und nicht darauf, ob diese mit Sicherheit bzw.

---

[119] Vgl. *C. Gramm*, Der Staat 30 (1991), 51 (77); kritisch *U. Di Fabio*, JZ 1993, 689 (697).

[120] *C. Gramm*, Der Staat 30 (1991), 51 (77); *U. Di Fabio*, JZ 1993, 689 (697).

[121] *S.-C. Lenski*, ZJS 2008, 13 (15), in Anlehnung an BVerwG, Urteil v. 15. Dezember 2005, 7 C 20/04, in: NJW 2006, 1303 (1304 f.). Vgl. auch *F.-J. Peine*, Der Grundrechtseingriff, in: HdbGR, Bd. III, 2009, S. 87 (100, 109).

[122] Auch das BVerwG löst die Frage der Zurechenbarkeit über das Merkmal der Finalität, s. BVerwG, Urteil v. 15. Dezember 2005, 7 C 20/04, in: NJW 2006, 1303 (1304 f.); BVerwGE 71, 183 (193 f.); vgl. dazu *S.-C. Lenski*, ZJS 2008, 13 (15 f.). Vgl. zur Finalität auch *L. Michael/M. Morlok*, Grundrechte, 5. Aufl. 2015, Rn. 498; *D. Murswiek*, NVwZ 2003, 1 (2) m. w. N., 6); *F. Schoch*, NVwZ 2011, 193 (195) m. w. N.; *H. Bethge*, Mittelbare Grundrechtsbeeinträchtigungen, in: HdbGR, Bd. III, 2009, S. 113 (130); *U. Di Fabio*, JZ 1993, 689 (695 f.); s. auch *C. Gramm*, Der Staat 30 (1991), 51 (77).

mit großer Wahrscheinlichkeit eintreten.[123] Neben zielgerichteten Beeinträchtigungen, die das Kriterium der Finalität erfüllen, sind daher ebenfalls voraussehbare und in Kauf genommene Folgen erfasst.[124]

Kommt es dem Hoheitsträger mit seiner Aussage gerade darauf an, die dazwischen geschaltete Handlung des Dritten hervorzurufen und damit die nachteilige Situation für den von der Aussage Betroffenen auszulösen oder nimmt er dies vorhersehend in Kauf, so ist ihm die damit verbundene Grundrechtsbeeinträchtigung zuzurechnen. Verfolgt er demgegenüber nicht diese Absicht, so spricht dies gegen die Finalität seines Handelns, was zur Verneinung der Zurechnung des dazwischen geschalteten Handelns eines Dritten führt. Da es in solchen Mehrpersonenverhältnissen mehrere Handlungsketten gibt, kommt es zum einen auf den Grundrechtsgebrauch des informierten Bürgers und zum anderen auf die Grundrechtsbeeinträchtigung des Grundrechtsträgers an.[125] Deren Verhältnis ist wichtig für die Zielrichtung von amtlichen Äußerungen. Möchte der Amsträger, dass der informierte Bürger auf ihn hört und seine Aussagen befolgt, so wird er wissen, dass dieses Handeln zu einer nachteiligen Situation des politischen Wettbewerbs führen kann. Ihm kann somit das Handeln des Bürgers und damit die Beeinträchtigung beim Grundrechtsträger zugerechnet werden. Dies gilt erst recht in dem Fall, in dem der Amtsträger zielgerichtet die grundrechtlich nachteilige Situation des Grundrechtsträgers mit seiner Handlung bezweckt.[126]

Auch das Bundesverfassungsgericht knüpft an die Finalität als maßgebliches Kriterium an, wenn es davon spricht, dass eine Informationstätigkeit eine Grundrechtsbeeinträchtigung herbeiführen könne, „wenn sie in der Zielsetzung und ihren Wirkungen Ersatz für eine staatliche Maßnahme ist, die als Grundrechtseingriff zu qualifizieren wäre" und sich damit als funktionales Äquivalent eines Eingriffs darstelle.[127] Zwar erfolgt keine Konkretisierung durch das Bundesverfassungsgericht, wann dies der Fall ist, allerdings kann sie mithilfe der obigen Ausführungen zur Zurechenbarkeit und Finalität vorgenommen werden.

Das Bundesverwaltungsgericht konkretisiert das funktionale Äquivalent, indem es wie hier darauf abstellt, ob der Staat zielgerichtet zu Lasten bestimmter Betroffener einen Erfolg herbeiführen will: „Seine Maßnahme muss eindeutig auf einen

[123] *D. Murswiek*, NVwZ 2003, 1 (6); *L. Michael/M. Morlok*, Grundrechte, 5. Aufl. 2015, Rn. 503.

[124] BVerwGE 82, 76 (79); vgl. auch *H. Dreier*, in: ders., GG, Bd. 1, 3. Aufl. 2013, Vorbemerkung vor Art. 1 Rn. 127; *H. Bethge*, Mittelbare Grundrechtsbeeinträchtigungen, in: HdbGR, Bd. III, 2009, S. 113 (131).

[125] *S.-C. Lenski*, ZJS 2008, 13 (14 ff.); s. auch *U. Di Fabio*, JZ 1993, 689 (696).

[126] *S.-C. Lenski*, ZJS 2008, 13 (15 ff.). Sie konkretisiert die Finalität anhand des Hilfskriteriums der Intensität, mit der die grundrechtlichen Schutzbereiche des informierten Bürgers und des Grundrechtsträgers berührt werden und differenziert dafür zwischen diesen beiden Handlungsketten. Kritisch zur Intensität als Kriterium *L. Michael/M. Morlok*, Grundrechte, 5. Aufl. 2015, Rn. 499.

[127] BVerfGE 105, 252 (273); 105, 279 (303); so auch BVerwG, Urteil v. 15. Dezember 2005, 7 C 20/04, in: NJW 2006, 1303 (1304).

nachteiligen Effekt abzielen, der bei dem Betroffenen eintreten soll, und darf diesen Effekt nicht lediglich als Begleiterscheinung mit sich bringen."[128] Zu Recht verlangt das Gericht wie hier (s. o.), dass der sich äußernde Hoheitsträger die grundrechtliche Beeinträchtigung des von seinen Aussagen Betroffenen beabsichtigen muss, damit ihm das dazwischen geschaltete Handeln des informierten Bürgers zugerechnet werden kann. Es reiche aber auch, wenn die grundrechtliche Beeinträchtigung voraussehbar für den Hoheitsträger gewesen sei und er diese in Kauf genommen habe.[129] Damit werden nach wie vor Begleiterscheinungen von der Zurechnung ausgeschlossen (s. o.), die nicht gewollt oder vorhersehbar waren.

Mit dem Terminus des funktionalen Eingriffsäquivalents ist nichts anderes als eine eingriffsgleiche Maßnahme[130], von der das Bundesverfassungsgericht an anderer Stelle spricht, gemeint. Dies zeigt sich auch an der gerichtlichen Definition der eingriffsgleichen Maßnahme, nach der eine solche vorliegt, „wenn zwar keine unmittelbare rechtliche Beeinträchtigung erfolgt, die mittelbar und faktisch belastende Maßnahme aber nach Wirkung und Zielrichtung einer solchen Beeinträchtigung gleichkommt."[131] Das Gericht verweist hierfür zu Recht auf seine Rechtsprechung zum funktionalen Äquivalent (s. o.), da es dessen Inhalt größtenteils nur wiedergibt und dementsprechend ebenfalls auf die Zielrichtung des faktischen, mittelbaren Handelns abstellt.

Es geht diesen Begrifflichkeiten um die Klarstellung, dass das Kommunikationshandeln keinen klassischen Eingriff darstellt, sondern eine mit diesem vergleichbare Maßnahme darstellt, die sich grundrechtlich nachteilig auswirken kann. Nicht zuletzt diese uneinheitliche und inkonsistente Terminologie des Bundesverfassungsgerichts führt zu Unstimmigkeiten in der Lehre und Rechtsprechung, denn nach wie vor besteht keine konsequente Eingriffsdogmatik hinsichtlich staatlichen Kommunikationhandelns.[132]

Dass es beim staatlichen Kommunikationshandeln neben der Unmittelbarkeit vor allem und schwerpunktmäßig auf die Finalität ankommt, liegt daran, dass verhindert werden soll, dass der Staat sich durch eine „Flucht in die Mittelbarkeit"

128 BVerwG, Urteil v. 15. Dezember 2005, 7 C 20/04, in: NJW 2006, 1303 (1304) m. w. N.; BVerwGE 71, 183 (194).

129 BVerwGE 82, 76 (79). Eine solche Erweiterung des Finalitätskriterium ist begrüßenswert, um auch solche Beeinträchtigungen zu erfassen, die zwar nicht diekt beabsichtigt waren, mit denen aber gerechnet werden konnte und die in Kauf genommen wurden.

130 So in BVerfGE 113, 63 (76). Vgl. *H. Bethge*, Mittelbare Grundrechtsbeeinträchtigungen, in: HdbGR, Bd. III, 2009, S. 113 (127), der lieber von der Eingriffsgleichheit als von der Unmittelbarkeit einer Grundrechtsbeeinträchtigung spricht aufgrund der unpräzisen Verwendung des Begriffspaars „unmittelbar-mittelbar". Auch *U. Di Fabio*, JZ 1993, 689 (696) legt den Fokus auf das Kriterium der Finalität.

131 BVerfGE 118, 1 (20).

132 So auch *H. Bethge*, Mittelbare Grundrechtsbeeinträchtigungen, in: HdbGR, Bd. III, 2009, S. 113 (125).

seiner Verantwortung für beabsichtigte Beeinträchtigungen entzieht.[133] Außerdem erfolgt oftmals, aber nicht immer, informationelles Handeln mittelbar durch das Vorliegen eines Mehrpersonenverhältnisses (s. o.). Allein das Hinzukommen eines dazwischen tretenden Dritten sollte nicht zur Unterbrechung der Zurechnung und damit zur Verneinung eines Eingriffs führen. Daher bedarf es zusätzlich der Finalität als Zurechnungskriterium (s. o.).[134] Diese ist wesentlich für die Beurteilung der Eingriffsqualität, was jedoch durch das Begriffspaar „mittelbar-faktisch" nicht zum Ausdruck kommt. Daran ist daher nicht mehr festzuhalten, um Missverständnissen vorzubeugen.

Da man eben weniger mit der Unterscheidung „mittelbar-unmittelbar" anfangen kann, bedarf es stets des Finalitätskriteriums. Dieses Begriffspaar dient letztlich nur der Beschreibung der Anzahl der beteiligten Personen, also ob es sich um ein bipolares oder tripolares Verhältnis handelt. Die Unterscheidung ist nicht entscheidungserheblich für die Frage der staatlichen Zurechnung. Demzufolge kommt Finalität nicht nur als Hilfskriterium bei mittelbaren Beeinträchtigungen zum Einsatz, vielmehr ist auch bei unmittelbarem Kommunikationshandeln die Frage der Finalität zu stellen. Beließe man es allein bei der Finalität im Rahmen von mittelbaren Handlungen, so hätte man kein Zurechnungskriterium bei unmittelbaren Beeinträchtigungen, welches diese erfüllen müssten. Allein die Tatsache, dass kommunikatives Handeln direkt an den Adressaten gerichtet ist, kann nicht ausreichen für die Zurechnung zum Staat und somit für das Vorliegen eines Eingriffs. Eine Erweiterung des Eingriffsbegriffs ist zwar aufgrund der Pluralität staatlicher Handlungsformen begrüßenswert, allerdings darf sie nicht ausufern, zumal sie weitreichende Konsequenzen für die Frage einer Grundrechtsverletzung hat.

Zusammengefasst bedeutet dies, dass Kommunikationshandeln, welches nie imperativ und rechtsförmlich, aber dafür faktisch ist, entweder mittelbar oder unmittelbar sein kann und stets final sein muss, damit ein Eingriff vorliegt.[135] Die Faktizität ist stets gegeben und wirft keine Fragen auf, daher ist der Fokus auf die Voraussetzungen der (Un-)Mittelbarkeit und Finalität zu legen. Die Eingriffsfrage lautet sodann: Wird der Schutzbereich eines Grundrechts durch faktisches, finales und mittelbares oder unmittelbares Handelns des Staates erschwert oder unmöglich gemacht?

Diese Eingriffsformel bietet handhabbare Kriterien für den Bereich des Kommunikationshandelns, sowohl in Gestalt von verbraucherbezogener Öffentlichkeitsarbeit (Warnungen, Aufklärung u. ä.) als auch für politische Äußerungen. Sie hat den Vorteil, dass sie zum einen zwar an den traditionellen Voraussetzungen

---

[133] *H. Bethge*, Mittelbare Grundrechtsbeeinträchtigungen, in: HdbGR, Bd. III, 2009, S. 113 (131 f.) m. w. N.

[134] So auch *H. Bethge*, Mittelbare Grundrechtsbeeinträchtigungen, in: HdbGR, Bd. III, 2009, S. 113 (127 ff., 130 ff.); *U. Di Fabio*, JZ 1993, 689 (696).

[135] Vgl. einen ähnlichen Ansatz bei *L. Michael/M. Morlok*, Grundrechte, 5. Aufl. 2015, Rn. 503.

des klassischen Eingriffsbegriffs festhält, zum anderen jedoch eine Erweiterung dessen offeriert.

Man könnte auf die Idee kommen, die Eingriffsqualität von staatlichem Kommunikationshandeln aus dem Grund bereits anzunehmen, weil dem Staat „gefährliche“ Mittel zur Verfügung stehen, die der amtlichen Äußerung Eingriffsqualität verleihen könnten. Es steht außer Frage, dass insbesondere die amtlichen Ressourcen, die dem Staat und den ihm zuzurechnenden Personen zur Verfügung stehen, die Äußerungsfälle zu einer heiklen Angelegenheit machen. Die Äußerungen von staatlicher Seite gewinnen erst durch die Möglichkeit der Nutzung amtlicher Ressourcen an besonderer Sensibilität und unterscheiden sich von Äußerungen durch Privatpersonen. Jedoch spricht dagegen, dass ein solches Vorgehen dogmatisch unsauber ist, denn sonst könnte die Hürde des Eingriffs mithilfe von Einzelfallerwägungen leicht umgangen werden. Außerdem stellt das Argument der gefährlichen staatlichen Mittel auf Ebene des Eingriffs keine Besonderheit dar, da es sich stets um Maßnahmen von staatlicher Seite handelt, um deren Eingriffsqualität es geht. Das heißt, nicht nur in Äußerungsfällen stechen die vielfältigen Möglichkeiten des Staates hervor. Die Besonderheit in Äußerungsfällen ist die, dass Äußerungen im Meinungs- und Willensbildungsprozess sowohl von Privaten als auch von Hoheitsträgern abgegeben werden können, sich aber gerade und vor allem in dem Punkt der amtlichen Mittel und des damit verbundenen Amtsbonus unterscheiden. Dies allein ist kein Grund zur Annahme eines Eingriffs. Das bedeutet aber nicht, dass dieser Punkt keine Beachtung findet. Vielmehr ist er ein grundlegendes Kriterium des Neutralitätsmaßstabs (s. u. Teil 3 II.).

cc) Politische Äußerungen

In Anlehnung an die Neutralitätsrechtsprechung kann man exemplarisch zwischen verschiedenen grundrechtlich relevanten Äußerungsbeispielen unterscheiden; diese sind aber nicht abschließend. Die Frage ihrer Zulässigkeit ist eine Frage der Ebene des Eingriffs und nicht schutzbereichsspezifisch. Dieser Frage vorangestellt ist die Eröffnung des Schutzbereichs des jeweils einschlägigen Freiheitsgrundrechts (s. o. Teil 2 I. 4. b) aa)).

Zunächst lässt sich eine grobe Unterscheidung anhand des Kriteriums der Unmittelbarkeit vornehmen. In Bezug auf verbraucherbezogene Warnungen staatlicherseits hat sich in der Lehre und Rechtsprechung bereits früh abgezeichnet, dass diese sich in einem Dreipersonenverhältnis bewegen, denn ein Amtsträger warnt die Bürger vor einem Produkt oder Ähnlichem eines Produzenten, diese hören auf die Warnung und handeln dementsprechend, wodurch letztlich der von der Warnung Betroffene eine grundrechtliche Beeinträchtigung erleidet (s. o. Teil 2 I. 4. b) aa), bb)). Das Handeln des Staates löst nicht unmittelbar diese Beeinträchtigung aus, sondern ruft erst ein dazwischen geschaltetes Handeln hervor. Politische Äußerungen von Amtsträgern, um die es hier geht, können zwar auch in ein solches

Dreiecksverhältnis eingebettet sein, aber sie sind typischerweise unmittelbar an den Grundrechtsbetroffenen adressiert – ohne Zwischenhandeln eines anderen. Diese Unterscheidung ist bei der Frage der Eingriffsqualität einzelner politischer Äußerungen wichtig, allerdings ist sie nicht entscheidungserheblich für das Vorliegen eines Eingriffs, da es für die Zurechnung maßgeblich auf das Finalitätskriterium ankommt.

Ferner kann eine Unterscheidung von politischen Äußerungen anhand ihres Inhalts erfolgen. Zum einen gibt es Fälle, bei denen Träger öffentlicher Gewalt einen politischen Wettbewerber herabsetzen, indem sie sich negativ über diesen äußern. Zum anderen ist auch der umgekehrte Fall denkbar, dass sich Hoheitsträger über eine bestimmte politische Ansicht positiv äußern und sich mit dieser identifizieren. Angelehnt an die Neutralitätsrechtsprechung der nordrhein-westfälischen Verwaltungsgerichtsbarkeit können Äußerungen in Aufrufen zur Teilnahme an Gegendemonstrationen zu geplanten Versammlungen bestehen, so wie es der Fall beim Dügida-Fall war; zu den weiteren Handlungen des Oberbürgermeisters gehörten noch der Aufruf der Düsseldorfer Einwohner zum Lichtausschalten sowie die Ankündigung und Durchführung des Lichtausschaltens an öffentlichen Gebäuden.[136]

Im Folgenden werden zwar einzelne Beispielsfälle mit Blick auf ihre Eingriffsqualität behandelt,[137] allerdings können die Ausführungen nur Anhaltspunkte sein und hängen stets von den Umständen des Einzelfalles ab. Daher verbietet sich eine pauschale Übertragung dieser auf andere Fälle.

(1) Negative Äußerungen

Der Klassiker von politischen Meinungskundgaben von Amtsträgern ist der Fall, dass sich diese negativ über eine politische Personenvereinigung äußern und sich damit in der Öffentlichkeit von deren Ansichten und Zielen distanzieren.[138]

Solche Äußerungen erfolgen unmittelbar, da sie sich direkt gegen die Personenvereinigung als Grundrechtsträger richten. Sie entfalten nicht erst dann beeinträchtigende Wirkung, wenn die adressierten Bürger etwas tun. Um einen Eingriff in das einschlägige Grundrecht annehmen zu können, bedarf es der Finalität der Äußerung. Der sich äußernde Hoheitsträger muss die Grundrechtsbeeinträchtigung

---

[136] VG Düsseldorf, Beschluss v. 09. Januar 2015, 1 L 54/15, juris und OVG NRW, Beschluss v. 12. Januar 2015, 15 B 45/15, juris sowie später VG Düsseldorf, Urteil v. 28. August 2015, 1 K 1369/15, juris und OVG NRW, Urteil v. 04. November 2016, 15 A 2293/15.

[137] S. *C. Hillgruber*, Zwischen wehrhafter Demokratie und „political correctness"; wieweit darf die politische Mehrheit die Spielregeln der politischen (Meinungs-) Bildung bestimmen?, in: W. Kluth (Hrsg.), „Das wird man ja wohl noch sagen dürfen." Staatliche Organe und die Pflicht zur Neutralität, 2015, S. 77 (80 ff.), der sich für die Unzulässigkeit der streitgegenständlichen Äußerungen aus der jüngeren Neutralitätsrechtsprechung ausspricht.

[138] BVerfGE 136, 323 ff.; VerfGH Saarland, Urteil v. 08. Juli 2014, Lv 5/14. Vgl. für Beispiele *T. Barczak*, NVwZ 2015, 1014 (1015).

beabsichtigt haben oder sie müsste objektiv vorhersehbar gewesen sein und er sie in Kauf genommen haben. In der Regel wird die Zielgerichtetheit bei jedenfalls herabsetzenden, diffamierenden Äußerungen zu bejahen sein und die Zurechnung begründen, dennoch kommt es auf den Einzelfall an.

Ein Beispiel für eine negative Äußerung eines Amtsträgers über eine politische Partei bietet der *Gauck*-Fall. Der Bundespräsident bezeichnete die Anhänger der NPD als Spinner. Darin ist ein negatives Werturteil gegenüber der Partei als auch ihren Anhängern und Unterstützern zu sehen, das auch diffamierend ist. Dies erkennt das Bundesverfassungsgericht zwar, lehnt dennoch zu Unrecht die Unzulässigkeit dieser Aussage mit Verweis auf die nationalsozialistische Unrechtsherrschaft und die Wunsiedel-Entscheidung ab.[139]

Allerdings sind solche Aussagen von inhaltlicher Kritik des Staates zu unterscheiden. Nicht allein dadurch, dass sich ein Träger staatlicher Gewalt mit dem politischen Programm einer Vereinigung inhaltlich auseinandersetzt und Kritik ausübt – ohne Herabsetzung und Diffamierung –, wird diese grundrechtlich beeinträchtigt.[140] Die Grundrechte geben kein Recht darauf, dass der Staat einzelne Meinungen nicht beurteilt und kritisiert.[141] Teilnehmer des politischen Meinungs- und Willensbildungsprozesses haben es als Akteure der Öffentlichkeit auszuhalten, dass sie öffentlich kritisiert werden.[142] Denn die politische Kommunikation lebt von der ständigen Auseinandersetzung mit den bestehenden politischen Richtungen und nur so wird ein Beitrag zur Bildung einer öffentlichen Meinung geleistet.

(2) Positive Äußerungen

Auch ist der umgekehrte Fall denkbar, in dem sich Amtsinhaber positiv über eine politische Richtung äußern und sich mit dieser identifizieren. Hier ist aber zu differenzieren, denn diejenige Vereinigung, zu deren Gunsten die Äußerung getroffen wurde, erleidet in der Regel keinen Nachteil, der als Eingriff in Frage käme. Eine grundrechtliche Beeinträchtigung könnte bezüglich der anderen Teilnehmer des politischen Wettbewerbs in Betracht kommen.

Hier käme allenfalls eine mittelbare Beeinträchtigung in Frage, nicht jedoch in der Weise des oben beschriebenen tripolaren Verhältnisses, bei dem das Handeln eines Dritten erst die Beeinträchtigung auslöst. Diejenige Vereinigung, die Adressat

---

[139] BVerfGE 136, 323 (337 f.). Auch kritisch *C. Hillgruber*, JA 2014, 796 (798); s. auch *M. Sachs*, JuS 2014, 956 (957).

[140] So auch *M. Payandeh*, Der Staat 55 (2016), 519 (544 f.); *K. F. Gärditz*, NWVBl. 2015, 165 (169); *T. Barczak*, NVwZ 2015, 1014 (1019).

[141] *M. Payandeh*, Der Staat 55 (2016), 519 (544); ferner BVerfGE 105, 279 (294) im Zusammenhang mit der religiösen Neutralität.

[142] S. dazu *M. Payandeh*, Der Staat 55 (2016), 519 (543 ff.); *K. F. Gärditz*, NWVBl. 2015, 165 (169).

einer positiven Äußerung ist, hat nichts damit zu tun, dass sich eine andere Vereinigung benachteiligt fühlt, sodass sie nicht Bestandteil einer möglichen Handlungskette ist. Es handelt sich trotz der Mittelbarkeit um ein Zweipersonenverhältnis. Auch hier ist das Erfordernis der Finalität zu untersuchen.

Allerdings dürfte in der Regel von Kommunikationshandeln, das personelle Bevorzugungen zum Ausdruck bringt, für die anderen Teilnehmer keine grundrechtliche Freiheitsbeeinträchtigung ausgehen, da sie nicht daran gehindert werden, ihre grundrechtlichen Freiheiten wahrzunehmen. Dies ist eine gleichheitsrelevante Frage, die den Grundsatz der Chancengleichheit als die gleichheitsrechtliche Dimension der verfassungsrechtlichen Herleitung politischer Neutralität betrifft (s. u. Teil 2 I. 5.). Die anderen Wettbewerbsteilnehmer kommen nichtsdestotrotz in den Genuss der politischen Freiheitsrechte, durch welche ihnen der Zugang zum Prozess der politischen Willensbildung eröffnet wird.

(3) Aufrufe zur Teilnahme an einer Gegendemonstration

Einen besonderen Fall politischer Äußerungen stellt der Aufruf eines Amtsinhabers zur Teilnahme an einer Gegendemonstration dar. Im Düsseldorfer Streit rief der Oberbürgermeister die Bürger unter anderem dazu auf, an einer durch ein privates, regionales Bündnis organisierten Gegendemonstration teilzunehmen.[143]

In dieser Konstellation stellt sich im Vergleich zu den bisher genannten Fallgruppen in besonderem Maße die Frage nach der (Un-)Mittelbarkeit des staatlichen Handelns. Denn dieses richtet sich an die Bürger. Sie sollen an einer Gegendemonstration als Gegenveranstaltung zu einer geplanten Versammlung eines politischen Wettbewerbers teilnehmen. Es existieren also drei Beteiligte: Amtsträger-Bürger-politischer Wettbewerber. Das tripolare Verhältnis ist aus den Fällen staatlicher Warnungen und Aufklärungen bekannt (s. o.). Es geht um die Frage, ob dem Staat zugerechnet werden kann, dass erst das Handeln des Bürgers zu einem Nachteil beim Dritten führt. Auf den vorliegenden Fall übertragen würde sich die Frage stellen, ob es dem aufrufenden Amtsträger zuzurechnen ist, dass die Teilnahme der Bürger an der Gegendemonstration zu einem Nachteil des Veranstalters der Hauptdemonstration führt. Allerdings scheitert diese Frage bereits – bevor es zur Zurechnung überhaupt kommen kann – an der falschen Annahme, dass das Stattfinden einer Gegendemonstration und die Teilnahme daran einen grundrechtlichen Nachteil für den Wettbewerber darstellen. So wie Hauptdemonstrationen grundrechtlich geschützt sind, so sind es auch Gegendemonstrationen. Sie sind zulässig und dürfen stattfinden. Eine Hauptdemonstration hat kein Recht darauf, dass es

[143] S. dazu erst- und zweitinstanzlich VG Düsseldorf, Urteil v. 28. August 2015, 1 K 1369/15, juris und OVG NRW, Urteil v. 04. November 2016, 15 A 2293/15. Vgl auch VG München, Beschluss v. 19. Januar 2015, M 7 E 15.136, juris; VG Berlin, Urteil v. 23. September 2013, 1 K 280.12, juris.

keine Gegendemonstration gibt. Demzufolge kann durch die Teilnahme der Bürger an einer Gegendemonstration nicht die Rede von einem Nachteil beim Veranstalter der Hauptdemonstration sein, zumal zahlenmäßig nicht feststellbar ist, wie viele Menschen durch den Aufruf hinzukommen.

Demgegenüber mag man das Argument, dass vom Aufruf zur Teilnahme an einer Gegendemonstration eine abschreckende Wirkung[144] auf die Teilnahme an der ursprünglichen Versammlung ausgeht, gelten lassen. Es ist durchaus möglich, dass es dazu kommt, dass potenzielle Versammlungsteilnehmer davon abgeschreckt werden, an der ursprünglichen Versammlung teilzunehmen. Letztlich geht es hier um die Frage, ob das Fernbleiben pozentieller Versammlungsteilnehmer eine beeinträchtigende Wirkung hat, welche dem Staat zuzurechnen ist.

Auch hier ist wieder zunächst zu fragen, ob das potenzielle Fernbleiben möglicher Teilnehmer die Inanspruchnahme der Versammlungsfreiheit des Veranstalters der Hautpdemonstration überhaupt nachteilig tangiert. Dies ist empirisch zwar nicht konkret feststellbar, aber diese Frage ist rechtlich gesehen unabhängig davon zu beantworten. Der Veranstalter einer Versammlung hat keinen grundrechtlichen Anspruch auf eine bestimmte Anzahl an Versammlungsteilnehmern, zumal diese ex ante nicht feststeht. So wird durch das Fernbleiben grundsätzlich die Abhaltung der ursprünglichen Versammlung nicht beeinträchtigt oder unmöglich gemacht.[145] Käme es beispielsweise dazu, dass die Versammlung mangels Teilnehmer nicht stattfinden kann, so müsste ein solcher einzelfallabhängiger Umstand berücksichtigt werden.

Geht man hier nichtsdestotrotz aufgrund des Risikos der Abschreckung von einer nachteiligen Situation für den Veranstalter der ursprünglichen Demonstration aus, so muss die Zurechnung anhand des Finalitätskriteriums erfolgen. Es kommt dann darauf an, ob der Aufruf bewusst darauf abzielte, dass die ursprüngliche Versammlung verhindert oder empfindlich gestört wird, oder ob mit ihm lediglich die inhaltliche Missbilligung einer Versammlung „sowie gegebenenfalls [der] Wunsch, dass sich gesellschaftlicher Protest hiergegen verbalisiert und manifestiert", zum Ausdruck gebracht wurde.[146] Die abschreckende Wirkung geht nicht vom Bestehen

---

[144] VerfGH Thüringen, Urteil v. 06. Juli 2016, VerfGH 38/15, S. 12 ff.; *T. Wahnschaffe*, NVwZ 2016, 1767 (1769 f.). Diese im konkreten Fall ablehnend *M. Payandeh*, Der Staat 55 (2016), 519 (545 f.) m. w. N.; *K. F. Gärditz*, NWVBl. 2015, 165 (171); gegen die grundrechtliche Zulässigkeit des Aufrufs zur Gegendemonstration *T. Barczak*, NVwZ 2015, 1014 (1019); s. auch *C. Hillgruber*, Zwischen wehrhafter Demokratie und „political correctness"; wieweit darf die politische Mehrheit die Spielregeln der politischen (Meinungs-) Bildung bestimmen?, in: W. Kluth (Hrsg.), „Das wird man ja wohl noch sagen dürfen." Staatliche Organe und die Pflicht zur Neutralität, 2015, S. 77 (82).

[145] So auch *M. Payandeh*, Der Staat 55 (2016), 519 (546). So auch OVG NRW, Urteil v. 04. November 2016, 15 A 2293/15, S. 30 f.

[146] *M. Payandeh*, Der Staat 55 (2016), 519 (546). Vgl. VG Düsseldorf, Urteil v. 28. August 2015, 1 K 1369/15, juris Rn. 76 ff., das bzgl. der gesamten Interneterklärungen einen faktischen Eingriff grundsätzlich bejaht, aber sodann aufgrund des geringen Gewichts ablehnt, da der

einer Gegendemonstration aus, sondern vom direkten Appell des Amtsträgers, daran teilzunehmen. In einer solchen Äußerungskonstellation hat die Äußerung eine gewichtigere Wirkung, da diese sich nicht in der reinen Meinungskundgabe erschöpft, sondern die Bürger zu einem Handeln aktivieren will. Dass ein Amtsträger sich öffentlich ausspricht für die Teilnahme an einer Gegendemonstration, ist im Versammlungwesen nicht gängig. Daher ist diese Fallgruppe sensibler bzw. interpretationsoffener. Dazu trägt im Düsseldorfer Fall aber auch zusätzlich die durch den Oberbürgermeister initiierte Aktion des Lichtausschaltens bei, welche die Bedeutung seiner Äußerungen hervorhebt und die mögliche abschreckende Wirkung unterstützt.

Ein dem Sachverhalt des Düsseldorfer Falles ähnliches Geschehen im Hinblick auf die Tatsache, dass sich ein Amtsträger gegen eine geplante Versammlung ausspricht, lag dem einstweiligen Beschluss des Bundesverfassungsgerichts zugrunde, welcher einen Streit zwischen der AfD und der Bundesministerin für Bildung und Forschung zum Gegenstand hatte. Gegen eine geplante Demonstration der Partei sprach sich die Ministerin auf der Internetseite des Ministeriums aus: „Rote Karte für die AfD. Johanna Wanka zur geplanten Demonstration der AfD in Berlin am 07.11.2015: ‚Die Rote Karte sollte der AfD und nicht der Bundeskanzlerin gezeigt werden. Björn Höcke und andere Sprecher der Partei leisten der Radikalisierung in der Gesellschaft Vorschub. Rechtsextreme, die offen Volksverhetzung betreiben wie der Pegida-Chef Bachmann, erhalten damit unerträgliche Unterstützung.‘“[147]

Auch hier wird zu Recht neben dem Recht auf Chancengleichheit das Grundrecht auf Versammlungsfreiheit durch das Gericht angeführt, eine faktische Beeinträchtigung erscheine denkbar, da die Interneterklärung als Boykottaufruf verstanden werden könne.[148] Hier gilt das bereits oben Gesagte zur abschreckenden Wirkung einer solchen Äußerung, da es auch hier fragwürdig ist, ob durch die Presseerklärung das Abhalten der Versammlung verhindert oder gestört wurde. Dass die Möglichkeit einer Beeinträchtigung im einstweiligen Rechtschutz als nicht ausgeschlossen angesehen wird, erscheint plausibel. Der Antrag hatte zu Recht Erfolg vor dem Bundesverfassungsgericht, dies ist aber vor allem darauf zu stützen, dass zur Veröffentlichung der Presseerklärung die offizielle Internetseite des Ministeriums für Bildung und Forschung, also eine amtliche Ressource, genutzt wurde. Die Inanspruchnahme einer amtlichen Ressource bei einer privat getätigten Äußerung ist nämlich unzulässig (s. u. Teil 3 I.), besonders vor dem Hintergrund des Rechts auf chancengleiche politische Betätigung (s. u. Teil 2 I. 5. d)).

Oberbürgermeister nur mittelbar auf die Versammlung eingewirkt habe, nicht unmittelbar. Die Mittelbarkeit wird als Grund zur Ablehnung eines Eingriffs angesehen, was davon kommt, dass dieses Kriterium nicht näher dargelegt wird. Das OVG NRW, Urteil v. 04. November 2016, 15 A 2293/15, S. 29 ff. sieht im Aufruf zur Teilnahme an der Gegendemonstration keinen Eingriff, da die Freiheitsausübung der Veranstalter und Teilnehmer nicht substantiell erschwert worden sei. Die Gegendemonstration sei wie geplant durchgeführt werden worden.

[147] BVerfGE 140, 225 ff.

[148] BVerfGE 140, 225 (228).

(4) „Licht aus!"-Aktion

Die „Licht aus!"-Aktion des Oberbürgermeisters im Dügida-Fall stellt eine Besonderheit dar.

Sowohl der Aufruf zur Teilnahme an einer Gegendemonstration als auch der Aufruf zum Lichtabschalten sowie die Ankündigung, die Beleuchtung öffentlicher Gebäude abzuschalten, stellen Äußerungen dar. Demgegenüber stellt die Durchführung des Beleuchtungsboykotts, welcher zwar auch eine faktische Handlung ist, keine Äußerung dar. Insgesamt stellen die auf das Lichtabschalten gerichteten Erklärungen sowie das tatsächliche Lichtabschalten zwar mehrere einzelne Handlungen dar, sie stehen aber alle in einem untrennbaren Sinnkontext unter der Überschrift „Lichter aus! Düsseldorf setzt Zeichen gegen Intoleranz" und sind daher einheitlich zu beurteilen (s. o. Teil 1 I.).[149] Demzufolge ist die Frage nach der Eingriffsqualität der zur „Licht aus!"-Aktion ergangenen Erklärungen im Internet sowie des tatsächliche Lichtabschalten ebenfalls einheitlich zu beantworten.

Es handelt sich hier um eine faktische und unmittelbare Maßnahme des Oberbürgermeisters, welche sich im Verhältnis Amtsträger-politischer Wettbewerber abspielt. Für die Eingriffsqualität kommt es auf die Zurechnung zum Staat und damit auf die Finalität des Handelns an. Es kommt darauf an, ob der Oberbürgermeister es beabsichtigt hatte, die Versammlung zu verhindern oder zu stören durch seine „Licht aus!"-Erklärungen. In Rede steht die Verletzung der Versammlungsfreiheit der Dügida-Versammlung. Jedoch geht mit diesen Handlungen keine Freiheitseinbuße einher, denn die Abhaltung der Versammlung ist trotz der „Licht aus!"-Aktion möglich. Ferner bestand zwischen der Strecke der Versammlung und der unbeleuchteten öffentlichen Gebäude eine Entfernung von zwei Kilometern, sodass sich dieses Handeln vielmehr in seiner Wirkung als symbolisches Mittel[150] erschöpfte und der Unterstützung des durch den Oberbürgermeister Gesagten diente. Dieser brachte seine Missbilligung der Versammlung zum Ausdruck und bediente sich dafür der „Licht aus!"-Aktion. Auch hier ist es zwar denkbar, durch die abschreckende Wirkung einen grundrechtlichen Eingriff anzunehmen (s. o. Teil 2 I. 4. b) cc) (3)), allerdings steht dem wiederum entgegen, dass die Ausübung der Versammlungsfreiheit nicht erschwert oder unmöglich gemacht wird. Die Versammlung kann trotz des Lichtausschaltens ungestört ihren kommunikativen Zweck verfolgen. Außerdem kann von einer gewollten oder beabsichtigten Erschwernis der Grundrechtsausübung durch das Handeln des Oberbürgermeisters nicht die Rede sein, weil das Licht nicht unmittelbar am Versammlungsort ausgeschaltet wurde.

---

[149] So auch OVG NRW, Urteil v. 04. November 2016, 15 A 2293/15, S. 18.

[150] Vgl. zum Symbolcharakter VG Düsseldorf, Urteil v. 28. August 2015, 1 K 1369/15, juris Rn. 78 sowie OVG NRW, Urteil v. 04. November 2016, 15 A 2293/15, S. 27 ff. Das OVG begründet die Unzulässigkeit der „Licht aus!"-Aktion vor allem mit dem Einsatz eines symbolpolitischen Mittels.

Das Oberverwaltungsgericht Nordrhein-Westfalen bejaht überraschenderweise durch die „Licht aus!"-Aktion eine Verletzung des allgemeinen Persönlichkeitsrechts aus Artikel 2 Abs. 1 in Verbindung mit Artikel 1 Abs. 1 GG sowie der Versammlungs- und Meinungsfreiheit aus Artikel 8 Abs. 1, Artikel 5 Abs. 1 S. 1 Halbs. 1 GG der Klägerin (Anmelderin der Versammlung),[151] wohingegen der Aufruf zur Teilnahme an einer Gegendemonstration als rechtmäßig bewertet wird.[152]

Es ist richtig, dass das Persönlichkeitsrecht unter anderem vor Äußerungen schützt, die geeignet sind, sich abträglich auf das Ansehen einer Person in der Öffentlichkeit auszuwirken. Dies trifft hier nicht zu, denn die veröffentlichten Erklärungen im Hinblick auf das Lichtausschalten brachten die inhaltliche Missbilligung des Oberbürgermeisters bezüglich der Zielsetzung der Dügida-Gruppe zum Ausdruck. Sie beinhalteten keine persönliche Herabsetzung der Klägerin. Dass er inhaltlich Stellung bezog zu der von ihr geplanten Versammlung, bedeutet nicht automatisch, dass er ihre Person abträglich darstellen wollte. Inhaltliche Kritik ist zu unterscheiden von persönlichen Verunglimpfungen (s. o. Teil 2 I. 4. b) cc) (1)). Daran ändert auch die Tatsache, dass der Name der Klägerin auf der Internetseite genannt wurde, nichts. Sie wurde als Anmelderin der Versammlung explizit genannt, nicht jedoch zum Zwecke der Bloßstellung bzw. im Zusammenhang mit persönlichen Angriffen. Es ginge zu weit, eine Persönlichkeitsrechtsverletzung anzunehmen.

Vorliegend wird zwar auch eine Verletzung der Versammlungsfreiheit abgelehnt (s. o.), aber die Erörterung dieses Grundrechts ist nicht so abwegig wie die des allgemeinen Persönlichkeitsrechts. Die Versammlungsfreiheit könne durch Boykottaufrufe eines Amtsträgers beeinträchtigt werden, wenn sie in ihrer Intensität imperativen Maßnahmen gleichstünden und eine abschreckende Wirkung hätten.[153] Die Erklärung „Lichter aus! Düsseldorf setzt Zeichen gegen Intoleranz" und das Lichtausschalten werden hier entgegen der Auffassung des Gerichts jedoch nicht als Boykottaufruf verstanden, diese Handlungen sind nicht in der Lage, die geplante Versammlung zu boykottieren. Dazu bedürfte es mehr. Es wäre anders zu beurteilen, ginge es um die Beleuchtung auf der Strecke der Versammlung. Rein tatsächlich hatte das Lichtausschalten keine Auswirkungen auf die Versammlung. Die abschreckende Wirkung ist hier zu verneinen (s. o.). Hätte das Gericht im Hinblick auf den Aufruf zur Teilnahme an einer Gegendemonstration eine abschreckende Wirkung und damit einhergehend eine Grundrechtsverletzung angenommen, wäre dies nachvollziehbarer, wenn auch nicht gänzlich unproblematisch. Denn auf potenzielle Teilnehmer an der Dügida-Versammlung wirkte dieser Aufruf eher abschreckend, da er sie dazu aufforderte, an der Gegenveranstaltung teilzunehmen und diese Aufforderung von einem Amtsträger zur Sprache gebracht wurde.

---

[151] OVG NRW, Urteil v. 04. November 2016, 15 A 2293/15, S. 14 ff., 16 ff., 28.

[152] OVG NRW, Urteil v. 04. November 2016, 15 A 2293/15, S. 30 f.

[153] OVG NRW, Urteil v. 04. November 2016, 15 A 2293/15, S. 16.

Mit dem Symbol des kollektiven Lichtausschaltens werden im Vergleich dazu potenzielle Teilnehmer nicht von der Teilnahme abgeschreckt. Symbole werden in der politischen Kommunikation verwendet. Die „Licht aus!"-Aktion stellt ein solches Symbol dar, aber auch die Sprache bedient sich solcher Symbole zur Hervorhebung bestimmter Inhalte. Das vom Oberbürgermeister gewählte Symbol unterstrich seine inhaltliche Missbilligung, aber ein Ausschluss aus dem Prozess der Meinungsbildung kann darin nur schwerlich gesehen werden.

Nicht einleuchtend und widersprüchlich ist, dass das Oberverwaltungsgericht im Rahmen der Beurteilung des Aufrufs zur Gegendemonstration darauf abstellt, dass trotz des Aufrufs die Versammlung der Dügida-Gruppe wie geplant durchgeführt werden konnte und die Kommunikation des Versammlungszweckes nicht substanziell erschwert wurde, sodass kein Grundrechtseingriff gegeben sei.[154] Demgegenüber wird dieser Maßstab offensichtlich nicht bei der Beurteilung der auf das Lichtausschalten gerichteten Maßnahme des Oberbürgermeisters angewendet. Denn sonst wäre das Gericht zu dem Ergebnis gekommen, dass durch das Ankündigen und den Aufruf zum Abschalten der Beleuchtung sowie das tatsächliche Abschalten die politische Gruppierung nicht von der Durchführung der geplanten Versammlung abgehalten wurde und dass der kommunikative Zweck der Versammlung ungestört verfolgt werden konnte. Die ablehnende Haltung des Stadtoberhauptes der Dügida gegenüber ist nicht zu leugnen, allerdings macht sich diese auch und vor allem durch den Aufruf zur Teilnahme an einer Gegendemonstration erkennbar. In diesem Punkt ist eine differenzierte Betrachtung der unterschiedlichen Handlungen weder möglich noch verständlich, da der Oberbürgermeister durch den Internetauftritt und sein gesamtes Verhalten seine ablehnende Meinung mitteilte. Nicht erst an der „Licht aus!"-Aktion machte sich diese bemerkbar.

Nach hier vertretener Ansicht kann man – wenn überhaupt – eher in dem Aufruf zur Teilnahme an einer Gegendemonstration einen grundrechtlichen Eingriff sehen als in der „Licht aus!"-Aktion.[155] Die Verneinung des Grundrechtseingriffs durch die letztgenannte Handlung bedeutet aber keineswegs, dass diese Aktion – die Äußerungen im Internet sowie das Lichtausschalten – unproblematisch zulässig ist. Denn insbesondere die Inanspruchnahme staatlicher Ressourcen, wie sie bei der „Licht aus!"-Aktion durch die Nutzung der städtischen Internetseite und die Ausschaltung der Beleuchtung an öffentlichen Gebäuden gegeben ist, stellt ein erhebliches Problem dar mit Blick auf die Chancengleichheit der am Meinungswettbewerb Beteiligten. Nicht allein die Bejahung eines Eingriffs in die Versammlungsfreiheit macht dieses Handeln rechtlich unzulässig. Der Aufruf zur Teilnahme an einer Gegendemonstration erfolgte ebenso auf der städtischen Internetseite und ist daher zusätzlich mit Blick auf die Chancengleichheit problematisch (s. u. Teil 2 I. 5. d)).

[154] OVG NRW, Urteil v. 04. November 2016, 15 A 2293/15, S. 31.

[155] Genau andersherum hat es das Gericht gesehen, s. OVG NRW, Urteil v. 04.11.2016, 15 A 2293/15.

dd) Verhältnis von Neutralitätsverletzung und Grundrechtseingriff

Die Verletzung des Grundsatzes politischer Neutralität führt nicht automatisch zu einem Grundrechtseingriff. Es mag Fälle geben, in denen sowohl ein Grundrechtseingriff als auch ein neutralitätsverletzendes Handeln vorliegt. Für die Feststellung der Verletzung des Grundsatzes politischer Neutralität bedarf es aber nicht unbedingt eines Grundrechtseingriffs. Das Bestehen dieses Grundsatzes und der damit verbundenen Forderung hängen nämlich nicht allein von einer grundrechtlichen Herleitung ab. Die Grundrechtsgewährleistung ist ein Motiv unter vielen, das für die Existenz dieses Gebots spricht (s. o.). Außerdem bedeutet die Verneinung eines Grundrechtseingriffs in den oben behandelten Fällen nicht, dass stets in Äußerungsfällen ein Eingriff zu verneinen ist. Das Vorliegen eines Grundrechtseingriffs ist einzelfallabhängig und kann nicht pauschal bejaht oder verneint werden, zumal dies – wie sich bereits herausgestellt hat – bei Äußerungen schwierig ist.

Der Grundsatz politischer Neutralität ist im Rahmen der Prüfung einer Grundrechtsverletzung als verstärkendes Argument zu Gunsten des Grundrechtsträgers zu verstehen; dies stellt aber grundrechtsdogmatisch[156] keine Besonderheit dar. In Äußerungskonstellationen muss das Gebot der Neutralität berücksichtigt werden, sofern Äußerungen durch Träger öffentlicher Gewalt im politischen Meinungs- und Willensbildungsprozess getätigt werden. In äußerungsrechtlichen Fallkonstellationen ist für die Frage nach der Verletzung eines subjektiven Rechts neben den Grundrechten, vor allem den Kommunikationsgrundrechten, ferner das Recht auf Chancengleichheit einschlägig. Chancengleichheit sichert den politischen Meinungswettbewerb ab und steht grundsätzlich all den an diesem Prozess Beteiligten als subjektives Recht zu (s. u. Teil 2 I. 5. c)). Gerade wenn kein Grundrechtseingriff vorliegt, aber eine Neutralitätsverletzung festzustellen ist, beispielsweise weil amtliche Mittel im Rahmen von privaten Äußerungen in Anspruch genommen wurden, kann die Neutralitätsverletzung dann über die Verletzung der Chancengleichheit geltend gemacht werden (s. u. Teil 2 I. 5. d)).

ee) Kommunikationsermächtigung

Eng verbunden mit der grundrechtlichen Eingriffsqualität von amtlichem Kommunikationshandeln ist die Frage der Erforderlichkeit einer gesetzlichen Grundlage. Dies aber nur insoweit, als ein Grundrechtseingriff bejaht wird. Liegt durch das Kommunikationshandeln kein Eingriff in den Schutzbereich eines Eingriffs vor, so stellt sich die Frage nach der gesetzlichen Grundlage erst gar nicht.

---

[156] Vgl. *S. Huster*, Die ethische Neutralität des Staates, 2002, S. 657, der das ethische Neutralitätsgebot in Anlehnung an das Verhältnismäßigkeitsprinzip in der Grundrechtsprüfung dogmatisch als eigenständige Schranken-Schranke ansieht.

Der Vorbehalt des Gesetzes ergibt sich aus Artikel 20 Abs. 3 GG.[157] Er wird rechtstaatlich, demokratisch und grundrechtlich begründet.[158] Dieser Grundsatz gilt sowohl bei rechtsförmlichem als auch bei faktischem Staatshandeln mit Eingriffscharakter.[159] Er ist daher auch hier zu thematisieren.

Es besteht bereits eine Diskussion, sowohl in der Rechtsprechung als auch in der Lehre, über die grundrechtliche Eingriffsqualität und das Erfordernis einer gesetzlichen Grundlage im Zusammenhang mit amtlichem Informationshandeln in Form von Warnungen.[160] Hinsichtlich des Vorbehalts des Gesetzes ist den zwei grundlegenden Entscheidungen des Bundesverfassungsgerichts in Sachen Glykolwein und Osho zu entnehmen, dass auf das Erfordernis einer zusätzlichen gesetzlichen Ermächtigung verzichtet und die Aufgabe der Staatsleitung der Bundesregierung als ausreichende Ermächtigung zum Informationshandeln angesehen wird.[161]

Indem eine Eingriffsermächtigung verlangt wird, wird dem parlamentarischen Gesetzgeber die alleinige Befugnis über die Voraussetzungen von Grundrechtseingriffen vorbehalten.[162] Diese demokratische Komponente ist darauf zurückzuführen, dass das Parlament als einzig unmittelbar durch das Volk gewählte Organ darüber entscheiden dürfen soll. Daran ist grundsätzlich festzuhalten, sodass kein Grundrechtseingriff ohne gesetzliche Grundlage erfolgen darf.

Will man die staatliche Teilhabe an der öffentlichen Kommunikation nicht gänzlich untermauern, so ist keine gesetzliche Eingriffsermächtigung zu fordern. Denn täte man dies, so könnten sich staatliche Stellen mangels Ermächtigung nicht am politischen Meinungswettbewerb beteiligen. Der Gesetzgeber müsste demzufolge erst einmal eine gesetzliche Grundlage für das Kommunikationshandeln verabschieden. Dann könnte zwar dem rechtsstaatlichen Gebot des Vorbehalts des Gesetzes genügt werden. Allerdings ergäbe sich daraus materiell kein Mehrwert. Denn „Gegenstand und Modalitäten staatlichen Informationshandelns sind so vielgestaltig, dass sie angesichts der eingeschränkten Erkenntnis- und Handlungsmöglichkeiten des Gesetzgebers allenfalls in allgemein gehaltenen Formeln

---

157 BVerfGE 40, 237 (248); 49, 89 (26); *H. Bethge*, Mittelbare Grundrechtsbeeinträchtigungen, in: HdbGR, Bd. III, 2009, S. 113 (154 ff.); *B. Grzeszick*, in: Maunz/Dürig, GG, Art. 20 III (2016) Rn. 75 ff.; *G. Robbers*, in: Bonner Kommentar, GG, Art. 20 I (2009) Rn. 2000 ff.; *M. Sachs*, in: Sachs, GG, 7. Aufl. 2014, Art. 20 Rn. 113 ff.; *H. Schulze-Fielitz*, in: Dreier, GG, Bd. 2, 2. Aufl. 2006, Art. 20 (Rechtsstaat) Rn. 105 ff.

158 Vgl. im Detail und m. w. N. *B. Grzeszick*, in: Maunz/Dürig, GG, Art. 20 III (2016) Rn. 97 ff.

159 *F. Schoch*, NVwZ 2011, 193 (195); *H. Bethge*, Mittelbare Grundrechtsbeeinträchtigungen, in: HdbGR, Bd. III, 2009, S. 113 (156); *B. Grzeszick*, in: Maunz/Dürig, GG, Art. 20 III (2016) Rn. 113; *L. Michael/M. Morlok*, Grundrechte, 5. Aufl. 2015, Rn. 560; s. auch BVerfGE 105, 279 (303 f.).

160 Diese Diskussion wird hier nicht wiedergegeben; vgl. u. a. *F. Schoch*, NVwZ 2011, 193 ff.; *D. Murswiek*, NVwZ 2003, 1 ff.; *S.-C. Lenski*, ZJS 2008, 13 ff.; *U. Di Fabio*, JZ 1993, 689 ff.

161 BVerfGE 105, 252 (268 ff.); 105, 279 (301 ff.); vgl. auch *D. Murswiek*, NVwZ 2003, 1 ff.

162 *L. Michael/M. Morlok*, Grundrechte, 5. Aufl. 2015, Rn. 559; *B. Grzeszick*, in: Maunz/Dürig, GG, Art. 20 III (2016) Rn. 75, 81; *G. Robbers*, in: Bonner Kommentar, GG, Art. 20 I (2009) Rn. 2005 f.

und Generalklauseln gefasst werden könnten. Ein Gewinn an Messbarkeit und Berechenbarkeit staatlichen Handelns ist für den Bürger auf diesem Wege regelmäßig nicht zu erreichen oder nur in einer Weise, die den Erfordernissen staatlicher Informationstätigkeit nicht gerecht wird."[163]

Dass ohne eine gesetzliche Grundlage Kommunikationshandeln geleistet werden darf, bedeutet keineswegs, dass dem keine Grenzen gesetzt sind.[164] Dieses ist wie jede Art von Staatshandeln an Gesetz und Recht gebunden. Auch ohne eine gesonderte Grundlage sind Amtsträger also nicht frei in der Entscheidung, ob und vor allem wie sie kommunikativ tätig werden wollen. Gerade der politische Neutralitätsgrundsatz steht der staatlichen Öffentlichkeitsarbeit gegenüber und begrenzt diese: zum einen durch seine inhaltlichen Anforderungen der Unparteilichkeit und Nicht-Identifikation sowie zum anderen durch den Kriterienkatalog (s. u. Teil 3). Dieser Grundsatz vereint diese Aspekte in sich und bildet den relevanten Maßstab für politisches Kommunikationshandeln von Amtsträgern. Er ersetzt jedoch nicht die Bindung an Recht und Gesetz, er tritt vielmehr als weitere Schranke hinzu.

Von einem Erfordernis einer gesetzlichen Grundlage ist für die politische Äußerungsbefugnis von politischen Amtsträgern deswegen eine Ausnahme zu machen, da sich die politische Äußerungsbefugnis bereits aus der politischen Prägung ihres Amtes ergibt. Ihre demokratische Verantwortung der Bürgerschaft gegenüber verlangt die ständige Rückkoppelung an diese, welche durch öffentliche Kommunikation geschieht, damit der Grundkonsens aufrechterhalten wird (s. o. Teil 1 III. 1. c) cc)).[165] Eine allgemeine Kommunikationsermächtigung für rein politische Äußerungen im Meinungskampf ist daher vor dem Hintergrund, dass gewählte Amtsträger das Recht haben, sich am politischen Meinungskampf zu beteiligen, anzunehmen.[166] Denn die politische Äußerungsbefugnis ist den Ämtern immanent, und dies nicht nur beim Amt des Bundespräsidenten.[167] Es gehört bereits zu ihren verfassungsrechtlichen Aufgaben, sich am politischen Meinungs- und Willensbildungsprozess zu beteiligen. Diesen Amtsträgern gegenüber haben die Bürger

---

[163] BVerfGE 105, 279 (305).

[164] BVerfGE 105, 279 (305 f.); vgl. auch *H. Bethge*, Mittelbare Grundrechtsbeeinträchtigungen, in: HdbGR, Bd. III, 2009, S. 113 (157).

[165] BVerfGE 44, 125 (147); 63, 230 (242 f.); BVerfGE 138, 102 (114); VerfGH Rheinland-Pfalz, Urteil v. 23. Oktober 2006, VGH O 17/05, S. 7 f.; *C. Engel*, Öffentlichkeitsarbeit, in: HStR, Bd. IV, 3. Aufl. 2006, S. 477 (480) m. w. N. und bezüglich der Wichtigkeit eines Grundkonsenses verweist er zu Recht auf *R. Smend*, Verfassung und Verfassungsrecht (1928), in: ders. (Hrsg.), Staatsrechtliche Abhandlungen und andere Aufsätze, 2. Aufl. 1968, S. 119 ff. und dessen Integrationslehre. S. auch *C. Gramm*, Der Staat 30 (1991), 51 (65 f., 76); *H. Mandelartz*, DÖV 2009, 509 (512); *R. Gröschner*, DVBl. 1990, 619 (620); *H. Hill*, JZ 1993, 330 (331 f.); ausführlich zum Verhältnis von Legitimation und Kommunikation *H. Oberreuter*, Bewährung und Herausforderung, 1989, S. 143 ff.

[166] *K. F. Gärditz*, NWVBl. 2015, 165 (167). Allgemeiner zur Legitimität staatlicher Teilhabe an öffentlicher Kommunikation BVerfGE 105, 252 (268 ff.); 105, 279 (301 ff.). Kritisch *F. Schoch*, NVwZ 2011, 193 (196).

[167] Verallgemeinert aus dem *Gauck*-Urteil, vgl. BVerfGE 136, 323 (332). Der Verallgemeinerung zustimmend *K. F. Gärditz*, NWVBl. 2015, 165 (167).

insofern eine Erwartungshaltung, als sie erwarten, dass diese sich zum aktuellen politischen Geschehen äußern. Ihre demokratische Verantwortlichkeit nehmen die Amtsträger nicht allein durch die Mittel der Gesetzgebung und des Gesetzesvollzugs wahr.[168]

Die Beteiligten am Prozess der politischen Willensbildung müssen sich der heutigen Vielfalt der Kommunikationsmöglichkeiten und einem dementsprechenden Informationsbedürfnis in der Bevölkerung anpassen. Dies gilt auch für kommunikativ tätige Amtsträger. Sie sollten in der Lage sein, flexibel auf das politische Geschehen zu reagieren – selbstverständlich unter Einhaltung der rechtlichen Äußerungsgrenzen.

Sinn und Zweck des Vorbehalts des Gesetzes ist aus rechtstaatlicher Perspektive die Vorhersehbarkeit staatlichen Handelns für die Bürger. Sie sollen wissen, wann und unter welchen Voraussetzungen der Staat handeln darf. Auch wenn es keine gesetzliche Grundlage gibt, wird dieser Zweck dadurch erfüllt, dass die Bürger beim Handeln von gewählten Amtsinhabern von vornherein wissen, dass diese mitwirken am Prozess der politischen Meinungsbildung. Außerdem haben die Beteiligten an diesem Prozess damit zu rechnen, dass ihr Handeln und ihre Anschauungen zum Gegenstand von öffentlichen Äußerungen von Amtsträgern werden können. Politischer Pluralismus zeichnet sich durch die Teilnahme von privaten Personen und insbesondere Personengruppen, aber auch von staatlichen Stellen, aus. Denn es bedarf der ständigen Kommunikation zwischen der gesellschaftlichen und der staatlichen Sphäre.

Teilweise wird gegen den Verzicht auf eine gesonderte gesetzliche Ermächtigungsgrundlage angeführt, dass die Bürger keiner „Aufklärung über Programm und Zielsetzung einzelner politischer Parteien“ bedürften.[169] Dieser Einwand geht von der Prämisse aus, dass politisches Kommunikationshandeln von Amtsinhabern nur zu Zwecken der Aufklärung getätigt würde. Die Notwendigkeit von Kommunikationshandeln erschöpft sich nicht lediglich darin, die Bürger aufzuklären über Wettbewerbsteilnehmer oder das politische Geschehen. Dies gehört dazu, allerdings ist die Absicht vielmehr darin zu sehen, dass die Bürger eine ausreichende Informationsgrundlage erhalten, um eine politische Meinung zu entwickeln und ihr Recht auf freie politische Betätigung wahrzunehmen. Durch staatliche Kommunikation werden sie auf dem Laufenden gehalten und erfahren, wie die jeweilige staatliche Stelle zu bestimmten politischen Geschehnissen steht. Außerdem bedarf es der Kommunikation durch Amtsträger, weil der Staat sich der Legitimation durch das Volk vergewissern muss, was nicht nur durch Wahlen zum Ausdruck kommt. Die Rückkoppelung ist ein stetiger Prozess. Ohne Kommunikation kann dieser nicht funktionieren (s. o.).

---

168 Vgl. BVerfGE 105, 279 (301).

169 *T. Barczak*, NVwZ 2015, 1014 (1018). Zum informierenden Staat vgl. *U. Di Fabio*, JZ 1993, 689 ff.

Aus den genannten Gründen bedarf es bei rein politischem Kommunikationshandeln keiner gesonderten Ermächtigung, ausreichend sind hier ausnahmsweise die allgemeinen Aufgabenzuweisungen. Aus diesen lässt sich eine allgemeine Kommunikationsermächtigung entnehmen.[170] Bei mittelbaren Grundrechtsbeeinträchtigungen durch Kommunikationshandeln reicht grundsätzlich die Aufgabenzuweisung, sodass es keiner gesonderten Norm bedarf, „es sei denn, die Maßnahme stellt sich nach der Zielsetzung und ihren Wirkungen als Ersatz für eine staatliche Maßnahme dar, die als Grundrechtseingriff im herkömmlichen Sinne zu qualifizieren ist. Durch Wahl eines solchen funktionalen Äquivalents eines Eingriffs kann das Erfordernis einer besonderen gesetzlichen Grundlage nicht umgangen werden."[171] Der Verzicht auf eine gesonderte Befugnisnorm ist daher jedenfalls nicht bei zielgerichtetem Informationshandeln zu Lasten bestimmter Betroffener aufrechtzuerhalten, das bedeutet, dass vom Erfordernis einer gesonderten Ermächtigungsgrundlage nicht-finale, mittelbare Beeinträchtigungen freigestellt werden, nicht jedoch finale, mittelbare Beeinträchtigungen.[172] Auch finale, unmittelbare Beeinträchtigungen werden nicht freigestellt und bedürfen einer gesetzlichen Grundlage, denn solche Maßnahmen sind sowohl adressatengerichtet als auch zielgerichtet, sodass die Argumente für eine Freistellung nicht passen (s. o. Teil 2 I. 4. b) bb)).

Politisches Kommunikationshandeln erfolgt in der Regel unmittelbar, es kann aber auch mal mittelbar erfolgen. Solange Beeinträchtigungen jedoch nicht final sind, bedürfen sie aus den oben genannten Gründen keiner gesonderten gesetzlichen Grundlage. Handelt es sich um finale mittelbare oder unmittelbare Beeinträchtigungen, so ist eine Ermächtigungsgrundlage zu fordern. Die Finalität aktiviert den Vorbehalt des Gesetzes.

Der gerichtlichen Praxis ist insoweit zuzustimmen, als die bundespräsidiale Kommunikation auf seine Repräsentations- und Integrationsaufgabe und die seinem Amt immanente Befugnis zu öffentlicher Äußerung gestützt wird,[173] die Äußerungsbefugnis der Bundesregierung aus der Kompetenz zur Staatsleitung[174] und die von Bürgermeistern aus der kommunalen Selbstverwaltungsgarantie[175] abgeleitet wird.

---

[170] Angelehnt an BVerfGE 105, 252 (268 ff.); 105, 279 (301); so auch BVerwGE 82, 76 (79 ff.). Im Kontext politischer Äußerungsbefugnisse *K. F. Gärditz*, NWVBl. 2015, 165 (167); a. A. *F. Schoch*, NVwZ 2011, 193 (196 f.). Vgl. ferner *U. Di Fabio*, JZ 1993, 689 (691 f.).

[171] BVerfGE 105, 279 (303); s. auch E 105, 252 (273); so auch BVerwG, Urteil v. 15. Dezember 2005, 7 C 20/04, in: NJW 2006, 1303 (1304).

[172] Vgl. BVerwG, Urteil v. 15. Dezember 2005, 7 C 20/04, in: NJW 2006, 1303 (1304); *F. Schoch*, NVwZ 2011, 193 (197); *K. F. Gärditz*, NWVBl. 2015, 165 (167); *D. Murswiek*, NVwZ 2003, 1 (5 f.); *F.-J. Peine*, Der Grundrechtseingriff, in: HdbGR, Bd. III, 2009, S. 87 (107); *H. Bethge*, Mittelbare Grundrechtsbeeinträchtigungen, in: HdbGR, Bd. III, 2009, S. 113 (130, 156).

[173] BVerfGE 136, 323 (332).

[174] BVerfGE 138, 102 (114) mit Verweis auf BVerfGE 105, 252 (268 ff.) und E 105, 279 (301 ff.) m. w. N.; BVerwGE 82, 76 (80). Kritischer zur Aufgabe der Staatsleitung *F. Schoch*, NVwZ 2011, 193 (196 f.); *H. Bethge*, Mittelbare Grundrechtsbeeinträchtigungen, in: HdbGR, Bd. III, 2009, S. 113 (156 ff.); *D. Murswiek*, NVwZ 2003, 1 (6 f.).

[175] OVG NRW, Urteil v. 04. November 2016, 15 A 2293/15, S. 19 m. w. N.; *K. F. Gärditz*, NWVBl. 2015, 165 (167) m. w. N.

Man könnte meinen, dass bloße Aufgabenzuweisungen zu vage und zu allgemein seien, um als einfachgesetzliche Ermächtigungsgrundlage zu dienen,[176] denn Verfassungsnormen sind nun einmal in der Regel abstrakt und allgemein formuliert. Dies fällt allerdings im Fall des staatlichen Kommunikationshandelns nicht allzu sehr ins Gewicht. Dieses kann sich vielseitig gestalten und es ist nicht immer vorhersehbar, ob und inwiefern sich dieses auf grundrechtlich geschützte Positionen auswirkt, was auch daran liegt, dass es auch auf andere äußere Faktoren ankommt, wie zum Beispiel das Verhalten eines dazwischen geschalteten Dritten, welches erst zu einer grundrechtlichen Beeinträchtigung führt (s. o.).[177] Die Voraussetzungen staatlichen Kommunikationshandelns entziehen sich daher regelmäßig einer exakten Normierung.[178] Dafür, dass Aufgabenzuweisungen ausreichen, spricht auch, dass nach ständiger Rechtsprechung des Bundesverfassungsgerichts alle grundlegenden und wesentlichen Entscheidungen, vor allem in grundrechtsrelevanten Bereichen, durch das Parlament zu treffen seien, soweit sie staatlicher Regelung zugänglich seien.[179] In welchen Bereichen es einer gesetzlichen Grundlage bedürfe, lasse sich nämlich nur „im Blick auf den jeweiligen Sachbereich und die Intensität der geplanten oder getroffenen Regelung ermitteln."[180] Für den Bereich der politischen Äußerungen von Amtsinhabern ist darauf basierend aus den oben genannten Gründen das Erfordernis einer gesetzlichen Grundlage grundsätzlich abzulehnen, es sei denn, die Äußerungen richten sich final zu Lasten eines Grundrechtsträgers (s. o.).

c) Objektivrechtliche Herleitung

Neben der Herleitung des politischen Neutralitätsgrundsatzes aus der abwehrrechtlichen Dimension der Grundrechte (s. o. Teil 2 I. 4. b)) kommt eine Herleitung aus der objektivrechtlichen Dimension in Frage. Besondere Relevanz gewinnt die objektivrechtliche Herleitung deswegen, weil eine abwehrrechtliche Herleitung vom Vorliegen eines Grundrechtseingriffs abhängt, welcher nicht immer gegeben ist, aber nichtsdestotrotz die Gewährleistung der Grundrechte einen unverzichtbaren Beweggrund für die Existenz des politischen Neutralitätsgebots darstellt.

---

[176] *H. Bethge*, Mittelbare Grundrechtsbeeinträchtigungen, in: HdbGR, Bd. III, 2009, S. 113 (155 f.).

[177] BVerfGE 105, 279 (304 f.); *H. Bethge*, Mittelbare Grundrechtsbeeinträchtigungen, in: HdbGR, Bd. III, 2009, S. 113 (156); vgl. auch BVerwGE 82, 76 (81).

[178] BVerfGE 105, 279 (304); BVerwGE 82, 76 (81); *H. Bethge*, Mittelbare Grundrechtsbeeinträchtigungen, in: HdbGR, Bd. III, 2009, S. 113 (156); *B. Grzeszick*, in: Maunz/Dürig, GG, Art. 20 III (2016) Rn. 113 f.

[179] BVerfGE 49, 89 (126 f.) m. w. N. Vgl. *H. Schulze-Fielitz*, in: Dreier, GG, Bd. 2, 2. Aufl. 2006, Art. 20 (Rechtsstaat) Rn. 115 m. w. N., der auch die Zugänglichkeit als Kriterium betont, aber skeptisch bzgl. der Feststellung der Unzugänglichkeit in BVerfGE 105, 279 (304 f.) ist.

[180] BVerfGE 49, 89 (127).

Die objektiv-rechtlichen Grundrechtsgehalte umfassen Grundrechtskonstellationen, die von den Funktionen als Abwehr- und Mitwirkungsrechte nicht ausreichend erfasst werden.[181] Die objektivrechtliche Funktion der Grundrechte hat sich als eine zusätzliche Funktion etabliert und ist heute allgemein anerkannt.[182] Mit der objektivrechtlichen Dimension der Grundrechte werden mehrere Aspekte zum Ausdruck gebracht. Neben der mit ihr verbundenen Erweiterung der vorher nur abwehrrechtlichen Fälle hebt sie zum einen hervor, dass die Grundrechtsgewährleistungen objektiv geltendes Recht und nicht lediglich unverbindliche Empfehlungen sind, und zum anderen, dass die öffentliche Gewalt bei all ihren Handlungen die grundrechtlichen Freiheiten zu beachten hat – unabhängig von ihrer subjektiven Geltendmachung (Achtungsbedeutung).[183]

Vor allem Letzteres ist von Bedeutung, denn vom Staat wird Neutralität vor allem deswegen verlangt, damit er die gesellschaftliche Pluralität und die Ausübung der grundrechtlichen Freiheiten durch die Teilnehmer am politischen Meinungs- und Willensbildungsprozess nicht verkennt. Diese dürfen in der Wahrnehmung ihrer grundrechtlichen Rechte nicht beschnitten werden. Das gilt unabhängig davon, ob eine Grundrechtsverletzung geltend gemacht wird oder nicht. Denn die Grundrechte gewinnen nicht erst in dem Moment, in dem sie geltend gemacht werden, an Bedeutung. Sie begleiten stets staatliches Handeln, so auch kommunikatives Staatshandeln. Die Freiheit der Bürger ist heutzutage nicht allein durch negatorische Abwehr zu sichern, vielmehr bedarf es auch der Gewährleistung grundrechtlicher Freiheit durch den Staat.[184] Freiheit und Gleichheit sind Determinanten der demokratischen Verfassungsordnung des Grundgesetzes (s. o. Teil 2 I. 4. a)), die unabhängig von einzelnen Grundrechtsgewährleistungen staatliches Handeln begrenzen und von Amtsträgern Beachtung beanspruchen.

Die objektivrechtlichen Grundrechtsgehalte werden vor allem in Fallgruppen thematisiert (Ausstrahlungswirkung der Grundrechte auf die gesamte Rechtsordnung; Grundrechte als Schutzpflichten; Sicherung der Grundrechte durch Organisation und Verfahren),[185] allerdings kommt es hier bei der objektivrechtlichen Herleitung nicht auf diese an. Sie sind nämlich thematisch nicht einschlägig. Die objektivrechtliche Dimension ist hier über die Achtungsbedeutung der Grundrechte einschlägig.

---

[181] *H. Dreier*, Dimensionen der Grundrechte, 1993, S. 41.

[182] *K.-H. Ladeur*, DÖV 2007, 1 (1) m. w. N.; s. allgemeiner *T. Gostomzyk*, JuS 2011, 949 ff.; *H. Dreier*, Dimensionen der Grundrechte, 1993; *K. Stern*, in: Stern/Becker, Grundrechte-Kommentar, 2010, Einleitung: Die Hauptprinzipien des Grundrechtssystems des Grundgesetzes, Rn. 32 ff.; s. auch *K. Hesse*, Grundzüge des Verfassungsrechts der Bundesrepublik Deutschland, 20. Aufl. 1999, S. 133 ff.

[183] *H. Dreier*, in: Dreier, GG, Bd. 1, 3. Aufl. 2013, Vorb. vor Art. 1 Rn. 94.

[184] *H. Dreier*, Dimensionen der Grundrechte, 1993, S. 43 f.

[185] *H. Dreier*, Dimensionen der Grundrechte, 1993, S. 42 ff.; *ders.*, in: Dreier, GG, Bd. 1, 3. Aufl. 2013, Vorb. vor Art. 1 Rn. 94 ff., insb. 96 ff.; *T. Gostomzyk*, JuS 2011, 949 (950 ff.); *K. Stern*, in: Stern/Becker, Grundrechte-Kommentar, 2010, Einleitung: Die Hauptprinzipien des Grundrechtssystems des Grundgesetzes, Rn. 38 ff.

Hinsichtlich des politischen Neutralitätsgrundsatzes ermöglicht die objektivrechtliche Ableitung, dass die Gewährleistung der Grundrechte, hier der Kommunikationsgrundrechte, stets ein grundlegendes rechtliches Motiv dieses Grundsatzes darstellt – unabhängig von der Geltendmachung einer Grundrechtsverletzung. Demnach stellen die einschlägigen Grundrechte insofern objektives Recht dar, als sie der Ableitung der Neutralität dienen.[186] Neutralität, konkretisiert durch die Forderung von Unparteilichkeit und Nicht-Identifikation, ist Voraussetzung der effektiven Gewährleistung der subjektiven Rechte der einschlägigen Grundrechte.[187] Sie hat somit eine Schutzfunktion gegenüber der sich aus den Grundrechten ergebenden subjektiven Ausrichtung.

5. Grundsatz der Chancengleichheit

Des Weiteren dient der Grundsatz der Chancengleichheit der rechtlichen Herleitung des politischen Neutralitätsgebots.[188] Dieser ist zum einen demokratisches Prinzip und zum anderen subjektives Recht. Gerade die Eigenschaft dieses Grundsatzes als subjektives Recht, welcher hinter der Forderung politischer Neutralität steht, hebt ihn besonders hervor, da so die Möglichkeit für die Begünstigten des Neutralitätsgrundsatzes besteht, Neutralitätsverletzungen vor Gericht rügen zu können. Von dieser Möglichkeit wird in der Praxis Gebrauch gemacht.[189]

a) Zwecke der Chancengleichheit

Der Grundsatz der Chancengleichheit bildet einen Grundpfeiler für den Prozess der politischen Willensbildung. Von ihm profitieren alle Akteure dieses Prozesses (s. u. Teil 2 I. 5. c)). Da sich dieser Prozess durch Konkurrenz der verschiedenen politischen Kräfte auszeichnet und damit als Wettbewerb um den Zuspruch der Bürger gestaltet, bedarf er der rechtlichen Absicherung. Nicht jede politische Ansicht erhält gleichermaßen Zuspruch aus der Mitte der Gesellschaft. Dies ist das Ergebnis der natürlichen Entfaltung des politischen Prozesses. Dieser produziert Sieger und Verlierer.[190] Es gehört daher zum politischen Alltag, dass die politischen Akteure im Wettbewerb unterschiedlich gut etabliert sind und mit unter-

---

[186] So *C. Starck*, in: Mangoldt/Klein/Starck, GG, Bd. 1, 6. Aufl. 2010, Art. 4 Rn. 22 und *C. Möllers*, VVDStRL 68 (2009), 47 (58) für die religiös-weltanschauliche Neutralität.

[187] So *C. Starck*, in: Mangoldt/Klein/Starck, GG, Bd. 1, 6. Aufl. 2010, Art. 4 Rn. 22 für die religiös-weltanschauliche Neutralität.

[188] So auch *C. Gusy*, NVwZ 2015, 700 (703); *T. Barczak*, NVwZ 2015, 1014 (1015); *J. Krüper/ H. Kühr*, ZJS 2014, 143 (146); vgl. ferner *A. Bleckmann*, Allgemeine Staats- und Völkerrechtslehre, 1995, S. 346.

[189] BVerfGE 44, 125 ff.; 63, 230 ff.; 136, 323 ff.; 138, 102 ff.; 140, 225 ff.

[190] *M. Morlok*, in: Dreier, GG, Bd. 2, 3. Aufl. 2015, Art. 21 Rn. 80; *A. Hatje*, VVDStRL 69 (2010), 135 (146).

schiedlichen Ressourcen ausgestattet in den Wettbewerb treten.[191] Weil es eben diese tatsächlichen Ungleichheiten gibt, bedarf es der rechtlichen Absicherung des Wettbewerbs, welche durch die Gewährleistung des Rechts auf Chancengleichheit verwirklicht wird. Sie sorgt dafür, dass alle Beteiligten des politischen Meinungs- und Willensbildungsprozesses rechtlich die gleiche Chance haben, sich politisch zu betätigen und zu entfalten. Alle erhalten dieselben Ausgangsbedingungen (s. u. Teil 2 I. 5. c)).

Vor dem Hintergrund des Schutzgehalts und der Zielsetzung der Chancengleichheit steht diese im Zusammenhang mit politischem Wettbewerb und damit einhergehend mit politischer Vielfalt in der Gesellschaft. Im Bereich des Parteienrechts existiert die Notwendigkeit aufgrund des Mehrparteiensystems.[192] Unabhängig davon besteht die Notwendigkeit aber auch allgemein aufgrund der gesellschaftlichen Vielfalt von politischen Überzeugungen. So wie sich eine Vielzahl von politischen Parteien etabliert hat, so besteht ebenfalls eine Vielzahl von politischen Vereinigungen bzw. politischen Überzeugungen.

Weil es eben politischen Wettbewerb infolge des politischen Pluralismus gibt, besteht das Bedürfnis nach demokratischer Gleichheit in politischer Freiheitsbetätigung. Freiheit und Gleichheit sind notwendige Bestandteile für den ordnungsgemäßen Ablauf des Wettbewerbs. Insbesondere ist Gleichheit in Form der Chancengleichheit notwendig, damit der Wettbewerb fair ablaufen kann.[193] Es reicht nämlich nicht aus, dass die politischen Freiheitsrechte gewährleistet werden. Diese müssen ergänzt werden durch eine gleichheitsrechtliche Absicherung (s. o. Teil 2 I. 4. a)).

Darüber hinaus dient die Gewährleistung der Chancengleichheit der Absicherung des vom Grundgesetz gewollten freien und offenen Prozesses der Meinungs- und Willensbildung des Volkes.[194] Denn die Freiheit und Offenheit dieses Prozesses

---

[191] *T. Barczak*, NVwZ 2015, 1014 (1014); *M. Morlok*, Parteienrecht als Wettbewerbsrecht, in: P. Häberle/M. Morlok/V. Skouris (Hrsg.), Festschrift für Dimitris Th. Tsatsos, 2003, S. 408 (417).

[192] *W. Schreiber*, in: Berliner Kommentar, GG, Art. 38 (2013) Rn. 125; *P. Badura*, in: Bonner Kommentar, GG, Anhang z. Art. 38: Bundeswahlrecht (2013) Rn. 15; *A. Kißlinger*, Das Recht auf politische Chancengleichheit, 1998, S. 93 ff.; *A. Hatje*, VVDStRL 69 (2010), 135 (151).

[193] *M. Morlok*, Parteienrecht als Wettbewerbsrecht, in: P. Häberle/M. Morlok/V. Skouris (Hrsg.), Festschrift für Dimitris Th. Tsatsos, 2003, S. 408 (417); *A. Hatje*, VVDStRL 69 (2010), 135 (151); vgl. zum Zusammenhang zwischen Demokratie und Chancengleichheit BVerfGE 44, 125 (146); 82, 322 (337); vgl. zum Zusammenhang zwischen Wettbewerb und Chancengleichheit *A. Kißlinger*, Das Recht auf politische Chancengleichheit, 1998, S. 15 f., 90; *A. Musil*, Wettbewerb in der staatlichen Verwaltung, 2005, S. 386; *H. M. Heinig/M. Morlok*, ZG 2000, 371 (373); *T. Barczak*, NVwZ 2015, 1014 (1014 f.); allgemeiner zum fairen Wettbewerb *E. Fraenkel*, Akademische Erziehung und politische Berufe (1955), in: F. Esche/F. Grube (Hrsg.), Ernst Fraenkel: Reformismus und Pluralismus, 1973, S. 315 (320 ff.).

[194] BVerfGE 44, 125 (145); s. auch *P. Badura*, in: Bonner Kommentar, GG, Anhang z. Art. 38: Bundeswahlrecht (2013) Rn. 15; *W. Schreiber*, in: Berliner Kommentar, GG, Art. 38 (2013) Rn. 125.

erfordern, dass alle Beteiligten rechtlich die gleichen Möglichkeiten haben, an der Meinungsbildung mitzuwirken. Sich neu etablierenden politischen Ansichten bzw. Gruppierungen gegenüber hat der Prozess insofern offen zu sein, als ihnen der Zugang nicht verwehrt werden darf. Sie müssen die gleiche Chance haben, sich politisch zu engagieren und um die Gunst der Bürger zu kämpfen. Sowohl politische Minderheiten als auch herrschende Mehrheiten müssen stets die grundsätzlich gleichen Chancen haben, damit Minderheitsgruppen die Möglichkeit gewährleistet wird, einmal zur Mehrheit zu werden.[195] Durch diese Zweckrichtung erlangt der Grundsatz der Chancengleichheit neben seiner subjektivrechtlichen Ausrichtung ebenfalls eine objektivrechtliche Ausrichtung.[196]

b) Verfassungsrechtliche Grundlagen

Der Grundsatz der Chancengleichheit hat seine Wurzeln in verfassungsrechtlichen Bestimmungen. Allerdings ist die genaue Verortung umstritten und es besteht eine Vielzahl von unterschiedlichen Ansätzen.[197] Auch das Bundesverfassungsgericht weist hierzu eine uneinheitliche Rechtsprechung auf.[198] Die Frage der normativen Verankerung kreist um die Verfassungsbestimmungen aus Artikel 3 Abs. 1, Artikel 20 Abs. 1 und 2, Artikel 21 Abs. 1 und Artikel 38 Abs. 1 GG.

Bevorzugt wird hier jedenfalls und stets die Verortung des Rechts auf Chancengleichheit in Artikel 3 Abs. 1 GG in Verbindung mit dem Demokratieprinzip aus Artikel 20 Abs. 1 und 2 GG, also somit im strengen Gleichheitssatz.[199] Die demokratische Ordnung zeichnet sich durch gesellschaftliche Vielfalt in den verschiedensten Fragen aus, was das Ergebnis der Grundrechtsgewährleistungen des Grundgesetzes ist. Auch im Bereich des Politischen ist dies der Fall. Insbesondere durch das grundsätzliche Recht der freien politischen Betätigung, welches auf der Meinungsäußerungsfreiheit fußt, schlägt sich die gesellschaftliche Vielfalt auf die politische Willensbildung nieder.[200] Die Gewährleistungen der politischen Freiheitsrechte sind dafür verantwortlich. Es existiert demzufolge eine Vielzahl von

---

[195] BVerfGE 44, 125 (145); 138, 102 (109 f.); *K. Hesse*, Grundzüge des Verfassungsrechts der Bundesrepublik Deutschland, 20. Aufl. 1999, S. 70.

[196] *A. Kißlinger*, Das Recht auf politische Chancengleichheit, 1998, S. 16.

[197] Vgl. für eine umfassende Darstellung statt vieler *A. Kißlinger*, Das Recht auf politische Chancengleichheit, 1998, S. 17 ff. m. w. N.; *M. Morlok*, in: Dreier, GG, Bd. 2, 3. Aufl. 2015, Art. 21 Rn. 78 m. w. N.; *P. Kunig*, Parteien, in: HStR, Bd. III, 3. Aufl. 2005, S. 297 (337 f.); *H.-U. Erichsen*, Jura 1983, 635 (644) m. w. N.

[198] Umfassend dazu *A. Kißlinger*, Das Recht auf politische Chancengleichheit, 1998, S. 27 ff. m. w. N.

[199] So auch *A. Kißlinger*, Das Recht auf politische Chancengleichheit, 1998, u. a. S. 146, ferner S. 80 ff., der jedoch in Abgrenzung zur vorliegend vertretenen Meinung stets nur diese Artikel zitiert, sowohl im Zusammenhang mit dem einzelnen Bürger als auch mit Personenzusammenschlüssen wie politischen Parteien, Wählervereinigungen und sonstigen politischen Verbänden, die alle Träger des Rechts auf Chancengleichheit sind (zur Trägerschaft s. u. Teil 2 I. 5. c).

[200] BVerfGE 5, 85 (134 f.); 12, 113 (125); 20, 56 (98).

politischen Wertvorstellungen, die miteinander konkurrieren und in einem Wettbewerbsverhältnis stehen, da jede einzelne den Anspruch auf die einzig „richtige“ Ansicht erhebt. Die Demokratie setzt eine solche Situation voraus und profitiert vornehmlich davon. Sobald es mehr als einen Beteiligten im Meinungswettbewerb gibt, erfüllt die Gewährleistung von Freiheit nur dann seinen Zweck, wenn alle von ihr profitieren und sie in Anspruch nehmen können. Dementsprechend sind diese Normen stets Bestandteil der verfassungsrechtlichen Grundlage.

Der Grundsatz der Chancengleichheit spricht nicht nur Kollektiven ein Recht zu, sondern auch dem einzelnen Bürger, dem die gleiche Möglichkeit der Betätigung am politischen Geschehen zu gewährleisten ist (s. u.). Denn dieses Recht gewinnt nicht erst durch die organisierte Vermittlung an Bedeutung. „Der Prozeß demokratischer politischer Willensbildung, wie ihn das Grundgesetz vorsieht, hat seinen Ausgangspunkt in den Bürgern, die gemeinsam die Einheit des Volkes bilden (Art. 20 Abs. 2 Satz 1 GG) (...).“[201] Verfassungsrechtlich ist die Teilhabe des Bürgers durch die politischen Freiheitsrechte abgesichert: die Meinungsfreiheit als Ausgangspunkt für die freie politische Betätigung[202] sowie die Versammlungs- und Vereinigungsfreiheit als Garantie für Kollektivität. Das Recht auf chancengleiche Betätigung des Bürgers ergibt sich daher aus Artikel 3 Abs. 1 und Artikel 20 Abs. 1 und 2 GG sowie aus dem jeweils einschlägigen politischen Freiheitsgrundrecht.[203]

Im Hinblick auf Kollektive als Träger der Chancengleichheit ist zu unterscheiden. Unproblematisch ist der aus dem Grundsatz der Chancengleichheit fließende Schutz für politische Parteien (s. u. Teil 2 I. 5. c)).

Geht es um das Recht politischer Parteien auf Chancengleichheit, tritt neben die zwei genannten Bestimmungen zusätzlich Artikel 21 Abs. 1 GG hinzu.[204] Als verfassungsrechtliche Garantie der Parteienfreiheit schützt diese Norm den freiheitsrechtlichen Aspekt des Wirkens politischer Parteien. In wahlrelevanten Zusammenhängen ist der rechtlichen Herleitung zusätzlich die Norm des Artikels 38 Abs. 1 GG dienlich, auf welche sich politische Parteien berufen können.[205] Beispielsweise ist bei der rechtlichen Bewertung amtlicher Äußerungen, die kurz vor

[201] Sondervotum *Böckenförde*, BVerfGE 73, 40 (103 [112]); *H. H. v. Arnim*, DÖV 1984, 85 (87).

[202] Zum Recht auf freie politische Betätigung s. BVerfGE 5, 85 (134 f.); 12, 113 (125); 20, 56 (98).

[203] Vgl. *A. Kißlinger*, Das Recht auf politische Chancengleichheit, 1998, S. 90, der die Wichtigkeit der politischen Freiheitsrechte für die Meinungs- und Willensbildung zwar durchgängig betont (u. a. S. 58 f.), diese aber nicht mit aufnimmt in die Normenkette.

[204] Im Ergebnis – wenn auch nicht so differenziert wird wie vorliegend – so auch *M. Morlok*, in: Dreier, GG, Bd. 2, 3. Aufl. 2015, Art. 21 Rn. 78; *J. Krüper*/*H. Kühr*, ZJS 2014, 143 (146); *P. Badura*, in: Bonner Kommentar, GG, Anhang z. Art. 38: Bundeswahlrecht (2013) Rn. 15; *W. Schreiber*, in: Berliner Kommentar, GG, Art. 38 (2013) Rn. 125.

[205] *M. Morlok*, in: Dreier, GG, Bd. 2, 3. Aufl. 2015, Art. 38 Rn. 101 m. w. N.; *P. Badura*, in: Bonner Kommentar, GG, Anhang z. Art. 38: Bundeswahlrecht (2013) Rn. 15; *W. Schreiber*, in: Berliner Kommentar, GG, Art. 38 (2013) Rn. 125; *A. Kißlinger*, Das Recht auf politische Chancengleichheit, 1998, S. 84.

Wahlen erfolgen und bei denen die Frage nach wahlwerbendem bzw. wahlbeeinflussendem Charakter aufkommt, neben der Chancengleichheit ebenfalls der Wahlgrundsatz der Gleichheit relevant.[206]

Neben diesen sind auch andere politische Vereinigungen, die keine politische Partei sind, Träger des Rechts auf Chancengleichheit (s. u. Teil 2 I. 5. c)). Auf die in Artikel 21 Abs. 1 GG normierte Parteienfreiheit können sich diese aber für ihre politische Betätigung nicht berufen. Maßgeblich sind neben dem Gleichheitsrecht und dem Demokratieprinzip aus freiheitsrechtlicher Sicht die politischen Freiheitsrechte für die rechtliche Begründung ihres Rechts auf Chancengleichheit. Denn gerade diese schützen als individuelle und kollektive Freiheitsrechte das Wirken im politischen Meinungs- und Willensbildungsprozess (s. o.). Mangels Teilnahme an Wahlen greift für sonstige politische Zusammenschlüsse auch Artikel 38 Abs. 1 GG nicht.

Durch die grundrechtliche Fundierung des Rechts auf Chancengleichheit in Artikel 3 Abs. 1 GG – und je nach Konstellation in Artikel 38 Abs. 1 GG bzw. den politischen Freiheitsgrundrechten – wird den Akteuren des politischen Meinungs- und Willensbildungsprozesses ein subjektives Recht gewährt, mit dem sie ihr Recht auf chancengleiche Teilhabe gerichtlich geltend machen können.[207]

c) *Schutzumfang*

Der Grundsatz der Chancengleichheit ist vom Grundsatz der Gleichheit der Wahl aus Artikel 38 Abs. 1 S. 1 GG zu unterscheiden. Sie sind zwar inhaltlich miteinander verknüpft, allerdings sind sie nicht gleichzusetzen. Ihre Gemeinsamkeit besteht insbesondere darin, dass sie beide Ausprägungen der demokratischen Gleichheit sind.[208] Da aber die Chancengleichheit nicht lediglich vor Wahlen Wirkung entfaltet, sondern für den gesamten Prozess der Willensbildung die Absicherung

---

[206] So auch *W. Schmitt Glaeser/H.-D. Horn*, BayVBl. 1994, 289 (297).

[207] Zu der Frage der Grundrechtsqualität und des einschlägigen Verfahrens ausführlich *A. Kißlinger*, Das Recht auf politische Chancengleichheit, 1998, S. 144 ff. m. w. N.; *M. Morlok*, in: Dreier, GG, Bd. 2, 3. Aufl. 2015, Art. 21 Rn. 49, 81. Die Rechtsprechung des BVerfG dazu ist widersprüchlich, denn mal spricht das Gericht davon, dass sich die Chancengleichheit aus dem besonderen verfassungsrechtlichen Status der Parteien aus Artikel 21 GG ergebe, sodass das Organstreitverfahren einschlägig sei (vgl. BVerfGE 4, 27 ff.; 5, 77 (80); 6, 367 (371 ff.); 11, 239 (241 ff.); 13, 1 (9 f.); 14, 121 (129)), und mal spricht es von der Herleitung der Chancengleichheit u. a. aus Artikel 3 Abs. 1 GG, wodurch die Einlegung einer Verfassungsbeschwerde möglich sei (vgl. BVerfGE 3, 383 (390 ff.); 6, 273 (276 f., 280); 7, 99 (103, 107); 8, 51 (63 f.); 69, 257 (265 f., 268); 78, 350 (357 f., 363)).

[208] Zum Verhältnis statt vieler *A. Kißlinger*, Das Recht auf politische Chancengleichheit, 1998, S. 84 m. w. N., vor allem beschäftigt er sich mit der Rechtsprechung des BVerfG, welche teilweise unklar war hinsichtlich dieses Verhältnisses. Vgl. ferner *M. Kotzur*, Freiheit und Gleichheit der Wahl, in: HdbGR, Bd. V, 2013, S. 555 (580) sowie *F. Hufen*, LKRZ 2007, 41 (56 f.), die auch zwischen beiden Ausprägung differenzieren.

eines fairen Wettbewerbs darstellt (s. u. Teil 2 I. 5. c)), gilt sie stets im Vergleich zum Wahlrechtsgrundsatz der Gleichheit. Denn dieser bezieht sich auf den Bereich der Wahlen.[209] Da beide Ausprägungen der Gleichheit im politischen Wettbewerb eine wesentliche Rolle spielen und dementsprechend ihre Geltung sicherzustellen ist, sind sie beide streng und formal zu handhaben, sodass die Hürde für Ungleichbehandlungen hoch ist (s. u.). Sie haben die gleiche Zielsetzung, sind unabdingbar für die demokratische Meinungs- und Willensbildung und zeichnen sich durch ihre Strenge aus. Eine inhaltliche Verwandtschaft ist nicht zu leugnen – trotz des unterschiedlichen Anwendungsbereichs. Nicht verkehrt ist es daher, die Wahlrechtsgleichheit als Teilbereich der Chancengleichheit zu sehen, der sich aber nur auf den Bereich des Wahlrechts erstreckt.[210]

Das Recht auf Chancengleichheit gewährleistet die gleiche Chance der politischen Betätigung im politischen Wettbewerb. Alle Teilnehmer des Wettbewerbs sollen in den Genuss dieses Rechts kommen. Es geht um die freie Entfaltung und Ausübung politischer Freiheiten im Prozess der politischen Meinungsbildung, um das Recht auf Teilhabe an der politischen Willensbildung. Die Gewährleistung von Freiheit entfaltet aber erst dann Wirkung, wenn sie allen zuteilwird. Daher bedarf die Ausübung der politischen Freiheitsrechte der Ergänzung durch die demokratische Gleichheit.[211] Die gleiche Chance der politischen Betätigung bringt den Gedanken der Freiheit in Gleichheit, welcher erst dem politischen Willensbildungsprozess sein demokratisches Gepräge verleiht,[212] zum Ausdruck (s. o. Teil 2 I. 4. a)).

Der Anwendungsbereich des Rechts auf Chancengleichheit ist zeitlich nicht beschränkt auf den Zeitraum vor Wahlen, er ist auszuweiten auf den gesamten Prozess der Meinungs- und Willensbildung.[213] Denn der politische Wettbewerb, für dessen Funktionieren die Chancengleichheit essenziell ist, findet nicht nur in der Phase statt, in dieser erlebt er lediglich eine Hochphase (s. o. Teil 1 III. 2. c) dd)).

Eng verknüpft mit der zeitlichen Ausweitung des Anwendungsbereichs der Chancengleichheit ist die personelle Ausweitung.

---

[209] *A. Kißlinger*, Das Recht auf politische Chancengleichheit, 1998, S. 84 f.

[210] *A. Kißlinger*, Das Recht auf politische Chancengleichheit, 1998, S. 85; *M. Morlok*, in: Dreier, GG, Bd. 2, 3. Aufl. 2015, Art. 38 Rn. 99.

[211] *A. Kißlinger*, Das Recht auf politische Chancengleichheit, 1998, S. 89; s. auch *M. Kotzur*, Freiheit und Gleichheit der Wahl, in: HdbGR, Bd. V, 2013, S. 555 (556); *A. Hatje*, VVDStRL 69 (2010), 135 (139 f.).

[212] *A. Kißlinger*, Das Recht auf politische Chancengleichheit, 1998, S. 89; s. auch *M. Kotzur*, VVDStRL 69 (2010), 173 (201) m. w. N.

[213] *A. Kißlinger*, Das Recht auf politische Chancengleichheit, 1998, S. 84; s. auch BVerfGE 8, 51 (68); 20, 56 (98); 78, 350 (358). Vgl. ferner BVerfGE 44, 125 (145), in der es wie folgt heißt: „Die Gewährleistung gleicher Chancen im Wahlwettbewerb ist ein unabdingbares Element des vom Grundgesetz gewollten freien und offenen Prozesses der Meinungsbildung und Willensbildung des Volkes.“ Wenn also die Chancengleichheit ein unabdingbares Element für den freien und offenen Prozess der Meinungsbildung darstellt, woran keine Zweifel bestehen, und an diesem Prozess nicht nur Parteien mitwirken, so rechtfertigt auch diese Verknüpfung die personelle Ausweitung auf andere Personengruppen.

Das Recht auf chancengleiche Betätigung steht primär politischen Parteien zu, da sie Hauptakteure der politischen Willensbildung sind und maßgeblich an Wahlen mitwirken. Daher ist sowohl in der Literatur als auch in der Rechtsprechung meist die Rede von der Chancengleichheit der politischen Parteien im Wahlwettbewerb, wodurch aber alle anderen Begünstigten dieses Grundsatzes ausgeschlossen werden.[214]

Der Meinungswettbewerb zwischen den politischen Kräften ist ein ständiger Prozess (s.o). Hängt politischer Wettbewerb in seiner Existenz nicht von Wahlen ab und wird er dementsprechend ausgeweitet auf den gesamten Prozess der politischen Willensbildung, so kommt das Recht auf Chancengleichheit, welches das grundlegende Recht im Wettbewerb darstellt, nicht nur den Teilnehmern an Wahlen zugute. Vielmehr ist der Kreis der Wettbewerber um all die Personen und Personengruppen zu erweitern, die an der Bildung der öffentlichen Meinung mitwirken und miteinander konkurrieren.[215] Der Kreis ist also um all diejenigen zu erweitern, denen verfassungsrechtlich das Recht zusteht, sich politisch zu betätigen und an der politischen Willensbildung mitzuwirken.

Politische Parteien haben nach dem Grundgesetz eine besondere Stellung (Artikel 21 Abs. 1 S. 1 GG), aber sie sind nicht die einzigen Mitwirkenden an der politischen Willensbildung. Sie haben daher verfassungsrechtlich kein Monopol (s. o. Teil 1 III. 2. c)). Die Ausweitung der Chancengleichheit auf alle Wettbewerber spricht politischen Parteien ihren besonderen Status nicht ab. Es kann nicht sein, dass das Wirken sonstiger politischen Meinungsgruppen im politischen Pluralismus und politischen Wettbewerb akzeptiert bzw. sogar erwünscht ist, aber die Konsequenz daraus, nämlich der Genuss des Rechts auf chancengleiche Betätigung, lediglich auf politische Parteien reduziert wird. Dem offenen politischen Meinungs- und Willensbildungsprozess ist ein permanenter Wettbewerb unterschiedlicher Meinungen inhärent.[216] Das sind neben politischen Parteien auch andere Gruppierungen sowie auch die Bürger. Die personelle Ausweitung des Grundsatzes der Chancengleichheit ist daher auf dessen Individualbezug zu stützen. Denn Ausgangspunkt für das Wirken von Kollektiven jedweder Art ist die Teilhabe der Bürger am politischen Prozess. Sie haben anerkanntermaßen ein Recht auf gleiche

---

[214] Dies stellt auch fest *A. Kißlinger*, Das Recht auf politische Chancengleichheit, 1998, S. 13; vgl. *H.-U. Erichsen*, Jura 1983, 635 (644); *P. Badura*, in: Bonner Kommentar, GG, Anhang z. Art. 38: Bundeswahlrecht (2013) Rn. 15 ff.; *W. Schreiber*, in: Berliner Kommentar, GG, Art. 38 (2013) Rn. 125 ff.; BVerfGE 44, 125 (145 f.). Zur Chancengleichheit im Wettbewerb um Stimmen bei Abstimmungen s. BVerfGE 42, 53 (59); 96, 231 (238).

[215] So auch *A. Kißlinger*, Das Recht auf politische Chancengleichheit, 1998, S. 76 ff., 90. Vgl. auch BVerfGE 42, 53 (59), in der die Rede davon ist, dass „jeder Vereinigung" die Chancengleichheit zugutekommt. Andere Ansicht *M. Putzer*, DÖV 2015, 417 (425) aufgrund der „parteienstaatlichen Konzeption des Grundgesetzes".

[216] *A. Kißlinger*, Das Recht auf politische Chancengleichheit, 1998, S. 90. Nicht zu Unrecht spricht *Häberle* von einer „Bürgerdemokratie", s. *P. Häberle*, JZ 1977, 361 ff. *Kißlinger* spricht sich in Anlehnung an Häberle dafür aus, den Begriff der „Parteiendemokratie" durch den der „Bürgerdemokratie" zu ersetzen; vgl. bei ihm, S. 76.

Teilhabe an der politischen Willensbildung durch die Gewährleistungen der politischen Freiheitsrechte.[217] Sie wirken nämlich nicht nur durch die Beteiligung an Wahlen mit, vielmehr können sie sich am gesamten Prozess der Meinungsbildung beteiligen und Einfluss ausüben.[218] Dies ist verfassungsrechtlich durch die politischen Freiheitsrechte abgesichert.

Auch wenn organisatorische Zusammenschlüsse die Hauptakteure am Prozess der politischen Willensbildung sind und der Fokus daher auf diesen liegt, sind es die Bürger, die erst Zusammenschlüsse möglich machen. Erst wenn den Bürgern die gleiche Chance zur politischen Entfaltung und Mitwirkung am politischen Meinungs- und Willensbildung gewährt wird, können diese sich durch die Wahrnehmung der politischen Freiheitsrechte zu Kollektiven zusammenschließen und politisch betätigen.[219] Politische Zusammenschlüsse – Parteien wie auch sonstige politische Verbände – sind lediglich Mittel zum Zweck, sie dienen der politischen Willensbildung und chancengleichen Willensbetätigung der Bürger.[220] Die Zusammenschlüsse dienen „lediglich" dazu, die Interessen einer Vielzahl von Bürgern zu bündeln und nach außen zu artikulieren, nichtsdestotrotz ist der Wille des einzelnen Bürgers maßgebliche Determinante für das Zustandekommen eines Kollektivs (s. o. Teil 1 III. 2. c) cc)). Der Individualbezug des Grundsatzes der chancengleichen Betätigung rechtfertigt demzufolge dessen personelle Ausweitung des Anwendungsbereichs auf sonstige politische Vereinigungen, sodass „das egalitär-demokratische Prinzip der *Chancengleichheit* nicht nur den Parteien, sondern allen am politischen Prozess Beteiligten (...)" als individualrechtliche Ausprägung der Volkssouveränität zuzubilligen ist.[221] Daraus folgt grundsätzlich für alle Beteiligten – seien es die Bürger, die politischen Parteien oder sonstige politische Vereinigungen[222] – ein subjektives Recht.

Die Tatsache, dass neben politischen Parteien auch sonstige politische Vereinigungen grundsätzlich in den Genuss des Rechts auf Chancengleichheit kommen,

---

[217] BVerfGE 8, 51 (68); Sondervotum *Böckenförde*, BVerfGE 73, 40 (103 [112]); 85, 264 (315); *E.-W. Böckenförde*, Demokratie als Verfassungsprinzip, in: HStR, Bd. II, 3. Aufl. 2004, S. 429 (459).

[218] BVerfGE 8, 51 (68); *A. Kißlinger*, Das Recht auf politische Chancengleichheit, 1998, S. 88 ff. m. w. N.; *H. H. v. Arnim*, DÖV 1984, 85 (87); *A. Hatje*, VVDStRL 69 (2010), 135 (155); zum Individualbezug ferner *M. Morlok*, in: Dreier, GG, Bd. 2, 3. Aufl. 2015, Art. 21 Rn. 79.

[219] *A. Kißlinger*, Das Recht auf politische Chancengleichheit, 1998, S. 89; s. auch *M. Morlok*, Parteienrecht als Wettbewerbsrecht, in: P. Häberle/M. Morlok/V. Skouris (Hrsg.), Festschrift für Dimitris Th. Tsatsos, 2003, S. 408 (417).

[220] *A. Kißlinger*, Das Recht auf politische Chancengleichheit, 1998, S. 76, 88; *H. H. v. Arnim*, DÖV 1984, 85 (87).

[221] *M. Kotzur*, VVDStRL 69 (2010), 173 (192); *M. Morlok*, Parteienrecht als Wettbewerbsrecht, in: P. Häberle/M. Morlok/V. Skouris (Hrsg.), Festschrift für Dimitris Th. Tsatsos, 2003, S. 408 (417); *ders.*, in: Dreier, GG, Bd. 2, 3. Aufl. 2015, Art. 21 Rn. 79; *A. Kißlinger*, Das Recht auf politische Chancengleichheit, 1998, S. 13 f., 76 ff., 87 ff., 129 ff.; vgl. auch BVerfGE 85, 264 (315); *H. H. v. Arnim*, DÖV 1984, 85 (87).

[222] Ausführlicher zu den Begünstigten des Rechts auf Chancengleichheit *A. Kißlinger*, Das Recht auf politische Chancengleichheit, 1998, S. 87 ff.

ändert aber nichts an der notwendigen Unterscheidung zwischen dem institutionalisierten und dem nicht-institutionalisierten Bereich des Wettbewerbs. In beiden Bereichen des Wettbewerbs ist zwar an der Geltung der Chancengleichheit festzuhalten, denn Wettbewerb hängt nicht vom Merkmal der Institutionalisierung ab, dieses konkretisiert ihn lediglich und Chancengleichheit ist immer dort zu gewährleisten, wo politischer Wettbewerb stattfindet. Entscheidend ist nicht die Parteieigenschaft, vielmehr die Teilnahme am politischen Wettbewerb.

Allerdings sind bei der rechtlichen Bewertung von gegenüber sonstigen politischen Vereinigungen ergangenen Äußerungen am Maßstab der Chancengleichheit die Unterschiede zwischen Parteien und anderen politischen Organisationen insoweit zu berücksichtigen, dass der Maßstab im Einzelfall gelockert anzuwenden ist. Das streng formale Verständnis der Chancengleichheit (s. u.) gilt zwar im gesamten Prozess der politischen Willensbildung und nicht nur im Vorfeld von Wahlen.[223] Dieses rechtfertigt sich unter anderem aus der Teilnahme und Mitwirkung am politischen Wettbewerb, vielmehr rechtfertigt aber der Aspekt der Mitwirkung an Wahlen und der damit verbundenen Konsequenzen (u. a. direkte Einflussmöglichkeiten im Parlament) dieses Verständnis, vor allem eben, weil sich Parteien an der Schnittstelle zwischen dem gesellschaftlichen und staatlichen Bereich befinden. Da aber sonstigen politischen Gruppierungen die Institutionalisierung fehlt, ist dies im Rahmen der Prüfung der Chancengleichheit zu beachten. Denn ansonsten würde die Unterscheidung zwischen dem institutionalisierten und dem nicht-institutionalisierten Bereich des Wettbewerbs leer laufen. Das bedeutet nicht, dass die Hürden für die Verletzung der Chancengleichheit nicht gelten sollen.[224] Jedoch ist die Verletzung des Rechts auf Chancengleichheit von politischen Parteien aufgrund ihrer Sonderstellung strengeren Anforderungen zu unterwerfen als die von anderen Personenvereinigungen.[225] Dies schlägt sich dementsprechend auch auf die Strenge und Anwendungsintensität des Neutralitätsgebots nieder, denn bei Äußerungen gegenüber politischen Parteien ist ein strengerer Maßstab anzulegen als bei anderen Wettbewerbern, was sich an dem Kriterienkatalog des Neutralitätsmaßstabes zeigt (s. u. Teil 3).

Vom Grundsatz der Chancengleichheit kann nur durch besondere zwingende Gründe abgewichen werden, die dies rechtfertigen.[226] Denn Chancengleichheit als

---

[223] BVerfGE 8, 51 (68).

[224] Vgl. *P. Bender*, NWVBl. 2016, 143 (147), der das Neutralitätsgebot – aufgrund des angeblich nicht konsequenten strengen Verständnisses vom Grundsatz der Chancengleichheit – noch nicht einmal gegenüber Parteien streng versteht, geschweige denn gegenüber sonstigen politischen Organisationen.

[225] Wahl- und parteispezifische Besonderheiten und Aspekte der Chancengleichheit (Parteienfinanzierung, Sendezeiten) sind schon von vornherein nur für Parteien von Bedeutung.

[226] BVerfGE 14, 121 (133); 20, 56 (116); 24, 300 (341); 44, 125 (146); 47, 198 (227); 69, 92 (106); 78, 350 (358), stRspr; vgl. ferner *W. Schreiber*, in: Berliner Kommentar, GG, Art. 38 (2013) Rn. 126f., da bes. Fn. 172, 175 für weitere Rechtsprechungsnachweise; ausführlicher *A. Kißlinger*, Das Recht auf politische Chancengleichheit, 1998, S. 133ff.

das grundlegende Recht im politischen Wettbewerb ist streng und formal zu handhaben, was auch ihre verfassungsrechtliche Verankerung zeigt (s. o. Teil 2 I. 5. b)).[227]

Die Anforderungen an die Rechtfertigung sind hoch, da es für Träger öffentlicher Gewalt nicht ohne Weiteres möglich sein soll, Wettbewerbsteilnehmer unterschiedlich zu behandeln und damit lenkend in den Prozess der politischen Willensbildung einzugreifen, was zur Verschiebung politischer Macht führen könnte. Die Strenge der Anforderungen unterscheidet sich aber je nach Träger der Chancengleichheit (s. o.), um der Differenzierung hinsichtlich der Institutionalisierung Rechnung zu tragen. Die Differenzierung zeigt sich auch an der verfassungsrechtlichen Fundierung der Chancengleichheit. Neben den Gleichheitssatz und das Demokratieprinzip treten je nach Akteur andere Rechtsgrundlagen hinzu (s. o. Teil 2 I. 5. b)), was nicht unberücksichtigt bleiben darf und für die unterschiedliche Strenge spricht.

Das Grundgesetz bekennt sich zur demokratischen Gleichheit, im Bereich der politischen Willensbildung in Form des Rechts auf chancengleiche Teilhabe, welche der besonderen Absicherung bedarf, die darin zu sehen ist, dass von der demokratischen Gleichheit des Einzelnen eben nur bei Vorliegen eines besonderen zwingenden Grundes abgewichen werden darf.[228] Insbesondere dürfen Träger öffentlicher Gewalt nicht die bestehende Wettbewerbssituation verzerren.

Ziel der Chancengleichheit ist es nicht, tatsächliche Gleichheit herzustellen zwischen den politischen Ansichten. Dieser Grundsatz erfüllt seinen Zweck bereits durch die Gewährleistung der gleichen Chance. Die Träger dieses Rechts erhalten verfassungsrechtlich die gleiche Chance für die politische Entfaltung. Damit ist nur eine „Startgleichheit“ gemeint, welche die Gewährleistung der gleichen Ausgangsbedingungen mit sich bringt, nicht jedoch eine „Ergebnisgleichheit“ im Sinne einer Garantie gleicher Erfolgsverwirklichung.[229] Es ist daher zu unterscheiden zwischen rechtlicher und faktischer Gleichheit.[230] Dass es faktische Unterschiede gibt, ist das natürliche Ergebnis politischen Wettbewerbs und der mit ihm verbundenen Konkurrenz. Unterschiede können sich aus den unterschiedlichen Größen, dem politischem Gewicht und der Leistungsfähigkeit der Akteure ergeben.[231] Daran

---

[227] BVerfGE 20, 56 (116); 24, 300 (340 f.); 44, 125 (146); 73, 40 (89); 85, 264 (297) jeweils m. w. N., stRspr; *M. Morlok*, in: Dreier, GG, Bd. 2, 3. Aufl. 2015, Art. 21 Rn. 82; *W. Schreiber*, in: Berliner Kommentar, GG, Art. 38 (2013) Rn. 126 f.; *A. Kißlinger*, Das Recht auf politische Chancengleichheit, 1998, S. 133, 80 ff.; *H. H. v. Arnim*, DÖV 1984, 85 ff.

[228] *A. Kißlinger*, Das Recht auf politische Chancengleichheit, 1998, S. 81 f.

[229] *F. Schoch*, DVBl. 1988, 863 (880) m. w. N.; *E. Schwerdtner*, DÖV 1990, 14 (16); *A. Kißlinger*, Das Recht auf politische Chancengleichheit, 1998, S. 14; *M. Morlok*, in: Dreier, GG, Bd. 2, 3. Aufl. 2015, Art. 21 Rn. 80, 83 m. w. N.; *E.-W. Böckenförde*, Demokratie als Verfassungsprinzip, in: HStR, Bd. II, 3. Aufl. 2004, S. 429 (459 f.); ferner BVerfGE 41, 399 (414); 85, 264 (297).

[230] *F. Schoch*, DVBl. 1988, 863 (866 f., 880).

[231] BVerfGE 24, 300 (344); 69, 92 (109); 104, 287 (300); *M. Morlok*, Parteienrecht als Wettbewerbsrecht, in: P. Häberle/M. Morlok/V. Skouris (Hrsg.), Festschrift für Dimitris Th. Tsatsos, 2003, S. 408 (417).

ist der Staat insofern gebunden, als er sie nicht ausgleichen darf. Es geht nämlich nicht um die „manipulative Herstellung tatsächlicher Gleichheit im Ergebnis."[232] Das wäre auch nicht im Sinne des politischen Prozesses, der darauf angelegt ist, dass es unterschiedliche Kräfteverhältnisse unter den Beteiligten gibt, zumal diese das Meinungsbild der Bevölkerung widerspiegeln. Nicht jede politische Ansicht bekommt die gleiche Zustimmung aus der Mitte der Bevölkerung. Der Wille der Bürger würde nicht wahrheitsgetreu zum Ausdruck kommen, wäre die Chancengleichheit auf die Herstellung tatsächlicher Gleichheit angelegt.

Der Staat ist demzufolge an die vorgefundene Wettbewerbslage gebunden, was konkret bedeutet, dass er die bestehenden Unterschiede nicht verzerren bzw. verfälschen darf, weder darf er sie verstärken noch ausgleichen.[233] Das Grundgesetz nimmt im politischen Meinungs- und Willensbildungsprozess außerrechtliche Ungleichheiten der Bürger und der politischen Gruppierungen hin. „Es verwehrt dem Staat aber, durch Parteinahme im Wahlkampf auf die Wettbewerbsverhältnisse zwischen den politischen Kräften Einfluß zu nehmen. Die Staatsorgane haben als solche allen zu dienen und sich im Wahlkampf neutral zu verhalten."[234]

Das Recht auf Chancengleichheit als Gewährleistung einer „Startgleichheit" ist bereits dann verletzt, wenn ex ante die Möglichkeit besteht, dass sich die staatliche Handlung nachteilig auf die Wettbewerbslage auswirkt; es kommt jedoch nicht auf die tatsächliche Auswirkung eines bestimmten Wettbewerbsnachteils auf den politischen Erfolg bzw. Misserfolg einer politischen Organisation an, zumal so etwas kaum nachweisbar ist.[235] Lässt man die abstrakte Möglichkeit eines Wettbewerbsnachteils genügen, so ist die Schwelle für die Feststellung der Verletzung der Chancengleichheit zwar nicht hoch, aber dafür der Schutz des politischen Wettbewerbs vor staatlichen Eingriffen erhöht.

d) Chancengleichheit und politische Neutralität

Die Chancengleichheit und der Grundsatz politischer Neutralität stehen insoweit im Zusammenhang miteinander, als Erstere eine bedeutende rechtliche Grundlage für den Neutralitätsgrundsatz bildet. In den neutralitätsrelevanten Rechtsstreitig-

---

232 *A. Kißlinger*, Das Recht auf politische Chancengleichheit, 1998, S. 14; BVerfGE 41, 399 (414).

233 BVerfGE 8, 51 (67); 41, 399 (413 f.); 52, 63 (89); 69, 92 (109); 73, 40 (89); 78, 350 (358); 85, 264 (297); 104, 287 (300); 111, 382 (398) jeweils m. w. N., stRspr.; ferner *M. Morlok*, in: Dreier, GG, Bd. 2, 3. Aufl. 2015, Art. 21 Rn. 80; *J. Krüper/H. Kühr*, ZJS 2014, 143 (146); *A. Kißlinger*, Das Recht auf politische Chancengleichheit, 1998, S. 14, 77; *T. Barczak*, NVwZ 2015, 1014 (1014).

234 BVerfGE 44, 125 (143 f.). Zum Verhältnis der Chancengleichheit und Neutralität s. u. Teil 2 I. 5. d).

235 *A. Kißlinger*, Das Recht auf politische Chancengleichheit, 1998, S. 15 f.

keiten taucht zu Recht die Chancengleichheit auf, da vor allem sie gerügt wird für die Geltendmachung einer Neutralitätsverletzung.[236]

Die Ausweitung der Geltung der Chancengleichheit auf die gesamte politische Meinungs- und Willensbildung führt dazu, dass die Chancengleichheit für die rechtliche Bewertung von amtlichem Kommunikationshandeln stets zur Anwendung kommt. Denn Kommunikationshandeln taucht stets im Meinungswettbewerb auf, sodass Träger öffentlicher Gewalt bei Vornahme von Äußerungen den Grundsatz der Chancengleichheit der politischen Wettbewerber zu beachten haben. Außerdem ist Kommunikationshandeln in der Lage, Einfluss auf die politische Wettbewerbslage auszuüben, weswegen gerade auf die Wahrung der Chancengleichheit zu bestehen ist.

Die Ausweitung hat zur Folge, dass sich die am Wettbewerb Beteiligten auf dieses grundlegende Recht berufen können. Dieses Privileg ist daher geknüpft an das Auftreten und Handeln im politischen Meinungswettbewerb, der durch die Gewährleistung von Chancengleichheit abgesichert wird.

Aus dem Grundgedanken der Chancengleichheit lässt sich insofern die Forderung nach Neutralität ableiten, als nur eine öffentliche Gewalt, die neutral ist, das heißt sich nicht mit einzelnen Teilnehmern des politischen Wettbewerbs identifiziert und unparteiisch bleibt, dafür sorgen kann, dass alle Akteure des politischen Willensbildungsprozesses die gleiche Chance haben, sich politisch zu engagieren. Denn hielte man nicht an Neutralität fest bzw. dürfte die öffentliche Gewalt durch amtliche Äußerungen parteiisch sein und einzelne Wettbewerbsteilnehmer bevorzugen oder benachteiligen, so verletzte sie insofern das Recht auf Chancengleichheit, als sie die Wettbewerbslage beeinträchtigt und die Teilnehmer nicht mehr die gleichen Chancen haben. Es ist aber nicht ihre Aufgabe, faktische Ungleichheiten auszugleichen oder zu verschärfen (s. o. Teil 1 IV. 5. c)). Dies hätte zur Konsequenz, dass das dadurch beeinflusste Meinungsbild nicht mehr den tatsächlichen Zuspruch und Willen der Bürgerschaft zum Ausdruck bringt. Daher ist der Willensbildungsprozess darauf verwiesen, sich natürlich zu entfalten. Faktische Ungleichheiten zwischen den politischen Wettbewerbern nimmt das Grundgesetz hin, es verbietet jedoch dem Staat, durch parteiisches Handeln Einfluss auf die Wettbewerbsverhältnisse zu nehmen.[237]

Auch die *Schmitt'sche* Differenzierung zwischen einer positiven und negativen Dimension der Neutralitätsforderung[238] verdeutlicht die Verknüpfung zwischen Chancengleichheit und Neutralität. Denn im Rahmen der negativen Begriffsbestimmungen ist eine seiner Thesen auf Aspekte der Gleichheit gerichtet. Er stellt fest, dass Neutralität „im Sinne der gleichen Chance bei der staatlichen Willens-

---

[236] BVerfGE 44, 125 ff.; 63, 230 ff.; 136, 323 ff.; 138, 102 ff.; 140, 225 ff.

[237] BVerfGE 44, 125 (143 f.); vgl. ferner *J. Krüper/H. Kühr*, ZJS 2014, 143 (146).

[238] *C. Schmitt*, Der Hüter der Verfassung, Tübingen 1931, S. 111 ff.

bildung" zu verstehen sei (s.o. Teil 1 III. 2. a)).[239] Diese These gibt den Inhalt der Chancengleichheit wieder. Zu Recht zieht er die Chancengleichheit zur Konkretisierung der Neutralitätsforderung heran und unterstreicht deren gleichheitsrechtliche Ausrichtung.

Für die Verletzung der Chancengleichheit reicht die Möglichkeit einer nachteiligen Auswirkung auf den Wettbewerb aus, der Eintritt eines bestimmten Wettbewerbsnachteils wird nicht verlangt (s.o. Teil 2 I. 5. c)). In äußerungsrechtlichen Sachverhalten ist die Chancengleichheit verletzt, wenn Amtsträger parteiergreifend zu Gunsten oder zu Lasten eines Wettbewerbsteilnehmers in den Prozess der Meinungs- und Willensbildung einwirken.[240] Zu Lasten eines Wettbewerbers und dessen Recht auf Chancengleichheit greift ein Amtsträger beispielsweise ein, wenn er negative Werturteile über dessen Ziele und Betätigungen äußert bzw. noch weitergehend eine nicht verbotene politische Partei in der Öffentlichkeit nachhaltig verfassungswidriger Zielsetzung und Betätigung verdächtigt, obwohl ein solches Vorgehen nicht mehr verständlich ist.[241]

Obgleich die tatsächlichen Folgen negativer wie positiver staatlicher Einwirkungen nicht immer absehbar bzw. feststellbar sind, reicht bereits die Vornahme parteiergreifender Äußerungen aus. Solche sind geeignet, die Situation der Wettbewerbsteilnehmer positiv bzw. negativ zu beeinflussen und damit einhergehend Einfluss auf die Meinungsbildung der Bürger zu nehmen. Wenn dem Staat zurechenbare Personen zu einzelnen Akteuren und ihrem Wirken öffentlich Stellung beziehen, haben solche Aussagen eine größere Wirkung auf die Bürgerschaft als solche, die eine Privatperson tätigt. Eine von staatlicher Beeinflussung komplett freie Willensbildung ist zwar nicht möglich und auch nicht erforderlich, vor allem aufgrund des Informationsbedürfnisses und -rechtes des Staates, jedoch ist ihm über die zulässige Öffentlichkeitsarbeit hinaus verwehrt, Äußerungen vorzunehmen, die eine Bevorzugung oder Benachteiligung einer bestimmten politischen Überzeugung zum Inhalt haben.

Indem die Verletzung der Chancengleichheit von der Vornahme parteiergreifender Äußerungen abhängig gemacht wird, wird sie von der Verletzung des politischen Neutralitätsgebots abhängig gemacht, da dieses parteiergreifende amtliche Äußerungen verbietet. Hinsichtlich des Verhältnisses zwischen Chancengleichheit und Neutralität bedeutet dies, dass eine Verletzung der Neutralität in der Regel zu einer Verletzung der Chancengleichheit führt.

Dies wird ebenfalls daran deutlich, dass eine Verletzung des Grundsatzes der Chancengleichheit zu Recht von der Inanspruchnahme amtlicher Mittel im Rahmen von Äußerungen abhängig gemacht wird (s.u. Teil 3 II.). „Eine Beeinträchtigung der Chancengleichheit im politischen Wettbewerb findet statt, wenn der In-

---

[239] *C. Schmitt*, Der Hüter der Verfassung, 1931, S. 112f.
[240] Vgl. BVerfGE 44, 125 (146).
[241] BVerfGE 40, 287 (293); 136, 323 (333f.).

haber eines Regierungsamtes im politischen Meinungskampf Möglichkeiten nutzt, die ihm aufgrund seines Regierungsamtes zur Verfügung stehen, während sie den politischen Wettbewerbern verschlossen sind."[242]

6. Zusammenfassung

All die in diesem Abschnitt dargestellten Rechtsgrundlagen dienen kumulativ der rechtlichen Herleitung des politischen Neutralitätsgrundsatzes. Man kann keine Rangfolge dieser Grundlagen feststellen, denn jede einzelne Grundlage spricht Aspekte an, die die Notwendigkeit einer Neutralitätsforderung in politischen Angelegenheiten begründen. Daher ist der politische Neutralitätsgrundsatz derivativ aus den genannten Rechtsgrundlagen abzuleiten.

Schaut man sich die einschlägige Rechtsprechung zu den Äußerungsrechtsfällen an, so wird man feststellen können, dass regelmäßig jedenfalls die Verletzung des Rechts auf Chancengleichheit und des Grundsatzes der Staatsfreiheit gerügt werden. Dies ist insofern nicht verwunderlich, als der politische Meinungs- und Willensbildungsprozess, in dessen Rahmen Äußerungen vorgenommen werden, nur unter der Voraussetzung funktionieren kann, dass er grundsätzlich staatsfrei bleibt und allen Teilnehmern das Recht auf chancengleiche Betätigung gewährt. Diese Grundsätze sind Grundpfeiler des sich zwischen den politischen Akteuren abspielenden Meinungswettbewerbs. Sie sind daher in jedem neutralitätsrelevanten Fall als rechtlicher Maßstab anzuführen und zu prüfen. Auch das alle einzelne Aspekte miteinander verbindende Demokratieprinzip ist zu berücksichtigen. In Fällen, in denen amtliche Äußerungen gegenüber Personenvereinigungen ergehen, denen die Parteieigenschaft im Sinne des Artikels 21 GG bzw. des Parteiengesetzes fehlt, sind zusätzlich neben den zwei Rechtsgrundlagen (s. o.) die einschlägigen Grundrechte die Anknüpfungspunkte. Nicht jedoch wird das Recht auf chancengleiche Teilnahme am politischen Meinungswettbewerb durch die jeweiligen Grundrechte ersetzt. Denn obwohl den sonstigen politischen Kollektiven die Parteieigenschaft fehlt, kommen sie in den Genuss des – primär für Parteien entwickelten – Rechts auf Chancengleichheit, da dieses Recht allen Teilnehmern des politischen Wettbewerbs zusteht. Für ihre Organisationsstruktur und ihr Handeln können sich sonstige Kollektive auf Grundrechte berufen, da sie sich diesbezüglich nicht auf den Parteienartikel berufen können. Sowohl politische Parteien als auch sonstige politische Vereinigungen können sich somit auf subjektive Rechte berufen, wollen

[242] BVerfGE 138, 102 (118); 140, 225 (227); OVG NRW, Urteil v. 04. November 2016, 15 A 2293/15, S. 22. Das nordrhein-westfälische OVG thematisiert den Aspekt der Nutzung amtlicher Mittel nur bei Äußerungen gegenüber Parteien, da anscheinend zu Unrecht davon ausgegangen wird, dass Chancengleichheit nur Parteien zusteht, nicht jedoch anderen Vereinigungen, die ebenfalls an der politischen Meinungsbildung mitwirken; zur personellen Ausweitung s. o. Teil 2 I. 5. c) und zu diesem Aspekt aus dem Urteil s. o. Teil 1 III. 2. c) cc). Vgl. ferner Sondervotum *Geiger*, BVerfGE 44, 125 (167 [175]); BVerfGE 63, 230 (243).

sie eine Verletzung des staatlichen Neutralitätsgebots rügen. Die dieser Arbeit zugrunde liegende These, dass Träger öffentlicher Gewalt grundsätzlich gegenüber allen am politischen Meinungsbildungsprozess beteiligten Vereinigungen – unabhängig von ihrer Organisationsstruktur – politisch neutral zu sein haben, wird dadurch bekräftigt.

Viel seltener als die genannten rechtlichen Bestimmungen wird in der neutralitätsrelevanten Rechtsprechung das Amtsprinzip ausdrücklich genannt. Dieses dient zwar auch der rechtlichen Herleitung des politischen Neutralitätsgebots, darauf kann das Begehren jedoch mangels subjektivrechtlicher Ausrichtung nicht gestützt werden. Vielmehr kommt das Amtsprinzip aber über den Aspekt der Inanspruchnahme amtlicher Ressourcen und der Amtsautorität zum Ausdruck, welcher eng verknüpft ist mit dem Recht auf Chancengleichheit. Dass lediglich in amtlicher Eigenschaft und nicht als Privatperson die mit einem Amt verbundenen Möglichkeiten genutzt werden dürfen, ist unmittelbarer Ausdruck des Amtsprinzips, das der Verwirklichung des Gemeinwohls dient und von Amtsträgern Fremdnützigkeit statt Eigennützigkeit im Amt verlangt.

II. Rechtsnatur der politischen Neutralität

Neutralität wird unabhängig von den einzelnen Neutralitätsfeldern „als *Rechtsbegriff*, aus dem selbständig Folgerungen abgeleitet werden, verwendet."[243] Die Rechtsnatur der politischen Neutralität hängt nicht unwesentlich von den vorangegangenen Ausführungen zur rechtlichen Herleitung dieses Instituts ab. Die Rechtsprechung und Literatur bedienen sich verschiedenster Termini für die Bezeichnung der Forderung politischer Neutralität. Häufig ist die Rede von Neutralität als Gebot, Grundsatz, Verpflichtung, Prinzip. Da Neutralität jedoch nicht nur auf dem hier relevanten Feld des politischen Pluralismus bekannt ist und eine Rolle spielt, tauchen diese Termini auf allen Neutralitätsfeldern auf, insbesondere bei der weltanschaulich-religiösen Neutralität. Auf die Abhandlungen und Ergebnisse auf den anderen Feldern kann vorliegend zurückgegriffen werden.

1. Politische Neutralität als Gebot und Grundsatz für staatliches Handeln

In erster Linie stellt die Forderung politischer Neutralität einen objektiven Grundsatz bzw. ein objektives Gebot dar, das sich an staatliches Handeln richtet. „Neutralität ist insoweit Grundsatz und Gebot, das die grobe Richtung in der Auseinandersetzung um die staatliche Haltung gegenüber religiösen Fragen vorgibt."[244]

---

[243] *K. Schlaich*, Neutralität als verfassungsrechtliches Prinzip, 1972, S. 219.

[244] *J.-B. Schrooten*, Gleichheitssatz und Religionsgemeinschaften, 2015, S. 27.

Obgleich diese Aussage auf die religiöse Neutralitätsforderung gemünzt ist, eignet sie sich in gleicher Weise für den Bereich des Politischen. Denn auch die Forderung nach politischer Neutralität stellt eine Erwartungshaltung an den Staat gegenüber politischen Anschauungen dar. Die Einordnung der Neutralitätsfigur als Grundsatz und Gebot stellt keine Besonderheit für den Bereich des politischen Pluralismus dar, vielmehr ist Neutralität in erster Linie auf jedem Neutralitätsfeld ein Grundsatz und Gebot.

Mit diesen Begriffen soll der generelle und abstrakte Charakter der Neutralitätsforderung zum Ausdruck kommen.[245] Eine solche Qualifizierung ist deswegen angemessen, weil Neutralität eine umfassende Argumentationsfigur darstellt, die sich nicht in der Beantwortung einer einzelnen Frage erschöpft. Sie setzt sich aus unterschiedlichen Aspekten zusammen, und auch die rechtlichen Motive, die hinter dieser Figur stecken, sind vielfältiger Natur. Allerdings sagen Grundsatz und Gebot alleine nicht viel über den Inhalt und die Anwendung der politischen Neutralität aus.

In einigen Entscheidungen des Bundesverfassungsgerichts ist ebenfalls teilweise die Rede von einem Gebot[246], teilweise von einem Grundsatz[247] der Neutralität – sowohl im Kontext weltanschaulich-religiöser als auch politischer Neutralität. Auch das Gericht verwendet diese allgemeinen Begriffe, da sie dazu geeignet sind, die grundlegende Bedeutung der Neutralitätsforderung zu unterstreichen. In der Literatur wird ebenfalls zu Recht von der Neutralität als Grundsatz oder Gebot gesprochen.[248]

2. Keine strikte Neutralitätspflicht

Teilweise wird in der Rechtsprechung im Zusammenhang mit der Neutralität von einer staatlichen Pflicht gesprochen.[249] Auch im Berufsbeamtentum ist die Rede von der Neutralitätspflicht von Beamten.

---

[245] Vgl. *S. Huster*, Die ethische Neutralität des Staates, 2002, S. 38 für die ethische Neutralität.

[246] BVerfGE 44, 125 (144, 156, 161); BVerfGE 138, 102 (u. a. 109, 111, 113).

[247] BVerfGE 93, 1 (16); BVerfGE 99, 100 (126); BVerfGE 102, 370 (383, 394).

[248] So auch z. B. *S. Huster*, Die ethische Neutralität des Staates, 2002, S. 38 ff., 652 ff.; *J. Krüper*, JöR 53 (2005), S. 79 ff.; *S.-C. Lenski*, Öffentliches Kulturrecht, 2013, S. 71; *M. Putzer*, DÖV 2015, 417 ff.; *S. Muckel*, JA 2015, 715 ff.; *T. Barczak*, NVwZ 2015, 1014 ff.; *C. Gusy*, NVwZ 2015, 700 ff.; s. ferner *M. Payandeh*, Der Staat 55 (2016), 519 (521 f., 537 f., 549 f.) zur Klassifizierung der Neutralitätsforderung als Vorverständnis oder Leitbild der Verfassungsanwendung.

[249] BVerfGE 138, 102 (u. a. 109, 111); VerwGH Hessen, Beschluss v. 03. Mai 2013, 8 A 772/13, in: NVwZ-RR 2013, 815 f. In BVerfGE 136, 323 (332) ist inzwischen die Rede nur noch von „verfassungsrechtlichen Erwartungen an das Amt des Bundespräsidenten (…), dass der Bundespräsident eine gewisse Distanz zu Zielen und Aktivitäten von politischen Parteien und gesellschaftlichen Gruppen wahrt". Frühere Rechtsprechung sprach von parteipolitischer Neutralitätspflicht des Bundespräsidenten, s. BVerfGE 89, 359 (362 f.). Dazu *M. Putzer*, DÖV 2015, 417 (420 f.) m. w. N. Vgl. aus der Literatur auch *M. Payandeh*, Der Staat 55 (2016), 519 ff.;

Auf dem Gebiet stellt die politische Neutralitätsforderung eine Pflicht der Beamten dar, welche gesetzlich normiert ist und von diesen verlangt, sich im Rahmen der Erfüllung ihrer Dienstaufgaben nicht von politischen – vor allem parteipolitischen – Ansichten und Erwägungen leiten zu lassen (s. o. Teil 1 III. 3. b) aa)). Fraglich ist, ob man die Einordnung der beamtenrechtlichen Neutralität als Pflicht übertragen kann auf die politische Neutralitätsforderung, die an Amtsträger im weiten Sinne adressiert und nicht auf Berufsbeamte beschränkt ist.

Neutralität ist im Beamtenverhältnis eine Pflicht für Beamte, weil diese dem Wohl der Allgemeinheit verpflichtet sind, welches sich nicht mit politischen und privaten Erwägungen verträgt. Ein wichtiges Indiz für die Qualifizierung als Pflicht ist die einfachgesetzliche sowie die verfassungsrechtliche Normierung. Zum einen normieren § 33 Abs. 1 Beamtenstatusgesetz für Beamtinnen und Beamte der Länder, Gemeinden und Gemeindeverbände und § 60 Abs. 1 Bundesbeamtengesetz für Beamtinnen und Beamten des Bundes die politische Neutralität, indem sie von Unparteilichkeit und der Orientierung am Leitprinzip „Wohl der Allgemeinheit" sprechen. Zum anderen wird die beamtenrechtliche Pflicht, sich politisch neutral zu verhalten, als ein hergebrachter Grundsatz des Berufsbeamtentums im Sinne des Artikel 33 Abs. 5 GG angesehen und erfährt somit zusätzlich eine verfassungsrechtliche Verankerung.

Will man diese Überlegungen auf den allgemeinen politischen Neutralitätsgrundsatz im hier verstandenen Sinne übertragen, so muss man sich zunächst fragen, ob die soeben genannten Gründe, die für die Einordnung der beamtenrechtlichen Neutralität als Pflicht sprechen, auch für den allgemeinen Neutralitätsgrundsatz tauglich sind. Eine ausdrückliche textliche Normierung, wie sie im Berufsbeamtentum besteht, fehlt für das allgemeine politische Neutralitätsgebot. Zwar gibt es rechtliche Grundlagen, aus denen sich die Existenz dieses Gebots ableiten lässt (s. o. Teil 2 I.), allerdings keine ausdrückliche normative Grundlage. Allein deswegen kann jedoch nicht die Rechtsnatur als Pflicht verneint werden. Dieser Punkt ist eher ein Indiz.

Aber die inhaltliche Begründung der Pflichteneigenschaft, die sich insbesondere auf die Bindung der Beamten an das Gemeinwohl stützt, ist auch im Fall des allgemeinen politischen Neutralitätsgrundsatzes von Bedeutung. Alle Amtsträger, seien es Berufsbeamte oder sonstige Amtsträger, sind nämlich gleichermaßen an das Gemeinwohlprinzip gebunden im Rahmen der Ausübung staatlicher Handlungen. Sobald sie im Dienste sind und ihr Handeln dem Staat zugerechnet wird,

---

T. Wahnschaffe, NVwZ 2016, 1767 ff. Vgl. ferner *D. zu Hohenlohe*, VerwArch 2016, 62 ff. und *P. Bender*, NWVBl. 2016, 143 ff., die die Frage, ob Neutralität eine absolute oder umfassende Pflicht darstellt, verneinen. Beispielhaft zur religiösen Neutralität: BVerfGE 19, 206 (216); 30, 415 (421); 93, 1 (22); Sondervotum *Seidl*, *Söllner*, *Haas* BVerfGE 93, 1 (25 [29]); BVerwGE 141, 223 (232 ff.); *S. Korioth*/*I. Augsberg*, JZ 2010, 828 ff.; *M. Morlok*, Religionsverfassungsrecht und Schule, in: Adolf-Arndt-Kreis (Hrsg.), Nun sag, wie hast Du's mit der Religion? Der Staat, das Recht und die Religionen, 2006, S. 37 (40).

haben sie sich am Wohl der Allgemeinheit zu orientieren und Partikularinteressen außen vor zu lassen, da sie den Staat repräsentieren und nicht als Privatperson agieren. Dies spricht dafür, die politische Neutralität für alle Amtsträger und nicht nur für Berufsbeamte als Pflicht anzusehen.

Während Berufsbeamte jedoch nur nach Maßgabe ihrer Eignung, Befähigung und fachlichen Leistung im Sinne des Artikels 33 Abs. 2 GG an ihr Amt gelangen, ist dies bei den anderen Amtsträgern wie den politischen Amtsinhabern nicht der Fall. Zwar sind Letztere ebenfalls an das Gemeinwohl gebunden, jedoch erfährt diese Bindung eine Relativierung durch die politische Prägung mancher Ämter (s. u. Teil 3 VI.). Dass dies bei der beamtenrechtlichen Neutralität der Fall ist, zeichnet sich neben dem soeben genannten Aspekt zum einen an der normativen Verankerung dieser Forderung ab (s. o.). Zum anderen ist die Forderung politischer Neutralität im Berufsbeamtentum insgesamt stärker und strenger ausgeprägt (s. o. Teil 1 III. 3. b) bb)), was den Charakter der Neutralität als Pflicht auf dem Feld rechtfertigt. Außerdem geht es im Berufsbeamtentum um die neutrale Verrichtung von vorgeschriebenen Verwaltungstätigkeiten, wohingegen das vorliegend im Fokus stehende staaliche Handeln „lediglich" Kommunikationshandeln ist. Daher passt es nicht, die politische Neutralität außerhalb des Berufsbeamtentums als eine Pflicht und damit eine starre Figur anzusehen.

Darüber hinaus bedarf es in Abkehr zum Berufsbeamtentum deswegen einer flexiblen Neutralitätsforderung, da diese nicht in jeder Konstellation und nicht für jeden Amtsträger in gleicher Intensität zum Einsatz kommt. Sie trifft nicht alle Bediensteten des Staates in gleicher Weise, vielmehr ist nach Stellungen, Aufgaben und Funktionen zu differenzieren.[250] Es gibt Unterschiede in der Anwendungsintensität dieser Figur, die von vielen einzelnen Kriterien abhängt,[251] unter anderem – aber nicht nur – von der Stellung und den Funktionen von Amtsträgern. Denn Neutralität stellt eine ausfüllungsbedürftige Figur dar. Eine pauschale Handhabung des politischen Neutralitätsgebots verbietet sich. Daher widerspräche die Bejahung einer strikten Pflichteigenschaft der einzelfall- und kriterienabhängigen Konzeption politischer Neutralität, wie sie vorliegend dargestellt und vertreten wird.

Die Ablehnung einer Einordnung als Pflicht ändert jedoch nichts an der Verbindlichkeit und der grundsätzlichen Geltung der Neutralitätsforderung. Dass sich Träger öffentlicher Gewalt bei Handlungen in amtlicher Eigenschaft an diese Forderung halten müssen, ergibt sich nicht erst aus der Annahme einer Pflicht.

---

[250] BVerfGE 138, 102 (111 ff.); *D. zu Hohenlohe*, VerwArch 2016, 62 (85).

[251] Die Einordnung als Pflicht u. a. auch aus dem Grund ablehnend *P. Bender*, NWVBl. 2016, 143 (146 f.); *D. zu Hohenlohe*, VerwArch 2016, 62 ff.

3. Politische Neutralität als Sammelbegriff

Man könnte die politische Neutralitätsforderung einerseits als autonomen Grundsatz, andererseits als Sammelbegriff verstehen. Dies hängt davon ab, welches Verständnis man der Neutralität zugrunde legt. Im Kontext der weltanschaulich-religiösen Neutralität ist diese Frage bereits Gegenstand der Wissenschaft gewesen.[252] Die Ausführungen auf dem Neutralitätsfeld können zum Teil auf das politische Neutralitätsgebot übertragen werden.

Einerseits lässt sich die Konzeption der Neutralität als ein Begriff mit definierbarem Inhalt verstehen, der eigenständige Bedeutung hat. Andererseits kann Neutralität aber auch als eine Zusammenfassung mehrerer Teilinhalte bzw. Normen verstanden werden.

Sieht man in dieser Figur einen autonomen Rechtsbegriff, so bedarf Neutralität eines selbstständig konkretisierbaren Inhalts,[253] der sich nicht erst aus gesetzlichen Normen, sondern aus dem Begriff der Neutralität selbst ergibt. Zwar ist die selbstständige Anwendung auf den Einzelfall möglich, was an der Verselbstständigung und Institutionalisierung der Neutralität auf einigen Feldern liegt.[254] Allerdings ist fraglich, ob der Idee der Neutralität überhaupt ein autonomer Inhalt zu entnehmen ist oder ob der Inhalt nicht schon aus den normativen Grundlagen folgt.[255] Normative Grundlagen sind vor allem die verfassungsrechtlichen Normen, aus denen Neutralität abgeleitet wird.[256] Auch für die politische Neutralität lassen sich Verfassungsnormen benennen: das Recht auf Chancengleichheit aus dem Gleichheitssatz in Verbindung mit dem Demokratieprinzip, die Parteienfreiheit, die politischen Freiheitsrechte, das Demokratieprinzip (s. o. Teil 2 I.). Es bleibt nicht allein bei der formalen Ableitung aus den genannten Rechtsgrundlagen, diese dienen vor allem der inhaltlichen Ausfüllung der Neutralität. Ihre Inhalte konkretisieren und prägen den Neutralitätsbegriff.

Vor diesem Hintergrund ist die Neutralität als ein Sammelbegriff anzusehen, zumal sie vorliegend derivativ aus mehreren Rechtsgrundlagen abgeleitet wird (s. o. Teil 2 I. 6.). Dieser vereint in sich die verschiedenen Verfassungsbestimmungen,

---

[252] S. dazu *M. Morlok*, Neutralität des Staates und religiöser Radikalismus, in: J. Masing/ O. Jouanjan (Hrsg.), Weltanschauliche Neutralität, Meinungsfreiheit, Sicherungsverwahrung, 2013, S. 3 (13 f.) m. w. N. sowie umfassender *K. Schlaich*, Neutralität als verfassungsrechtliches Prinzip, 1972, S. 12 ff., 218 ff.; *C. Jasper*, Religiös und politisch gebundene öffentliche Ämter, 2015, S. 209 ff.; *C. Möllers*, VVDStRL 68 (2009), 47 (58 f.); vgl. auch *S. Huster*, Die ethische Neutralität des Staates, 2002, S. 40 ff.

[253] *K. Schlaich*, Neutralität als verfassungsrechtliches Prinzip, 1972, S. 229; *H. M. Heinig*, JZ 2009, 1136 (1140).

[254] *K. Schlaich*, Neutralität als verfassungsrechtliches Prinzip, 1972, S. 228.

[255] *K. Schlaich*, Neutralität als verfassungsrechtliches Prinzip, 1972, S. 228; *H. M. Heinig*, JZ 2009, 1136 (1139 f.).

[256] Eine weltanschaulich-religiöse Neutralität wird aus Artikel 4 Abs. 1, Artikel 3 Abs. 3, Artikel 33 Abs. 3 GG sowie Artikel 136 Abs. 1 und 4 und Artikel 137 Abs. 1 WRV in Verbindung mit Artikel 140 GG entnommen; vgl. BVerfGE 19, 206 (216).

welche erst zusammen den Gehalt der Neutralität ausmachen.[257] Neutralität ist damit ein Verweiselement auf bestehende Normen[258] und eine pragmatische Formel, die nach Identifizierung der von der Rechtsordnung gelieferten Anknüpfungspunkte zur Anwendung kommt und fungiert damit als „Hilfs- und *Interpretationsmittel zur Erkenntnis von Normen und deren Inhalt*".[259] Es erscheint sinnvoll, bei einem vielseitigen Begriff wie dem der Neutralität davon auszugehen, dass er durch Konkretisierung und Anknüpfung an anderen Normen seine Wirkung entfaltet, denn eine allgemeingültige, abschließende Definition lässt sich jedenfalls nicht allein aus diesem Begriff folgern. Dies bedeutet nicht, dass der Neutralitätsbegriff eine leere Hülle ist, der gar kein Inhalt entnommen werden kann (s. u.).

Diese Herangehensweise verlangt jedoch, dass es sich bei der Neutralität um eine der Interpretation offene und zugängliche Konzeption handelt, die insbesondere fortentwickelt werden und sich an die jeweiligen Gegebenheiten auf den verschiedenen Neutralitätsfeldern anpassen kann. Dafür spricht, dass die Idee der Neutralität auf neue Felder erweitert werden kann und nicht beschränkt ist auf einzelne Themenbereiche. Im politischen Bereich zeigt sich dies beispielsweise daran, dass die staatliche Forderung von politischer Neutralität nicht nur im Verhältnis zu politischen Parteien besteht, sie vielmehr auszuweiten ist auf sonstige politische Vereinigungen. Bislang hat sich weder in der Rechtsprechung noch in der Literatur die Frage der personellen Ausweitung gestellt, sodass eher nur von parteipolitischer Neutralität die Rede war. Anlässlich amtlicher Äußerungen gegenüber der Pegida-Vereinigung und ihrer Ableger wurde jüngst das Bedürfnis nach einer inhaltlichen Fortentwicklung erweckt. Ferner zeigt auch insgesamt das vorliegend vertretene Verständnis der politischen Neutralität, deren Anwendungsintensität von einzelfallbezogenen Umständen abhängt, dass es sich bei ihr um eine offene und zugängliche Konzeption handelt, die bei Bedarf an neue Umstände anzupassen ist.

Mit dem Aspekt der offenen Neutralitätskonzeption ist zugleich der positive Befund der Integrationswirkung des Neutralitätsbegriffs verbunden.[260] Da eine allgemeingültige und einheitliche Definition nicht ohne Weiteres möglich, aber auch nicht erwünscht ist, ist Neutralität nicht verschlossen gegenüber bisher unbe-

---

[257] Vgl. für die Einordnung als Sammelbegriff *K. Schlaich*, Neutralität als verfassungsrechtliches Prinzip, 1972, S. 230 ff.; *M. Morlok*, Neutralität des Staates und religiöser Radikalismus, in: J. Masing/O. Jouanjan (Hrsg.), Weltanschauliche Neutralität, Meinungsfreiheit, Sicherungsverwahrung, 2013, S. 3 (13 ff., 16); *J. Krüper*, JöR 53 (2005), S. 79 (80); *C. Möllers*, VVDStRL 68 (2009), 47 (58); *H. M. Heinig*, JZ 2009, 1136 (1140).

[258] *M. Morlok*, Neutralität des Staates und religiöser Radikalismus, in: J. Masing/O. Jouanjan (Hrsg.), Weltanschauliche Neutralität, Meinungsfreiheit, Sicherungsverwahrung, 2013, S. 3 (13); so ferner *C. Jasper*, Religiös und politisch gebundene öffentliche Ämter, 2015, S. 214 f.; *K. Schlaich*, Neutralität als verfassungsrechtliches Prinzip, 1972, S. 231 f. S. auch *C. Möllers*, VVDStRL 68 (2009), 47 (58), der von der Neutralität als „Reflexfigur der gleichen Freiheit, die die Grundrechte garantieren", spricht. Dazu *H. M. Heinig*, JZ 2009, 1136 (1139 f.).

[259] *K. Schlaich*, Neutralität als verfassungsrechtliches Prinzip, 1972, S. 231; s. auch *H. M. Heinig*, JZ 2009, 1136 (1140).

[260] *K. Schlaich*, Neutralität als verfassungsrechtliches Prinzip, 1972, S. 226.

kannten, neuen Gesichtspunkten. Sie hat einen integrativen Charakter und kann flexibel reagieren. Ein starres Neutralitätsverständnis ist abzulehnen.

Obwohl sich die hier herangezogene Literatur auf die weltanschaulich-religiöse Neutralität des Staates bezieht, ist nicht nur bei der Ausrichtung der Neutralität davon auszugehen, dass sie einen Sammelbegriff darstellt. Vielmehr ist der staatliche Neutralitätsgrundsatz als solcher – unabhängig vom jeweiligen Neutralitätsfeld – als ein Sammelbegriff zu sehen, so auch in seiner Ausrichtung als politische Neutralität.

Nachdem hier in der Neutralitätsforderung in Abgrenzung zu einem autonomen Grundsatz ein Sammelbegriff gesehen wird, stellt sich die Frage, ob es dann überhaupt eines Neutralitätsgebots bedarf, wenn sich dessen Ausformung erst durch Anknüpfung an normative Grundlagen ergibt.[261]

Dem ist jedoch zunächst entgegenzuhalten, dass Neutralität sich nicht lediglich in der Zusammenfassung der einzelnen Verfassungsnormen erschöpft. Sie knüpft zwar an diese an und entnimmt diesen ihren verfassungsrechtlichen Kern, aber darüber hinaus stellt sie auch eigene Voraussetzungen an staatliches Handeln.[262] Die Grundsätze der Nicht-Identifikation und Unparteilichkeit sind beispielsweise die grundlegenden Anforderungen der Neutralität, die sich nicht so ohne Weiteres aus den normativen Grundlagen ergeben. Auch die differenzierende Betrachtung anhand von Kriterien wie beispielsweise des Zeitpunkts einer amtlichen Äußerung oder der Funktion, in der sich der Amtsträger äußert (s. u. Teil 3), lässt sich nicht unmittelbar den verfassungsrechtlichen Normen entnehmen, sondern dem Neutralitätsgrundsatz und dessen Wertungen. „Neutralität regt zum Weiterdenken an, zur Offenlegung und Sinnerhellung dessen, was in der Verfassung und in anderen Normen bereits angelegt ist."[263] Dass Neutralität der verfassungsrechtlichen Anknüpfung sowie der Konkretisierung und Interpretation bedarf, ist kein Spezifikum des Neutralitätsgebots, vielmehr sind alle Grundsätze mit hohem Abstraktionsgrad davon betroffen.[264] Allein die Abhängigkeit der Neutralität von den jeweiligen Verfassungsnormen ist kein hinreichender Grund, um grundlegende Zweifel an der Existenz des Neutralitätsgebots zu haben. Dies wäre dann ein berechtigter Einwand, enthielte das Gebot keinen eigenen über die Verfassungsnormen hinausgehenden Inhalt,[265] was aber nicht der Fall ist.

Die Existenz der Neutralitätsfigur dient der Konkretisierung und Spezifizierung des Postulats der gleichen Freiheit, welches sich hinter dieser Figur verbirgt.[266] Die

[261] Ob in der Neutralität lediglich eine unselbstständige Zusammenfassung zu sehen ist, thematisiert auch *S. Huster*, Die ethische Neutralität des Staates, 2002, S. 40 ff., 661 f.

[262] Die Frage nach einem eigenständigen Gebot oder einer unselbstständigen Zusammenfassung mithilfe des Vergleichs von Neutralitätsgebot und Verhältnismäßigkeitsprinzip erörtert *S. Huster*, Die ethische Neutralität des Staates, 2002, S. 661 f.

[263] *K. Schlaich*, Neutralität als verfassungsrechtliches Prinzip, 1972, S. 230.

[264] *S. Huster*, Die ethische Neutralität des Staates, 2002, S. 41.

[265] *S. Huster*, Die ethische Neutralität des Staates, 2002, S. 42.

[266] *H. M. Heinig*, JZ 2009, 1136 (1140).

Anknüpfung der politischen Neutralität erfolgt nicht nur an Grundrechten, sondern auch an anderen rechtliche Grundlagen. Grundsätzliche Zweifel an der Existenz des Neutralitätsgebots lassen sich jedoch aus der Anknüpfung nicht begründen.[267]

Die Annahme, dass Neutralität einen Sammelbegriff darstellt, hat zur Konsequenz, dass die Verletzung des Neutralitätsgebots nicht selbstständig geltend gemacht werden kann. Dieses ist eben keine eigenständige Figur, aus der sich subjektive Rechte ergeben (s. u. Teil 2 I. 5.). Die Rüge einer Neutralitätsverletzung erfolgt über die Rüge der hinter diesem Gebot stehenden normativen Verankerungen. Denn den Teilnehmern des politischen Wettbewerbs, zu deren Gunsten Neutralität wirkt, stehen subjektive Rechte zu. Im Rahmen der Prüfung der Verletzung dieser Rechte tritt die Forderung nach Neutralität des Staates als verstärkendes Argument zu Gunsten des Grundrechtsträgers hinzu und verlangt Berücksichtigung, wobei dies jedoch nicht bedeutet, dass eine Neutralitätsverletzung gleichzeitig eine Grundrechtsverletzung hervorruft (s. o. Teil 2 I. 4. b)). Die grundrechtsdogmatischen Anforderungen dürfen nämlich nicht umgangen werden.

4. Kein Prinzipiencharakter im normtheoretischen Sinne

So häufig wie die Begriffe „Grundsatz" und „Gebot" im Zusammenhang mit der staatlichen Neutralität verwendet werden, so häufig taucht auch die Neutralität als Prinzip auf.[268] Entweder wird unbedacht von einem Prinzip gesprochen oder aber es ist ein Prinzip im normtheoretischen Sinne gemeint. Die verfassungsrechtliche Lehre hat sich bislang nicht selten mit dem normtheoretischen Prinzipiencharakter bestimmter Normen beschäftigt.[269] Prinzipien stellen Optimierungsgebote dar, die zwar Berücksichtigung verlangen, jedoch offen für eine Abwägung mit kollidierenden Prinzipien sind, ohne dass ein Prinzip für ungültig erklärt werden muss.[270]

---

[267] Im Ergebnis so auch *S. Huster*, Die ethische Neutralität des Staates, 2002, S. 662. Grundsätzliche Bedenken an einem allgemeinen Neutralitätsgebot im politischen Bereich hat *M. Payandeh*, Der Staat 55 (2016), 519 ff.; s. u. Teil 3 VI.; so auch schon Sondervotum *Rottmann*, BVerfGE 44, 125 (181 ff.). Kritisch gegenüber einem allgemeinen Neutralitätsgebot in der Version der liberalen Theorie, das sich auf Fragen des „guten Lebens" erstreckt *G. Britz*, Kulturelle Rechte und Verfassung, 2000, S. 233, wenngleich sie die staatliche Neutralität in Bezug auf Religion und Weltanschauung unter anderem wegen ihrer Funktion als Integrationsbedingung eines freiheitlichen Staates anerkennt; ebd., S. 232.

[268] Dies geschieht insbesondere im Hinblick auf die in Rechtsprechung und Literatur häufig erörterte weltanschaulich-religiöse Neutralität. Vgl. *U. Sacksofsky*, VVDStRL 68 (2009), 7 (22, 25); *C. Möllers*, VVDStRL 68 (2009), 47 (58 f., 115); *H. M. Heinig*, JZ 2009, 1136 ff. S. auch *K. Schlaich*, Neutralität als verfassungsrechtliches Prinzip, 1972, S. 226 ff., der im Ergebnis aber die Annahme eines allgemeinen Rechtsprinzips ablehnt.

[269] Die Normstruktur von Verfassungsgrundsätzen im Überblick *K. Nowrot*, Das Republikprinzip in der Rechtsordnungengemeinschaft, 2014, S. 521 ff., 542 ff. jeweils m. w. N.

[270] *R. Alexy*, Theorie der Grundrechte, 1986, S. 75 ff.; vgl. dazu auch *S. Huster*, Die ethische Neutralität des Staates, 2002, S. 38 f.

Ordnet man den Neutralitätsgrundsatz als Prinzip im technischen Sinne ein, so ließe sich daraus folgern, dass Neutralität durch gegenläufige Prinzipien in ihrer Geltung eingeschränkt werden kann. Die Charakterisierung hängt aber maßgeblich vom Inhalt und Verständnis der Neutralität ab.[271] Aus dem Begriff der Neutralität allein lässt sich auf keinem der Neutralitätsfelder eine nähere Konkretisierung vornehmen außer der Feststellung, dass es sich um die Forderung der Nichteinmischung und Unparteilichkeit durch den Staat handelt. Durch die Rückkoppelung gewinnt Neutralität erst Konturen. Neutralität bezeichnet die Schutzwirkung von Verfassungsnormen gegen in politischer Hinsicht parteiisches Staatshandeln.[272] Vor diesem Hintergrund ist eine starke Stellung des Neutralitätsgrundsatzes unter Bejahung des Prinzipiencharakters problematisch, nicht jedoch undenkbar.[273]

Eine Unterwerfung der Neutralität in eine Abwägung mit anderen Prinzipien widerspricht der dieser Arbeit zugrunde liegende Konzeption der Neutralität, welche kein eigenständiges Rechtsgut ist, das optimiert und abgewogen wird. Vielmehr ist sie ein Maßstab für staatliches Handeln, der über den abzuwägenden Rechtsgütern steht[274] und die Abwägung zu Gunsten des Neutralitätsberechtigten prägt. Die Abwägung erfolgt primär zwischen den Rechten des Neutralitätsberechtigten (politische Partei oder sonstige politische Vereinigung) und denen des Neutralitätsverpflichteten (Träger öffentlicher Gewalt). Neutralität kommt insoweit zum Tragen, als die sich ihr als Maßstab zu entnehmenden Gehalte und Kriterien in die Abwägung und Entscheidung über die Zulässigkeit der streitgegenständlichen Äußerungen miteinfließen. Mangels eines autonomen Charakters und demzufolge mangels Kollision mit anderen Rechtsgütern ist Neutralität nicht selbst Gegenstand der Abwägung. Daher stellt die Neutralitätsforderung im politischen Bereich kein Prinzip im technischen Sinne dar.[275]

Die Ablehnung der Charakterisierung als Prinzip im Sinne der oben genannten Definition hindert jedoch nicht daran, von der Neutralität als Prinzip im untechnischen Sinne zu sprechen, um ihren generellen und abstrakten Charakter[276] hervor-

---

[271] So auch *J.-B. Schrooten*, Gleichheitssatz und Religionsgemeinschaften, 2015, S. 27; *S. Huster*, Die ethische Neutralität des Staates, 2002, S. 658.

[272] *S. Huster*, JZ 2010, 354 (354) in Bezug auf religiös-weltanschauliche Neutralität; Erwiderung auf *H. M. Heinig*, JZ 2009, 1136 ff.; Schlusserwiderung durch *H. M. Heinig*, JZ 2010, 357 ff.

[273] *J.-B. Schrooten*, Gleichheitssatz und Religionsgemeinschaften, 2015, S. 27 und *H. M. Heinig*, JZ 2009, 1136 (1140) in Bezug auf den Prinzipiencharakter der Neutralität in religionsrechtlichen Angelegenheiten.

[274] *S. Huster*, Die ethische Neutralität des Staates, 2002, S. 658 in Bezug auf den Prinzipiencharakter der Verhältnismäßigkeit, welchen er mit demjenigen der Neutralität vergleicht. Bei beiden Figuren verneint er den Prinzipiencharakter.

[275] So auch (bezogen auf andere Neutralitätsfelder) *S. Huster*, Die ethische Neutralität des Staates, 2002, S. 658 ff.; *J.-B. Schrooten*, Gleichheitssatz und Religionsgemeinschaften, 2015, S. 27; *M. Morlok*, Neutralität des Staates und religiöser Radikalismus, in: J. Masing/O. Jouanjan (Hrsg.), Weltanschauliche Neutralität, Meinungsfreiheit, Sicherungsverwahrung, 2013, S. 3 (13 ff.); *J. Krüper*, JöR 53 (2005), S. 79 (80); *K. Schlaich*, Neutralität als verfassungsrechtliches Prinzip, 1972, S. 226 ff.

[276] *S. Huster*, Die ethische Neutralität des Staates, 2002, S. 38.

zuheben, solange jedoch klargestellt wird, dass nicht ein Prinzip im normtheoretischen Sinne nach *Robert Alexy* gemeint ist.

5. Objektiv- und subjektivrechtliche Ausrichtung der politischen Neutralität

Die Erörterung der Rechtsnatur der Neutralitätsfigur erfordert zugleich eine Auseinandersetzung mit der Frage nach ihrer objektiv- bzw. subjektivrechtlichen Ausrichtung. Diese Frage kann erst nach Erarbeitung der rechtlichen Herleitungsgrundlagen hinreichend beantwortet werden. Im Zusammenhang mit der religiösen Neutralität ist sie bereits Gegenstand der Diskussion gewesen.[277]

Dem Neutralitätsgebot lässt sich seine objektive Ausrichtung dadurch entnehmen,[278] dass es Handlungsmaßstab für und Erwartungshaltung an staatliches Handeln, vorliegend in Form von Kommunikationshandeln, ist. Es schreibt vor, wie staatliches Handeln zu sein hat.

Die Frage nach einer subjektivrechtlichen Ausrichtung der Neutralitätsforderung lässt sich nicht so einfach beantworten wie die nach einer objektivrechtlichen Ausrichtung. Wollte man im Neutralitätsgebot ein eigenständiges subjektives Recht[279] sehen, so hätte dies zur Folge, dass die Verletzung dieses Gebots gerichtlich geltend gemacht werden könnte. Dies widerspricht jedoch dem in dieser Arbeit vertretenen Verständnis der Neutralität als Sammelbegriff. Die Tatsache, dass Neutralität eng verbunden ist mit normativen Grundlagen, deren Verletzung grundsätzlich abwehrrechtlich gerügt werden kann (s. o. Teil 2 I. 6.), zeigt, dass es nicht mehr zusätzlich der separaten Verletzung des Neutralitätsgebots bedarf.

Auch wenn das politische Neutralitätsgebot vorliegend nicht als voll subjektivrechtlich angesehen wird, ist es neben seiner vor allem objektivrechtlichen Ausrichtung aufgrund seiner teilweisen Herleitung aus subjektiven Rechten – wie den Grundrechten und der Chancengleichheit – zumindest auch subjektivrechtlich fundiert. Diese abzulehnen würde die Rechtsnatur der normativen Anknüpfungsgrundlagen verkennen. Daher ist es am besten, in der Neutralitätsforderung einen

---

[277] Siehe *S. Huster*, Die ethische Neutralität des Staates, 2002, S. 39, 134 ff., 662 ff. sowie *M. Morlok*, Neutralität des Staates und religiöser Radikalismus, in: J. Masing/O. Jouanjan (Hrsg.), Weltanschauliche Neutralität, Meinungsfreiheit, Sicherungsverwahrung, 2013, S. 3 (14) m. w. N.

[278] So auch *S. Huster*, Die ethische Neutralität des Staates, 2002, S. 662 m. w. N.

[279] Zum Institut des subjektiv öffentlichen Rechts *O. Bühler*, Die subjektiven öffentlichen Rechte und ihr Schutz in der deutschen Verwaltungsrechtsprechung, 1914, S. 9 ff.; *ders.*, Altes und Neues über Begriff und Bedeutung der subjektiven öffentlichen Rechte, in: O. Bachof/M. Drath/O. Gönnenwein/E. Walz (Hrsg.), Gedächtnisschrift für Walter Jellinek, 1955, S. 269 (274 ff.); *O. Bachof*, Reflexwirkungen und subjektive Rechte im öffentlichen Recht, in: ders./M. Drath/O. Gönnenwein/E. Walz (Hrsg.), Gedächtnisschrift für Walter Jellinek, 1955, S. 287 (294 ff.); *H. Bauer*, Geschichtliche Grundlagen der Lehre vom subjektiven öffentlichen Recht, 1986, S. 128 ff. m. w. N.; *G. Jellinek*, System der subjektiven öffentlichen Rechte, 1963.

objektivrechtlichen Grundsatz zu sehen, der subjektivrechtlich fundiert ist, zumal sowohl subjektivrechtliche als auch objektivrechtliche Herleitungsgrundlagen einschlägig sind. Die rechtlichen Grundlagen dienen gemeinsam und kumulativ der Herleitung. Die objektivrechtliche Ausrichtung erhält das Neutralitätsgebot aus dem Demokratieprinzip, dem im Republik- und Demokratieprinzip wurzelnden Amtsprinzip und dem Grundsatz der Staatsfreiheit des Meinungs- und Willensbildungsprozesses. Die subjektivrechtliche Nuance hat das Gebot aufgrund der Anknüpfung an Grundrechte und an das Recht auf Chancengleichheit im politischen Wettbewerb, wobei die Grundrechte auch in ihrer objektivrechtlichen Dimension zum Tragen kommen.

Für die gerichtliche Durchsetzung einer Neutralitätsverletzung eignen sich die subjektivrechtlichen Herleitungsgrundlagen, nämlich die einschlägigen Grundrechte und das Recht auf Chancengleichheit. Die von amtlichen Äußerungen betroffenen Kollektive stützen in der Praxis zu Recht ihre Anträge auf die Rüge dieser subjektiven Rechte.[280] Etwas anderes kommt vor dem Hintergrund, dass das vorliegend entwickelte politische Neutralitätsgebot nicht als eigenständiges Gebot verstanden wird und nicht voll subjektivrechtlicher Natur ist, nicht in Betracht. Eine Verletzung des politischen Neutralitätsgebots, welche von den inhaltlichen Anforderungen und den aufzustellenden Kriterien abhängt, wird daher nur dann zum Erfolg der jeweiligen Rechtschutzform führen, wenn sie zu einer Verletzung eines Grundrechts oder des Rechts auf Chancengleichheit führt. Ist keine Verletzung eines dieser subjektiven Rechte gegeben, kann die Neutralitätsverletzung nicht gerichtlich durchgesetzt werden.

280 So z. B. jüngst BVerfGE 140, 225 (226 ff.).

Teil 3

Maßstab politischer Neutralität

Der Grundsatz politischer Neutralität ist Handlungsmaßstab für staatliches Kommunikationshandeln im politischen Raum und von Trägern öffentlicher Gewalt zu beachten. Er ist zugleich Grenze für amtliche Äußerungen und steht damit amtlicher Öffentlichkeitsarbeit gegenüber.

Da es sich bei diesem Grundsatz um eine flexible Figur handelt, die sich nach den Umständen des Einzelfalles richtet, bedarf es eines Kriterienkatalogs.[1] Anhand eines solchen Katalogs kann genauer bestimmt werden, inwieweit die Neutralitätsforderung auf den Einzelfall anzuwenden ist und es zu einer Verletzung des politischen Neutralitätsgebots kommt. Die rechtliche Prüfung anhand von formalen Kriterien beseitigt zwar nicht jede Unklarheit und ersetzt auch keine inhaltliche Auseinandersetzung im Einzelnen, allerdings sorgt sie für eine systematische Arbeit mit dem politischen Neutralitätsgebot, was besonders vor dem Hintergrund, dass dieses Gebot ein Sammelbegriff und ein ungeschriebener Grundsatz ist, dessen inhaltliche Anforderungen nicht normiert sind, hilfreich ist.

Die Schwierigkeiten und Widersprüche, die im Umgang mit dem Neutralitätsgebot bestehen und sich auch teilweise in der Rechtsprechung zeigen, sind dem Umstand geschuldet, dass es bisher an einer systematischen und konsequenten Arbeit mit formal handhabbaren Kriterien, anhand derer die rechtliche Zulässigkeit von amtlichen Äußerungen geprüft wird, fehlt. Ein solches Vorgehen kann zum einen die Nachvollziehbarkeit fördern und zum anderen vor allem zu einer einheitlichen Handhabung in der Rechtsprechung führen. Verfassungs- und Verwaltungsgerichte bieten eine Fülle an Entscheidungen zur Zulässigkeit von politischen Äußerungen von Amtsträgern, denen teilweise unterschiedliche Verständnisse vom verfassungsrechtlich relevanten Neutralitätsgrundsatz zugrunde liegen. Die Gerichte werden aber auch immer wieder vor neue Herausforderungen gestellt aufgrund des Wandels der Kommunikationsmöglichkeiten und des amtlichen Kommunikationsverhaltens.[2]

Neben der inhaltlichen Anforderungen des politischen Neutralitätsgrundsatzes (s. o. Teil 1 III. 2. a), b)) kommt es für die Feststellung einer Verletzung auf die hier aufzustellenden Kriterien an. Es reicht nicht aus, wenn staatliches Kommunika-

---

[1] Vgl. für einen kurzen Überblick *D. Dişçi*, MIP 2016, 101 (104 ff.); ferner *T. Barczak*, NVwZ 2015, 1014 (1015 ff.); *F. Hufen*, LKRZ 2007, 41 (45 ff.); Vgl. auch *S.-C. Lenski*, Öffentliches Kulturrecht, 2013, S. 71; *K. Engelbrecht*, KommP Wahlen 2015, 20 (21).

[2] *H. Mandelartz*, DÖV 2015, 326 (327).

tionshandeln gegen die Anforderungen der Nicht-Identifikation und Unparteilichkeit verstößt. Darüber hinaus ist anhand der formalen Kriterien, die kumulativ zu untersuchen sind, zu ermitteln, ob und inwieweit im konkreten Fall die Neutralitätsforderung zum Einsatz kommt.

Der grundlegenden Entscheidung des Bundesverfassungsgerichts von 1977 lassen sich bereits Anhaltspunkte entnehmen für die Abgrenzung zulässiger Öffentlichkeitsarbeit von unzulässiger parteiergreifender Einwirkung.[3] Sie dienen als Grundlage für den hier zu entwickelnden Maßstab.

Allerdings stellt sich die Frage, ob man die Maßstäbe aus der Rechtsprechung vollumfänglich übertragen kann oder eher inhaltlich modifizieren muss, denn diese sind auf publizistische Öffentlichkeitsarbeit zugeschnitten.[4] Demgegenüber wird in dieser Arbeit mündliches Kommunikationshandeln untersucht. Da sich die situative Natur von mündlicher und schriftlicher Kommunikation bereits grundlegend unterscheidet, ist eine vollumfängliche Übertragung der Kriterien aus der Entscheidung abzulehnen. Schriftliche Öffentlichkeitsarbeit entsteht in der Regel unter anderen Umständen als mündliche Äußerungen, die in größerem Maße situations- und umfeldabhängig sind. Insgesamt sind mündliche Äußerungen, seien es spontane Äußerungen oder vorbereitete Vorträge, schwieriger zu beurteilen, besonderes Erstere.[5] Es können daher nicht die gleichen Maßstäbe für verschiedene Typen staatlichen Kommunikationshandelns angewendet werden.[6] Allerdings schließt die Verschiedenheit nicht aus, dass die Kriterien aus der Entscheidung der Zusammenstellung und Entwicklung eines eigenen Kriterienkatalogs dienen – jedenfalls unter inhaltlicher Anpassung an mündliche Verlautbarungen. Es werden aber nicht nur bestehende Kriterien angepasst, vielmehr sind zusätzliche Kriterien zu entwickeln für die Prüfung von mündlichen Äußerungen.[7] Nur so kann der Verschiedenheit der beiden Typen staatlichen Kommunikationshandelns Rechnung getragen werden.

Da mündliche Äußerungen besonders auslegungs- und interpretationsbedürftig sind, ist die Prüfung ihrer Zulässigkeit prinzipiell erschwert. Es bedarf der Anknüpfung an formale Kriterien, um willkürliche Entscheidungen bei der rechtlichen Beurteilung auszuschließen. Die Bewertung schriftlicher Kommunikationsarbeit

[3] BVerfGE 44, 125 (148 ff.); später auch E 63, 230 (243 ff.); für einen Überblick über die in der Entscheidung aufgelisteten Kriterien *D. Dişçi*, MIP 2016, 101 (105 f.). Für eine umfassende Besprechung vgl. *P. Häberle*, JZ 1977, 361 ff. Vgl. auch VerfGH Rheinland-Pfalz, Urteil v. 23. Oktober 2006, VGH O 17/05, S. 8 ff.; VerfGH Rheinland-Pfalz, Beschluss v. 21. Mai 2014, VGH A 39/14, S. 7 ff.

[4] *M. Payandeh*, Der Staat 55 (2016), 519 (526); *S.-C. Lenski*, Öffentliches Kulturrecht, 2013, S. 72; *J. Krüper*, JZ 2015, 408 (415); *D. Dişçi*, MIP 2016, 101 (105); *H. Mandelartz*, DÖV 2015, 326 ff.

[5] *H. Mandelartz*, DÖV 2015, 326 (327).

[6] *J. Krüper*, JZ 2015, 408 (415); *M. Payandeh*, Der Staat 55 (2016), 519 (526); s. auch *S.-C. Lenski*, Öffentliches Kulturrecht, 2013, S. 72.

[7] *D. Dişçi*, MIP 2016, 101 (105).

stellt sich demgegenüber als weniger problematisch als die Bewertung mündlicher Kommunikation dar.[8]

Aufgrund der übermäßigen Nutzung des Internets heutzutage geht es bei amtlichem Kommunikationshandeln nicht selten um Äußerungen im Internet. Zwar werden diese schriftlich niedergelegt und publiziert im Internet, allerdings unterscheiden sie sich dennoch von der schriftlichen Öffentlichkeitsarbeit, wie sie hier verstanden wird und wie sie den Grundsatzentscheidungen des Bundesverfassungsgerichts[9] zugrunde liegt. Schriftliche Kommunikationsarbeit meint aufwendig aufbereitete Berichte, Anzeigenkampagnen, Broschüren, Plakate und dergleichen.[10] Solchen Publikationen liegt meist ein längerer Entstehungsprozess und damit mehr Zeitaufwand zugrunde als mündlich getätigten Äußerungen, die oftmals aus der Situation heraus entstehen. Interneterklärungen kann man nicht ohne Weiteres als mündliche Äußerungen ansehen, da sie nicht wie diese aus der Situation heraus entstehen. Nichtsdestotrotz weisen Äußerungen im Internet eine Parallelität mit mündlichen Äußerungen auf, da das Internet heutzutage *die* Plattform – auch für Träger staatlicher Gewalt – darstellt, um möglichst vielen Menschen ihre politischen Stellungnahmen mitzuteilen. Das Internet dient als Hilfsmittel, um sich Gehör zu verschaffen. Qualitativ ergibt sich kein Unterschied zwischen Äußerungen, die beispielsweise bei einer Podiumsdiskussion getätigt werden, und solchen im Internet. Da aber andererseits keine Identität zwischen diesen Kommunikationstypen besteht, empfiehlt es sich, bei der rechtlichen Bewertung von Aussagen im Internet ihre Zwitterstellung zwischen klassischen Formen publizistischer Kommunikationsarbeit und verbaler Kommunikationsarbeit zu berücksichtigen.

Innerhalb von Äußerungen im Internet ist zwischen solchen auf amtlichen Internetseiten und solchen in sozialen Medien zu unterscheiden (s. u. Teil 3 II. 2. c) bb)).

Es spricht einiges dafür, mit einem Kriterienkatalog zu arbeiten für die Frage der Verletzung des politischen Neutralitätsgebots. Nichtsdestotrotz ist dieser weder abschließend noch passt er in jedem Fall. Besonders bei neueren Kommunikationsformen, die die heutige Informations- und Kommunikationsgesellschaft zur Folge hat, bedarf es gegebenenfalls der Anpassung der Kriterien.[11] Will sich ein Amtsträger in der Öffentlichkeit Gehör verschaffen, so muss er dem Wandel der Kommunikationsmöglichkeiten entsprechend agieren und reagieren. Er kann sich den neueren Bedingungen moderner Politikdarstellung und -vermittlung nicht verschließen.[12] Die Abgrenzung zulässiger Kommunikationsarbeit von unzulässigen parteiergreifenden Einwirkungen anhand von Kriterien „zwingt nicht zum Verzicht

---

[8] *H. Mandelartz*, DÖV 2015, 326 (327).

[9] BVerfGE 44, 125 ff.; 63, 230 ff.; vgl. auch die Entscheidungen zur Erwähnung von Parteien im Verfassungsschutzbericht: E 40, 287 ff.; 133, 100 ff.

[10] *H. Mandelartz*, DÖV 2015, 326 (326).

[11] VerfGH Rheinland-Pfalz, Urteil v. 23. Oktober 2006, VGH O 17/05, S. 9; *F. Hufen*, LKRZ 2007, 41 (44 f.).

[12] VerfGH Rheinland-Pfalz, Urteil v. 23. Oktober 2006, VGH O 17/05, S. 9; *F. Hufen*, LKRZ 2007, 41 (44 f.); *H. Mandelartz*, DÖV 2009, 509 (514 f.).

auf Originalität und Interesse weckende Aufmachung".[13] Während es in den älteren Entscheidungen um Druckwerke wie Broschüren und Anzeigen ging, werden heute beispielsweise Veröffentlichungen im Internet (s. o.) oder Veranstaltungen wie Tage der offenen Tür bzw. insgesamt eher mündliche Äußerungen auf ihre rechtliche Zulässigkeit hin überprüft.[14] Nur eine flexible Handhabung und gegebenenfalls Erweiterung der Kriterien kann diesem Wandel gerecht werden, vor allem auch, was künftige Kommunikationsformen angeht.

Die zwischen politische Parteien und andere politische Vereinigungen bestehenden Unterschiede machen sich an der Institutionalisierung des politischen Wettbewerbs fest. Sie ändern nichts an der grundsätzlichen Geltung dieses Gebots gegenüber beiden Personengruppen, sie betreffen vielmehr seine Anwendungsintensität. Bei amtlichen Äußerungen gegenüber politischen Parteien, die im institutionalisierten Bereich des Wettbewerbs agieren, sind die Neutralitätsanforderungen strenger als bei solchen gegenüber sonstigen Vereinigungen (s. o. Teil 1 III. 2. c) dd)).

Der Unterschied zwischen dem institutionalisierten und nicht-institutionalisierten Wettbewerb macht sich besonders beim zeitlichen Kriterium bemerkbar (s. u. Teil 3 III.). Das liegt daran, dass dieses Kriterium maßgeblich von Wahlen abhängt, an denen lediglich politische Parteien teilnehmen.

Darüber hinaus ist die Unterscheidung des institutionalisierten vom nicht-institutionalisierten Bereich des Wettbewerbs und die damit verbundene Strenge politischer Neutralität ein wesentlicher, den Kriterien übergeordneter Anhaltspunkt, der stets und unbeschadet dieser die rechtliche Bewertung von Äußerungen prägt. Denn politische Neutralität fußt auf dem Phänomen des politischen Wettbewerbs.

I. Wahrung der Kompetenzen

Sowohl die Rechtsprechung als auch die Literatur führen zu Recht im Rahmen des politischen Neutralitätsgebots an, dass sich staatliches Kommunikationshandeln innerhalb des festgelegten Aufgaben- und Zuständigkeitsbereichs zu halten habe.[15] Diese formelle Grenze bezieht sich auf die Verbands- und Organkompetenz. Die Wahrung der Kompetenzen ist die primäre Grenze staatlicher Kommunikation, sie schafft erst die Grundlage für das Tätigwerden (s. o. Teil 1 III. 1. c) dd)). Diese Grenze ergibt sich bereits aus der Rechtsordnung, stellt aber keinen Aspekt dar, der

---

[13] VerfGH Rheinland-Pfalz, Urteil v. 23. Oktober 2006, VGH O 17/05, S. 9.

[14] Für einen Tag der offenen Tür in der Staatskanzlei s. VerfGH Rheinland-Pfalz, Urteil v. 23. Oktober 2006, VGH O 17/05.

[15] BVerfGE 44, 125 (149); 63, 230 (243 f.); VerfGH Rheinland-Pfalz, Urteil v. 23. Oktober 2006, VGH O 17/05, S. 8; VerfGH Rheinland-Pfalz, Beschluss v. 21. Mai 2014, VGH A 39/14, S. 7; *T. Barczak*, NVwZ 2015, 1014 (1016 f.); *C. Gusy*, NVwZ 2015, 700 (702); *C. Gramm*, Der Staat 30 (1991), 51 (74); *H. Mandelartz/H. Grotelüschen*, NVwZ 2004, 647 (648 f.); *F. Hufen*, LKRZ 2007, 41 (45); *M. J. Vogt*, Zur Informationstätigkeit des Bundesrechnungshofes, 2013, S. 231; *T. Wahnschaffe*, NVwZ 2016, 1767 (1769).

unter das Neutralitätsgebot fällt. Nicht erst dieses Gebot erfordert die Wahrung der Zuständigkeiten. Damit Äußerungen von Amtsinhabern überhaupt am Neutralitätsgrundsatz gemessen werden können, müssen sie die erste Voraussetzung erfüllen und sich im Rahmen des Aufgaben- und Zuständigkeitsbereichs des Amtsinhabers bewegen. Dies gilt für alle kommunikativ tätigen Amtsinhaber. Die Wahrung der Kompetenzen und die politische Neutralität sind also beides eigenständige Grenzen staatlicher Kommunikationsarbeit und setzen ein Handeln in amtlicher Eigenschaft voraus. Für die Systematik der Kriterien bedeutet dies, dass das Handeln innerhalb der Kompetenzen nicht in den Kriterienkatalog gehört.

Die Kommunikationsarbeit der Bundesregierung und ihrer Mitglieder ist auf ihre Kompetenz zur Staatsleitung[16], von kommunalen Wahlbeamten auf die kommunale Selbstverwaltungsgarantie aus Artikel 28 Abs. 2 S. 1 GG in Verbindung mit ihrer einfachgesetzlichen Organkompetenz[17] und des Bundespräsidenten auf seine Repräsentations- und Integrationsaufgabe[18] zu stützen.

II. Reichweite politischer Neutralität: Unterscheidung der Kommunikationsrollen

Eine entscheidende Weiche für die Geltung des politischen Neutralitätsgebots stellt die konkrete Kommunikationsrolle des sich äußernden Hoheitsträgers dar. Die Geltung hängt davon ab, in welcher Rolle sich dieser äußert, denn nicht jede Rolle erfordert die Einhaltung der Neutralitätsforderung. Es ist zwischen zwei Kommunikations- bzw. Sprecherrollen[19] zu unterscheiden: Ein Hoheitsträger kann zum einen in amtlicher Funktion und zum anderen in privater Eigenschaft handeln.[20] Eine solche Unterscheidung führt nicht zur künstlichen Aufspaltung einer einheitlichen natürlichen Person, sie betrifft lediglich Rollen.[21]

---

[16] BVerfGE 138, 102 (114) mit Verweis auf BVerfGE 105, 252 (268 ff.) und E 105, 279 (301 ff.) m. w. N.; BVerwGE 82, 76 (80); *T. Barczak*, NVwZ 2015, 1014 (1017). Vgl. für die Landesebene *F. Hufen*, LKRZ 2007, 41 (45) m. w. N.

[17] OVG NRW, Urteil v. 04. November 2016, 15 A 2293/15, S. 19 m. w. N.; BVerfGE 79, 127 (150 ff.); *K. F. Gärditz*, NWVBl. 2015, 165 (167) m. w. N.; *T. Barczak*, NVwZ 2015, 1014 (1017).

[18] BVerfGE 136, 323 (332); *T. Barczak*, NVwZ 2015, 1014 (1017).

[19] Diese Termini aus *T. Barczak*, NVwZ 2015, 1014 (1015 f.).

[20] Sondervotum *Geiger*, BVerfGE 44, 125 (167 [172 f.]). Ausführlich VerfGH Rheinland-Pfalz, Beschluss v. 21. Mai 2014, VGH A 39/14, S. 8 ff. m. w. N.; grundlegend *H. Krüger*, Allgemeine Staatslehre, 1964, S. 265 ff., 309 ff.; *W. Henke*, Das Recht der politischen Parteien, 2. Aufl. 1972, S. 14 f.; *T. Barczak*, NVwZ 2015, 1014 (1015 f.); *C. Gusy*, NVwZ 2015, 700 (702 f.); ferner *M. Kriele*, Freiheit und Gleichheit, in: HdbVerfR, 1. Aufl. 1983, S. 129 (150). Kritisch Sondervotum *Rottmann*, BVerfGE 44, 125 (181 [182 ff., 186 ff.]). Seine Kritik ist darauf zurückzuführen, dass er bereits grundlegende Zweifel an der Forderung von Neutralität in einer parteienstaatlichen Demokratie äußert. Dazu s. u. Teil 3 VI.

[21] VerfGH Rheinland-Pfalz, Beschluss v. 21. Mai 2014, VGH A 39/14, S. 10; *W. Henke*, Das Recht der politischen Parteien, 2. Aufl. 1972, S. 15; *T. Barczak*, NVwZ 2015, 1014 (1016); vgl. auch *H. Krüger*, Allgemeine Staatslehre, 1964, S. 311 ff.

Gibt ein Amtsträger in amtlicher Funktion eine Stellungnahme ab, so ist er dem politischen Neutralitätsgrundsatz unterworfen und muss demzufolge die inhaltlichen Anforderungen der Neutralität erfüllen. Andernfalls verstößt er gegen diesen Grundsatz, wogegen über die Rüge der einschlägigen subjektiven Rechte gerichtlich vorgegangen werden kann. Handelt es sich um eine in privater Eigenschaft getätigte Stellungnahme, so kommt die Neutralitätsforderung nicht zur Geltung, dabei dürfen aber amtliche Ressourcen nicht genutzt werden. Käme sie auch im Rahmen von privaten Aussagen zur Geltung, so wären Träger staatlicher Gewalt aufgrund ihres Amtes von der Teilnahme am allgemeinen Meinungskampf als Privatperson ausgeschlossen. Dies darf aber nicht sein, da auch sie, wie diejenigen Personen, die kein Amt innehaben, am offenen Meinungs- und Willensbildungsprozess mitwirken können,[22] was verfassungsrechtlich vor allem durch das Grundrecht der Meinungsäußerungsfreiheit gesichert ist (s. u. Teil 3 II. 1. a)). Ihr Amt darf ihnen nicht zum Nachteil werden und ihnen ihre Rechte absprechen.

Das Ergebnis der Differenzierung ist maßgebliche Determinante für den Maßstab der Neutralität. Hieran anknüpfend besteht also ein Verwendungsverbot amtlicher Mittel bei privaten Äußerungen. Denn diese dürfen nur ihrem Zweck entsprechend – im Dienste der Allgemeinheit – eingesetzt werden. Sobald eine Aussage privater Natur ist, darf sie sich folglich nur privater Ressourcen bedienen.

Auf die Unterscheidung zwischen amtlichem und privatem Handeln schlägt sich die Unterscheidung zwischen Staat und Gesellschaft nieder: Handelt der sich Äußernde als Repräsentant des Staates und ist dem Gemeinwohl verpflichtet oder als Privatperson in Genuss seiner bürgerlichen Freiheiten und orientiert sich an Eigeninteressen?

1. Gebotenheit der Unterscheidung

Rechtlich stellt die Konkretisierung der jeweiligen Sprecherrolle ein handhabbares Kriterium dar, welches maßgeblich für die Geltung des Neutralitätsgrundsatzes ist.

Eine strikte Trennung der Sprecherrollen ist aber tatsächlich weder einfach noch immer möglich.[23] Dies mag Bedenken an der Unterscheidung zwischen amtlichem und privatem Handeln hervorrufen; vor allem, weil Amtsträger oftmals in amtlicher

---

[22] Vgl. BVerfGE 44, 125 (141); Sondervotum *Geiger*, BVerfGE 44, 125 (167 [172 f.]); 138, 102 (117, 120); *K. Engelbrecht*, KommP Wahlen 2015, 20 (22); *S. Studenroth*, AöR 125 (2000), 257 (268 ff.); *T. Barczak*, NVwZ 2015, 1014 (1016); *C. Gusy*, NVwZ 2015, 700 (702). Ausführlicher BVerfGE 20, 56 (97 ff.).

[23] BVerfGE 138, 102 (118). Bei Inhabern von Ministerämtern unterscheidet das Gericht zwischen drei Rollen: Minister, Parteipolitiker, Privatperson. Vgl. auch *F. Hufen*, LKRZ 2007, 41 (47); *T. Barczak*, NVwZ 2015, 1014 (1015 f.); *H. Butzer*, Frei von der Leber weg? Die Äußerungsbefugnisse des Bundespräsidenten und von Mitgliedern der Bundesregierung gegenüber extremistischen Parteien, in: W. Kluth (Hrsg.), „Das wird man ja wohl noch sagen dürfen.“

Funktion wahrgenommen werden,[24] obwohl sie gerade nicht in Ausübung des ihnen übertragenen Amtes handeln.

Diese Schwierigkeit ergibt sich schlicht aus dem Umstand, dass Amtsträger neben dem Amt, das sie innehaben, auch weiterhin Privatpersonen mit politischen Überzeugungen bleiben. Die Doppelrolle[25] erschwert den Umgang mit dem politischen Neutralitätsgebot, wobei sie auch auf den anderen Neutralitätsfeldern eine Weichenstellungsfunktion für dessen Geltung hat.

Nichtsdestotrotz ist an der Abgrenzung festzuhalten.[26] Diese ist rechtlich geboten aufgrund der Grundrechte und der Chancengleichheit und faktisch geboten aufgrund des Aufmerksamkeitsvorteils, den amtliche Äußerungen genießen, und der missbräuchlichen Nutzung amtlicher Ressourcen durch Amtsträger.

Die Unterscheidung zwischen privater und amtlicher Handlung eines Amtsträgers als Vorfrage für die Geltung des politischen Neutralitätsgebots ist nicht nur bei Äußerungen gegenüber politischen Parteien maßgebliches Kriterium, sondern auch gegenüber sonstigen politischen Beteiligten ohne Parteistatus. Warum das nordrhein-westfälische Oberverwaltungsgericht die Geltung der Neutralität lediglich durch die Nutzung von Amtsautorität und Amtsressourcen bei Äußerungen gegenüber politischen Parteien bejaht,[27] wird nicht ersichtlich, zumal es nicht konsequent dabei bleibt, da es bei der Bewertung des Lichtlöschens den Einsatz amtlicher Ressourcen als Kriterium anführt, obwohl nach wie vor keine politische Partei beteiligt ist. Das Gericht geht insgesamt von der falschen Prämisse aus, indem es die Geltung des Neutralitätsgebots beschränkt auf Äußerungen gegenüber Parteien (s. o. Teil 1 III. 2. c) cc)).

Solange sonstige Personenzusammenschlüsse am Prozess der Meinungs- und Willensbildung beteiligt sind, stehen ihnen politische Freiheitsrechte sowie das chancengleiche Recht auf politische Betätigung zu. Diese verfassungsrechtlichen Absicherungen stellen die wichtigsten Gründe für die Gebotenheit der Unterschei-

---

Staatliche Organe und die Pflicht zur Neutralität, 2015, S. 37 (39 f.); kritisch bzgl. der praktischen Umsetzbarkeit der Trennung *M. Putzer*, DÖV 2015, 417 (422 f.).

[24] Sondervotum *Rottmann*, BVerfGE 44, 125 (181 [182 ff., 186 ff.]). Bedenken haben ebenfalls *M. Putzer*, DÖV 2015, 417 (422 f.); *M. Payandeh*, Der Staat 55 (2016), 519 (534 ff.). Zur Wahrnehmung durch die Bürger auch BVerfGE 138, 102 (118); *C. Gusy*, NVwZ 2015, 700 (703).

[25] Diese ist auch aus dem Beamtenrecht bekannt (s. o. Teil 1 III. 3. b) aa)). Dort zeigt sie sich normativ in den Absätzen 1 und 2 der § 33 BeamtStG und § 60 BBG. Vgl. dazu *J. F. Lindner*, ZBR 2010, 325 ff.

[26] So auch VerfGH Rheinland-Pfalz, Beschluss v. 21. Mai 2014, VGH A 39/14, S. 10; BVerfGE 138, 102 (117 ff.). Kritisch *M. Putzer*, DÖV 2015, 417 (422 f.); *M. Payandeh*, Der Staat 55 (2016), 519 (534 ff.); vgl. auch *H. Butzer*, Frei von der Leber weg? Die Äußerungsbefugnisse des Bundespräsidenten und von Mitgliedern der Bundesregierung gegenüber extremistischen Parteien, in: W. Kluth (Hrsg.), „Das wird man ja wohl noch sagen dürfen.“ Staatliche Organe und die Pflicht zur Neutralität, 2015, S. 37 (39 ff.).

[27] OVG NRW, Urteil v. 04. November 2016, 15 A 2293/15, S. 22.

dungsfrage dar (s. u. im Folgenden). Das Verwendungsverbot amtlicher Ressourcen bei der Kundgabe privater Äußerungen durch Amtsinhaber ist ferner nicht an die Organisationsform einer Personenvereinigung gebunden (s. o. Teil 1 III. 2. c) cc)).

a) Grundrechte

So wie Träger öffentlicher Gewalt grundrechtsverpflichtet sind gegenüber Privatpersonen, so sind sie in amtlicher Funktion neutralitätsverpflichtet, denn von der Neutralität profitieren die Grundrechtsberechtigten. Demgegenüber genießen Amtsträger in privater Eigenschaft wie alle anderen auch Grundrechtsschutz.[28] In Wahrnehmung ihrer Grundrechte sind sie sodann nicht mehr dem Neutralitätsgrundsatz unterworfen, da sie dann nicht mehr Repräsentanten des Staates sind. Die Grundrechte, vor allem die politischen Freiheitsrechte (Teil 2 I. 4.), dienen gerade der politischen Entfaltung, was eine neutrale Attitüde ausschließt. Die Meinungsäußerungsfreiheit als konstituierendes Element der freiheitlich demokratischen Grundordnung gewährt ein grundsätzliches Recht der freien politischen Betätigung, welches der Bildung der öffentlichen Meinung dient.[29] „Die Grundrechtsfreiheit darf nicht auf das Amt übergreifen, weil dieses sonst in ein Mittel subjektiver Eigenmacht und Selbstverwirklichung verkehrt würde […]. Auf der anderen Seite darf die Grundrechtsausübung sich nicht in die Robe der Amtsautorität kleiden […].“[30]

b) Grundsatz der Chancengleichheit

Das verfassungsrechtlich verankerte Recht der freien politischen Betätigung ist das grundlegende Recht für die Entfaltung der öffentlichen Meinung, aber dieses bedarf der Ergänzung durch den Grundsatz der Chancengleichheit, um optimale Wirksamkeit zu erlangen. Die Chancengleichheit verbietet Wettbewerbsverzerrungen von staatlicher Seite (s. o. Teil 2 I. 5. c)). Solche zeigen sich nicht nur durch reines Kommunikationshandeln von Trägern öffentlicher Gewalt, sondern vor allem durch die Inanspruchnahme von Amtsressourcen und Amtsautorität. Demzufolge wird zu Recht die Verletzung des Grundsatzes der Chancengleichheit von der Inanspruch-

---

[28] Vgl. VerfGH Rheinland-Pfalz, Beschluss v. 24. Oktober 2001, VGH B 1/01, juris Rn. 21; VerfGH Rheinland-Pfalz, Beschluss v. 21. Mai 2014, VGH A 39/14, S. 9; bezogen auf Bürgermeister BVerwGE 24, 315 (319); BVerwG, Beschluss v. 29. Mai 1973, VII B 27.73, juris Rn. 3; BVerwGE 104, 323 (326 f.); vgl. auch *S. Studenroth*, AöR 125 (2000), 257 (271 f.); *J. Isensee*, Amt in der Republik, in: R. Gröschner/O. W. Lembcke (Hrsg.), Freistaatlichkeit, 2011, S. 163 (172 f.); *ders.*, Gemeinwohl und Staatsaufgaben im Verfassungsstaat, in: HStR, Bd. III, 2. Aufl. 1996, S. 3 (29); *A. Musil*, Wettbewerb in der staatlichen Verwaltung, 2005, S. 393.

[29] BVerfGE 5, 85 (134 f.); 20, 56 (98).

[30] *J. Isensee*, Gemeinwohl und Staatsaufgaben im Verfassungsstaat, in: HStR, Bd. III, 2. Aufl. 1996, S. 3 (29).

nahme amtlicher Mittel abhängig gemacht, was sich den neutralitätsrelevanten Entscheidungen auch entnehmen lässt.

Nutzt ein Amtsträger bei der Kundgabe von Äußerungen Ressourcen, die ihm aufgrund seines Amtes zur Verfügung stehen, die aber den politischen Wettbewerbern nicht zur Verfügung stehen, so ist die chancengleiche politische Betätigung im Wettbewerb tangiert.[31] „Dies ist insbesondere gegeben, wenn die Äußerung unter Rückgriff auf die einem Regierungsmitglied zur Verfügung stehenden Ressourcen erfolgt oder eine erkennbare Bezugnahme auf das Regierungsamt vorliegt und damit die Äußerung mit einer aus der Autorität des Amtes fließenden besonderen Gewichtung versehen wird."[32] Privatpersonen und Kollektive haben keinen Zugang zu solchen Ressourcen, die das Kommunikationshandeln des sich äußernden Amtsträgers verstärken und diesem ein besonderes Gewicht verleihen. Sie sind auf einfachere Wege verwiesen für die Kundgabe ihrer politischen Anschauungen im Kampf um die Gunst und den Zuspruch der Bürger. Ein solcher Wettbewerbsvorteil führt zu einer Verzerrung des politischen Wettbewerbs. In privater Eigenschaft darf der Amtsträger sich wie jeder andere äußern, darf aber keine amtlichen Mittel verwenden. In amtlicher Eigenschaft darf er sich ebenfalls äußern, jedoch wird er eingeschränkt durch die Bindung an das politische Neutralitätsgebot. Im politischen Wettbewerb sollen alle Mitwirkenden die gleiche Chance haben, sich zu entfalten und zur Meinungs- und Willensbildung beizutragen. Das ist das Ziel der Gewährleistung der Chancengleichheit, welche das rechtliche Sicherungsinstrument des politischen Wettbewerbs ist. Der Staat darf zwar im politischen Wettbewerb auftreten, er verfolgt mit kommunikativem Handeln ein legitimes Interesse (s. o. Teil 1 III. 1.). Jedoch darf er nicht ein Ungleichgewicht verursachen durch die ihm zur Disposition stehenden übermächtigen Mittel des Staatsapparates.

c) Aufmerksamkeitsvorteil und Vertrauensvorschuss

Faktisch geboten ist die Abgrenzung zwischen privater und amtlicher Handlung aufgrund des Aufmerksamkeitsvorteils und Vertrauensvorschusses, der amtlichen Äußerungen im Gegensatz zu privaten Äußerungen anhaftet, sowie aufgrund der Gefahr der missbräuchlichen Nutzung amtlicher Möglichkeiten durch Amtsinhaber.

Äußerungen eines Amtsträgers profitieren von einem Aufmerksamkeitsvorsprung, der ihnen durch die Bürger entgegengebracht wird. Das ist per se nicht illegitim, zumal staatliche Stellen in der heutigen mediengeprägten Welt, „die mit optischen Reizen überflutet und mit Werbung überschwemmt wird", unter Anpassungsdruck stehen, wenn sie Aufmerksamkeit erlangen wollen.[33]

---

[31] Sondervotum *Geiger*, BVerfGE 44, 125 (167 [175]); BVerfGE 138, 102 (118); 140, 225 (227); 63, 230 (243); OVG NRW, Urteil v. 04. November 2016, 15 A 2293/15, S. 22.

[32] BVerfGE 138, 102 (118).

[33] *C. Gramm*, Der Staat 30 (1991), 51 (59).

Kraft ihres Amtes disponieren sie über ein beträchtliches Maß an „Kommunikationsmacht“.[34] Ein Hoheitsträger kann durch kommunikatives Handeln sowohl in amtlicher als auch in privater Eigenschaft zur politischen Meinungs- und Willensbildung beitragen. Der Unterschied liegt darin, dass der kommunikative Beitrag, den eine Person in privater Eigenschaft zum Prozess der Meinungsbildung leistet, ein anderer ist als derjenige einer Person in amtlicher Funktion. Dieser wird ernster genommen als andere. Für den Erfolg einer Kommunikation kommt es ganz wesentlich auf die Aufmerksamkeit des gewünschten Publikums an. Einer in amtlicher Eigenschaft getätigten Äußerung wird eine höhere Aufmerksamkeit der Bürger zuteil und damit ein Aufmerksamkeitsvorsprung. Das Innehaben eines Amtes und die Amtsautorität ziehen die Aufmerksamkeit des sich äußernden Amtsträgers auf dessen Aussagen,[35] unabhängig davon, ob in Amtsfunktion gehandelt wird.

Außerdem verleiht die mit staatlichen Ämtern verbundene Autorität Äußerungen einen gewissen Vertrauensvorschuss.[36] Im Vergleich zu den übrigen Wettbewerbsteilnehmern haben es Inhaber von staatlichen Ämtern einfacher, denn Erstere müssen um die Aufmerksamkeit und das Vertrauen der Bürger kämpfen, ohne dass sie in den Genuss eines Aufmerksamkeitsvorsprungs oder Vertrauensvorschusses kämen. Amtsträger sind diesen einen Schritt voraus, was die Wirkung ihres Kommunikationshandelns angeht. Der Rückgriff eines Amtsinhabers auf sein Amt ist in der Lage, seiner persönlichen Anschauung „größere Wirkung im politischen Wettbewerb zu verschaffen und ihr den Anstrich des Amtlichen zu verleihen.“[37]

Diese faktische Gegebenheit ist nicht zu leugnen. Sie ist auch nicht als Fehler anzusehen, der zu nivellieren wäre. Vielmehr ist sie das Ergebnis des Amtsprinzips. Da die Institution „Staat“ nicht selbst handeln kann, ist sie auf Privatpersonen angewiesen, die in ihrem Auftrag staatliche Aufgaben erfüllen, woraus sich die Doppelrolle von Amtsinhabern ergibt. Dieser Befund zwingt eben zur Differenzierung. Das Innehaben eines Amtes darf nämlich nicht dazu führen, einer Person ihre private Eigenschaft und die damit verbundenen Rechte abzusprechen, wozu – in diesem Kontext relevant – das chancengleiche Recht auf freie politische Mitwirkung am Prozess der Meinungsbildung nach Maßgabe der politischen Freiheitsrechte und des Artikels 3 Abs. 1 in Verbindung mit Artikel 20 Abs. 1, 2 GG zählt.

---

[34] *F. Hufen*, LKRZ 2007, 41 (42); *M. Putzer*, DÖV 2015, 417 (422f.); *C. Gramm*, Der Staat 30 (1991), 51 (52).

[35] *C. Gramm*, Der Staat 30 (1991), 51 (52); *C. Hillgruber*, Zwischen wehrhafter Demokratie und „political correctness“; wieweit darf die politische Mehrheit die Spielregeln der politischen (Meinungs-) Bildung bestimmen?, in: W. Kluth (Hrsg.), „Das wird man ja wohl noch sagen dürfen.“ Staatliche Organe und die Pflicht zur Neutralität, 2015, S. 77 (85).

[36] *C. Gramm*, Der Staat 30 (1991), 51 (52); vgl. z.B. BVerwGE 71, 183 (194).

[37] *J. Isensee*, Gemeinwohl und Staatsaufgaben im Verfassungsstaat, in: HStR, Bd. III, 2. Aufl. 1996, S. 3 (29) m. w. N.; *C. Gramm*, Der Staat 30 (1991), 51 (52); s. auch *C. Hillgruber*, Zwischen wehrhafter Demokratie und „political correctness“; wieweit darf die politische Mehrheit die Spielregeln der politischen (Meinungs-) Bildung bestimmen?, in: W. Kluth (Hrsg.), „Das wird man ja wohl noch sagen dürfen.“ Staatliche Organe und die Pflicht zur Neutralität, 2015, S. 77 (85).

Der politische Neutralitätsgrundsatz, der sich an den Staat und die ihm zurechenbaren Personen richtet, hat eben eine Begrenzungsfunktion für in amtlicher Eigenschaft getätigte Äußerungen. Diese haben sich am Maßstab der Neutralität zu messen im Vergleich zu rein privaten Aussagen. Die Anwendung dieses Grundsatzes sowie die Unterscheidung der Kommunikationsrollen reagieren lediglich auf den faktischen Befund des Aufmerksamkeitsvorteils.

d) Gefahr der missbräuchlichen Nutzung amtlicher Möglichkeiten

Die Abgrenzung privaten von amtlichen Kommunikationshandelns und das damit verbundene Verwendungsverbot von Amtsmitteln bei privaten Äußerungen ist darüber hinaus deswegen geboten, weil diese Mittel, da sie nur Inhabern staatlicher Ämter zur Verfügung stehen, missbräuchlich genutzt werden und so dem Nutzer einen mächtigen Vorteil verschaffen können. Einmal zur Verstärkung privater Ansichten genutzt können staatliche Mittel eine irreversible Machtposition begründen. Das Verwendungsverbot von Amtsmitteln dient dem Ausschluss der missbräuchlichen Nutzung dieser, da Amtsinhaber sie nicht dazu ausnutzen dürfen, ihrer privaten Ansicht eine besondere Bedeutung zukommen zu lassen und „ihr den Anstrich des Amtlichen zu geben“[38]. Staatliche Mittel dürfen nicht zu einem anderen als vorgesehenen staatlichen Zweck eingesetzt werden. Eine Ausnutzung liegt aber dann vor, wenn eine andere Person – ohne Amtsinhaberschaft – die Äußerung, die der Amtsinhaber getätigt hat, nicht hätte auf die Art und Weise treffen können.[39] Von Macht ist in diesem Zusammenhang deswegen die Rede, weil der Staat den Amtsinhaber mit allem ausstattet, was zur Erfüllung der staatlichen Aufgaben benötigt wird, und ihn damit mit der erforderlichen Staatsgewalt versieht. „Das Amt verleiht also dem machtlosen Amtsträger Macht, und nicht etwa ist es ein mächtiger Amtsträger, der einem ohnmächtigen Amt zu der benötigten Macht zu verhelfen hätte.“[40]

Die Gefahr des Missbrauchs lässt sich darauf zurückführen, dass staatliche Ämter von Menschen besetzt werden, die außerhalb ihrer amtlichen Funktion die gleichen grundrechtlichen Freiheiten genießen wie jeder andere Bürger auch (s. o. Teil 3 II. 1. a)). Während als Privater das Handeln von Eigeninteressen determiniert ist, prägt die Gemeinwohlorientierung das Handeln in amtlicher Eigenschaft (s. o. Teil 2 I. 2.). Die Forderung von Unparteilichkeit von Amtsinhabern gegenüber den gesellschaftlichen Wettbewerbsteilnehmern dient dazu, die Ausrichtung staatlichen

[38] *J. Isensee*, Gemeinwohl und Staatsaufgaben im Verfassungsstaat, in: HStR, Bd. III, 2. Aufl. 1996, S. 3 (29) m. w. N.

[39] VerfGH Rheinland-Pfalz, Beschluss v. 21. Mai 2014, VGH A 39/14, S. 11; *S. Studenroth*, AöR 125 (2000), 257 (275) m. w. N.; s. auch BVerwG, Beschluss v. 29.5.1973, VII B 27.73, juris Rn. 3.

[40] *H. Krüger*, Allgemeine Staatslehre, 1964, S. 269; vgl. auch *J. Isensee*, Gemeinwohl im Verfassungsstaat, in HStR, Bd. III, 3. Aufl. 2005, S. 3 (64).

Handelns an Eigeninteressen auszuschließen und gewährleistet somit die Trennung der Sphären, wodurch zum einen die Integrität der Amtsführung gesichert wird und zum anderen das Vertrauen der Öffentlichkeit in diese Integrität.[41]

2. Abgrenzungskriterien für die Unterscheidung

Die Unterscheidung kann im Einzelfall schwer sein, aber sie wird erleichtert durch das Aufstellen von formalen Kriterien. Stets bedarf es der Würdigung aller tatsächlichen Umstände des Einzelfalles.[42] Eine pauschale Zuordnung zu den Kommunikationsrollen kann nicht stattfinden. Sie hängt maßgeblich von der Inanspruchnahme der mit einem Amt verbundenen Autorität und Ressourcen (s. u. Teil 3 II. 2. c)) sowie der Wahrnehmung durch die Bürger (s. u. im Folgenden) ab. Des Weiteren kommt es auf das Gesamtbild und den Rahmen, in dem eine Äußerung getätigt wird, an.

a) Empfängerhorizont

Es kommt für die Unterscheidung der Sprecherrollen neben der Inanspruchnahme von amtlicher Autorität und amtlichen Ressourcen auch auf die Perspektive eines mündigen und verständigen Bürgers an.[43]

Die Öffentlichkeit, an die das Kommunikationshandeln von Hoheitsträgern adressiert ist, ist deswegen maßgebend, weil die gesamte Thematik um amtliche Äußerungen um die Frage kreist, ob die Bürger durch diese in ihrer politischen Meinungsbildung beeinflusst werden. Diese „Gefahr" soll vermieden werden, daher wird die Forderung nach Unparteilichkeit aufgestellt. Dass es auch auf die Sicht der Kommunikationsadressaten ankommt, liegt daran, dass Kommunikation ein dynamischer Prozess zwischen zwei Seiten ist und adressatenspezifisch gestaltet wird.

---

[41] *J. Isensee*, Gemeinwohl und Staatsaufgaben im Verfassungsstaat, in: HStR, Bd. III, 2. Aufl. 1996, S. 3 (29); *A. Musil*, Wettbewerb in der staatlichen Verwaltung, 2005, S. 390 f.

[42] VerfGH Rheinland-Pfalz, Beschluss v. 21. Mai 2014, VGH A 39/14, S. 10; BVerfGE 138, 102 (118); VG Wiesbaden, Urteil v. 02. März 2005, 3 E 1672/04 (4), juris Rn. 70; *J. Oebbecke*, NVwZ 2007, 30 (31 f.); *K. Engelbrecht*, KommP Wahlen 2015, 20 (23); *C. Gusy*, NVwZ 2015, 700 (703).

[43] Auf die Perspektive eines mündigen, verständigen Wählers stellt der rheinland-pfälzische Verfassungsgerichtshof ab; vgl. VerfGH Rheinland-Pfalz, Beschluss v. 04. April 2014, VGH A 15/14, VGH A 17/14, juris Rn. 69 m. w. N.; VerfGH Rheinland-Pfalz, Beschluss v. 21. Mai 2014, VGH A 39/14, S. 12; so auch VG Wiesbaden, Urteil v. 02. März 2005, 3 E 1672/04 (4), juris Rn. 67; ferner BVerfGE 138, 102 (118); *S. Studenroth*, AöR 125 (2000), 257 (273) m. w. N.; *C. Gusy*, NVwZ 2015, 700 (703); *C. Gröpl/S. Zembruski*, Jura 2016, 268 (273 f.); kritisch *M. Payandeh*, Der Staat 55 (2016), 519 (536); s. auch VerfGH Thüringen, Urteil v. 03. Dezember 2014, VerfGH 2/14, S. 11.

Da Kommunikationshandeln dynamisch ist, könnte man meinen, dass es neben dem Empfängerhorizont auch darauf ankommt, welche Intention der Kommunikationsabsender mit seiner Äußerung verfolgte. Allerdings kommt dieser Frage geringeres Gewicht zu als der Frage, wie eine Äußerung auf Seiten des Kommunikationsempfängers angekommen ist. Denn sonst könnten sich Träger öffentlicher Gewalt problemlos darauf berufen, dass es nicht ihre Absicht gewesen sei, die Bürger mit ihren Stellungnahmen zu beeinflussen. Außerdem lässt sich die mit einer Äußerung verfolgte Intention nicht so ohne weiteres ermitteln. Es bedarf für die Beantwortung der Frage, in welcher Sprecherrolle sich ein Hoheitsträger gerade äußert, dem Zusammenspiel der aufgeführten Aspekte. Weder der eine noch der andere kann für sich allein entscheidend sein.

Der Empfängerhorizont spielt eine wichtige Rolle bei der Abgrenzungsfrage, obwohl nicht abzustreiten ist, dass Bürger die Äußerungen von Amtsinhabern regelmäßig mit ihrem Amt assoziieren[44] und demzufolge der amtliche Charakter zu bejahen wäre. Allein weil dem so ist, kann weder auf den Empfängerhorizont noch gänzlich auf die Trennung verzichtet werden.

Dass Amtsträger in der Regel in amtlicher Funktion wahrgenommen werden, führt nicht dazu, die Unterscheidung zwischen privatem und amtlichem Handeln aufzugeben. Dieser Befund fließt vielmehr in die Entscheidung ein, welche Kommunikationsrolle konkret beansprucht wird. Gibt man die Unterscheidung auf, so stellt sich die Frage nach ihrer Konsequenz: Wären alle Äußerungen sodann amtlicher oder privater Natur?

Die Aufgabe der Trennung der Sprecherrollen fußt auf der Ablehnung eines politischen Neutralitätsgebots. Denn lehnt man die Forderung von Neutralität bei Äußerungen im politischen Bereich ab, so kommt es nicht darauf an, in welcher Rolle gesprochen wurde, da der rechtliche Prüfungsmaßstab, anhand dessen die Zulässigkeit von Äußerungen zu prüfen ist, für alle Arten von Äußerungen derselbe ist und Neutralität als Maßstab ausscheidet. Da jedoch vorliegend ein politisches Neutralitätsgebot befürwortet wird, kann die Ablehnung der Trennung nicht auf die grundsätzliche Ablehnung des Neutralitätsgebots gestützt werden. Befürwortet man ein solches Gebot, so bedarf es Kriterien für dessen Aktivierung. Ein solches Kriterium bildet die Trennung der Kommunikationsrollen.[45]

Gerade bei gewählten Amtsinhabern stellt sich die Abgrenzung schwierig dar, denn es wäre unrealistisch anzunehmen, dass diese bei Amtsantritt ihre politische Zugehörigkeit ablegen.[46] Allerdings geht es nicht darum, dass sie ihre politischen

---

[44] *M. Payandeh*, Der Staat 55 (2016), 519 (535); Sondervotum *Rottmann*, BVerfGE 44, 125 (181 [186f.])

[45] S. *M. Payandeh*, Der Staat 55 (2016), 519 (534ff.), der ein allgemeines politisches Neutralitätsgebot und die damit verknüpfte Differenzierung der Rollen ablehnt. So auch Sondervotum *Rottmann*, BVerfGE 44, 125 (181 [182ff., 186ff.]).

[46] *M. Payandeh*, Der Staat 55 (2016), 519 (535f.); *M. Kriele*, Freiheit und Gleichheit, in: HdbVerfR, 1. Aufl. 1983, S. 129 (150).

Ansichten gänzlich aufgeben sollen. Sie können diese weiterhin behalten, sollen sie aber im Amte nicht stärker als ohnehin schon betonen, da sie wegen ihrer politischen Couleur gewählt worden sind (s. u. Teil 3 VI.).[47] Die Trennung will vielmehr den Maßstab für die Prüfung der Zulässigkeit von politischen Aussagen feststellen.

Dass die bundesverfassungsgerichtliche Rechtsprechung inzwischen zusammenhängende Äußerungen künstlich aufspaltet,[48] ist problematisch, hat aber weniger mit der grundsätzlichen Trennung der Rollen als vielmehr mit ihrer konkreten Anwendung durch die Gerichte zu tun.

b) Vermutungsregel als Abgrenzungskriterium

Der Bayerische Verfassungsgerichtshof stellt in einem grundlegenden Urteil zum staatlichen Sachlichkeitsgebot für die Unterscheidung zwischen amtlichem und privatem Handeln eine Vermutungsregel auf, wonach im Zweifel Äußerungen als privat einzustufen seien (s. o. Teil 1 III. 4. a)).[49] Das Argument, worauf das Gericht die restriktive Auslegung des Begriffs der amtlichen Handlungen stützt, wird in der Vermeidung einer übermäßigen Beschränkung der Meinungsfreiheit gesehen. Der Gerichtshof meint, dass je mehr als amtliches Handeln eingestuft werde, desto kleiner der Bereich des privaten und politischen Engagements im Hinblick auf die Grundrechtsausübung sei.[50] Das Argument bringt einen wichtigen Aspekt zum Ausdruck, denn Amtsträger sind als Privatperson grundrechtsberechtigt. Diese Annahme zeigt, dass das Gericht kein strenges Verständnis hat, was amtliche Äußerungsbefugnisse angeht, denn im Zweifel werden Äußerungen als privat eingestuft, wodurch es nicht zur Geltung des Neutralitätsgebots kommt. Allerdings kann nicht nur deswegen, weil ein solches Risiko besteht, die Frage der Unterscheidung umgangen werden. Nicht Vermutungsregeln, sondern formale Kriterien dienen der Abgrenzung. Wenn überhaupt eine Vermutungsregel aufzustellen wäre, so sollte sie nach dem Neutralitätsverständnis dieser Arbeit eher andersherum lauten: Im Zweifel wäre Äußerungen als amtlich einzustufen.[51] Dies würde zur Geltung des Neutralitätsgebots führen. So herum kann eine solche Regel deswegen befürwortet werden, weil Äußerungen von Trägern staatlicher Gewalt von der Öffentlichkeit in der Regel als amtlich wahrgenommen werden[52] und die sich äußernde Person den

---

[47] *M. Kriele*, Freiheit und Gleichheit, in: HdbVerfR, 1. Aufl. 1983, S. 129 (150).

[48] BVerfGE 138, 102 (124). S. u. Teil 4 II. 2.

[49] VerfGH Bayern, Entscheidung v. 19. Januar 1994, Vf. 89-III-92, Vf. 92-III-92, in: BayVBl. 1994, 203 (208). So auch VerfGH Rheinland-Pfalz, Beschluss v. 21. Mai 2014, VGH A 39/14, S. 11 f.; *S. Studenroth*, AöR 125 (2000), 257 (274 f.); *T. Barczak*, NVwZ 2015, 1014 (1016); *M. Putzer*, DÖV 2015, 417 (423); kritisch *J. Oebbecke*, BayVBl. 1998, 641 (643); *M. Morlok/V. P. Voss*, BayVBl. 1995, 513 (516).

[50] VerfGH Bayern, Entscheidung v. 19. Januar 1994, Vf. 89-III-92, Vf. 92-III-92, in: BayVBl. 1994, 203 (208).

[51] So auch *M. Morlok/V. P. Voss*, BayVBl. 1995, 513 (516).

[52] So auch *M. Morlok/V. P. Voss*, BayVBl. 1995, 513 (516).

Aufmerksamkeitsvorsprung, den sie genießt, nicht ablegen kann. Auch wenn sie in privater Eigenschaft agiert, profitiert sie davon. Ein bestimmtes Maß an Amtsautorität ist immer vorhanden. Andere Grundrechtsträger profitieren davon aber nicht.

c) Amtsbonus: Amtsautorität und Amtsressourcen

Die Festlegung der konkreten Sprecherrolle eines Amtsträgers hängt besonders davon ab, ob und inwieweit die mit einem Amt verbundenen Ressourcen und Autorität bei Äußerungen eingesetzt werden.

Mit dieser Frage beschäftigte sich das Bundesverfassungsgericht in den Grundsatzentscheidungen aus 1977[53] und 1983[54]. Dort ging es um die Zulässigkeit der aus Haushaltsmitteln finanzierten Anzeigen der damaligen Regierung und um deren Einsatz zu wahlwerbenden Zwecken. „Es ist ihnen von Verfassungs wegen versagt, sich als Staatsorgane im Hinblick auf Wahlen mit politischen Parteien oder Wahlbewerbern zu identifizieren und sie unter Einsatz staatlicher Mittel zu unterstützen oder zu bekämpfen, insbesondere durch Werbung die Entscheidung des Wählers zu beeinflussen."[55]

Es ist zu differenzieren zwischen der Inanspruchnahme von Amtsautorität und der Verwendung von amtlichen Ressourcen.[56] Jedoch kommt es daneben auch auf den Zusammenhang an, in dem sich ein Hoheitsträger äußert.[57] Bei der rechtlichen Beurteilung ist ferner zu berücksichtigen, ob es um gezielten Einsatz amtlicher Mittel geht, denn der Amtsträger hat nicht alleinige Kontrolle darüber, wie seine Stellungnahmen der Öffentlichkeit vermittelt werden. Die Presse spielt dabei besonders eine Rolle (zur Pressearbeit s. u. Teil 3 III. 5.). Dass ein Journalist beispielsweise in einem Artikel meint, dass eine Aussage durch den Minister X getätigt wurde, sollte nicht allein ausschlaggebend sein für amtliche Einordnung dieser Aussage. Dieser kann mit wenig Aufwand, aber großer Wirkung privaten Aussagen amtlichen Anstrich verleihen. Demzufolge ist ein im Nachhinein veröffentlichtes, redaktionell verantwortetes Presseerzeugnis allein nicht geeignet, den Rechtscharakter von mündlichen Äußerungen von Hoheitsträgern zu determinieren oder zu beeinflussen.[58]

---

[53] BVerfGE 44, 125 ff.; vgl. auch Sondervotum *Geiger*, BVerfGE 44, 125 (167 [172 f., 175]) sowie kritisch Sondervotum *Rottmann*, BVerfGE 44, 125 (181 [182 ff., 186 ff.]).

[54] BVerfGE 63, 230 ff.

[55] BVerfGE 44, 125 (141); 63, 230 (243).

[56] BVerfGE 138, 102 (118); so auch schon in Sondervotum *Geiger*, BVerfGE 44, 125 (167 [175]).

[57] *H. Schnell*, Freie Meinungsäußerung und Rederecht der kommunalen Mandatsträger unter verfassungsrechtlichen, kommunalrechtlichen und haftungsrechtlichen Aspekten, 1998, S. 68.

[58] VerfGH Rheinland-Pfalz, Beschluss v. 21. Mai 2014, VGH A 39/14, S. 13; s. auch BVerfGE 138, 102 (120).

Nimmt ein Amtsträger „für sein Handeln die Autorität des Amtes oder die damit verbundenen Ressourcen in spezifischer Weise in Anspruch, ist es dem Neutralitätsgebot unterworfen".[59] „So sehr von dem Verhalten der Staatsorgane Wirkungen auf die Meinungsbildung und Willensbildung des Wählers ausgehen und dieses Verhalten selbst mit Gegenstand des Urteils des Wählers ist, so sehr ist es den Staatsorganen in amtlicher Funktion verwehrt, durch besondere Maßnahmen darüber hinaus auf die Willensbildung des Volkes bei Wahlen einzuwirken, um dadurch Herrschaftsmacht in Staatsorganen zu erhalten oder zu verändern."[60] Sowohl der Ausdruck „in spezifischer Weise" als auch die Wörter „darüber hinaus" bringen zum Ausdruck, dass nicht jede amtliche Einwirkung ausgeschlossen oder unerwünscht ist. Dies entspräche auch nicht der Realität. Amtsträger sind kein politisches Neutrum und verkörpern politische Ansichten. Ziel ist es vielmehr, die amtliche Einwirkung auf ein Mindestmaß zu reduzieren, sodass Amtsinhaber nicht über den erforderlichen Einsatz von Amtsmitteln bei Amtsausübung hinaus von den mit ihrem Amt verbundenen Vorteilen profitieren sollen im Rahmen ihrer Kommunikation.

Eine vergleichbare Aussage findet sich – bezogen auf das Handeln von Bürgermeistern – in der verwaltungsgerichtlichen Rechtsprechung. Diese dürften sich nicht nur durch die Teilnahme an Wahlen politisch engagieren, sondern dürften auch von ihrem Recht auf freie Meinungsäußerung Gebrauch machen. Jedoch sei die Grenze zulässiger politischer Betätigung dann überschritten, wenn ein Bürgermeister das ihm aufgrund seiner amtlichen Tätigkeit zufallende Gewicht und die ihm kraft seines Amtes gegebenen Einflussmöglichkeiten in einer Weise nutze, die mit seiner der Allgemeinheit verpflichteten Aufgabe unvereinbar sei.[61] Dies sei dann der Fall, wenn ein Bürgermeister „erkennbar nur in amtlicher Eigenschaft gehandelt haben kann und gehandelt hat, dies zudem noch (…) unter Mißbrauch der ihm kraft seines Amtes gegebenen Möglichkeiten."[62]

Bei der rechtlichen Beurteilung von politischen Meinungsäußerungen ist also stets zu fragen, ob der Amtsbonus zweckwidrig ausgenutzt wird, und ob die getroffene Äußerung, würde sie ohne die Inanspruchnahme amtlicher Möglichkeiten erfolgen, genauso durch einen Bürger, der kein Amt innehat, erfolgen und wirken kann.

---

[59] BVerfGE 138, 102 (118); 140, 225 (227).

[60] BverfGE 44, 125 (141).

[61] BVerwG, Beschluss v. 29. Mai 1973, VII B 27.73, juris Rn. 3; BVerwGE 104, 323 (326f.); BVerwG, Beschluss v. 19. April 2001, 8 B 33.01, juris Rn. 4; BVerwGE 24, 315 (319); vgl. auch VerfGH Rheinland-Pfalz, Beschluss v. 24. Oktober 2001, VGH B 1/01, juris Rn. 21; VerfGH Rheinland-Pfalz, Beschluss v. 21. Mai 2014, VGH A 39/14, S. 11.

[62] BVerwG, Beschluss v. 29. Mai 1973, VII B 27.73, juris Rn. 3.

aa) Amtsautorität

Stellungnahmen von Amtsträgern genießen eine Autorität kraft des Amtes[63], aus dem heraus gesprochen wird. Es ist nicht zu bestreiten, dass darin insofern ein Vorteil zu sehen ist, als diese Äußerungen ernster genommen werden als andere. Problematisch ist dies deshalb, weil Amtsautorität im Einzelnen nicht messbar ist. Sie ist dem jeweiligen Amte immanent. Sie verschafft den Äußerungen Glaubwürdigkeit und eine größere Überzeugungskraft. Damit einhergehend ist das Beeinflussungspotenzial durch Äußerungen eines Amtsträgers, auch wenn er gerade in privater Eigenschaft spricht, höher. Dieser profitiert von einem Vertrauensvorschuss, der ihm kraft seines Amtes entgegengebracht wird, sowie von einem Aufmerksamkeitsvorsprung (s. o. Teil 3 II. 1. c)).

Amtsautorität wird beansprucht, wenn der sich Äußernde auf sein Amt Bezug nimmt, die Äußerung mit seinem Amt verbundene Aufgaben und Befugnisse betrifft oder diese auf einer Veranstaltung erfolgt, an der er in amtlicher Eigenschaft teilnimmt.[64] Maßgeblich ist der Bezug zum Amt, der sich aber auch aus inhaltlichen Gründen[65] ergeben kann. Die Verwendung der Amtsbezeichnung kann – muss aber nicht notwendigerweise – die Inanspruchnahme von Amtsautorität indizieren. Man muss sein Amt außerhalb amtlicher Funktionserfüllung nämlich nicht verleugnen,[66] was jedoch die Unterscheidung nicht vereinfacht. Neben der Verwendung der Amtsbezeichnung kommt es ebenfalls auf die anderen Umstände des Einzelfalles an (s. o.).

bb) Amtsressourcen

Die mit einem Amt verbundenen Ressourcen können finanzieller, sächlicher, organisatorischer oder personeller Art sein.[67] Sie dürfen nur zu Gunsten der Allgemeinheit zum Einsatz kommen, nicht jedoch um private, parteiergreifende Aussagen von Amtsinhabern hervorzuheben. Sie ermöglichen nachhaltige Einwir-

---

[63] Zur Amtsautorität und Regierungsprestige bereits Sondervotum *Geiger*, BVerfGE 44, 125 (167 [175]).

[64] BVerfGE 138, 102 (118 f.); vgl. auch *J. Oebbecke*, NVwZ 2007, 30 (31 f.); *K. Engelbrecht*, KommP Wahlen 2015, 20 (22).

[65] VerfGH Rheinland-Pfalz, Beschluss v. 21. Mai 2014, VGH A 39/14, S. 11; ausführlicher *S. Studenroth*, AöR 125 (2000), 257 (274 ff.).

[66] So auch VerfGH Rheinland-Pfalz, Beschluss v. 21. Mai 2014, VGH A 39/14, S. 9, 11 m. w. N.; BVerfGE 138, 102 (119 f.). Vgl. ferner BVerwG, Beschluss v. 29. Mai 1973, VII B 27.73, juris Rn. 3; *J. Oebbecke*, NVwZ 2007, 30 (31); *K. Engelbrecht*, KommP Wahlen 2015, 20 (23); *S. Studenroth*, AöR 125 (2000), 257 (274); *T. Barczak*, NVwZ 2015, 1014 (1016); *H. Lecheler*, Der öffentliche Dienst, in: HStR, Bd. V, 3. Aufl. 2007, S. 559 (587).

[67] Sondervotum *Geiger*, BVerfGE 44, 125 (167 [175]); BVerfGE 138, 102 (115); VerfGH Rheinland-Pfalz, Beschluss v. 21. Mai 2014, VGH A 39/14, S. 10 f.; *S. Studenroth*, AöR 125 (2000), 257 (269, 273 f.).

kungen auf die politische Willensbildung und beinhalten neben dem durch die Autorität eines Amtes bereits bestehenden Beeinflussungspotenzial ein höheres Risiko erheblicher Wettbewerbsverzerrungen.[68]

Der Einsatz von Haushaltsmitteln[69] ist besonders gefährlich, denn die finanziellen Möglichkeiten, die Amtsinhabern zur Verfügung stehen – es kommt natürlich auf die Ausmaße an –, stehen in der Regel den anderen Mitwirkenden am politischen Prozess nicht zur Verfügung. Hier kann das Risiko der Verzerrung der chancengleichen politischen Mitwirkung stärker ausgeprägt sein. Auch bei der Verwendung der anderen Arten von amtlichen Ressourcen ist zwar das Risiko einer Wettbewerbsverzerrung gegeben. Da jedoch die eine oder andere Ressource in vergleichbarer Weise auch durch die übrigen Wettbewerber genutzt werden, kann das Risiko einer Verzerrung sowie die Gefahr des Missbrauchs relativiert werden. Es verbieten sich pauschale Annahmen, ausschlaggebend sind die Einzelfallumstände, die das Kommunikationshandeln eines Amtsträgers tragen.

Die Benutzung medialer Ressourcen, wie jüngst die amtlichen Internetseiten beispielsweise,[70] ist in der heutigen Informations- und Kommunikationsgesellschaft populär. Wird die Internetseite eines Ministeriums oder einer Gemeinde zur Veröffentlichung von Stellungnahmen genutzt, so spricht dies für einen amtlichen Charakter.[71] Man mag dies vor dem Hintergrund, dass allen Wettbewerbsteilnehmern das Medium „Internet" zur Verfügung steht und dessen Nutzung durch Amtsträger kein besonderes Mittel darstellt, verneinen. Die Nutzung des Internets inklusive der Einrichtung einer Internetseite ist nämlich ohne großen Aufwand und Kosten möglich, wovon alle Gebrauch machen können, nicht nur staatliche Stellen. Allerdings besteht der wesentliche Unterschied darin, dass die Inanspruchnahme der Internetseite eines Ministeriums oder einer Gemeinde faktisch nur den Amtswaltern möglich ist. Die übrigen Beteiligten am Prozess der politischen Meinungs- und

---

[68] BVerfGE 138, 102 (115); vgl. auch Sondervotum *Geiger*, BVerfGE 44, 125 (167 [175 ff.]).

[69] Dazu BVerfGE 44, 125 ff. und Sondervotum *Geiger*, BVerfGE 44, 125 (167 [175 ff.]) sowie 63, 230 ff. Vgl. *M. Putzer*, DÖV 2015, 417 (423), dessen Kritik an der Trennung nicht in Bezug auf den Einsatz finanzieller Mittel gelte, da dieser konkret belegt werden könne.

[70] Eine Pressemitteilung auf der Internetseite des Bundesbildungsministeriums, in der Ministerin *Wanka* der AfD die „rote Karte zeigte", löste einen Rechtsstreit vor dem BVerfG aus; vgl. BVerfGE 140, 225 ff. Auch die streitigen Erklärungen des Düsseldorfer Oberbürgermeisters erfolgten auf der Internetseite der Stadt Düsseldorf; vgl. für den Sachverhalt VG Düsseldorf, Urteil v. 28. August 2015, 1 K 1369/15, juris; vgl. ferner VerwGH Hessen, Beschluss v. 24. November 2014, 8 A 1605/14, juris; VG Berlin, Urteil v. 23. September 2013, 1 K 280.12, juris; VG München, Beschluss v. 19. Januar 2015, M 7 E 15.136, juris.

[71] Dies ist aber beispielsweise dann nicht der Fall, wenn ein Amtsträger auf seiner privaten Internetseite einen Link auf die gemeindliche Internetseite setzt. Das VG Wiesbaden hat zu Recht in dem Fall die amtliche Eigenschaft verneint. Die wahlwerbenden Äußerungen befanden sich nämlich auf der privaten Seite und erst durch die Betätigung des Links kam man auf die Seite der Gemeinde, nicht jedoch automatisch, s. VG Wiesbaden, Urteil v. 02. März 2005, 3 E 1672/04 (4), juris Rn. 69; zustimmend *J. Oebbecke*, NVwZ 2007, 30 (31). Vgl. allgemeiner zur Öffentlichkeitsarbeit im Internet *H. Mandelartz*/*H. Grotelüschen*, NVwZ 2004, 647 ff.; *H. Mandelartz*, DÖV 2009, 509 ff.

Willensbildung können solche Seiten für ihre Öffentlichkeitsarbeit nicht nutzen. Sie können eine private Seite einrichten oder soziale Medien nutzen. Mit Blick auf die Verbreitung und Erreichung macht es einen Unterschied, welche Internetquelle zur Veröffentlichung herangezogen wird. Der Einwand, dass das Internet jedermann frei zugänglich ist, ist bezüglich der Nutzung amtlicher Internetseiten nicht entscheidungsrelevant.

III. Zeitraum: Vorwahlzeit oder außerhalb der Vorwahlzeit

Der Zeitpunkt einer kommunikativen Handlung des Staates ist insoweit wichtig, als die Wirkung dieser je nach Zeitpunkt variieren kann. Es handelt sich hierbei um ein Kriterium, das die Anwendungsintensität des politischen Neutralitätsgebots tangiert.

Man kann von zwei maßgeblichen Zeitpunkten sprechen: die Vorwahlzeit und die Zeit außerhalb der Vorwahlzeit. Eine grundlegende Gemeinsamkeit besteht darin, dass in beiden Phasen der Grundsatz politischer Neutralität durch staatliches Kommunikationshandeln einzuhalten ist. Eine neutralitätsfreie Zeit gibt es nicht für amtliche Äußerungen. Neutralitätsfreiheit gilt nur für private Äußerungen (s. o. Teil 3 II.).

In der Vorwahlzeit steigen aufgrund der zeitlichen Nähe zu Wahlen und der Einflussneigung in dieser Phase die Anforderungen an Staatshandeln. Die Unterscheidung der Zeitmomente tangiert insbesondere die Vorwahlzeit und hat eine Verschärfung der Neutralitätsforderung zur Folge. Ein erstes Ergebnis ist dementsprechend bereits darin zu sehen, dass die Anwendungsintensität des politischen Neutralitätsgebots in der Vorwahlzeit größer ist als in der sonstigen Zeit.

Die Frage, ob und inwieweit der politische Neutralitätsgrundsatz außerhalb von Wahlkampfzeiten gilt, hängt davon ab, ob der politische Neutralitätsgrundsatz ebenfalls zu Gunsten von politischen Gruppen, denen die Parteieigenschaft nicht zukommt und die dementsprechend nicht zur Wahl stehen, gilt, was hier ganz klar befürwortet wird.[72]

Eine Unterscheidung in zeitlicher Hinsicht setzt das Stattfinden von Wahlen voraus, denn sie orientiert sich am Zeitpunkt der Wahl und an der Legislaturperiode. Macht man Wahlen zum zeitlichen Anknüpfungspunkt, so ist klar, dass der Kreis der Begünstigten politischer Neutralität zunächst einmal reduziert ist auf politische Parteien, da lediglich diese an Wahlen teilnehmen, was sie maßgeblich von sonstigen Interessenvereinigungen unterscheidet. Diese nehmen an Wahlen nicht

---

[72] In Sachen Dügida hat das OVG zu Recht, dass der Neutralitätsgrundsatz nicht nur im Wahlkampf gilt, sondern auch im allgemeinen politischen Meinungskampf und -wettbewerb. Vgl. OVG NRW, Urteil v. 04. November 2016, 15 A 2293/15, S. 22; so auch VerfGH Thüringen, Urteil v. 08. Juni 2016, VerfGH 25/15, S. 22.

teil. Dennoch muss der Staat gegenüber allen Gruppierungen – unabhängig von der Form ihrer Organisation – politisch neutral sein. Der verschärfte Maßstab, den die Vorwahlzeit für staatliche Äußerungen mit sich bringt (s. u.), ist in seiner Anwendung beschränkt gegenüber politischen Parteien. Die Anwendungsintensität der politischen Neutralität bleibt für sonstige politische Vereinigungen sowohl in der Vorwahlzeit als auch in der sonstigen Zeit gleich.

Ohne hier schon auf die inhaltlichen strengeren Beschränkungen, die in der Vorwahlzeit einzuhalten sind, einzugehen, steht fest, dass die Teilnahme an Wahlen Voraussetzung für einen strengeren Maßstab ist. Daher ist eine Übertragung der für politische Parteien geltenden Aussagen auf andere politische Gruppen nicht ohne Weiteres möglich. Diese tragen zwar auch zum politischen Pluralismus bei und stehen in Konkurrenz mit allen Akteuren der politischen Willensbildung, sie sind aber nicht dem gleichen Druck ausgesetzt wie politische Parteien, da diese um den Wahlsieg streiten und der politische Wettbewerb am Ende jeder Legislaturperiode seinen Höhepunkt erreicht. Durch einen Wahlsieg wird ihnen unmittelbar der Weg zur Durchsetzung eigener politischer Interessen eröffnet mit dem Ziel der inhaltlichen Bestimmung verbindlicher staatlicher Entscheidungen bzw. der Erlangung staatlicher Macht. Auch diejenigen Kollektive, die nicht an Wahlen teilnehmen, sind zur Durchsetzung ihrer Interessen am Prozess der politischen Meinungs- und Willensbildung beteiligt, jedoch mit dem Unterschied, dass sie nicht unmittelbar ihre politischen Interessen in die Bestimmung verbindlicher staatlicher Entscheidungen einfließen lassen können. Die Durchsetzungskraft ist kleiner und die Mitbestimmung erfolgt mittelbar. Darüber hinaus wiegt das Risiko der Beeinflussung der Bürger durch staatliche Äußerungen in der Zeit kurz vor einer Wahl im Hinblick auf Nichtteilnehmer an Wahlen nicht so schwer, da die Bürger kein Votum für oder gegen diese abgeben. Es ist zwar nicht unproblematisch, wenn staatliche Stellen politische Gruppen, die nicht zur Wahl stehen, durch nichtneutrales Verhalten bevorzugen oder benachteiligen und somit in die freie Willensbildung eingreifen. Allerdings sind in einem solchen Fall die damit verbundenen Konsequenzen nicht so schwerwiegend, wie wenn das staatliche Handeln Wahlteilnehmer betrifft.

Die durch die zeitliche Zweiteilung hervorgerufene differenzierende Betrachtung stellt eine bedeutende Weiche für die Prüfung von Neutralitätsverletzungen dar, da Äußerungen von staatlicher Seite unmittelbar vor einer Wahl eine stärkere Beeinflussung zur Folge haben als solche, die außerhalb der Vorwahlzeit getätigt werden. „Je größer die Distanz zur Wahl, desto mehr verliert sich der Einfluß auf die Entscheidungsfindung des Wählers.“[73] Dies liegt insbesondere daran, dass die Wähler nicht die politischen Geschehnisse und staatlichen Handlungen aus der gesamten Legislaturperiode abrufen können. Hinzu kommt, dass sie überlagert werden von anderen Einflüssen. Zwar wird die Wahlentscheidung nicht nur auf die Gescheh-

[73] *S. Studenroth*, AöR 125 (2000), 257 (267); s. auch *C. Gusy*, NVwZ 2015, 700 (703 f.); *A. Schmehl*, KommJur 2006, 321 (324) m. w. N.

nisse kurz vor einer Wahl gestützt, jedoch kann man davon ausgehen, dass diese stärker in Erinnerung bleiben und daher faktisch eine größere Bedeutung haben. Gerade in der heißen Phase kurz vor einer Wahl blüht der politische Wettbewerb auf, wenn es darum geht, um die Gunst der Bürgerschaft zu kämpfen.

Allerdings muss von vornherein bei der Festlegung von Zeitspannen bedacht werden, dass in der Bundesrepublik ein nahezu durchgehender Wahlkampf mit Europa-, Bundestags-, Landtags- und Kommunalwahlen herrscht, sodass es wenige „wahlfreie Zeitkorridore" gibt.[74] Dieser Einwand lässt sich dadurch relativieren, dass es sich um Wahlen auf unterschiedlichen Ebenen handelt und nicht jede staatliche Handlung vor jeder Wahl Beeinflussungspotenzial hat, was auch damit zusammenhängt, welcher Amtsträger sich äußert. Dabei spielen nämlich auch die Kompetenzen des sich äußernden Amtsträgers eine Rolle sowie die Ebene, auf der jeweils Wahlen anstehen (s. u. Teil 3 III. 3.).

Eine Differenzierung zwischen diesen zwei Zeitphasen ist wichtig aufgrund der unterschiedlich anzulegenden Maßstäbe. Ausschlaggebend ist aber die Frage, wie man die Vorwahlzeit bzw. Wahlkampfzeit von der Zeit außerhalb der Wahlkampfphase abgrenzen kann. In diesem Zusammenhang ist der landläufigen Aussage „Nach der Wahl ist vor der Wahl." zwar beizupflichten, denn die gesamte Zeit einer Legislaturperiode prägt und beeinflusst grundsätzlich die Wahlentscheidung der Bürger für die nächste Wahl. Jedoch ist in der Zeit kurz vor Wahlen das Beeinflussungspotenzial besonders hoch.

Das Bundesverfassungsgericht verwendet in seiner Grundsatzentscheidung, in der sich der Sachverhalt vor einer anstehenden Bundestagswahl abspielte,[75] für diese Zeit verschiedene Termini: Vorwahlzeit, Vorfeld der Wahl, Wahlkampfnähe, heiße Phase des Wahlkampfes, Nähe des Wahlzeitpunktes.[76] All diese Begrifflichkeiten eignen sich zur Konkretisierung des fraglichen Zeitraumes, wobei damit allein aber noch nicht gesagt ist, wann genau dieser anfängt. Das Gericht stellt auf den Zeitpunkt ab, an dem gemäß § 16 Bundeswahlgesetz der Wahltag durch den Bundespräsidenten bestimmt wird.[77] Das Bundeswahlgesetz (Vierter Abschnitt: Vorbereitung der Wahl) und die Bundeswahlordnung (Zweiter Abschnitt: Vorbereitung der Wahl) enthalten beide zahlreiche Konkretisierungen der Wahlkampfzeit.[78]

---

[74] *F. Hufen*, LKRZ 2007, 41 (46). Er kritisiert, dass das BVerfG eine besondere Zurückhaltung in Wahlkampfzeiten verlange und „mit großer Strenge geurteilt" habe, da die Folgen dadurch für Öffentlichkeitsarbeit in Bund und Ländern nicht absehbar seien.

[75] So auch in BVerfGE 63, 230ff. aus dem Jahre 1983 sowie in BVerfGE 136, 323ff. und E 138, 102ff. aus 2014.

[76] BVerfGE 44, 125 (151f.). Auch *H. Mandelartz/H. Grotelüschen*, NVwZ 2004, 647 (650) führen dies an.

[77] BVerfGE 44, 125 (152f.); vgl. auch Sondervotum *Geiger* BVerfGE 44, 125 (167ff.); E 63, 230 (244f.). Kritisch bzgl. dieses Zeitpunkts Sondervotum *Rottmann* BVerfGE 44, 125 (182 [193f.]).

[78] Sondervotum *Geiger* BVerfGE 44, 125 (167 [168]).

Bislang ist hier die Zeit kurz vor Wahlen ganz allgemein als Vorwahlzeit bezeichnet worden, aber sie lässt sich genauer konkretisieren, wenn man auf den Wahlkampf abstellt. Dies hat unter anderem das Bundesverfassungsgericht getan, indem es teilweise von der Wahlkampfzeit, der heißen Phase des Wahlkampfes spricht (s. o.). Man könnte unterschiedslos beide Begriffe synonym verwenden, dies würde aber dem Bedeutungsunterschied nicht gerecht werden. Die Vorwahlzeit ist nämlich eine größere Zeitspanne als die Wahlkampfzeit. Im vorliegenden Kontext ist mit Vorwahlzeit der Zeitraum gemeint, der mit der Festlegung des Wahltages beginnt und der geprägt ist von Wahlwerbung und Wahlkampfmaßnahmen der zur Wahl stehenden Kandidaten und politischen Parteien.[79] Teilweise wird die Wahlkampfzeit näher konkretisiert, sie umfasse die letzten sechs Wochen vor Wahlen.[80] Einer genaueren zeitlichen Konkretisierung bedarf es hier nicht, denn dadurch, dass diese Phase sowieso unter die Vorwahlzeit fällt, die eine längere Phase darstellt, spielt die genaue Dauer der Wahlkampfzeit keine Rolle. Wie lange die Vorwahlzeit dauert, wird noch aufgezeigt werden (s. u. Teil 3 III. 3.). Dies ist vor dem Hintergrund, dass mit ihr Beschränkungen staatlichen Handelns verbunden sind, erforderlich. Verzichtete man auf die Bestimmung der Zeitspanne „Vorwahlzeit", so wäre nicht klar, ab welchem Zeitpunkt die Neutralitätsforderung strengere Anforderungen aufstellt, sodass sowohl die staatlichen Kommunikationsabsender als auch die Gerichte keine Klarheit in puncto Handlungsmaßstab hätten.

1. Gebot äußerster Zurückhaltung

In der Vorwahlzeit solle gegenüber Parteien ein Gebot äußerster Zurückhaltung gelten.[81] Damit legt das Bundesverfassungsgericht für diesen Zeitraum einen Maßstab, an dem sich staatliches Handeln zu orientieren hat, fest.

Das Gebot äußerster Zurückhaltung kann als Verschärfung der stets geltenden politischen Neutralität angesehen werden, um dem höheren Beeinflussungspotenzial staatlicher Äußerungen in der wahlkampfgeprägten Zeit Rechnung zu tragen und der Sensibilität dieses Zeitraums gerecht zu werden. Politische Neutralität als Erwartungshaltung an und Handlungsmaßstab für den Staat ist stets von diesem zu beachten, während die Forderung nach äußerster Zurückhaltung im Rahmen der Vorwahlzeit auftaucht. Vorerst unabhängig von einer genauen Bestimmung der Vorwahlzeit, welche noch erfolgen wird, ist dieses Gebot jedenfalls in der heißen

[79] Dazu auch klare Worte im Sondervotum *Geiger* in BVerfGE 44, 125 (167 [168]).

[80] Vgl. OVG NRW, Urteil v. 19. August 1988, 15 A 924/86, juris Rn. 62 und OVG Saarland, Beschluss v. 05. August 1998, 2 V 14/98, juris Rn. 7 für die Wahlkampfphase als die letzten sechs Wochen vor der Wahl.

[81] BVerfGE 44, 125 (152 f.); auch in E 63, 230 (244 f.); s. auch VerfGH Rheinland-Pfalz, Urteil v. 23. Oktober 2006, VGH O 17/05, S. 10 f.; VerfGH Rheinland-Pfalz, Beschluss v. 21. Mai 2014, VGH A 39/14, S. 7 f. Vgl. auch *S. Studenroth*, AöR 125 (2000), 257 (267 f.); *C. Gusy*, NVwZ 2015, 700 (703 f.), v. a. unter Bezugnahme auf die Entscheidungen des BVerfG und rheinland-pfälzischen VerfGH; *T. Barczak*, NVwZ 2015, 1014 (1019).

Wahlkampfphase zu berücksichtigen, welche die letzten Wochen vor der Wahl umfasst und einen Teil der Vorwahlzeit ausmacht (s. o.).

Das Bundesverfassungsgericht ist in diesem Punkt insoweit streng, als es sonst zulässige Öffentlichkeitsarbeit als unzulässig ansieht, sofern sie sich in der Vorwahlzeit abspiele. Dabei stellt es quantitativ-inhaltliche Beschränkungen für die Vorwahlzeit auf.[82] „Die Grenze, die das Grundgesetz zwischen zulässiger Öffentlichkeitsarbeit und unzulässiger Wahlwerbung zieht, kann in der Vorwahlzeit auch dort überschritten sein, wo regierungsamtliche Veröffentlichungen sich auf eine sachliche Information des Bürgers beschränken, sich also weder durch ihren Inhalt noch durch ihre Aufmachung als Werbemaßnahmen zugunsten eigener Machterhaltung oder für eine politische Partei zu erkennen geben. (...) Wann diese Grenze überschritten ist, der voraussichtliche Einfluß solcher Veröffentlichungen auf die politische Meinungsbildung des Wählers also verfassungsrechtlich nicht mehr gerechtfertigt ist, läßt sich nicht allgemeingültig festlegen; dies hängt vor allem von Zahl und Umfang solcher Maßnahmen, der Nähe des Wahlzeitpunktes und der Intensität des Wahlkampfes ab. Je näher die Veröffentlichungen an den Beginn der „heißen Phase" des Wahlkampfes heranrücken, desto weniger können ihre Auswirkungen auf das Wahlergebnis ausgeschlossen werden. Deshalb tritt hier die Aufgabe und Kompetenz der Regierung, den Bürger auch über zurückliegende politische Tatbestände, Vorgänge und Leistungen sachlich zu informieren, zunehmend hinter das Gebot zurück, die Willensbildung des Volkes vor den Wahlen nach Möglichkeit von staatlicher Einflußnahme freizuhalten. Aus der Verpflichtung der Bundesregierung, sich jeder parteiergreifenden Einwirkung auf die Wahl zu enthalten, folgt schließlich das Gebot äußerster Zurückhaltung und das Verbot jeglicher mit Haushaltsmitteln betriebenen Öffentlichkeitsarbeit in Form von sogenannten Arbeitsberichten, Leistungsberichten oder Erfolgsberichten. Denn in der „heißen Phase des Wahlkampfes" gewinnen solche Veröffentlichungen in aller Regel den Charakter parteiischer Werbemittel in der Wahlauseinandersetzung, in die einzugreifen der Regierung verfassungskräftig versagt ist. Von diesen Beschränkungen der Öffentlichkeitsarbeit unberührt bleiben dagegen auch im Vorfeld der Wahl informierende, wettbewerbsneutrale Veröffentlichungen, die aus akutem Anlaß geboten sind."[83]

Zu Recht gelten in der Vorwahlzeit strengere Maßstäbe, allen voran, weil die Wirkung staatlicher Handlungen in dieser Zeit größer ist, da vor allem diejenigen Geschehnisse, die kurz vor der Wahl getätigt werden, in Erinnerung bleiben und die Grundlage für die Wahlentscheidung bilden (s. o.). Ferner kommt der Wettbewerbscharakter der Parteiendemokratie am intensivsten in dieser Phase zum Vorschein, da die im Meinungs- und Willensbildungsprozess stattfindende Konkurrenz zwischen den politischen Parteien ihren Höhenpunkt zum Zeitpunkt von Wahlen hat.

---

[82] Terminologie von *H. Mandelartz*/*H. Grotelüschen*, NVwZ 2004, 647 (649); *H. Mandelartz*, DÖV 2009, 509 (517).

[83] BVerfGE 44, 125 (151 ff.); s. dazu *C. Gusy*, NVwZ 2015, 700 (703). Vgl. a. A. Sondervotum *Rottmann* BVerfGE 44, 125 (182 [193 f.]).

Man könnte sich hier die Frage stellen, warum nicht durchgängig, also auch außerhalb der heißen Phase kurz vor Wahlen, ein strenger Maßstab der Neutralität gilt. Auch nach hier vertretener Ansicht beschränkt sich die Geltung des Gebots äußerster Zurückhaltung mit seinen Anforderungen jedoch lediglich auf die Vorwahlzeit. Dies liegt zum einen daran, dass die Anforderungen restriktiv sind, da zum Beispiel sachliche Informationsarbeit, die sich weder durch Inhalt noch durch Aufmachung als Werbemaßnahme für eine bestimmte politische Richtung darstellt, unzulässig sein kann aufgrund der zeitlichen Nähe. Lediglich informative Äußerungen, die wettbewerbsneutral sind und aus akutem Anlass geboten sind, können in der Vorwahlzeit neutralitätskonform vorgenommen werden. Damit zusammenhängend darf dem Staat nicht verwehrt werden, seiner demokratischen Gesamtverantwortung gerecht werden zu wollen, wozu auch die Pflege der Kommunikation zur Öffentlichkeit gehört. Es ist ein legitimes Staatsziel, diesen Verpflichtungen nachkommen zu wolln. Wollte man das Gebot äußerster Zurückhaltung auf die gesamte Zeit der Legislaturperiode ausweiten, so würde man dem Staat faktisch die Erfüllung seiner kommunikativen Verpflichtungen nahezu unmöglich machen.

Man kann sich ebenfalls die Frage stellen, ob und warum außerhalb der Vorwahlzeit überhaupt die Einhaltung politischer Neutralität von Trägern öffentlicher Gewalt gefordert wird.

Politische Neutralität gilt ebenfalls außerhalb der Vorwahlzeit, was sich aus den rechtlichen und faktischen Motiven bereits ergibt (s. o. Teil 1). Zum einen findet die politische Meinungs- und Willensbildung nicht nur in der Zeit vor Wahlen statt und zum anderen kommen Sinn und Zweck staatlicher Neutralität nicht erst in einer zeitlich begrenzten Zeitspanne zum Tragen, sondern knüpfen an den gesamten Prozess der politischen Meinungsbildung an. So lange, wie dieser Prozess dauert, so lange ist Neutralität zu fordern. Wahlen markieren einen wichtigen Zeitmoment für diesen Prozess, nichtsdestotrotz fängt dieser nicht erst in der Zeit kurz vor Wahlen an und endet am Tag der Wahlentscheidung. Zur Bildung einer politischen Meinung bedarf es der Vorarbeit und Grundlage, die durch die gesellschaftlichen Akteure nicht erst in den Monaten vor Wahlen geleistet werden kann. Diese – damit sind aber „nur" die Teilnehmer an Wahlen gemeint – konzentrieren sich in dieser Zeit besonders auf wahlkampfrelevante Aktionen.

Wollte man politische Neutralität außerhalb der Vorwahlzeit nicht fordern, so hätte dies zur Folge, dass gegenüber politischen Kollektiven, die nicht zur Wahl stehen, Neutralität keine allzu große Bedeutung mehr hätte, denn für sie ist die zeitliche Differenzierung bzw. die Sensibilität der Vorwahlzeit irrelevant. Politisch neutral ohne verschärfte Anforderungen muss der Staat zwar diesen gegenüber auch in der Vorwahlzeit sein, allerdings zeigt die politische Praxis, dass in der Vorwahlzeit staatliche Äußerungen in erster Linie die an der Wahl beteiligten Kandidaten treffen. Die Anknüpfung an die Wahlkampfphase für die Geltung der Neutralität verkennt daher vor allem zum einen den dynamischen Prozess der politischen Meinungs- und Willensbildung und zum anderen die Motive der politischen Neutralitätsforderung. Man könnte den Einwand bringen, dass der Staat durch die Bindung an Neutralität, vor allem in der (langen) Zeit außerhalb der Vorwahlzeit, legitime Staatsaufgaben wie diejenige der Kommunikation mit der Öffentlichkeit nur beschränkt wahrnehmen kann. Dieser Einwand kann aber dadurch relativiert werden, dass kommunikatives Staatshandeln nicht gänzlich durch die Forderung nach Neutralität unterbunden wird. Denn Kommunikationshandeln ist nicht gleichzusetzen mit einer Neutralitätsverletzung, dieses kann neutralitätskonform erfolgen und ist von seinem Wesen her nicht inkompatibel mit dem Neutralitätspostulat. Außerdem wird die zeitliche Zweiteilung der Wichtigkeit staatlichen Informationshandeln gerecht, da sie lediglich in der kurzen Phase der Vorwahlzeit eine starke Einschränkung zur Konsequenz hat. Außerhalb der Vorwahlzeit, welche im Vergleich eine längere Zeitspanne umfasst, bleibt es beim Neutralitätsgrundsatz in seiner ursprünglichen Form ohne die strengeren Maßstäbe.

2. Aufgedrängte und aufgesuchte Öffentlichkeitsarbeit

Im Hinblick auf die Geltung des Gebots äußerster Zurückhaltung macht es Sinn, die von *Herbert Mandelartz* vorgenommene Einteilung von staatlicher Öffentlichkeitsarbeit in aufgedrängte, aufgesuchte und sonstige Öffentlichkeitsarbeit[84] zu übernehmen (s. o. Teil 1 III. 1. c) aa)). Während zu Recht für die Instrumente der aufgedrängten Öffentlichkeitsarbeit, also für Broschüren, Anzeigen, Plakate u. ä., der strenge Maßstab in Form des Gebots äußerster Zurückhaltung in der Vorwahlzeit als anwendbar anzusehen ist, ist dies nicht ohne Weiteres für aufgesuchte Öffentlichkeitsarbeit der Fall. Denn vergegenwärtigt man sich, dass es sich bei dieser Art der Kommunikation um Instrumente handelt, bei denen der Bürger tätig werden muss, um sie wahrnehmen zu können, und der Absender dieser Kommunikation zurückhaltend bleibt, was den unmittelbaren Bürgerkontakt betrifft, kann man die handelnde staatliche Stelle nicht – ohne den Unterschied zu würdigen – den oben aufgeführten quantitativ-inhaltlichen Beschränkungen des Bundesverfassungsgerichts unterwerfen. Dies würde nämlich dazu führen, dass solche Veranstaltungen wie beispielsweise der Tag der offenen Tür, der Anlass für eine Streitigkeit vor dem rheinland-pfälzischen Verfassungsgerichtshof zwischen der CDU-Landtagsfraktion und dem Ministerpräsidenten war,[85] nicht durchgeführt werden könnten oder dass – noch viel wichtiger – Informationen, die nicht aus akutem Anlass geboten[86] sind, in dieser Zeit nicht über die Interpräsenz der staat-

---

[84] Bereits angedeutet in *H. Mandelartz/H. Grotelüschen*, NVwZ 2004, 647 (650); ausführlicher in *H. Mandelartz*, DÖV 2009, 509 (515 f.).

[85] VerfGH Rheinland-Pfalz, Urteil v. 23. Oktober 2006, VGH O 17/05.

[86] Aus BVerfGE 44, 125 (153) ergibt sich, dass lediglich Informationen, die in der Vorwahlzeit aus akutem Anlass geboten sind, nicht den Beschränkungen unterliegen und damit nicht zu beanstanden sind.

lichen Stellen in die Öffentlichkeit getragen werden könnten.[87] Dies ist vor allem in Anbetracht der heutigen Bedeutung des Internets fragwürdig. Es ginge aber andererseits zu weit, im Fall der aufgesuchten Öffentlichkeitsarbeit den Maßstab insoweit zu lockern, als der Staat in der Vorwahlzeit freier ist und sich nicht an das Gebot äußerster Zurückhaltung zu halten hat. Ob aufgesuchte oder aufgedrängte Kommunikationsform: Der Grund für die Geltung des strengen Maßstabs, dass es sich um die Zeit unmittelbar vor einer Wahl handelt, bleibt so oder so dennoch bestehen. Grundsätzlich gilt dieses Gebot in der Vorwahlzeit daher für alle Formen kommunikativen Staatshandelns. Allerdings ist die Besonderheit der Instrumente der aufgesuchten Öffentlichkeitsarbeit im Einzelfall zu berücksichtigen, denn die Unterscheidung zwischen aufgesuchter und aufgedrängter Öffentlichkeitsarbeit und die daran anknüpfende Frage der Geltung des Gebots äußerster Zurückhaltung systematisieren den zeitlichen Aspekt der politischen Neutralitätsforderung anhand von handhabbaren Kriterien. Der Einwand bezüglich der aufgesuchten Öffentlichkeitsarbeit ist nicht ganz unberechtigt, nichtsdestotrotz darf er nicht dazu führen, dass der Staat parteiischer sein darf, wenn Bürger die Kommunikation mit dem Staat selbst aufsuchen, als wenn sie ihnen aufgedrängt wird; zumal auch im Fall der aufgesuchten Kommunikationsformen der Staat trotz der Vorwahlzeit die Plattform für kommunikatives Handeln schafft, die sodann von den Bürgern wahrgenommen werden kann.

3. Tatsächlicher Beginn der Vorwahlzeit

Durch die Festlegung des Beginns der Vorwahlzeit ist jedoch nicht gesagt, wann der Bundespräsident den Wahltag festlegt und somit ab wann das Gebot äußerster Zurückhaltung konkret zu beachten ist.

Mit dieser Frage befasste sich 2010 der Saarländische Verfassungsgerichtshof in einer die politische Neutralität betreffenden Entscheidung.[88] Nachdem es die dazugehörigen Ausführungen aus der bundesverfassungsrechtlichen Entscheidung (BVerfGE 44, 125 ff.), insbesondere das Gebot äußerster Zurückhaltung, wiedergibt, stellt der Gerichtshof fest, dass sehr lange Zeiträume entstehen könnten, würde man den Beginn der Vorwahlzeit von der Festlegung des Wahltages abhängig machen, welche im Saarland gemäß § 2 des saarländischen Landeswahlgesetzes durch die Landesregierung geschiehe und anschließend im Amtsblatt veröffentlicht werde. Dazu führt es als Beispiel die Landtagswahl aus dem Jahr 2009 an, bei der zwischen der Bekanntmachung des Wahltages und der Wahl eine Zeitspanne von fast zehn Monate läge, welche der Gerichtshof als zu lang empfindet. „Nach Auffassung des Verfassungsgerichtshofs ist daher nicht an den Tag der Wahlbekannt-

[87] *H. Mandelartz*, DÖV 2009, 509 (516 f.); *H. Mandelartz/H. Grotelüschen*, NVwZ 2004, 647 (650).

[88] VerfGH Saarland, Urteil v. 01. Juli 2010, Lv 4/09, S. 18 f.

machung, sondern an den Wahltag anzuknüpfen und die Vorwahlzeit auf einen Zeitraum von drei Monaten vor dem Wahltag festzulegen."[89] Damit weicht in diesem Punkt der Gerichtshof vom Bundesverfassungsgericht ab, um für die Landtagswahlen im Saarland zu lange Zeiträume, in denen das Gebot äußerster Zurückhaltung einzuhalten wäre, zu verhindern. Dem Verfassungsgerichtshof ist in dem Punkt, dass durch die Anknüpfung an die Festlegung des Wahltages zu lange Zeiträume entstehen, grundsätzlich zuzustimmen. Denn durch die frühzeitige Bekanntmachung des Wahltages im Amtsblatt kann das Gebot äußerster Zurückhaltung als ein strenger Maßstab zu einer starken Einschränkung staatlicher Öffentlichkeitsarbeit führen. Dass das Gericht in dem Punkt vom Bundesverfassungsgericht abweicht, ist nicht unverständlich, aber daraus lassen sich nicht die vorgeschlagenen drei Monate rechtfertigen (s. u.).

Je nach dem, wie die Praxis für die Bundestagwahlen in Bezug auf die Veröffentlichung des Wahltages aussieht, also wann der Bundespräsident den Wahltag bestimmt und ob dies ebenfalls in einem Amtsblatt veröffentlicht wird, wie es beispielsweise im Saarland der Fall ist, könnte man für die Bundestagswahlen ebenfalls für die Dreimonatsregelung des Saarländischen Verfassungsgerichtshofs plädieren, falls ebenfalls lange Zeiträume entstünden. Der Regelung in § 16 Bundeswahlgesetz kann man lediglich entnehmen, dass der Bundespräsident den Wahltag festsetzt und dieser ein Sonntag oder gesetzlicher Feiertag sein muss; eine Veröffentlichungspflicht ist gesetzlich zwar nicht vorgesehen, aber nichtsdestotrotz ist es die Staatspraxis. Die Veröffentlichung der Anordnung über die Wahl erfolgt im Bundesgesetzblatt,[90] die Anordnung wird sodann durch die Bekanntmachung wirksam.[91] In der Regel wird der Wahltag etwa ein Dreivierteljahr vor der Wahl[92] in dem durch Artikel 39 Abs. 1 GG vorgegeben Zeitrahmen festgelegt. Diese Anordnung, die nach Artikel 58 GG bzw. § 29 der Geschäftsordnung der Bundesregierung der Gegenzeichnung des Bundeskanzlers bzw. des zuständigen Ressortministers bedarf, geschieht dementsprechend in Absprache mit der Bundesregierung; in der Staatspraxis liegt der Bestimmung durch den Bundespräsidenten eine Empfehlung der Bundesregierung zugrunde, die ihrerseits die Meinungen der Länder und der Bundestagsfraktionen eingeholt hat.[93]

[89] VerfGH Saarland, Urteil v. 01. Juli 2010, Lv 4/09, S. 19; zustimmend *T. Barczak*, NVwZ 2015, 1014 (1019); a. A. *H. Mandelartz*, LKRZ 2010, 371 (373).

[90] Für die Bundestagswahl 2009 s. BGBl. Teil I Nr. 1, 08. Januar 2009, S. 2; für die Bundestagswahl 2013 s. BGBl. Teil I Nr. 5, 08. Februar 2013, S. 165.

[91] *J. Hahlen*, in: Schreiber, BWahlG, 9. Aufl. 2013, § 16 Rn. 8.

[92] S. für eine Darstellung der Zeitspannen bei den bisherigen Bundestagswahlen *H. H. Klein*, ZG 2010, 151 (152), dort Fn. 5; *J. Hahlen*, in: Schreiber, BWahlG, 9. Aufl. 2013, § 16 Rn. 2 (dort Fn. 5). Exemplarisch für 2009: 261 Tage; 2013: 224 Tage zwischen Verkündung des Wahltermins und dem Wahltag.

[93] *J. Hahlen*, in: Schreiber, BWahlG, 9. Aufl. 2013, § 16 Rn. 6, 8; *H. H. Klein*, ZG 2010, 151 (151 f.); s. auch *C. Dicke*, in: Umbach/Clemens, GG, Bd. II, 2002, Art. 39 Rn. 36; *M. Droege*, DÖV 2009, 649 (651 f.).

Die Zeitspanne der knapp zehn Monate im Saarland vor der Landtagswahl 2009, die der Verfassungsgerichtshof als zu lang empfindet für die Vorwahlzeit, scheint nicht untypisch zu sein, betrachtet man den Zeitpunkt, zu dem auf Bundesebene der Bundespräsident den Wahltag bestimmt.

Gleichwohl die Bestimmung des Wahltages wie aufgezeigt etwa neun Monate vor dem Wahltag erfolgt, wird gemäß einer Absprache zwischen Bund und Ländern, die inzwischen zur Staatspraxis geworden ist, die Vorwahlzeit auf eine Dauer von fünf Monaten festgelegt. Anlässlich der grundlegenden Entscheidung des Bundesverfassungsgerichts aus dem Jahre 1977 fand eine Besprechung der Regierungschefs des Bundes und der Länder statt, bei der sich diese mit den aus dem Urteil zu ziehenden Konsequenzen beschäftigten. Dabei trafen diese jedoch keine Entscheidung, sondern delegierten diese Aufgabe an die Pressesprecher des Bundes und Länder weiter, die eine Absprache unter anderem bezüglich der Dauer der Vorwahlzeit trafen. Zur Diskussion standen sowohl eine Zeitspanne von sechs Monaten, welche die Bundesregierung vorschlug, sowie von fünf Monaten, welche die Ländervertreter vorschlugen. Da aber zu Recht keine durchgreifenden Bedenken für den Unterschied von einem Monat geäußert wurden, konnte eine Einigung auf fünf Monate erzielt werden.[94]

Das Bundesverfassungsgericht[95] legt sich selbst zwar im Gegensatz zum Saarländischen Verfassungsgerichtshof nicht auf eine konkrete Zeitspanne fest. Dennoch benennt es ein formales Kriterium, indem es die Anordnung des Wahltages durch den Bundespräsidenten gemäß § 16 Bundeswahlgesetz als Orientierungspunkt wählt. Dadurch hat man einen bestimmbaren Zeitpunkt, obwohl die Dauer der Vorwahlzeit erst durch die Staatspraxis bzw. die Absprache der Pressesprecher konkretisiert wird.

In der Literatur wird teilweise dafür plädiert, dass zwischen der Festlegung des Wahltages und dem Wahltag mindestens ein halbes Jahr liegen solle, um den Wahlorganen sowie den Wahlbewerbern ausreichenden zeitlichen Vorlauf zum Zwecke der Wahlvorbereitung zu gewähren.[96] *Hans H. Klein* zeigt auf, dass bis auf die ersten Wahlen der Bundesrepublik die Halbjahresgrenze bislang nicht unterschritten

---

[94] Zu dieser Staatspraxis und Absprache s. *H. Mandelartz*, LKRZ 2010, 371 (373). Auch die Präsidenten der Rechnungshöfe haben auf einer Präsidentenkonferenz einen diesbezüglichen Beschluss gefasst: Sie haben sich für die Prüfung der Verwendung öffentlicher Mittel durch die Parlamentsfraktionen auf eine Vorwahlzeit von sechs Monaten vor dem Wahltag geeinigt und zusätzlich die letzten sechs Wochen vor dem Wahltag als heiße Wahlkampfphase, in der besonders strenge Maßstäbe gelten, deklariert.

[95] „Ein genauer Stichtag, von dem an das Gebot äußerster Zurückhaltung strikt zu beachten und für Arbeitsberichte, Leistungsberichte und Erfolgsberichte kein Raum mehr ist, läßt sich nicht eindeutig bestimmen. Als Orientierungspunkt kann unbeschadet dessen etwa der Zeitpunkt gelten, an dem der Bundespräsident den Wahltag bestimmt (§ 16 Bundeswahlgesetz)", s. BVerfGE 44, 125 (153).

[96] *H. H. Klein*, ZG 2010, 151 (151 f.); *J. Hahlen*, in: Schreiber, BWahlG, 9. Aufl. 2013, § 16 Rn. 6.

wurde und bestätigt damit die sich aus seiner Sicht ergebende Notwendigkeit einer solchen Zeitspanne.[97]

Die Dauer der Vorwahlzeit darf weder zu kurz noch zu lang angesetzt werden. Im Hinblick auf die Geltung des Gebots der äußersten Zurückhaltung sollte die Vorwahlzeit nicht länger als ein halbes Jahr dauern. Auch sollte die Dauer nicht zu kurz gehalten werden, zum Beispiel sind drei Monate das Minimum. Denn die Wähler sind nicht erst kurz vor Wahlen, also wenige Monate vor Wahlen, sensibilisiert für wahlrelevantes Verhalten. Die Gefahr des Beeinflussungspotenzials beginnt bereits, wenn es in der Öffentlichkeit anfängt, um die bevorstehenden Wahlen zu gehen. Es erscheint sinnvoll, sich zwischen mindestens drei bis maximal sechs Monaten zu entscheiden, wobei man zugeben muss, dass es keine durchschlagenden Gründe für den einen oder den anderen Vorschlag gibt. Um aber für Klarheit zu sorgen und eine einheitliche Regelung zu treffen, an der sich sowohl die Verpflichteten des Neutralitätsgrundsatzes als auch Rechtsanwender orientieren können, bietet es sich an, einen genauen Zeitpunkt festzulegen. Daher ist der auf Grundlage der Absprache der Pressesprecher getroffenen Regelung zu folgen, die die Vorwahlzeit auf die letzten fünf Monate vor Wahlen beschränkt.[98]

Will man für die Konkretisierung der Vorwahlzeit an der Festlegung des Wahltages festhalten ohne die getroffene Absprache zu berücksichtigen, so hätte man einen relativ langen Zeitraum im Hinblick auf die Dauer der Legislaturperiode. Dies ist nicht ganz unproblematisch, weil dies dazu führen würde, dass Hoheitsträger für den Zeitraum von etwa neun Monaten dem strengen Maßstab des Gebots äußerster Zurückhaltung unterworfen wären, was eine starke Beschränkung staatlicher Öffentlichkeitsarbeit bedeutet. Dies spricht gegen eine neun Monate dauernde Vorwahlzeit, was aber auch in Rechtsprechung und Schrifttum nicht diskutiert wird.

Eine Alternative zur pauschalen Festlegung von Zeiträumen besteht darin, den Beginn der Vorwahlzeit nicht an fixe Zeitpunkte anzuknüpfen, sondern davon unabhängig als Anhaltspunkt den tatsächlichen Beginn des Wahlkampfes durch die politischen Parteien anzusehen. Auf diese Weise könnte man zwar der Frage entgehen, auf welchen Zeitraum man sich genau festlegt, zumal objektive Gründe für die eine oder andere Zeitspanne kaum zu finden sein werden.

Allerdings haben genaue Angaben zum einen den Vorteil, dass sie für Rechtsklarheit und Rechtssicherheit sorgen, und zum anderen stellen sie ein formales Indiz

---

[97] *H. H. Klein*, ZG 2010, 151 (152), dort Fn. 5. Vgl. in diesem Zusammenhang zu Übergangszeiten zwischen Wahl und Konstituierung neu gewählter Volksvertretungen VerfGH NRW, Urteil v. 18. Februar 2009, VerfGH 24/08, in: DÖV 2009, 676 ff. und den Besprechungsaufsatz dazu von *M. Droege*, DÖV 2009, 649 ff.

[98] Vgl. für einem Zeitraum von fünf bis sechs Monaten StGH Baden-Württemberg, Urteil v. 27. Februar 1981, GR 1/80, in: Entscheidungen des Hessischen Verwaltungsgerichtshofes und des VGH Baden-Württemberg 31, S. 81 ff. (ESVGH 31, S. 81 ff.); StGH Hessen, Urteil v. 20. Dezember 1990, P.St. 1114, juris Rn. 46; StGH Hessen, Beschluss v. 11. Januar 1991, P. St. 1079, in: NVwZ 1992, 465 (466).

für den Beginn der Vorwahlzeit, welcher im vorliegenden Kontext maßgebend ist für die Anwendung des Gebots äußerster Zurückhaltung, dar. Auf tatsächliche Gegebenheiten wie den Beginn des Wahlkampfes abzustellen birgt andererseits die Gefahr, kein handfestes, von vornherein bestimmbares Kriterium zu haben, an dem sich der Staat als Adressat orientieren kann. Will man den Beginn der Wahlkampfphase konkretisieren und definieren, so müsste man als Beginn den Zeitpunkt ansehen, an dem die Bevölkerung mit den ersten Wahlkampfmaßnahmen der Wahlbewerber konfrontiert wird, was jedoch in der Praxis nicht so einfach zu ermitteln sein wird. Insbesondere stellt sich die Frage, ob man lediglich auf die Wahlkampfmaßnahmen der als erstes tätig gewordenen politischen Partei abstellt oder ob man verlangt, dass der Gesamteindruck „auf den Straßen" auf die beginnende Wahlkampfphase schließen lässt. Man könnte zwar ferner auf den Wahlparteitag als Beginn der Wahlkampfphase abstellen, aber auch bereits davor finden in der Regel Parteiakitivitäten statt, die Wahlkampfmaßnahmen darstellen.[99] Während das Abstellen auf tatsächliche Umstände Unsicherheiten mit sich bringt, vor allem aus der Perspektive der staatlichen Stellen, die nach ständiger Rechtsprechung in der Vorwahlzeit dem Gebot äußerster Zurückhaltung unterworfen werden, ist durch von vornherein festgelegte Zeitspannen der Handlungsmaßstab klar.

Fraglich ist, ob man die Regelung, die das Bundesverfassungsgericht für Bundestagswahlen getroffen hat, auf Landtagswahlen übertragen kann.[100] Denn während gemäß § 16 Bundeswahlgesetz der Bundespräsident die Anordnung über den Wahltag trifft, ist es bei den Ländern üblich, dass ihre Landesregierungen den Wahltag festlegen. Wie sich zum Beispiel aus den obigen Ausführungen zur Rechtsprechung des Saarländischen Verfassungsgerichtshofs ergibt, ist es im Saarland die Landesregierung, die den Wahltag festsetzt.[101]

Bedenken bezüglich der Übertragbarkeit auf Landtagswahlen bestehen insoweit, als die Landesregierung aufgrund der Festsetzung des Wahltages, die sie vornimmt, über die Dauer des auch von ihr einzuhaltenden Gebots äußerster Zurückhaltung, welches eine Verschärfung der Neutralität darstellt, entscheiden könnte.[102] Dies könnte man vermeiden, indem man beispielsweise der Regelung des Saarländischen Verfassungsgerichtshofs folgt und anstatt auf den Tag der Festsetzung des Wahltages auf die drei Monate vor dem Wahltag abstellt.[103] Allerdings kann dieser Einwand dadurch relativiert werden, dass für Bundestagswahlen zwar der Bundespräsident den Wahltag festlegt, aber dies in Absprache mit der Bundesregierung tut,[104] sodass

---

[99] *H. Mandelartz/H. Grotelüschen*, NVwZ 2004, 647 (650) wenden dies berechtigterweise ein.
[100] Diese Frage erörtert *T. Barczak*, NVwZ 2015, 1014 (1019) und folgt der Dreimonatsregelung des saarländischen Verfassungsgerichtshofs.
[101] Weitere Beispiele: Gemäß § 7 Abs. 1 LWahlG NRW sowie gemäß § 18 Abs. 1 LWahlG Thüringen setzt auch in diesen Bundesländern jeweils die Landesregierung den Wahltag fest.
[102] *T. Barczak*, NVwZ 2015, 1014 (1019).
[103] *T. Barczak*, NVwZ 2015, 1014 (1019).
[104] https://www.bundeswahlleiter.de/bundestagswahlen/2017.html (zuletzt aufgerufen am 28. März 2017).

auch in diesem Fall die Regierung über die Dauer der Vorwahlzeit – wenn auch nicht allein – disponiert. Außerdem ist, solange diese Entscheidungsbefugnis seitens der Regierungen nicht missbraucht wird, dieser Einwand nicht stark genug, um grundsätzliche Zweifel an der gerichtlichen Regelung zum Beginn der Vorwahlzeit hervorzurufen. Der Einwand der Missbrauchsgefahr kommt aber gar nicht zum Tragen, da zum einen die Festlegung des Wahltages sehr früh erfolgt und zum anderen gesetzliche Regelungen bestehen, in denen geregelt ist, wann Wahlen stattzufinden haben. Der Manipulationsraum ist daher klein, auch wenn die Regierungen die alleinige Entscheidungsbefugnis über die Festsetzung des Wahltages haben. Dass man zur Vermeidung längerer Zeiträume von der bundesverfassungsgerichtlichen Regelung abweicht, wie es der Saarländische Verfassungsgerichtshof getan hat, ist davon zu unterscheiden und hat einen anderen Grund (s. o.).

Eine Beschränkung der inhaltlichen Reichweite des Gebots äußerster Zurückhaltung, welche der rheinland-pfälzische Verfassungsgerichtshof klar herausgearbeitet hat, ist noch zu berücksichtigen: „Allerdings gilt für außerhalb von Vorwahlzeiten zulässige Maßnahmen der Öffentlichkeitsarbeit der Landesregierung im nahen Vorfeld von Bundestagswahlen – anders als bei Landtagswahlen – nicht zwangsläufig das Gebot äußerster Zurückhaltung.“[105] Vielmehr komme es darauf an, ob die Landesregierung durch ihre Öffentlichkeitsarbeit parteiergreifend unmittelbar in den Bundestagswahlkampf einwirke und dies auch beabsichtigt tue.[106]

Der Gerichtshof stellt dabei auf ein objektives und ein subjektives Kriterium ab, denn ob sich die Landesregierung parteiergreifend in den Bundestagswahlkampf einmischt, ist ein objektives Kriterium, während die Frage nach der Absicht dieses Handelns subjektiver Natur ist. Der Gerichtshof hebt sich an diesem Punkt von der bundesverfassungsgerichtlichen Regelung ab, welche nicht zwischen der Bundes- und Landesebene unterscheidet: „Weder dürfen die Verfassungsorgane des Bundes anläßlich von Wahlen in den Ländern noch dürfen die Verfassungsorgane der Länder anläßlich von Wahlen zum Bundestag parteiergreifend in den Wahlkampf hineinwirken.“[107]

Der rheinland-pfälzische Verfassungsgerichtshof verdeutlicht durch seine differenzierende Betrachtung, dass die Regelung, dass sonstige, also durch Inhalt und Aufmachung zulässige Öffentlichkeitsarbeit in der Vorwahlzeit die Grenze zur unzulässigen Wahlwerbung allein aufgrund der zeitlichen Komponente überschreiten kann, nicht auf Öffentlichkeitsarbeit der Landesregierung im nahen Vorfeld von

[105] VerfGH Rheinland-Pfalz, Urteil v. 23. Oktober 2006, VGH O 17/05, S. 11; s. dazu den Besprechungsaufsatz von *F. Hufen*, LKRZ 2007, 41 ff.; s. auch *H. Mandelartz*, DÖV 2009, 509 ff., der wie bereits oben dargelegt den der Entscheidung zugrunde liegenden Tag der offenen Tür als aufgesuchte Öffentlichkeitsarbeit einstuft und daran anknüpfend das Gebot der äußersten Zurückhaltung in der Vorwahlzeit als unanwendbar ansieht.

[106] VerfGH Rheinland-Pfalz, Urteil v. 23. Oktober 2006, VGH O 17/05, S. 11.

[107] BVerfGE 44, 125 (149).

Bundestagswahlen übertragen werden kann, was sonst eine enorme Einschränkung kommunikativen Staatshandelns zur Konsequenz hätte. Die Wählerschaft könne nämlich zwischen der Bundes- und Landesebene und ihrer Verantwortungs- und Wirkungsbereiche unterscheiden und ferner werde bei Bundestagswahlen nicht über die Landespolitik abgestimmt.[108] Dem ist zuzustimmen,[109] vor allem vor dem Hintergrund, dass es sich beim Gebot äußerster Zurückhaltung um eine strenge Regelung handelt, die restriktiv gehandhabt werden sollte. Zulässige Öffentlichkeitsarbeit der Landesregierung wird von daher nicht dadurch unzulässig, dass sie in der Wahlkampfphase der Bundestagswahlen vorgenommen wird. Maßgeblich kommt es bei landesregierungsamtlicher Kommunikation auf die zeitliche Nähe zu den Landtagswahlen an.

Außerdem ist zu berücksichtigen, dass es durch die zahlreichen Wahlen auf Europa-, Bundes-, Landes- und Kommunalebene kaum Zeitspannen gibt, die wahlfrei sind.[110] Man kann rechtlich unterscheiden zwischen den Arenen, das ist richtig. Auch die Wähler können zwischen den Wahlen auf den verschiedenen Ebenen unterscheiden. Allerdings wird die Wahlentscheidung bei einer Landtagswahl nicht lediglich auf politische Geschehnisse auf der Landesebene gestützt, vielmehr werden auch bundespolitische Gegebenheiten sowie Auftritte und Äußerungen von Amtsträgern der Wahlentscheidung zugrundegelegt. Es ist nicht ausgeschlossen, dass sich die Wähler, die vor einer Landtagswahl stehen, nicht von Äußerungen eines Bundespolitikers beeinflussen lassen.

Andererseits ginge es zu weit, die Anwendung dieses Gebots zu befürworten, gerade mit Blick auf dessen starken Einschränkungen. Wenn man von der Landesregierung in der Vorwahlzeit zu Wahlen einer anderen staatlichen Ebene strenge Zurückhaltung verlangte, wäre die staatliche Öffentlichkeitsarbeit stark eingeschränkt und nicht durchgängig möglich, obwohl mit ihr legitime Staatsziele verfolgt werden. Andersherum wäre es genauso, wenn die Öffentlichkeitsarbeit auf Bundesebene durch die zahlreichen Landtagswahlen der Länder quasi dauerhaft einer strengen Einschränkung unterliegen würde.[111]

Das Gebot äußerster Zurückhaltung als verschärfter Maßstab des politischen Neutralitätsgebots verpflichtet den Staat. Dabei stellt sich die Frage, ob und inwieweit der Kreis der Verpflichteten einzugrenzen ist, da dieses Gebot eine strenge Regelung zum Gegenstand hat und da unterschieden werden kann zwischen den Trägern öffentlicher Gewalt, die bei der Wahl kandidieren, und solchen, die nicht zur Wahl stehen.[112] Das Gebot zieht seine Existenzberechtigung aus der Sensibilität

---

[108] VerfGH Rheinland-Pfalz, Urteil v. 23. Oktober 2006, VGH O 17/05, S. 12.

[109] So auch *F. Hufen*, LKRZ 2007, 41 (47).

[110] *F. Hufen*, LKRZ 2007, 41 (46).

[111] VerfGH Rheinland-Pfalz, Urteil v. 23. Oktober 2006, VGH O 17/05, S. 12.

[112] Vgl. dazu *F. Hufen*, LKRZ 2007, 41 (47), der in Anlehnung an die rheinland-pfälzische Rechtsprechung auch auf diese Thematik eingeht und sich ausdrücklich dafür ausspricht, die Personen, die zur Wahl stehen, dem Gebot äußerster Zurückhaltung zu unterwerfen.

der Vorwahlzeit und hängt unmittelbar mit dem Stattfinden von Wahlen zusammen. Grundsätzlich sind alle staatlichen Stellen gebunden an das Gebot, sich in der Vorwahlzeit jeder kommunikativen Handlung zu enthalten, die geeignet ist, Wahlwerbung zu sein, und die nicht aus akutem Anlass geboten ist. Aus Sicht der Wählerschaft ist es aber nachrangig, ob jemand, der zur Wahl steht, eine Äußerung tätigt, oder ob es jemand ist, der nicht kandidiert. Denn zum einen ist das staatliche Handeln in der Zeit kurz vor einer Wahl ohnehin besonders einprägend, zum anderen ist es unwahrscheinlich, dass die Wählerschaft nur das Handeln eines Wahlkandidaten in seine Wahlentscheidung einfließen lässt. Dafür spricht auch, dass das Motiv für die Zweiteilung der Legislaturperiode gerade in der Sensibilität der heißen Phase vor Wahlen und der besonderen Neigung der Beeinflussbarkeit liegt. Die Pflicht zur Einhaltung des Gebots äußerster Zurückhaltung kann nicht lediglich denjenigen, die selbst zur Wahl stehen, auferlegt werden. Diese müssen besonders darauf achten, sich in den Grenzen des Gebots zu bewegen, da jede ihrer Handlungen in der Lage ist, wahlwerbend zu wirken, vor allem im Hinblick auf ihre eigene Wahl, wohingegen diejenigen Träger staatlicher Gewalt, die nicht kandidieren, zwar auch an das Gebot gebunden sind, aber nicht so sehr dem Verdacht der Wahlwerbung für die eigene Person unterliegen, was jedoch nicht bedeutet, dass sie keine Werbung für die Wahlkandidaten der eigenen politischen Couleur bzw. Antiwerbung für die anderen politischen Richtungen machen können. In der rechtlichen Bewertung verdient dieser Aspekt besondere Beachtung, sodass genau darauf zu achten ist, welche Person dem Gebot äußerster Zurückhaltung unterworfen werden soll.

4. Differenzierung zwischen schriftlichen und mündlichen Aussagen

Bei der Übertragung der in den älteren Entscheidungen des Bundesverfassungsgerichts getroffenen Aussagen auf heutige äußerungsrechtliche Konstellationen ist zu berücksichtigen, dass es in diesen Entscheidungen um schriftliche Äußerungen ging, für die das Gericht Zulässigkeitsvoraussetzungen und Grenzen aufstellt, und nicht um mündliche Äußerungen, wie sie den jüngeren Entscheidungen zugrunde liegen.

Fraglich ist, ob der Unterschied zwischen schriftlichen und mündlichen Äußerungen so sehr ins Gewicht fällt, dass man unterschiedliche Maßstäbe anwenden sollte. Denn gerade die zeitliche Komponente, an die das Gebot äußerster Zurückhaltung geknüpft wird, ist von großer Bedeutung für die Bewertung äußerungsrechtlicher Sachverhalte. Das Bundesverfassungsgericht ist bislang nicht ausdrücklich auf diese Unterscheidung im Hinblick auf die Anwendung der für die Vorwahlzeit aufgestellten Maßstäbe eingegangen, jedoch nennt es in seiner *Schwesig*-Entscheidung neben amtlichen Verlautbarungen etwa in Form offizieller Publikationen, Pressemitteilungen oder auf offiziellen Internetseiten ebenso Veranstaltungen des allgemeinen politischen Diskurses (Talkrunden, Diskussionsforen,

Interviews) als Arten kommunikativen Handelns, aber dies im Zusammenhang mit den unterschiedlichen Rollen von Amtsinhabern.[113]

Einerseits könnten die Maßstäbe des Bundesverfassungsgerichts pauschal auf die neueren Konstellationen übertragen werden mit dem Argument, dass beides Formen der Kommunikation darstellen und am politischen Neutralitätsgrundsatz zu messen sind. Allerdings muss an dieser Stelle vor allem im Hinblick auf das Kriterium der Vorwahlzeit berücksichtigt werden, dass gewisse Grenzen bei mündlichen Äußerungen im Gegensatz zu schriftlichen Bekundungen nicht genauso gut eingehalten werden können. Der sich äußernde Hoheitsträger kann im Rahmen der Teilnahme an einem Diskussionsforum oder einer vergleichbaren Veranstaltung die Beantwortung einer Frage schlecht mit dem Hinweis auf die Vorwahlzeit verweigern.[114] Daher ist die Ausgangssituation bei schriftlichen Verlautbarungen und mündlichen Äußerungen jeweils unterschiedlich. Eine pauschale Anwendung des Gebots äußerster Zurückhaltung auf mündliche Äußerungen ist abzulehnen, jedoch ist dieses Gebot dennoch bei mündlichen Äußerungen von Relevanz, sollte aber gelockert werden und vom Einzelfall abhängig zur Anwendung kommen, um der Eigenart mündlicher Aussagen gerecht werden zu können. Dazu bedarf es ergänzender Kriterien (s. u. Teil 3 IV., V.). Staatliches Informationshandeln würde blockiert werden, wollte man die für Publikationen entwickelten Anforderungen ohne Weiteres auf mündliche Äußerungen übertragen.

5. Differenzierung zwischen Öffentlichkeitsarbeit und Pressearbeit

Teilweise wird in der Literatur die Unterscheidung zwischen Öffentlichkeitsarbeit und Pressearbeit zum Anlass genommen, die Geltung der in BVerfGE 44, 125 ff. aufgestellten Grenzen für staatliche Öffentlichkeitsarbeit für die Pressearbeit zu thematisieren.[115] Insbesondere die Frage der Geltung der zeitlichen Grenze wird aufgeworfen.

Während Öffentlichkeitsarbeit direkt an die Öffentlichkeit gerichtet ist (u. a. Broschüren, Plakate), richtet sich Pressearbeit an die Medien und ist auf deren Vermittlung angewiesen (u. a. Pressekonferenzen, Fernseh- und Radioberichterstattung).[116]

---

[113] BVerfGE 138, 102 (118 ff.). Dadurch, dass das BVerfG meint, dass die Ministerin die gerügten Äußerungen nicht im Amte getätigt habe, geht es nicht mehr darauf ein, ob das Gebot äußerster Zurückhaltung in der Vorwahlzeit für mündliche Äußerungen genauso gilt.

[114] Für eine Nichtanwendung des Gebots äußerster Zurückhaltung *H. Mandelartz*, DÖV 2015, 326 (328). Vgl. auch VerfGH Rheinland-Pfalz, Beschluss v. 21. Mai 2014, VGH A 39/14, S. 7 f. m. w. N., worin zwar das Gebot äußerster Zurückhaltung als Grenze für amtliche Äußerungen in der Vorwahlzeit dargestellt, aber nicht angewendet wird auf den konkreten Fall, in dem es um mündliche Äußerungen der Ministerpräsidenten geht. Daher erfolgt auch da keine Auseinandersetzung mit der Frage der Anwendbarkeit.

[115] *H. Mandelartz/H. Grotelüschen*, NVwZ 2004, 647 (649 f.); *H. Mandelartz*, DÖV 2009, 509 (513 f.) jeweils m. w. N.

[116] *H. Mandelartz/H. Grotelüschen*, NVwZ 2004, 647 (649 f.); *H. Mandelartz*, DÖV 2009, 509 (514).

Auch das Bundesverfassungsgericht unterscheidet in seiner Grundsatzentscheidung zwischen Öffentlichkeits- und Pressearbeit und trifft dabei eine Aussage hinsichtlich der Geltung des strengeren Maßstabs für Pressearbeit in der Vorwahlzeit: „Die für die Vorwahlzeit aufgezeigten Beschränkungen regierungsamtlicher Öffentlichkeitsarbeit gelten für alle unter Einsatz von Haushaltsmitteln finanzierten Anzeigen, Broschüren, Faltblätter und sonstige Druckwerke. Sie schließen jedoch weder aus, daß die Mitglieder der Bundesregierung sich in amtlicher Funktion über Rundfunk und Fernsehen an die Öffentlichkeit wenden oder Presseerklärungen abgeben, noch daß sie außerhalb ihrer amtlichen Funktionen für eine Partei in den Wahlkampf eingreifen."[117]

Die Differenzierung zwischen Öffentlichkeitsarbeit und Pressearbeit wird anhand des Adressatenkreises vorgenommen,[118] was sinnvoll ist, da sich Öffentlichkeits- und Pressearbeit vor allem darin unterscheiden. Ferner stellt gerade diese Unterscheidung die bedeutende Weiche für die Frage der Geltung der zeitlichen Grenze dar.

Man könnte meinen, dass aufgrund der zeitlichen Nähe zu einer Wahl und des damit verbundenen höheren Beeinflussungspotenzials das Gebot äußerster Zurückhaltung seine Berechtigung auch für die Pressearbeit hat und demnach automatisch auch dabei zu beachten ist. Dieser pauschale Ansatz würde den unterschiedlichen Adressatenkreis verkennen, worin ja gerade das Hauptunterscheidungsmerkal liegt.

Ferner könnte dieser Ansatz dazu führen, dass in der Vorwahlzeit, deren Dauer nicht von unbeachtlicher Bedeutung ist, die Arbeit der Presseorgane beschränkt wird. Die öffentliche Meinung ist auf Personenvereinigungen, unter anderem politische Parteien und sonstige Verbände, aber auch auf die Presse angewiesen, da diese zur Bildung der öffentlichen Meinung wesentlich beiträgt und ein wichtiger Akteur des gesamten politischen Meinungs- und Willensbildungsprozesses ist, nicht zuletzt aufgrund der Vermittlungsfunktion.

Darüber hinaus ist bei Formen der Pressearbeit im Gegensatz zu solchen der Öffentlichkeitsarbeit ungewiss, ob sie Wirkung entfalten können, was sich aus der Natur der Sache der Pressearbeit ergibt, denn es liegt in der Hand der Presseorgane und nicht der staatlichen Stellen, ob überhaupt die Öffentlichkeit erreicht wird und vor allem wie sie erreicht wird, da die staatlichen Stellen keinen Einfluss darauf haben, ob ihre Inhalte vollständig wiedergegeben und mit wertenden Kommentaren durch die Pressestelle versehen werden.[119] Das Beeinflussungspotenzial, das staatliches Kommunikationshandeln hat, ist zwar auch bei der Pressearbeit nicht zu verneinen, vor allem wenn diese sich in der Vorwahlzeit abspielt. Allerdings bedarf es zur Entfaltung des Beeinflussungspotenzials eines dazwischen geschalteten

[117] BVerfGE 44, 125 (154 f.).

[118] *H. Mandelartz/H. Grotelüschen*, NVwZ 2004, 647 (649); *H. Mandelartz*, DÖV 2009, 509 (514).

[119] *H. Mandelartz*, DÖV 2009, 509 (514).

Handelns der Presse. Man könnte daher einwenden, dass dem Staat nicht ohne Weiteres zeitliche Beschränkungen für die Vornahme von Pressearbeit auferlegt werden sollten, wenn er nicht die vollständige Kontrolle darüber hat, was am Ende in der Öffentlichkeit ankommt.

Es sprechen zwar gute Gründe dafür, die Anwendung der zeitlichen Beschränkungen auf Pressearbeit abzulehnen.[120] Jedoch dürfen diese nicht darüber hinwegtäuschen, dass für die getroffenen Aussagen nichtsdestotrotz die staatliche Stelle verantwortlich ist und nicht die vermittelnde Stelle. Diese entscheidet nur über das „Ob" und „Wie" der Vermittlung. Dass seitens der Pressestelle Kommentare abgegeben werden, die die staatlichen Aussagen begleiten, trifft zu, allerdings sind diese nicht der staatlichen Stelle zuzurechnen, idealerweise sollte sich dem journalistischen Werk entnehmen lassen, was reine Wiedergabe und was journalistische Ergänzung ist. Aber freilich ist eine solche klare Trennung zum einen nicht immer möglich und zum anderen kommt es auf den Gesamteindruck des journalistischen Werkes an. Daher ist dieser Einwand zu relativieren. Des Weiteren zeigt die an einige Stimmen aus der Literatur angelehnte inhaltliche Konkretisierung der Pressearbeit (s. o.), dass darunter der Großteil der kommunikativen Handlungen fällt, derer sich der Staat heutzutage hauptsächlich bedient. Insbesondere mündliche Aussagen fallen darunter.

Bei mündlichen Äußerungen ist das Gebot äußerster Zurückhaltung zwar grundsätzlich anwendbar, aber ihre Besonderheit ist vom Einzelfall abhängig bei der rechtlichen Würdigung zu berücksichtigen (s. o. Teil 3 III. 4.). Erlärt man das Gebot äußerster Zurückhaltung bei Pressearbeit als nicht anwendbar, so würde dieses fast nur auf schriftliche Verlautbarungen anwendbar sein. Dadurch würde dieses Gebot quasi umgangen werden und das zeitliche Kriterium würde kaum mehr eine Rolle spielen. Im Ergebnis hieße dies, dass Öffentlichkeitsarbeit in der Vorwahlzeit nur möglich wäre, wenn es sich dabei um informierendes, wettbewerbsneutrales Kommunikationsverhalten, das aus akutem Anlass geboten ist, handelt, wohingegen staatliche Stellen über den Einsatz von Pressearbeit, das heißt über die Vermittlung durch die Presse, darüberhinausgehend an die Öffentlichkeit treten könnten trotz der Vorwahlzeit und nicht nur beschränkt wären auf Informationen, die aus akutem Anlass geboten sind.

Die zeitliche Grenze ist auf Formen der Pressearbeit jedoch nicht pauschal anzuwenden, sonst würden die Unterschiede zwischen Öffentlichkeits- und Pressearbeit verwischt werden (s. o.). Sie findet Anwendung,[121] aber stets ist die Besonderheit zu berücksichtigen und hat in die rechtliche Bewertung einzufließen, dass zwischen dem Träger öffentlicher Gewalt als Absender und der Öffentlichkeit als Empfänger der Kommunikation die Presse steht, die über das „Ob" und „Wie" der Vermittlung

---

[120] So bereits BVerfGE 44, 125 (154 f.); *H. Mandelartz/H. Grotelüschen*, NVwZ 2004, 647 (650); *H. Mandelartz*, DÖV 2009, 509 (514).

[121] Anders *H. Mandelartz/H. Grotelüschen*, NVwZ 2004, 647 (650); *H. Mandelartz*, DÖV 2009, 509 (514).

entscheidet und keine unbedeutende Rolle einnimmt, vor allem im Hinblick auf die Gefahr des Beeinflussungspotenzials, das staatliche Äußerungen generell und besonders in der Zeit kurz vor Wahlen haben.

Es überzeugt übrigens nicht, die Nichtanwendung der zeitlichen Grenze auf die Pressearbeit mit Verweis auf die Anwendung der anderen Grenzen zu rechtfertigen.[122] Die Grenzen hinsichtlich Inhalt und Form sind nicht von der Anwendung des Gebots äußerster Zurückhaltung abhängig. Sie haben alle eine eigenständige Bedeutung.

IV. Inhalt

Inhaltlich darf staatliches Kommunikationshandeln keine persönlichen Herabsetzungen einzelner Wettbewerber beinhalten, aber auch nicht werbender Natur sein.[123] Damit soll gesichert werden, dass weder eine Bevorzugung noch eine Benachteiligung stattfindet (s. o. Teil 1 III. 2. b)).

Denn die Grenze zu unzulässigen parteiergreifenden Einwirkungen ist bei werbenden Aussagen von Hoheitsträgern überschritten. Diese zeichnen sich dadurch aus, dass sie einem Wettbewerbsteilnehmer zugutekommen.[124] Da Träger staatlicher Gewalt gegenüber dem gesamten Volk verpflichtet sind, muss sich ihre Öffentlichkeitsarbeit der offenen oder versteckten Werbung für miteinander konkurrierende politische Parteien oder sonstige politische Vereinigungen enthalten.[125] Es ist nicht Aufgabe des Staates, für einzelne Wettbewerber zu werben. Nicht der Staat, sondern das Volk entscheidet über die Besetzung der staatlichen Handlungseinheiten, sodass dessen Entscheidung frei sein muss von staatlicher Einflussnahme durch Werbung und Anti-Werbung.[126] Besondere Brisanz kann die Werbung von Amtsinhabern für politische Parteien im Vorfeld von Wahlen haben.[127] Dies zeigt sich gerade dann, wenn ein Amtsinhaber politische Aussagen trifft, die einer politischen Partei zugutekommen, die im institutionalisierten Bereich des politischen Wettbewerbs mit anderen Wahlbeteiligten um die Erlangung staatlicher Macht konkurriert.[128] Daher ist schon der Eindruck einer werbenden Einflussnahme zu vermeiden,[129] was aber schwer zu beurteilen ist. Ein Anhaltspunkt dafür, dass politische

[122] So klingt es bei *H. Mandelartz/H. Grotelüschen*, NVwZ 2004, 647 (650); *H. Mandelartz*, DÖV 2009, 509 (514).

[123] BVerfGE 44, 125 (149 f.); 63, 230 (244). Ausführlich zur Abgrenzung zwischen Öffentlichkeitsarbeit und Wahlwerbung *S. Studenroth*, AöR 125 (2000), 257 ff.

[124] *S. Studenroth*, AöR 125 (2000), 257 (267); vgl. auch BVerfGE 47, 198 (226).

[125] BVerfGE 44, 125 (149).

[126] *S. Studenroth*, AöR 125 (2000), 257 (269).

[127] Dazu BVerfGE 47, 198 (226 f.).

[128] BVerfGE 44, 125 (149); *S. Studenroth*, AöR 125 (2000), 257 (266).

[129] BVerfGE 44, 125 (149 f.).

Aussagen unzulässiger, da werbender Natur sind, ist gegeben, wenn nicht der sachliche und informative Gehalt im Vordergrund steht.[130]

Aus inhaltlicher Sicht kann sich Kommunikationsarbeit ferner als unzulässig erweisen, wenn ihr Unterhaltungscharakter im Vordergrund steht, denn dieser darf nicht zum Selbstzweck werden, sondern muss der Vermittlung politischer Inhalte dienen.[131] Öffentlichkeitsarbeit ist nur deren kommunikative Verpackung.[132] Für die Beurteilung der Zulässigkeit von Kommunikationshandeln kommt es auf eine Gesamtwürdigung unter Einschluss der Informationselemente und auf das Verhältnis von Unterhaltungs- und Informationselementen an.[133]

V. Formale Kriterien

Ob staatliche Kommunikationsarbeit die Grenze des politischen Neutralitätsgebots überschreitet, hängt auch von formalen Kriterien ab. Für schriftliche Verlautbarungen kommt es besonders auf die äußere Form und Aufmachung der Publikation an, die Indizien für eine Verletzung sein können.[134] Steht die reklamehafte Aufmachung im Vordergrund und weniger der informative Gehalt, so kann es sich um unzulässige Informationsarbeit handeln. Nicht nur der Inhalt, sondern auch Äußerlichkeiten einer Publikation sind in der Lage, den werbenden Charakter zum Ausdruck zu bringen.

Demgegenüber kommt es bei mündlichen Äußerungen auf andere bzw. zusätzliche Kriterien an für die Frage ihrer Zulässigkeit. Mit der äußeren Form und Aufmachung kommt man hier nicht weit mangels Druckerzeugnis. Zum einen ist der Ton, in dem politische Äußerungen getroffen werden, bedeutend. Dieser kann den Inhalt von Äußerungen unterstützen und ihnen Aussagekraft verleihen, so wie es bei schriftlichen Äußerungen die äußere Form und Aufmachung tun können. Zum anderen ist die Art und Weise der Formulierung ein Kriterium, welches aber auch bei Publikationen relevant ist. Die genaue Formulierung kann maßgeblich über die Verletzung des politischen Neutralitätsgrundsatzes entscheiden. So wichtig die Formulierung für die Beurteilung ist, so schwierig kann sie sich teilweise gestalten aufgrund der Auslegungs- und Interpretationsbedürftigkeit von Äußerungen.

---

[130] BVerfGE 44, 125 (151); *H. Mandelartz*, DÖV 2009, 509 (515).

[131] VerfGH Rheinland-Pfalz, Urteil v. 23. Oktober 2006, VGH O 17/05, S. 13; *F. Hufen*, LKRZ 2007, 41 (46).

[132] VerfGH Rheinland-Pfalz, Urteil v. 23. Oktober 2006, VGH O 17/05, S. 9, 14; *F. Hufen*, LKRZ 2007, 41 (46).

[133] VerfGH Rheinland-Pfalz, Urteil v. 23. Oktober 2006, VGH O 17/05, S. 14.

[134] BVerfGE 44, 125 (150f.); 63, 230 (244); VerfGH Rheinland-Pfalz, Urteil v. 23. Oktober 2006, VGH O 17/05, S. 9; VerfGH Rheinland-Pfalz, Beschluss v. 21. Mai 2014, VGH A 39/14, S. 7; *S.-C. Lenski*, Öffentliches Kulturrecht, 2013, S. 71; *H. Mandelartz*, DÖV 2009, 509 (515). Vgl. auch *F. Hufen*, LKRZ 2007, 41 (44f.), der sich für eine Anpassung der Grenzen des Inhalts und der äußeren Form an Kommunikationsformen der heutigen Mediengesellschaft ausspricht.

Gerade bei kurzen mündlichen Beiträgen kann dies der Fall sein, da man wenige Anhaltspunkte hat. Nicht zuletzt deswegen ist ferner der Kontext, in dem politische Äußerungen stehen, ein Indiz. Außerdem spielt der Umfang von mündlichen Beiträgen eine Rolle.[135] Je länger und häufiger sich ein Amtsträger beispielsweise negativ über einen politischen Wettbewerber äußert, desto größer ist das Beeinflussungspotenzial. Ein weiteres formales Kriterium bildet der örtliche Kontext, in dem sich ein Amtsträger befindet und äußert, und der Adressatenkreis.

Aspekte wie Inhalt und Ton von mündlichen Beiträgen hänger aber immer auch mit der Person des Amtsinhabers zusammen, also seiner Persönlichkeit, seinen Stärken, Vorlieben und Anliegen sowie seinem Amtsverständnis.[136] Daher muss man amtliche Äußerungen auch immer im Lichte der Person des Amtsinhabers sehen.

VI. Amtsspezifität

Die politische Neutralität, wie sie hier verstanden wird, stellt grundsätzlich eine Forderung an alle Amtsträger dar, vor allem geht es um politische Amtsträger. Berufsbeamte unterliegen einem eigens für sie gesetzlich geregelten Neutralitätsgebot (s. o. Teil 1 III. 3. b)).

Das vorliegende Neutralitätsverständnis, das grundsätzlich immer gilt und an alle Amtsträger adressiert ist, wirft die Frage auf, ob von gewählten Amtsträgern überhaupt verlangt werden kann, sich politisch neutral zu verhalten, vor dem Hintergrund, dass diese gerade aufgrund ihrer politischen Couleur gewählt wurden. Nicht selten geht es in Rechtsstreitigkeiten um gewählte Amtsträger, die im politischen Meinungsbildungsprozess kommunikativ tätig sind.

Bei Berufsbeamten stellt sich diese Frage deswegen nicht, da diese nicht aufgrund ihrer politischen Überzeugung an ihr Amt gelangen, sondern unabhängig davon in das Amtsverhältnis berufen werden. Das Berufsbeamtentum ist rechtstaatliches Gegengewicht zur politischen Leitungsebene und hat die Funktion, eine stabile Verwaltung zu sichern.[137] Vom Wesen her sind die Ämter von Berufsbeamten nicht politisch geprägt. Dementsprechend strikt ist das politische Neutralitätsgebot auf dem Feld zu verstehen (s. o. Teil 1 III. 3. b) bb)).

---

[135] Aus BVerfGE 44, 125 (152, 155) für schriftliche Werke.

[136] *H. Butzer*, Frei von der Leber weg? Die Äußerungsbefugnisse des Bundespräsidenten und von Mitgliedern der Bundesregierung gegenüber extremistischen Parteien, in: W. Kluth (Hrsg.), „Das wird man ja wohl noch sagen dürfen." Staatliche Organe und die Pflicht zur Neutralität, 2015, S. 37 (44 f.); im Zusammenhang mit dem Bundespräsidenten *F. Pflüger*, Von Heuss bis Weizsäcker: Hüter des Grundkonsenses. Das Amt des Bundespräsidenten in Theorie und Praxis, in: M. Funke/H.-A. Jacobsen/H.-H. Knütter/H.-P. Schwarz (Hrsg.), Festschrift für Karl Dietrich Bracher, Demokratie und Diktatur, 1987, S. 383 (390).

[137] BVerfGE 11, 203 (216 f.); 39, 196 (201); 44, 249 (265); *K. F. Gärditz*, NWVBl. 2015, 165 (168).

Demgegenüber ist kein strenges Verständnis politischer Neutralität bei den sonstigen Amtsträgern, die hier im Vordergrund stehen, anzulegen. Diese haben ein politisch geprägtes Amt inne, das eine strikte und ausnahmslose Neutralität verbietet. Die Frage der Vereinbarkeit der politischen Prägung ihres Amtes mit dem Neutralitätsgrundsatz stellt sich notwendigerweise bei diesen Ämtern, da es um politisches Kommunikationshandeln geht, nicht jedoch um die Erfüllung rechtlich vorprogrammierter Aufgaben.

Gegen die Anwendung dieses Grundsatzes wird der Einwand gebracht, dass von Amtswaltern, die aufgrund ihrer politischen Couleur gewählt wurden, nicht verlangt werden könne, diese auszublenden, da diese genau deswegen gewählt worden seien.[138] „Es ist gerade Kennzeichen der Parteiendemokratie, dass die Besetzung von Regierungsämtern und kommunalen Führungspositionen zu wesentlichen Teilen nach parteipolitischen Gesichtspunkten erfolgt und dass die entsprechenden Personen gerade dafür gewählt werden, in ihrer Amtsführung spezifisch parteipolitisch geprägte programmatische Schwerpunkte zu setzen."[139] Hinter diesem Einwand verbirgt sich die Frage nach dem Einfluss politischer Parteien auf die Amtsausübung. Zum einen ist der Einwand dadurch zu relativieren, dass nachdem eine bestimmte politische Richtung mehrheitlich durch das Volk gewählt worden ist, diese zum Regierungsprogramm wird und damit zur Richtschnur staatlichen Handelns. Diese determiniert sodann die Wahrnehmung staatlicher Aufgaben. Dieser Befund ist Ergebnis und Konsequenz der Parteiendemokratie. Die Zugehörigkeit zu einer politischen Partei und das staatliche Amt sind miteinander verwoben. In diesem Fall, also bei der Erfüllung vorgeschriebener Verwaltungsaufgaben, stellt sich die Frage nach einer gesonderten Neutralität nicht, diese geht in der Bindung an Gesetz und Recht als stets zu beachtende Grenze auf.[140]

Von diesen Aufgaben, die in Anlehnung an das gewählte politische Regierungsprogramm zu erfüllen sind, ist das Kommunikationshandeln von Amtsträgern zu unterscheiden. Fraglich ist, ob der Einwand bezüglich der Anwendung des politischen Neutralitätsgebots auf diese Handlungsform berechtigt ist.[141] Zwar sind Amtsträger auch bei faktischem Handeln in Gestalt des Kommunikationshandelns an Gesetz und Recht gebunden, allerdings bedarf es darüber hinaus einer Begrenzung. Denn gerade dieses Handeln birgt die Gefahr, seitens der Amtsträger dazu genutzt zu werden, ihre politische Anschauung zum Ausdruck zu bringen, meistens in der Form, dass sie oppositionelle politische Überzeugungen herabsetzen und

---

[138] Vgl. dazu ausführlich *M. Payandeh*, Der Staat 55 (2016), 519 (529 ff.); Sondervotum *Rottmann* BVerfGE 44, 125 (181 ff.); s. auch *S. Tanneberger*/*H. Nemeczek*, NVwZ 2015, 209 (215 f.); *J. Krüper*, JZ 2015, 408 (417).

[139] *M. Payandeh*, Der Staat 55 (2016), 519 (531).

[140] *M. Payandeh*, Der Staat 55 (2016), 519 (531, 537); *K. F. Gärditz*, NWVBl. 2015, 165 (168).

[141] Diesen bejaht *M. Payandeh*, Der Staat 55 (2016), 519 (532 ff.) und kommt sodann zur Ablehnung eines Neutralitätsgebots bei Äußerungen von politischen Amtsträgern; *K. F. Gärditz*, NWVBl. 2015, 165 (168). So auch Sondervotum *Rottmann* BVerfGE 44, 125 (181 [182 ff.]) in Bezug auf regierungsamtliche Öffentlichkeitsarbeit.

allgemein negativ darstellen. Dass staatliche Öffentlichkeitsarbeit wichtig ist und vor allem der Kommunikation zwischen staatlichen Stellen bzw. Hoheitsträgern und der Öffentlichkeit dient, wird nicht bestritten (s. o. Teil 1 III. 1.). Durch Informationshandeln bauen Hoheitsträger eine direkte Kommunikation zur Öffentlichkeit auf und verschaffen sich Gehör. Vor allem der Aufmerksamkeitsbonus, den sie aufgrund ihrer Stellung und Zugehörigkeit zur staatlichen Sphäre genießen, stellt dabei einen Vorteil dar. Bei einer solchen Handlungsform wie derjenigen des kommunikativen Handelns, die wesentlich von der Wahrnehmung und dem subjektiven Eindruck der Öffentlichkeit, die diese von dem durch einen Hoheitsträger Gesagten hat, abhängt, ist des Weiteren zu berücksichtigen, dass der sich Äußernde sowieso als Vertreter seiner politischen Ansicht wahrgenommen wird – auch bei Einhaltung der Neutralitätsanforderungen. Die Ausblendung seiner politischen Couleur ist nicht möglich.

Träger politischer Ämter stehen nicht außerhalb des politischen Meinungs- und Willensbildungsprozesses, sondern nehmen an ihr teil, genauso wie die übrigen politischen Wettbewerber. Allerdings sind sie diesen nicht gleichzusetzen, da Amtsträger mehr Möglichkeiten haben, die mit ihrem Amt verbunden sind, als diese.[142] Sie haben andere Ausgangsbedingungen im Wettbewerb als gesellschaftliche Teilnehmer. Es wird nicht verlangt, dass Amtsträger zu einem politischen Neutrum werden und ihre eigene Meinung aufgeben, was sowieso nicht möglich ist, denn jeder Amtsträger ist in politische Ansichten, Ideologien und Interessen verstrickt, vielmehr wird verlangt, der eigenen Ansichten in der Amtsausübung nicht ohne Weiteres Geltung zu verschaffen.[143] Diese Gefahr besteht aber insbesondere durch die verfügbaren Amtsressourcen und Aufmerksamkeitsvorteile, in deren Genuss Amtsträger kommen.

Unter anderem wird die Ablehnung eines politischen Neutralitätsgrundsatzes damit begründet, dass die Amtsführung von der Öffentlichkeit nach politischen Gesichtspunkten bewertet werde und die Wähler erwarten, dass sich ihre politische Wahlentscheidung in der Amtsausübung niederschlage. An die Stelle der Neutralitätsforderung trete die politisch-demokratische Verantwortung des gewählten Amtsinhabers.[144] Staatliche Ämter sind mit der Kompetenz ausgestattet, Staatsgewalt auszuüben und dies wird durch das Repräsentationsprinzip verwirklicht. Repräsentation ist das Instrument zur Ausübung von Staatsgewalt und bedient sich ihrerseits dem Amtsprinzip, denn erst die Amtsinhaber üben konkret Staatsgewalt aus durch die Erfüllung staatlicher Aufgaben.[145] Somit ist das Amtsprinzip

---

[142] *C. Hillgruber*, Zwischen wehrhafter Demokratie und „political correctness“; wieweit darf die politische Mehrheit die Spielregeln der politischen (Meinungs-) Bildung bestimmen?, in: W. Kluth (Hrsg.), „Das wird man ja wohl noch sagen dürfen.“ Staatliche Organe und die Pflicht zur Neutralität, 2015, S. 77 (84); a. A. *K. F. Gärditz*, NWVBl. 2015, 165 (169).

[143] *M. Kriele*, Freiheit und Gleichheit, in: HdbVerfR, 1. Aufl. 1983, S. 129 (150).

[144] So *M. Payandeh*, Der Staat 55 (2016), 519 (533).

[145] Vgl. zu Repräsentation und Amt *H. Krüger*, Allgemeine Staatslehre, 1964, S. 253 ff.; *M. Kriele*, Freiheit und Gleichheit, in: HdbVerfR, 1. Aufl. 1983, S. 129 (150).

im Zusammenhang mit dem Demokratieprinzip zu sehen, woraus die demokratische Verantwortung von Amtsinhabern resultiert. Daran besteht kein Zweifel. Allerdings sind gewählte Amtsinhaber nicht nur gegenüber den Wählern für ihre Amtsausübung verantwortlich, sondern gegenüber der gesamten Bürgerschaft.[146] Die Verantwortung tragen sie deshalb, weil sie zur Ausübung der Staatsgewalt demokratisch legitimiert wurden. Eben weil sie demokratisch verantwortlich sind, bedarf es zur Absicherung der Neutralität. Demokratische Verantwortung und Neutralität stehen sich nicht alternativ gegenüber. Es stimmt, dass die Wähler erwarten, dass sich ihre politische Position auswirkt, aber dem wird bereits durch den Umstand Rechnung getragen, dass durch den Wahlsieg die mehrheitlich gewählte politische Anschauung zur Richtschnur staatlichen Handelns wird. Eine darüber hinausgehende Erwartung, dass sich die politische Meinung der Wähler stets auf jedwede Handlungsform, auch auf kommunikatives Handeln, niederschlagen soll, ist nicht haltbar.

Wollte man die Anwendung des politischen Neutralitätsgebots im Hinblick auf kommunikatives Handeln ablehnen und Hoheitsträgern einen weiten politischen Spielraum zuerkennen, so hätte man – unbeschadet der immer geltenden Bindung an Gesetz und Recht – als äußerungsspezifische Grenze nur das Sachlichkeitsgebot, wonach eine Äußerung als sachlich einzustufen ist, wenn sie der Wahrheit entspricht, objektiv und frei von Emotionen ist sowie keine Herabsetzung beinhaltet (s.o. Teil 1 III.4.). Diese rechtsstaatlich begründeten Anforderungen sind von Hoheitsträgern stets zu berücksichtigen, stellen aber nur ein Minimum dar, das für jedes staatliche Handeln – ohne Beschränkung auf amtliche Äußerungen – gilt. Die Existenz der politischen Neutralitätsforderung ergibt sich aus der Zusammenschau faktischer wie rechtlicher Gründe, sodass alleine die Gesetzesbindung nicht ausreichend ist als Grenze für amtliche Äußerungen. Der hier entwickelte Grundsatz politischer Neutralität stellt Voraussetzungen und Kritierien auf, die speziell auf Äußerungen gemünzt sind und zudem den Umständen des Einzelfalles gerecht werden.

Aufgrund des Neutralitätsbedürfnisses auf der einen Seite und der politischen Prägung von Ämtern sowie der grundsätzlichen Anerkennung eines politischen Gestaltungsspielraums ist ein Weg zu finden, der all diese für sich allein legitimen Aspekte berücksichtigt. Es ist nicht gänzlich von der politischen Neutralitätsforderung abzusehen. Dies würde ein Freibrief für die Amtsträger bedeuten. Vielmehr ist eine abgestufte, das Wesen gewählter Amtsträger berücksichtigende Anwendung des Neutralitätsgrundsatzes angebracht. Gewählte Amtswalter haben im Rahmen ihres Kommunikationshandelns politisch neutral zu sein,[147] vor allem

---

[146] So auch in BVerfGE 44, 125 (144).

[147] Die Geltung eines Neutralitätsgebots aufgrund der politischen Prägung von gewählten Ämtern lehnen ab *M. Payandeh*, Der Staat 55 (2016), 519 (531 ff.) sowie Sondervotum *Rottmann* BVerfGE 44, 125 (181 [182 ff.]); gegen strikte Neutralität von politischen Ämtern *S. Tanneberger/H. Nemeczek*, NVwZ 2015, 209 (216); in Bezug auf Bürgermeister *P. Bender*, NWVBl. 2016, 143 (149); *K. F. Gärditz*, NWVBl. 2015, 165 (168).

was die Bevorzugung und Benachteiligung von einzelnen politischen Wertvorstellungen angeht. Im Vergleich zu Berufsbeamten ist aber eine strenge Anwendung des politischen Neutralitätsgebots abzulehnen, welche sich aus der Natur der Sache ergibt. Bei der rechtlichen Bewertung von Äußerungen gewählter Amtsträger ist daher insbesondere zu berücksichtigen, dass ihre politische Überzeugung zu ihrer Wahl geführt hat. Von ihnen wird nicht verlangt, dass sie zum politischen Neutrum werden, denn politisch neutral meint nicht unpolitisch oder politisch indifferent. Vielmehr wird eine unparteiliche Äußerungsform verlangt, die das Verhältnis der am politischen Wettbewerb Beteiligten zueinander nicht verzerrt. Dementsprechend bietet sich eine weniger strenge Anwendung an. Das Argument des politisch geprägten Amtes wird so trotz der grundsätzlichen Anwendung der Neutralität hinreichend berücksichtigt.

Allerdings hängt die Anwendung auch und nicht unwesentlich von dem jeweiligen Amt ab, sodass eine differenzierte Betrachtung geboten ist anstelle einer pauschalen Anwendung auf alle politischen Ämter. Denn die „Eigenarten" des jeweiligen Amtes sind zu berücksichtigen. Nicht alle gewählten Amtsinhaber haben gleichermaßen politisch neutral zu sein. So wie pauschal eine Ablehnung der Anwendung des politischen Neutralitätsgebots nicht befürwortet wird, so ist auch eine undifferenzierte Anwendung dieses Gebots nicht angemessen. Demzufolge kann die politische Prägung eines Amtes im Einzelfall durchaus dazu führen, den Neutralitätsmaßstab teilweise zu lockern. Wichtig ist eine flexible Handhabung des politischen Neutralitätsgebots unter Berücksichtigung solcher Umstände, um eine realitätsnahe und verfassungsrechtlich nachvollziehbare Bewertung von politischen Äußerungen vornehmen zu können.

> „Grundsätzlich wird man sagen können, dass die Äußerungsbefugnisse von Amtsträgern umso beschränkter sind, je politischer und staatsnäher das Amt ist, welches sie innehaben."[148]

Der Einwand der politischen Prägung von Ämtern ist in den Fällen, in denen es um Äußerungen der Regierung und ihrer Mitglieder oder von Bürgermeistern geht, zu erörtern, da diese „inhärent politische Ämter"[149] darstellen. Es handelt sich bei ihnen um gewählte Amtsträger, deren politische Anschauungen den Zugang zu ihrem Amt wesentlich mitbestimmen. Sie sind Teil der Exekutive und nehmen Verwaltungs- und Regierungstätigkeiten wahr. Dies gilt für die Regierung genauso wie für Bürgermeister, die nicht nur Verwaltungschef, sondern auch politische Leitfigur ihrer Gemeinde sind.[150] Sie sind zwischen Beamtenrecht und Kommunalrecht anzusiedeln und ihre Stellung in der Gemeinde ähnelt der der Regierung; daher sind die hergebrachten Grundsätze des Berufsbeamtentums nicht ohne Weiteres und wenn überhaupt lediglich mit Modifizierungen auf sie anwendbar.[151] Das gilt auch

---

[148] *J. Krüper/H. Kühr*, ZJS 2014, 477 (485).

[149] *M. Payandeh*, Der Staat 55 (2016), 519 (533).

[150] *M. Payandeh*, Der Staat 55 (2016), 519 (533 f.); *K. F. Gärditz*, NWVBl. 2015, 165 (168).

[151] BVerfGE 7, 155 (164 ff.); *D. zu Hohenlohe*, VerwArch 2016, 62 (65 ff.); ausführlicher zum Bürgermeister *P. Bender*, NWVBl. 2016, 143 (147 f.).

für den hergebrachten Grundsatz der politischen Neutralität für Berufsbeamte, der auf Bürgermeister nicht anzuwenden ist aufgrund der kommunalverfassungsrechtlichen Prägung seines Amtes, sodass für sie die strenge beamtenrechtlich normierte Neutralität nicht gilt.[152]

Politisches Kommunikationshandeln ist der Kategorie der politischen Regierungsarbeit zuzuordnen. Ihre Aufgaben sind also nicht auf rechtlich programmiertes Handeln beschränkt. Ferner sind sie Akteure des politischen Wettbewerbs und konkurrieren mit den anderen politischen Anschauungen um die Gewinnung politischen Einflusses.[153] Sie können sich zwar beteiligen am Meinungsbildungsprozess, ihre Äußerungsgrenzen sind aber ihrem politischen Amt entsprechend zu bestimmen, um dem Wesen des politischen Amtes gerecht zu werden.[154]

Zwar ist der Bundespräsident auch ein gewählter Amtsinhaber, allerdings hat er eine Sonderstellung inne, da er außerhalb des politischen Wettbewerbs steht und nicht mit den Wettbewerbern konkurriert.[155] Er ist weniger der Versuchung einer parteipolitisch motivierten Amtsausübung ausgesetzt.[156] Dies ist zwar nicht ausgeschlossen, aber das verfassungsrechtliche Bild vom Amt des Bundespräsidenten ist nicht politisch geprägt wie die Ämter der Regierungsmitglieder. Während Öffentlichkeitsarbeit der Exekutivorgane üblich ist und ihnen diese Kompetenz zugesprochen wird, wird das Amt des Bundespräsidenten nicht damit assoziiert. Damit ist vielmehr eine Neutralitätserwartung verbunden,[157] wie sie mit keinem anderen Amt assoziiert wird.

Die Ausführungen zur politischen Neutralität in dieser Arbeit sind auf alle politischen Amtsträger – dazu gehören alle, die im politischen Prozess ein Amt zur Repräsentation des Gemeinwesens haben[158] – zugeschnitten. Das bedeutet aber nicht, dass es keine Unterschiede zwischen den Ämtern gibt. Diese schlagen sich nicht auf die grundsätzliche Geltung des Gebots nieder, sie betreffen vielmehr dessen Anwendungsintensität. Neben den Kriterien, die wesentlich sind für die Frage der Verletzung des politischen Neutralitätsgrundsatzes, verdient stets das konkrete

---

[152] *D. zu Hohenlohe*, VerwArch 2016, 62 (66f.); *K.F. Gärditz*, NWVBl. 2015, 165 (167f.); *M. Payandeh*, Der Staat 55 (2016), 519 (538f.).

[153] BVerfGE 136, 323 (334f.); 138, 102 (112); *C. Gröpl/S. Zembruski*, Jura 2016, 268 (277) m.w.N.

[154] Für eine restriktive Bestimmung der Äußerungsbefugnisse von Regierungsmitgliedern *J. Krüper/H. Kühr*, ZJS 2014, 477 (485). Gegen das Neutralitätsgebot als Äußerungsgrenze für regierungsamtliche Öffentlichkeitsarbeit Sondervotum *Rottmann* BVerfGE 44, 125 (181 [182ff.]).

[155] BVerfGE 136, 323 (334); *S. Tanneberger/H. Nemeczek*, NVwZ 2015, 209 (215); *J. Krüper/H. Kühr*, ZJS 2014, 477 (485).

[156] Kritisch bzgl. des weiteren Spielraums des Bundespräsidenten *S. Tanneberger/H. Nemeczek*, NVwZ 2015, 209 (215).

[157] BVerfGE 89, 359 (362f.); *K. Schlaich*, Neutralität als verfassungsrechtliches Prinzip, 1972, S. 77ff.; *L. Mehlhorn*, Der Bundespräsident der Bundesrepublik Deutschland und der Republik Österreich, 2010, S. 69.

[158] Zum politischen Amt *H. J. Wolff/O. Bachof*, Verwaltungsrecht II (Organisations- und Dienstrecht), 4. Aufl. 1976, S. 33; s. auch *M. Payandeh*, Der Staat 55 (2016), 519 (537).

Amt des sich äußernden Hoheitsträger Beachtung. Damit ist sowohl die politische Prägung eines Amtes (s. o.) als auch die verfassungsrechtliche Stellung und Aufgaben eines Amtsträgers gemeint. Nur unter Berücksichtigung dieser Aspekte kann man einen amtsspezifischen Neutralitätsmaßstab aufstellen.

Neben der Amtsspezifität ist im Rahmen der rechtlichen Bewertung von amtlichen Äußerungen auch die Ressortspezifität ein relevanter Gesichtspunkt. Amtsträger haben unterschiedliche Sachkompetenzen, worunter ebenfalls das Kommunikationshandeln zählt. Mit diesem Aspekt steht und fällt nicht die Zulässigkeit amtlicher Kommunikation, allerdings hat er auch in die Gesamtwertung mit einzufließen.

Teil 4

Politische Neutralität in der Anwendung

I. Beispiele aus der Rechtsprechung

Neutralität ist ein rechtsprechungsgeprägter Grundsatz. Zahlreiche Entscheidungen verschiedener Gerichte bilden die Grundlage dieser Arbeit. Gerade in den letzten Jahren ist die Frage der Neutralitätskonformität amtlicher Äußerungen vermehrt zum Gegenstand zahlreicher Entscheidungen geworden und hat dadurch an Aktualität und Relevanz gewonnen.[1]

1. BVerfGE 136, 323ff.

In dem dem Urteil vom 10. Juni 2014 zugrunde liegenden Sachverhalt stritten sich der Bundesverband der NPD als Antragsteller und der ehemalige Bundespräsident *Gauck* als Antragsgegner über die Verletzung des Antragstellers in seinem Recht auf Wahrung der Chancengleichheit der politischen Parteien durch Äußerungen des Antragsgegners im Rahmen einer Gesprächsrunde mit Berufsschülern, welche kurz vor der Bundestagswahl stattfand. Insbesondere die Aussage „Wir brauchen da auch nicht nur unsere staatlichen Instanzen – die brauchen wir auch manchmal –, aber wir brauchen da Bürger, die auf die Straße gehen, die den Spinnern ihre Grenzen aufweisen und die sagen ‚bis hierher und nicht weiter'. Und dazu sind Sie alle aufgefordert", in der die Mitglieder der NPD als Spinner bezeichnet wurden, sowie die Tatsache, dass das gegen die Antragstellerin gerich-

---

[1] Vgl. BVerfG, Kammerbeschluss v. 17. August 2010, 1 BvR 2585/06, in: NJW 2011, 511ff. zu den Anforderungen an Stellungnahmen der Bundeszentrale für politische Bildung; aus der Literatur dazu *F. Schoch*, NVwZ 2011, 193ff.; *B. Lederer*, jurisPR-ITR 20/2010 Anm. 6 sowie *W. Kluth*, Unparteilichkeit als Handlungsmaßstab der Zentralen für politische Bildung und vergleichbarer Stellen und Einrichtungen, in: ders. (Hrsg.), „Das wird man ja wohl noch sagen dürfen." Staatliche Organe und die Pflicht zur Neutralität, 2015, S. 61ff. Neben dem BVerfG beschäftigen sich immer wieder auch Landesverfassungsgerichte mit Äußerungsbefugnissen von Amtsträgern. Die Entscheidungen dieser Gerichte werden an dieser Stelle zwar nicht wie die des BVerfG dargestellt, jedoch wird an relevanten Stellen auf sie Bezug genommen, da auch sie gewinnbringende Erkenntnisse enthalten. Es handelt sich vor allem um Entscheidungen der Verfassungsgerichtshöfe Rheinland-Pfalz und Saarland; vgl. dazu z.B. VerfGH Rheinland-Pfalz, Beschluss v. 21. Mai 2014, VGH A 39/14; VerfGH Saarland, Urteil v. 08. Juli 2014, Lv 5/14. Aus der Literatur dazu *K. Engelbrecht*, KommP Wahlen 2015, 20ff.; *H. Mandelartz*, DÖV 2015, 326ff.; *J. Krüper*/*H. Kühr*, ZJS 2014, 477 (485).

tete Verbotsverfahren angesprochen wurde, stellte die Beschwerdegrundlage der Antragstellerin dar.[2]

Konkret in Bezug auf die gerügten Äußerungen stellt das Bundesverfassungsgericht zum einen fest, dass man den Äußerungen des Bundespräsidenten nicht entnehmen kann, dass dieser Proteste gegen den Antragsteller oder gewalttätige Auseinandersetzungen unterstütze. Er habe lediglich zum Gebrauch der Kommunikationsfreiheiten aufgerufen.[3] Zum anderen sei die Verwendung des Wortes „Spinner" verfassungsmäßig.[4] Zwar habe er dadurch ein negatives Werturteil abgegeben, welches diffamierend sei, jedoch ergebe sich aus dem Duktus der Äußerungen, dass eine solche Bezeichnung wie die Begrifflichkeiten „Ideologen" und „Fanatiker" einen Sammelbegriff für diejenigen Menschen sei, die die Geschichte nicht verstanden hätten und trotz der verheerenden Folgen des Nationalsozialismus rechtsradikale Überzeugungen vertreten würden.[5] Sofern der Bundespräsident der Ansicht sei, dass Gefahren von politischen Ansichten für die freiheitlich demokratische Grundordnung ausgehen, könne er die Bürgerschaft dazu aufrufen, gegen diese in einer dem Grundgesetz entsprechenden Form der Auseinandersetzung vorzugehen. Für die letzte Aussage verweist das Gericht auf seine Wunsiedel-Entscheidung.[6]

2. BVerfGE 138, 102 ff.

Streitgegenständlich war eine Äußerung der Bundesministerin für Familie, Senioren, Frauen und Jugend (Antragsgegnerin), durch die sich die NPD (Antragstellerin) in ihrem Recht auf Chancengleichheit im Parteienwettbewerb verletzt sah. Anlässlich der Sommertagung des Thüringer Landesprogramms für Demokratie, Weltoffenheit und Toleranz, an der die Antragsgegnerin teilnahm, erklärte diese in einem Interview für die Thüringische Landeszeitung, welches im Vorfeld der Landtagswahl 2014 in Thüringen stattfand, unter anderem: „Aber ich werde im Thüringer Wahlkampf mithelfen, alles dafür zu tun, dass es erst gar nicht so weit kommt bei der Wahl im September. Ziel Nummer 1 muss sein, dass die NPD nicht in den Landtag kommt." Der Zeitungsartikel erwähnte sowohl das Ministeramt als auch die Parteizugehörigkeit der Antragsgegnerin.[7]

In Bezug auf die von der Antragsgegnerin getroffenen Äußerungen verneint das Bundesverfassungsgericht die Verletzung des Rechts auf gleichberechtigte Teilnahme am politischen Wettbewerb gemäß Artikel 21 Abs. 1 S. 1 in Verbindung mit

[2] BVerfGE 136, 323 (325 f.).
[3] BVerfGE 136, 323 (336 f.).
[4] BVerfGE 136, 323 (337 f.).
[5] BVerfGE 136, 323 (337).
[6] BVerfGE 136, 323 (338).
[7] BVerfGE 138, 102 (104).

Artikel 28 Abs. 1 S. 2 GG.[8] Es stellt zunächst fest, dass die beanstandeten Äußerungen keine allgemein gehaltene Aufforderung zur Teilnahme an der Landtagswahl darstellen würden, sondern zur Nichtwahl der Antragstellerin auffordern würden.[9] Es handele sich dabei um ein parteiergreifendes Einwirken zu Lasten der Antragstellerin, da eben die Antragsgegnerin ankündige, daran mitzuwirken, dass die Antragstellerin nicht in den Landtag einziehen würde. Dennoch bewirke dies keine Verletzung des Rechts auf Chancengleichheit. Erstens sei keine Schmähkritik gegeben.[10] Zweitens sei die Äußerung dem politischen Meinungskampf zuzuordnen und die Antragsgegnerin habe ihre Amtsautorität im Rahmen des Zeitungsinterviews in keiner Weise beansprucht, sodass sie folglich nicht an den Neutralitätsgrundsatz gebunden sei.[11] Daran ändere auch die Tatsache, dass die Antragsgegnerin im Vorfeld des Interviews als Bundesfamilienministerin an der Thüringer Sommertagung teilgenommen habe, nichts, da ein bloß örtlicher und zeitlicher Zusammenhang zwischen der Teilnahme und dem Interview nicht dazu führe, dass auch das Interview in amtlicher Funktion gegeben worden sei.[12] Die Erwähnung der Amtsposition sowie der Parteizugehörigkeit im Zeitungsartikel bedeute nicht, dass das Interview insgesamt als Aussagen der Ministerin zu werten sei. Zwar beinhalte dieses zu einem großen Teil die Regierungsarbeit der Antragsgegnerin und des Ministeriums, allerdings sei dieser Teil im Interview von demjenigen Teil, in dem der mögliche Einzug der Antragstellerin in den Landtag besprochen und die angegriffenen Äußerungen getätigt worden seien, zu unterscheiden.[13] Dabei sei Amtsautorität nicht in Anspruch genommen, sodass auch keine Bindung an das Neutralitätsgebot bestehe. Die streitgegenständliche Äußerung betreffe ein Problem der politischen Strategie und nicht regierungsamtliche Aufgaben, da die Antragsgegnerin nach dem Umgang mit Anträgen der Antragstellerin in Volksvertretungen gefragt worden sei, die ihre Arbeit als Ministerin nicht betreffe. Dadurch, dass die Antragsgegnerin von ihren persönlichen Erfahrungen im Landtag von Mecklenburg-Vorpommern gesprochen habe bei der Frage, wie man mit der Antragstellerin umzugehen habe, zeige, dass ihre Mitgliedschaft in der Bundesregierung keine Rolle in diesem Zusammenhang spiele.[14]

---

[8] BVerfGE 138, 102 (108ff.).
[9] BVerfGE 138, 102 (121).
[10] BVerfGE 138, 102 (122).
[11] BVerfGE 138, 102 (122f.).
[12] BVerfGE 138, 102 (123).
[13] BVerfGE 138, 102 (124).
[14] BVerfGE 138, 102 (124f.).

3. Nordrhein-westfälische Rechtsprechung zu Dügida ./. Stadt Düsseldorf

In dieser inzwischen bundesweit bekannt gewordenen Rechtssache stritten sich die Dügida (Antragstellerin) und der Düsseldorfer Oberbürgermeister als Repräsentant der Stadt Düsseldorf (Antragsgegner) darüber, ob Letzterer befugt war, die Erklärung „Lichter aus! Düsseldorf setzt Zeichen gegen Intoleranz“ auf der Internetseite www.duesseldorf.de vorzunehmen, mit der er zum einen die Düsseldorfer zum Ausschalten ihrer Lichter aufrief und zum anderen das Lichtausschalten einiger öffentlicher Gebäude der Stadt Düsseldorf ankündigte und letztlich vollzog und ferner ob er befugt war, zur Teilnahme an der Gegendemonstration zur angemeldeten Versammlung der Dügida aufzurufen (s. o. Teil 1 I.).[15]

Nach den Beschlüssen des Verwaltungsgerichts und des Oberverwaltungsgerichts liegen inzwischen auch Entscheidungen beider Gerichte in der Hauptsache vor.

Das Verwaltungsgericht kommt im einstweiligen Verfahren zu dem Ergebnis, dass das Handeln des Oberbürgermeisters in Gestalt der „Licht aus!“-Erklärung und des Ausschaltens der Beleuchtung öffentlicher Gebäude gegen das Neutralitätsgebot verstoße. In diesen Punkten hat die Dügida Recht bekommen, sie habe aber mangels Wiederholungsgefahr keinen Anspruch darauf, dem Antragsgegner aufzugeben, die künftige Wiedereinstellung der Erklärung im Internet zu unterlassen, und künftige Aufrufe zur Teilnahme an der Gegendemonstration zu unterlassen.[16]

Das Oberverwaltungsgericht bejaht die Begründetheit der Beschwerde des Antragsgegners und lehnt den Antrag der Antragstellerin als erfolglos ab. Für den Erlass der begehrten einstweiligen Regelung gebe es keinen Anlass; zwar werde die Antragstellerin durch den Aufruf des Antragsgegners zur Teilnahme an der Gegendemonstration in ihren Grundrechten aus Artikel 5 und Artikel 8 GG berührt, allerdings könne sie ihre Versammlung dennoch wie geplant durchführen.[17]

Im Hauptsacheverfahren versagt das Verwaltungsgericht dem Begehren der Dügida den Erfolg mangels berechtigtem Interesse an der begehrten Feststellung, sodass in der Sache wenig zu den Äußerungsbefugnissen von Amtsträgern und der Bindung an das Neutralitätsgebot gesagt wird.[18]

Das vorerst letzte Urteil in dieser Sache ist vom Oberverwaltungsgericht, das die „Licht aus!“-Aktion mitsamt der Ankündigung, dem Aufruf und dem tatsächlichen

[15] Zum Entscheidungsgang: VG Düsseldorf, Beschluss v. 09. Januar 2015, 1 L 54/15, juris; OVG NRW, Beschluss v. 12. Januar 2015, 15 B 45/15, juris; VG Düsseldorf, Urteil v. 28. August 2015, 1 K 1369/15, juris; OVG NRW, Urteil v. 04. November 2016, 15 A 2293/15. S. ferner die Pressemitteilung des BVerwG Nr. 59/2017 v. 13.09.2017 (Az. 10 C 6.16), die Entscheidungsgründe der letztinstanzlichen Entscheidung sind noch nicht veröffentlicht.

[16] VG Düsseldorf, Beschluss v. 09. Januar 2015, 1 L 54/15, juris.

[17] OVG NRW, Beschluss v. 12. Januar 2015, 15 B 45/15, juris.

[18] VG Düsseldorf, Urteil v. 28. August 2015, 1 K 1369/15, juris.

Lichtausschalten als rechtswidrig ansieht, nicht aber den Aufruf zur Teilnahme an der Gegendemonstration.[19]

4. Annex

Zwei Entscheidungen des Bundesverfassungsgerichts aus den Jahren 1977 und 1983 bilden Grundsatzentscheidungen, die in Literatur und Rechtsprechung als Grundlage für die Entwicklung des politischen Neutralitätsgebots dienen; so auch hier.

a) BVerfGE 44, 125 ff.

Die Entscheidung des Bundesverfassungsgerichts aus dem Jahre 1977 stellt bezüglich regierungsamtlicher Öffentlichkeitsarbeit und Äußerungen eine Grundsatzentscheidung dar, die bis heute herangezogen wird.

Die CDU (Antragstellerin) und die Bundesregierung (Antragsgegnerin) stritten sich um die Frage, ob die Bundesregierung durch aus Haushaltsmitteln finanzierte Anzeigen in Zeitungen und Zeitschriften im Vorfeld der anstehenden Bundestagswahlen in den Wahlkampf eingriff und dadurch gegen Artikel 21 Abs. 1 in Verbindung mit Artikel 20 Abs. 2 GG verstieß.[20] Bei den in Frage stehenden Anzeigeserien handelte es sich um eine Vielzahl von großformatigen und teilweise ganzseitigen Anzeigen in Tageszeitungen wie auch in Zeitschriften, in denen die Leistungen der Bundesregierung hervorgehoben wurden.

Das Bundesverfassungsgericht kommt zum Ergebnis, dass die Bundesregierung durch einen Teil der beanstandeten Maßnahmen gegen Artikel 20 Abs. 2 GG verstoßen und die Antragstellerin in ihrem verfassungsmäßigen Recht auf Chancengleichheit verletzt habe.[21] Die Bundesregierung habe dadurch parteiergreifend in den Wahlkampf eingegriffen, dass sie in den letzten Monaten vor der anstehenden Bundestagswahl wahlwerbewirksame Druckschriften in hohen Auflagen herausgebracht, zu einem geringeren Teil selbst verbreitet und zu einem größeren Teil den politischen Parteien zur Verteilung überlassen habe und dabei öffentliche Mittel verwendet habe.[22] Die Publikationen seien häufig mit Aufdrucken der die Regierung tragenden Partei unter anderem auf Parteiveranstaltungen verteilt worden. Zwar seien Aufmachung und Inhalt der streitgegenständlichen Anzeigen nicht besonders problematisch, jedoch müsse berücksichtigt werden, dass die Anzeigen

---

[19] OVG NRW, Urteil v. 04. November 2016, 15 A 2293/15.
[20] BVerfGE 44, 125 (127 ff.).
[21] BVerfGE 44, 125 (138 ff., 155 ff.).
[22] BVerfGE 44, 125 (161).

zum einen im nahen Vorfeld der Wahl verbreitet und zum anderen von den Regierungsparteien zur Wahlwerbung eingesetzt worden sind.[23]

b) BVerfGE 63, 230ff.

Antragsteller (Mitglied der SPD und Abgeordneter des Deutschen Bundestages) und Antragsgegnerin (Bundesregierung) stritten sich in dieser Grundsatzentscheidung aus dem Jahre 1983 darüber, ob das Recht auf chancengleiche Teilnahme an der (bevorstehenden) Bundestagswahl des Antragstellers aus Artikel 38 Abs. 1 und 2 in Verbindung mit Artikel 3 Abs. 1 GG dadurch verletzt wurde, dass die Bundesregierung durch Unterstützung einiger Bundesministerien durch mehrere Anzeigen in Tageszeitungen und daran geknüpfte andere Formen der Information unter Einsatz öffentlicher Mittel zu Gunsten oder zu Lasten bestimmter politischer Parteien und Wahlbewerber Partei ergriff.[24] Bei den streitgegenständlichen Anzeigen, die hier aufgrund der Vielzahl und des Umfangs nicht im Einzelnen dargestellt werden, ging es unter anderem um mehrere Anzeigeserien aus dem Jahre 1982, die in mehreren Zeitungen veröffentlicht und aus Haushaltsmitteln finanziert wurden. Mit diesen wurden die Leser über Gesetzesänderungen, Haushaltsbeschlüssen der Bundesregierung und allgemein über Gesetzesverabschiedungen auf den verschiedensten Rechtsgebieten informiert. Den Anzeigen war ihr einheitliches Layout gemein, denn sie folgten nach dem Text „Die Bundesregierung informiert" und stellten einerseits die Situation und andererseits die Beschlüsse auf dem jeweiligen Gebiet dar. Über einen Coupon konnte zusätzliches Informationsmaterial von der Bundesregierung angefordert werden.[25]

In Bezug auf die streitgegenständlichen Publikationen stellt das Bundesverfassungsgericht fest, dass die Veröffentlichungen der Bundesregierung nicht die Grenze zulässiger Öffentlichkeitsarbeit überschritten habe und damit keine Verletzung des Rechts auf Chancengleichheit des Antragstellers vorliege.[26] Diejenigen Veröffentlichungen, die neu verabschiedete oder in naher Zukunft in Kraft tretende Gesetze wiedergeben, seien wettbewerbsneutral und durch einen akuten Anlass gerechtfertigt, wohingegen solche, die eher der Sympathiewerbung als der Befriedigung des Informationsbedürfnisses der Bürger dienen, unzulässige Wahlwerbung seien.[27] Akuter Anlass sei also vorliegend die Änderung des Rechts und die Neuorientierung der Wirtschaftspolitik. Zwar könne nicht ausgeschlossen werden, dass durch wertende Darstellung der Regierungspolitik Rückschlüsse auf die hinter der Regierung stehenden politischen Parteien gezogen werden können, vor allem wie diese zur Opposition stehe, aber dies könne nicht vermieden werden für regierungs-

---

[23] BVerfGE 44, 125 (153 f.).
[24] BVerfGE 63, 230 (230).
[25] BVerfGE 63, 230 (230 ff.).
[26] BVerfGE 63, 230 (242 ff.).
[27] BVerfGE 63, 230 (244).

amtliche Öffentlichkeitsarbeit.[28] Es könne nicht mit Sicherheit festgestellt werden, ob der informative Gehalt der streitgegenständlichen Anzeigen, welcher sich aus der Wiedergabe der Gesetzesänderungen und Gesetzesverabschiedungen ergebe, hinter die politische Bewertung zurücktrete. Eine reklamehafte Aufmachung sei nicht deshalb anzunehmen, weil einzelne Formulierungen in Werbeanzeigen politischer Parteien verwendet werde. Daher würden sich sowohl Aufmachung als auch Inhalt der regierungsamtlichen Anzeigen im Rahmen zulässiger Öffentlichkeitsarbeit halten.[29] Hier habe die Bundesregierung zwar erst zwei Monate vor dem Wahltag mit der Versendung der Broschüren angefangen, jedoch beschränke sie sich auf eine einmalige Versendung auf Wunsch.[30]

II. Kritische Würdigung

Die Rechtsstreitigkeiten in Sachen *Gauck*, *Schwesig* und Dügida beinhalten zwar Grundlegendes zum Neutralitätsgebot, weisen aber auch problematische Punkte und Lücken auf, die einer Klarstellung bedürfen.

In der Gesamtschau der zur Neutralität ergangenen Entscheidungen der verschiedensten Gerichte – damit sind nicht nur die oben Dargestellten gemeint – fällt auf, dass Gerichte teilweise Ausweichstrategien entwickeln, um zur Zulässigkeit bestimmter politischer Äußerungen zu kommen. Dies passiert zu Lasten der Neutralitätsfigur, für die es bislang sowieso schon an einer einheitlichen Judikatur und Dogmatik mangelte. Teilweise treffen die Gerichte in ihren Urteilsgründen unmittelbar keine Aussagen zum Neutralitätsgebot, wohingegen die Antragsteller und Kläger regelmäßig ausdrücklich eine Verletzung dieses Gebots rügen.

Es fällt auch auf, dass sich die streitgegenständlichen politischen Äußerungen in den Rechtsstreitigkeiten gegen rechte Meinungen und Gruppierungen richten. Nicht nur die NPD und neuerdings die AfD sind Adressaten solcher Äußerungen, sondern inzwischen auch die Pegida und ihre Ableger. Grund dafür sind gegenwärtige Entwicklungen in der Asyl- und Flüchtlingspolitik, auf die rechte Gruppierungen oftmals reagieren, wozu wiederum Amtsinhaber Stellung beziehen. Dies zeigt sich bereits daran, dass sich die Pegida in kurzer Zeit im politischen Wettbewerb etabliert und bundesweit schnell verbreitet hat.[31] Dass Amtsträger das Bedürfnis haben, gegen rechte Meinungen vorzugehen, hat historisch gesehen nicht in unerheblichem Maße mit der nationalsozialistischen Unrechtsherrschaft zu tun. Problematisch ist, dass sich Amtsträger gegenüber solchen Überzeugungen über Gebühr äußern und sich anscheinend freier in ihrem Handeln fühlen als bei ihren sonstigen Äußerungen.

---

[28] BVerfGE 63, 230 (246).
[29] BVerfGE 63, 230 (246 f.).
[30] BVerfGE 63, 230 (249).
[31] Aus politikwissenschaftlicher Sicht ausführlich zur Pegida vgl. *K.-H. Reuband*, MIP 2015, 133 ff.

Allein ein Verweis auf die Vergangenheit kann jedoch problematische, in der Regel negative Stellungnahmen nicht rechtfertigen. Dies würde ein Freibrief bedeuten und ist auch verfassungsrechtlich nicht haltbar. Denn auch extreme Positionen genießen Grundrechtschutz, solange sie im Rahmen einer geistigen Auseinandersetzung getätigt werden.[32] „Das Grundgesetz vertraut auf die Kraft der freien Auseinandersetzung als wirksamste Waffe auch gegen die Verbreitung totalitärer und menschenverachtender Ideologien."[33] Das heißt, dass Amtsinhaber grundsätzlich von Äußerungsgrenzen, vor allem in Gestalt des Neutralitätsgebots, nicht entbunden sind gegenüber Gruppierungen des rechten Segments. Auch das Prinzip der wehrhaften Demokratie wendet sich nicht bloß gegen Ideen und Worte und deren Verbreitung, sondern erst gegen nachhaltige Gefahren für die freiheitlich demokratische Grundordnung durch eine aktiv kämpferische, aggressive Haltung dieser gegenüber.[34] Solange ein solcher Zustand nicht vorliegt (vgl. Artikel 9 Abs. 2, Artikel 21 Abs. 2 GG), gilt das Neutralitätsgebot mit der Folge, dass eine (mögliche) Verfassungsfeindlichkeit von politischen Vereinigungen nicht sonst neutralitätsverletzende Äußerungen rechtfertigen und zu ihrer Zulässigkeit führen kann.[35] Daher können die Äußerungsgrenzen staatlicher Stellen nicht ohne Weiteres „durch den Hinweis auf den Auftrag zur Wahrung und zum Eintreten für eine wehrhafte Demokratie zu Lasten der Antragstellerin verschoben werden."[36]

1. BVerfGE 136, 323 ff.

Das Ergebnis, dass die Verwendung des Wortes „Spinner" verfassungmäßig sei, ist überraschend. Obwohl nämlich ein negatives Werturteil, das zu Recht als diffamierend empfunden werden kann, vorliegt, rechtfertigt das Gericht die Bezeichnung „Spinner" mit den Ereignissen des Nationalsozialismus und besonders mit der grundgesetzlichen Ordnung als Gegenentwurf zur nationalsozialistischen Gewalt- und Willkürherrschaft. Dies mögen an und für sich richtige und legitime

---

[32] BVerfGE 124, 300 (330); *L. Michael/M. Morlok*, Grundrechte, 5. Aufl. 2015, Rn. 210.

[33] BVerfGE 124, 300 (320f.).

[34] BVerfGE 124, 300 (330); *L. Michael/M. Morlok*, Grundrechte, 5. Aufl. 2015, Rn. 210, 549 m. w. N.

[35] BVerfGE 138, 102 (111); VerfGH Thüringen, Urteil v. 03. Dezember 2014, VerfGH 2/14, S. 19. Vgl. für die Erwähnung von Parteien im Verfassungschutzbericht BVerfGE 40, 287 ff.; 133, 100 ff.; dazu *H.-G. Maaßen*, Einschätzungsprärogativen des Verfassungsschutzes bei der Beobachtung von extremistischen Parteien und ihren Mitgliedern und Abgeordneten, in: W. Kluth (Hrsg.), „Das wird man ja wohl noch sagen dürfen." Staatliche Organe und die Pflicht zur Neutralität, 2015, S. 51 ff.

[36] VerfGH Thüringen, Urteil v. 03. Dezember 2014, VerfGH 2/14, S. 19. Vgl. auch BVerfGE 40, 287 (293): „Danach wäre es der Regierung untersagt, eine nicht verbotene politische Partei in der Öffentlichkeit nachhaltig verfassungswidriger Zielsetzung und Betätigung zu verdächtigen, wenn diese Maßnahme bei verständiger Würdigung der das Grundgesetz beherrschenden Gedanken nicht mehr verständlich wäre und sich daher der Schluß aufdrängte, daß sie auf sachfremden Erwägungen beruhte."

Gründe sein, sie dürfen aber nicht zur Rechtfertigung von unzulässigen amtlichen Aussagen gegenüber unliebsamen politischen Überzeugungen genutzt werden. Politisch und moralisch akzeptabel ist die Ansicht einer rechten Partei wie die der NPD vielleicht nicht, dies darf sich aber keinswegs auf ihre rechtliche Zulässigkeit durchschlagen. Auch solche Meinungen sind wie alle anderen Meinungen verfassungsrechtlich schützenswert. Solange eine aktiv kämpferische, aggressive Haltung gegenüber der freiheitlich demokratischen Grundordnung nicht vorliegt (s. o.) – dies wird man gegenwärtig nicht annehmen können –, kann die rechts orientierte Ansicht dieser Partei nicht mit einem anderen Maß gemessen werden. Der Verweis auf die Wunsiedel-Entscheidung macht die Aussagen des Bundespräsidenten nicht zulässig. Es wird bezweifelt, dass die Verwendung der Bezeichnung „Spinner" gegenüber einer anderen politischen Überzeugung, bei der ein Verweis auf die Unrechtsherrschaft des Nationalsozialismus nicht passt, als verfassungsrechtlich zulässig angesehen werden würde. Hier handelt es sich um eine vom Ergebnis her gedachte Entscheidung des Bundesverfassungsgerichts, denn das Bundesverfassungsgericht „setzt seinen Weg zu einem Sonderrecht gegen Rechtsradikale fort, indem es von den Zielen, Inhalten und Beweggründen her argumentiert."[37]

Zur Feststellung einer Neutralitätsverletzung sind die oben entwickelten Kriterien heranzuziehen.

Der Bundespräsident äußerte sich gegenüber einer politischen Partei, die an den bevorstehenden Bundestagswahlen teilnahm. Im Raum stand zu Recht eine Verletzung des Rechts auf Chancengleichheit aus Artikel 21 Abs. 1 S. 1 und Artikel 38 Abs. 1 S. 1 GG im Vorfeld von Wahlen.[38]

Der Bundespräsident traf die streitgegenständlichen Aussagen in einer Gesprächsrunde in einem Schulzentrum, in der es um die Bedeutung von Wahlen für die Demokratie und politische Partizipation ging.[39] Es sprechen keine Gründe für ein privates Handeln des Staatsoberhauptes, er nahm vielmehr als Funktionsträger an dieser Veranstaltung teil.[40] Die Geltung des Neutralitätsgrundsatzes ist somit durch das Handeln in amtlicher Eigenschaft aktiviert.

---

[37] *C. Gröpl/S. Zembruski*, Jura 2016, 268 (276); *C. Hillgruber*, JA 2014, 796 (798); *H. Butzer*, Frei von der Leber weg? Die Äußerungsbefugnisse des Bundespräsidenten und von Mitgliedern der Bundesregierung gegenüber extremistischen Parteien, in: W. Kluth (Hrsg.), „Das wird man ja wohl noch sagen dürfen." Staatliche Organe und die Pflicht zur Neutralität, 2015, S. 37 (48 f.); *A. Bäcker*, MIP 2015, 151 (153); *M. Sachs*, JuS 2014, 956 (957 f.); *J. Krüper/H. Kühr*, ZJS 2014, 477 (485). Vgl. ferner *M. Putzer*, DÖV 2015, 417 (421), der von der Singularität der Entscheidung spricht. A. A. *T. Barczak*, NVwZ 2015, 1014 (1020), der dem Bundespräsidenten die Befugnis zuspricht, „vor den neonazistischen Wiedergängern der NSDAP" warnen zu dürfen; *E. Badenhausen/J. Löbel*, VR 2014, 354 (359).

[38] Hier wird folgende Normenkette als Rechtsgrundlage bevorzugt: Artikel 3 Abs. 1, Artikel 20 Abs. 1 und 2, Artikel 21 Abs. 1 und Artikel 38 Abs. 1 GG; s. o. Teil 2 I. 5. b).

[39] BVerfGE 136, 323 (324).

[40] *C. Gröpl/S. Zembruski*, Jura 2016, 268 (272).

Die inhaltlichen Anforderungen der Neutralität in Gestalt der Unparteilichkeit und Nicht-Identifikation sind insofern nicht erfüllt, als der Bundespräsident sich klar von der NPD distanzierte und die Bürger aufrief, auf die Straße zu gehen, um den „Spinnern“ ihre Grenzen aufzuweisen. Diese Partei wird als eine unliebsame Partei dargestellt, die bekämpft werden muss. Damit liegt eine benachteiligende politische Äußerung dieser gegenüber vor. Ferner beinhaltet die Bezeichnung als „Spinner“ eine Herabsetzung ihrer Mitglieder und Anhänger, welche aufgrund der Bindung des Bundespräsidenten an Gesetz und Recht bereits nicht haltbar ist.

Die politischen Aussagen wurden vor mehreren hundert Berufsschülern im Alter zwischen 18 und 25 Jahren getroffen. Adressaten waren zwar vornehmlich Schüler, diese waren aber volljährig, sodass das Beeinflussungpotenzial weniger schwer ins Gewicht fällt als bei minderjährigen Schülern. Der Umfang und die Länge der bundespräsidialen Beiträge verstärken aber das Beeinflussungspotenzial, denn diese erschöpften sich nicht in wenigen Aussagen, sie waren viemehr ausholender Natur. Die politische Anschauung der NPD wird nationalsozialistischem Gedankengut gleichgesetzt. Auch die Aussage, dass es eklig sei, dass in der Mitte der Bevölkerung ausgerechnet rechtsradikale Überzeugungen wieder Gehör finden,[41] unterstreicht den ausgrenzenden Charakter der Beiträge. Ferner ging der Bundespräsident – auf eine Frage hin – etwas länger auf das Verbotsverfahren der NPD ein,[42] wodurch noch mehr der Eindruck bestätigt wird, dass es darum ging, diese Partei als unliebsame und unerwünschte Vereinigung darzustellen. Grundsätzlich ist eine zugespitzte Wortwahl erlaubt, wenn der sich äußernde Hoheitsträger meint, sein Anliegen so besser zur Geltung bringen zu können.[43] Allerdings kann der Ausdruck „Spinner“ nicht lediglich als zulässige Zuspitzung angesehen werden, diese Bezeichnung überschreitet die Grenze des rechtlich Zulässigen (s. o.).[44]

In der rechtlichen Bewertung fehlen jegliche Aussagen zum zeitlichen Kontext der bundespräsidialen Äußerungen. Das Gericht spricht lediglich davon, dass der Bundespräsident insbesondere zu Wahlkampfzeiten eine gewisse Distanz zu Zielen und Aktivitäten von politischen Vereinigungen zu wahren hat.[45] Darüber hinaus wird die zeitliche Komponente nicht berücksichtigt. Dies fällt insofern ins Gewicht, als sich die Veranstaltung in der Schule kurz vor den Bundestagswahlen ereignete. Sie fand im August 2013 statt. Wahltermin war der 22. September 2013 und an der Wahl nahm auch die NPD teil. Demzufolge trat die Neutralitätsforderung in dieser Zeit als Gebot äußerster Zurückhaltung auf, mit dem die Aussagen des Bundespräsidenten nicht vereinbar sind. Es handelt sich hierbei nicht um akute, sachliche Informationen, sondern um negative, benachteiligende Meinungsäuße-

---

[41] BVerfGE 136, 323 (325).

[42] BVerfGE 136, 323 (326 f.).

[43] BVerfGE 136, 323 (335).

[44] A. A. BVerfGE136, 323 (337); *E. Badenhausen/J. Löbel*, VR 2014, 354 (359): Die „Macht des Wortes“ umfasse auch die Zuspitzung und sei dem Bundespräsidenten umfänglich einzuräumen.

[45] BVerfGE 136, 323 (333, 335).

rungen eines Amtsträgers, die kurz vor Wahlen geeignet sind, eine wahlbeeinflussende Wirkung zu entfalten. „Wahlbeeinflussung ist aber nicht mehr Integration und Repräsentation, sie liegt jenseits der präsidialen Aufgaben."[46] Dadurch, dass das Bundesverfassungsgericht nicht differenziert zwischen den Zeitrahmen, obwohl dies hier zwingend notwendig gewesen wäre, nicht zuletzt wegen der zeitliche Nähe zu den Bundestagswahlen, wird dem Bundespräsidenten allgemein eine großzügige Äußerungsbefugnis zugesprochen ohne Beschränkung in zeitlicher Hinsicht.[47]

Das Amt des Bundespräsidenten ist ein politisches Amt, das nicht unvereinbar ist mit der Teilnahme am Meinungs- und Willensbildungsprozess. Mit diesem Amt ist „nicht die Vorstellung eines politisch indifferenten Amtswalters verbunden."[48] Da er außerhalb des politischen Wettbewerbs steht und nicht unmittelbar mit den politischen Wettbewerbern konkurriert,[49] ist die Anwendungsintensität des Neutralitätsmaßstab bei seinen Äußerungen zu lockern. Als Staatsoberhaupt rivalisiert er nicht um die Erhaltung politischen Einflusses. Das Grundgesetz spricht ihm Repräsentations- und Integrationsfunktionen zu, auf die er sein Kommunikationshandeln stützen kann. Praktisch gesehen kann er ausschließich über die Kommunikation mit der Öffentlichkeit wirken.[50] Er stellt als erstes Verfassungsorgan die Einheit des politischen Gemeinwesens dar, welche er aktiv zu fördern hat.[51] Er hat dementsprechend als Repräsentations- und Integrationsgewalt die Aufgabe,

---

[46] *H. Butzer*, Frei von der Leber weg? Die Äußerungsbefugnisse des Bundespräsidenten und von Mitgliedern der Bundesregierung gegenüber extremistischen Parteien, in: W. Kluth (Hrsg.), „Das wird man ja wohl noch sagen dürfen." Staatliche Organe und die Pflicht zur Neutralität, 2015, S. 37 (48).

[47] So auch *H. Butzer*, Frei von der Leber weg? Die Äußerungsbefugnisse des Bundespräsidenten und von Mitgliedern der Bundesregierung gegenüber extremistischen Parteien, in: W. Kluth (Hrsg.), „Das wird man ja wohl noch sagen dürfen." Staatliche Organe und die Pflicht zur Neutralität, 2015, S. 37 (48); *M. Sachs*, JuS 2014, 956 (958).

[48] BVerfGE 136, 323 (335); *K. Schlaich*, Die Funktionen des Bundespräsidenten im Verfassungsgefüge, in: HStR, Bd. II, 2. Aufl. 1998, S. 541 (576 f.); ausführlicher *ders.*, Neutralität als verfassungsrechtliches Prinzip, 1972, S. 80.

[49] BVerfGE 136, 323 (334); *S. Tanneberger/H. Nemeczek*, NVwZ 2015, 209 (215); *J. Krüper/H. Kühr*, ZJS 2014, 477 (485); *F. Pflüger*, Von Heuss bis Weizsäcker: Hüter des Grundkonsenses. Das Amt des Bundespräsidenten in Theorie und Praxis, in: M. Funke/H.-A. Jacobsen/H.-H. Knütter/H.-P. Schwarz (Hrsg.), Festschrift für Karl Dietrich Bracher, Demokratie und Diktatur, 1987, S. 383 (389 f.).

[50] *J. Krüper/H. Kühr*, ZJS 2014, 477 (485); *T. Barczak*, NVwZ 2015, 1014 (1017); s. auch *E. Badenhausen/J. Löbel*, VR 2014, 354 (359).

[51] BVerfGE 136, 323 (332); *K. Schlaich*, Die Funktionen des Bundespräsidenten im Verfassungsgefüge, in: HStR, Bd. II, 2. Aufl. 1998, S. 541 (563); *W. Heun*, AöR 109 (1984), 13 (14 f.); *L. Mehlhorn*, Der Bundespräsident der Bundesrepublik Deutschland und der Republik Österreich, 2010, S. 49 ff.; *F. Pflüger*, Von Heuss bis Weizsäcker: Hüter des Grundkonsenses. Das Amt des Bundespräsidenten in Theorie und Praxis, in: M. Funke/H.-A. Jacobsen/H.-H. Knütter/H.-P. Schwarz (Hrsg.), Festschrift für Karl Dietrich Bracher, Demokratie und Diktatur, 1987, S. 383 (383, 390). Eingehender und kritischer bzgl. der Repräsentations- und Integrationsfunktion *M. Gehrlein*, DÖV 2007, 280 (285 f.).

unterschiedliche gesellschaftliche Strömungen zu verbinden.[52] Er kann daher auf gesellschaftliche Entwicklungen und politische Herausforderungen eingehen, zu bürgerschaftlichem Engagement aufrufen sowie Denkanstöße geben im Interesse der Wahrung und Förderung des Gemeinwesens.[53]

Dass er grundsätzlich darin frei ist, wie er diese Aufgaben erfüllt, ist nicht zu beanstanden, solange die Forderung politischer Neutralität als Grenze eingehalten wird. Diese wird seit Bestehen der Bundesrepublik unmittelbar mit seinem Amt assoziiert.[54] Denn sie ist kennzeichnendes Strukturmerkmal der bundespräsidialen Funktionen.[55] Das Bundesverfassungsgericht bringt dies zum Ausdruck – ohne explizit von Neutralität zu sprechen –, indem es von einer gewissen „Distanz zu Zielen und Aktivitäten von politischen Parteien und gesellschaftlichen Gruppen" spricht, jedoch wird dies nur noch als verfassungsrechtliche Erwartung an das Bundespräsidentenamt qualifiziert.[56] Die frühere Rechtsprechung ging noch von einer Neutralitätspflicht aus.[57] Das Neutralitätsgebot erfährt dadurch eine Relativierung und wird nicht unwesentlich gelockert, was aber mit dem politischen Präsidentenamt nicht unvereinbar ist und letztlich nicht dazu führt, den Maßstab der Neutralität gänzlich aufzugeben.

Zum Duktus der Entscheidung passt es, wenn das Gericht den Prüfungsmaßstab für das Kommunikationshandeln des Bundespräsidenten auf eine Willkürkontrolle reduziert und damit diesem weitgehende Spielräume einräumt, denn es sei ausschließlich Sache des Bundespräsidenten, darüber zu entscheiden, wie er seine Amtsführung gestalte und seine Integrationsfunktion wahrnehme.[58] Trotz einer solchen Reduktion, die nicht befürwortet wird, ist die Bezeichnung als „Spinner"

---

[52] *C. Gröpl/S. Zembruski*, Jura 2016, 268 (276); *F. Pflüger*, Von Heuss bis Weizsäcker: Hüter des Grundkonsenses. Das Amt des Bundespräsidenten in Theorie und Praxis, in: M. Funke/H.-A. Jacobsen/H.-H. Knütter/H.-P. Schwarz (Hrsg.), Festschrift für Karl Dietrich Bracher, Demokratie und Diktatur, 1987, S. 383 (383, 390).

[53] BVerfGE 136, 323 (332, 335, 337); *C. Gröpl/S. Zembruski*, Jura 2016, 268 (276).

[54] *K. Schlaich*, Neutralität als verfassungsrechtliches Prinzip, 1972, S. 77 ff.; *L. Mehlhorn*, Der Bundespräsident der Bundesrepublik Deutschland und der Republik Österreich, 2010, S. 69; *W. Heun*, AöR 109 (1984), 13 (18); *M. Gehrlein*, DÖV 2007, 280 (284 f.). Zu dem von *Benjamin Constant* geprägten Begriff des pouvoir neutre, der nicht auf das Amt des Bundespräsidenten passt, s. *C. Schmitt*, Der Hüter der Verfassung, 1931, S. 132 ff.; *K. Doehring*, Der Staat 3 (1964), 201 ff.; *K. Schlaich*, Die Funktionen des Bundespräsidenten im Verfassungsgefüge, in: HStR, Bd. II, 2. Aufl. 1998, S. 541 (577 f.); *R.-R. Grauhan*, Gibt es in der Bundesrepublik einen „pouvoir neutre"?, 1959; *M. Gehrlein*, DÖV 2007, 280 (283); *T. Stein*, ZaöRV 69 (2009), 249 ff.

[55] *W. Heun*, AöR 109 (1984), 13 (18); *K. Schlaich*, Die Funktionen des Bundespräsidenten im Verfassungsgefüge, in: HStR, Bd. II, 2. Aufl. 1998, S. 541 (576).

[56] BVerfGE 136, 323 (332).

[57] BVerfGE 89, 359 (362 f.); s. dazu *M. Putzer*, DÖV 2015, 417 (420 f.) m. w. N.; *H. Butzer*, Frei von der Leber weg? Die Äußerungsbefugnisse des Bundespräsidenten und von Mitgliedern der Bundesregierung gegenüber extremistischen Parteien, in: W. Kluth (Hrsg.), „Das wird man ja wohl noch sagen dürfen." Staatliche Organe und die Pflicht zur Neutralität, 2015, S. 37 (45).

[58] BVerfGE 136, 323 (336); *A. Bäcker*, MIP 2015, 151 (152); *E. Badenhausen/J. Löbel*, VR 2014, 354 (358 f.).

unzulässig, da diese auch nicht mit den allgemeinen Anforderungen des Willkürverbots und des Sachlichkeitsgebots, die stets zu wahrende Grenzen staatlichen Handelns darstellen, vereinbar ist.[59] Die Reduktion des Maßstabs wird deswegen abgelehnt, weil Neutralitäts- und Sachlichkeitsgebot keine alternativen Gebote darstellen und allein die Sachlichkeit und Willkür als Äußerungsgrenzen nicht ausreichen. Diese gelten immer, hinzu kommt aber das Neutralitätsgebot als äußerungsspezifische Grenze.

Im Ergebnis ist dem nicht zu widersprechen, dass der Bundespräsident aufgrund seiner auch grundgesetzlich vorgesehenen Sonderstellung eine größere Äußerungsfreiheit genießt als andere Amtsträger, sodass für seine Äußerungen ein eigener, weniger strenger Maßstab heranzuziehen ist,[60] der gerichtlich vollständig überprüfbar ist. Das politische Neutralitätsgebot gilt stets, ist amtsspezifisch anzuwenden, was beim Bundespräsidenten zu einer weniger strengen Handhabung der Kriterien führt.

Trotz der Tatsache, dass die Äußerungsgrenze der bundespräsidialen Kommunikation zu Recht niedriger angesetzt werden kann, vertoßen die konkreten Aussagen des Bundespräsidenten gegen das politische Neutralitätsgebot (s. o.).

Die Verletzung dieses Gebots kann hier über die Verletzung des Rechts auf Chancengleichheit geltend gemacht werden. Das Recht auf chancengleiche politische Betätigung der NPD ist hier verletzt, da durch die negativen Werturteile zu ihren Lasten in den politischen Wettbewerb, konkreter – aufgrund der zeitlichen Nähe zu den bevorstehenden Wahlen – in den Wahlkampf eingegriffen wurde. Mit seinen Funktionen und dem Recht politischer Parteien auf Chancengleichheit unvereinbar sind Aussagen, die keinen Beitrag zur sachlichen Auseinandersetzung liefern, sondern ausgrenzender Natur sind, was bei beleidigenden Äußerungen und Schmähkritik der Fall ist.[61] Dies stellt das Gericht zwar richtigerweise fest, scheitert aber an der Subsumtion. Hier liegen ausgrenzende und herabsetzende Äußerungen vor.

Zu einer Verletzung dieses Rechts kommt es auch, wenn ein Amtsträger eine nicht verbotene politische Partei in der Öffentlichkeit verfassungswidriger Zielsetzung und Betätigung verdächtigt, wenn dies bei verständiger Würdigung der das Grundgesetz beherrschenden Gedanken nicht mehr verständlich ist und sich der

---

59 *A. Bäcker*, MIP 2015, 151 (153); s. auch *M. Putzer*, DÖV 2015, 417 (424); *C. Hillgruber*, JA 2014, 796 (798).

60 *J. Krüper/H. Kühr*, ZJS 2014, 477 (485); vgl. auch *H. Butzer*, Frei von der Leber weg? Die Äußerungsbefugnisse des Bundespräsidenten und von Mitgliedern der Bundesregierung gegenüber extremistischen Parteien, in: W. Kluth (Hrsg.), „Das wird man ja wohl noch sagen dürfen." Staatliche Organe und die Pflicht zur Neutralität, 2015, S. 37 (46 ff.); *E. Badenhausen/J. Löbel*, VR 2014, 354 (358); *T. Barczak*, NVwZ 2015, 1014 (1020). Kritisch bzgl. des durch das Gericht judizierten weiten Spielraums des Bundespräsidenten *S. Tanneberger/H. Nemeczek*, NVwZ 2015, 209 (215).

61 BVerfGE 136, 323 (335 f.); *C. Gröpl/S. Zembruski*, Jura 2016, 268 (275).

Schluss aufdrängt, dass dies auf sachfremden Erwägungen beruht.[62] Diese grundlegenden Erwägungen lassen sich auf den konkreten Fall übertragen. Denn sie gelten auch für die öffentliche Debatte, ob gegen eine Partei ein Verbotsverfahren eingeleitet werden soll.[63] Das Bundesverfassungsgericht verneint hier eine Übertragung, da der Bundespräsident nicht in direktem Wettbewerb mit den politischen Parteien stehe und ihm nicht die Mittel zur Verfügung stünden, die der Bundesregierung für ihre Informationspolitik zur Verfügung stünden.[64] Sinn und Zweck des Verbots der Verdächtigung verfassungswidriger Ziele und Aktivitäten ist darin zu sehen, dass politisch unerwünschte und unliebsame Ansichten aufgrund ihrer inhaltlichen Ausrichtung von staatlicher Seite nicht aus dem Meinungswettbewerb verdrängt und ausgegrenzt werden dürfen, solange sie nicht verboten werden. Auch für diese Ansichten soll der Zugang und das Wirken im Meinungswettbewerb gesichert sein. Mit der gebotenen Sachlichkeit darf die öffentliche Auseinandersetzung so lange geführt werden, wie sie entscheidungsorientiert ist und nicht das Ziel der Benachteiligung einer Partei verfolgt.[65] Hier hätte thematisiert werden müssen, ob es auf sachfremden Erwägungen beruht, dass der Bundespräsident die NPD verfassungswidriger Ziele und Aktivitäten verdächtigt. Aufgrund der nicht sachlich gehaltenen Meinungsäußerung und dem Vergleich mit der nationalsozialistischen Unrechtsherrschaft spricht zwar einiges dafür, dass er diese nicht hätte verdächtigen dürfen, andererseits ist es mit Blick auf die grundgesetzliche Ordnung nicht völlig unverständlich, dass er einen solchen Vergleich vorgenommen hat. Dieser Frage hätte sich das Gericht jedenfalls inhaltlich annehmen müssen.

2. BVerfGE 138, 102 ff.

Auch in dieser Entscheidung hatte die NPD keinen Erfolg mit ihrem Antrag gegen die Äußerungen der Bundesministerin für Familie, Senioren, Frauen und Jugend. Diese Entscheidung ist geprägt von dem „Bemühen darum, dem Dogma politischer Neutralität politischer Amtsträger einerseits und der parteienstaatlichen Durchformung des parlamentarischen Regierungssystems andererseits Rechnung zu tragen (…).“[66]

Diese traf im Juni 2014 in einem Zeitungsinterview die streitgegenständlichen Äußerungen gegen die NPD, die an der bevorstehenden Landtagswahl im September 2014 in Thüringen teilnahm.[67] Im Raum stand zu Recht eine Verletzung des Rechts auf Chancengleichheit aus Artikel 21 Abs. 1 S. 1 und Artikel 28 Abs. 1 S. 2 GG.[68]

---

[62] BVerfGE 40, 287 (293); 133, 100 (108).
[63] BVerfGE 133, 100 (108).
[64] BVerfGE 136, 323 (334 f.).
[65] BVerfGE 133, 100 (108).
[66] *J. Krüper*, JZ 2015, 408 (417).
[67] BVerfGE 138, 102 (103 f.).
[68] Hier wird folgende Normenkette als Rechtsgrundlage bevorzugt: Artikel 3 Abs. 1, Artikel 20 Abs. 1 und 2, Artikel 21 Abs. 1, Artikel 28 Abs. 1 S. 2 GG; s. o. Teil 2 I. 5. b).

Zur Feststellung einer Neutralitätsverletzung sind die oben entwickelten Kriterien heranzuziehen.

Hier könnte man – unabhängig vom Neutralitätsgrundsatz – bereits die Verbands- und Organkompetenz der Ministerin verneinen, da sie sich als Bundesministerin zu einer Landtagswahl äußerte und ihre Ressortzuständigkeit nur für den Bereich „Familie, Senioren, Frauen und Jugend" gilt.[69] Dies setzt aber ein Handeln in amtlicher Eigenschaft voraus (s. u.).

Erörterungsbedürftig ist bereits die Reichweite des politischen Neutralitätsgebots, denn vorliegend wird die Bindung an dieses Gebot mangels amtlicher Eigenschaft der Äußerungen der Ministerin abgelehnt.[70] Erfreulich an dieser Entscheidung ist, dass im Vergleich zur vorherigen Entscheidung wenigstens Ausführungen zur Neutralität gemacht werden, welche auch auf den konkreten Fall angewendet werden, was in diesem Fall aber noch nicht einmal nötig wäre, denn das Neutralitätsgebot gilt infolge der gerichtlichen Ablehnung der amtlichen Eigenschaft der Äußerungen nicht einmal.[71] Der Erfolg des Antrags scheitert letztlich an der privaten Eigenschaft der Äußerungen.

Problematisch ist im Rahmen der Unterscheidung zwischen privaten und amtlichen Äußerungen, dass die Eröffnung der Sommertagung und das Interview im Anschluss als zwei unterschiedliche Sachverhalte angesehen werden. An der Veranstaltung habe die Ministerin als Amtsträgerin teilgenommen, das Interview habe sie in ihrer Rolle als Parteipolitikerin geführt.[72] Dies ist fragwürdig, denn das Interview fand im direkten Anschluss an die Veranstaltung statt, an der sie ganz offensichtlich als Bundesministerin teilnahm. Durch den zeitlichen und örtlichen Zusammenhang der Veranstaltung und des Interviews könnte man einerseits das gesamte Auftreten der Ministerin als amtlich einstufen.[73] Andererseits ist es der Sache nach nicht ausgeschlossen, in der Sommertagung und dem Zeitungsinterview zwei unterschiedliche Sachverhalte zu sehen, aber dafür hätte es diesbezüglicher Angaben bedurft. Daher ist noch auf die Inhalte des Interviews abzustellen für die Frage, ob die dabei getätigten Äußerungen privat oder amtlich sind. Allein die Tatsache, dass die Ministerin ein Interview führte, sagt nichts über die Rechtsnatur der dabei getroffenen Aussagen aus. Denn an Veranstaltungen des allgemeinen politischen Diskurses wie Talkrunden, Diskussionsforen oder Interviews

---

69 So *T. Barczak*, NVwZ 2015, 1014 (1017); *H. Mandelartz*, DÖV 2015, 326 (328); allgemeiner *C. Gröpl/S. Zembruski*, Jura 2016, 268 (275). Vgl. auch VerfGH Thüringen, Urteil v. 03. Dezember 2014, VerfGH 2/14, in dem die Thüringer Ministerin für Soziales, Familie und Gesundheit zur Beteiligung an den Protesten gegen einen NPD-Parteitag aufruft.

70 Insgesamt kritisch gegenüber der Entscheidung *H. Mandelartz*, DÖV 2015, 326 (328f.); *C. Gröpl/S. Zembruski*, Jura 2016, 268 (273); *S. Tanneberger/H. Nemeczek*, NVwZ 2015, 209 (216).; *J. Krüper*, JZ 2015, 408 (417). Vgl. auch *M. Putzer*, DÖV 2015, 417 (422f.), der in diesem Fall und aber auch grundlegend an der Trennung der Rollen zweifelt.

71 BVerfGE 138, 102 (109ff., 121f.); *S. Tanneberger/H. Nemeczek*, NVwZ 2015, 209 (215).

72 BVerfGE 138, 102 (122ff.).

73 So *H. Mandelartz*, DÖV 2015, 326 (329).

kann sowohl als Amtsträger als auch als Parteipolitiker bzw. Privatperson teilgenommen werden.[74]

Was hier aber besonders problematisch ist, ist, dass das Gericht neben der Differenzierung zwischen Veranstaltung und Interview auch das Interview zweiteilt: Es gebe einen Teil, der sich auf ihr Ministeramt tangierende Themen beziehe, und einen Teil, in dem es um den möglichen Einzug der NPD in den Thüringer Landtag gehe. Der letzte Teil des Interviews, in dessen Rahmen die streitbefangenen Äußerungen getätigt wurden, sei nicht als Ministerin geführt worden.[75] Hier wird diese Unterscheidung auf die behandelten Themen gestützt. Hätte das Gericht eine solche ungewöhnliche und schwer nachvollziehbare Aufspaltung nicht vorgenommen, so hätte es dazu kommen müssen, dass es sich dabei um amtliche Aussagen handelt, die an das Neutralitätsgebot gebunden sind, dieses aber verletzen. Anstatt eine künstliche Aufspaltung eines zusammenhängenden Interviews vorzunehmen, ist auf den Gesamtkontext zu schauen.[76]

Weder Amtsautorität noch Amtsressourcen wurde in Anspruch genommen beim Interview.[77] Es kommt aber nicht nur auf diese Kriterien an, vielmehr sind auch die Einzelfallumstände sowie der Empfängerhorizont relevant. Im Begleittext des Interviews wird sowohl das Amt als Ministerin als auch die Parteizugehörigkeit erwähnt, was üblich ist.[78] Dies führt hier aber nicht weiter, zumal beide Funktionen angesprochen werden. Außerdem liegt dies in der Verantwortung des Journalisten und nicht des Interviewpartners. Die themenorientierte Differenzierung klingt theoretisch plausibel, ist aber realitätsfern. Sie kann kein handhabbares Kriterium sein bei der Einordnung von Äußerungen, wollte man vor allem generell an dieser Differenzierung für andere mündliche Beiträge festhalten.[79]

Alternativ zu der Entscheidung des Gerichts liegt es nahe, die Aussagen zu Lasten der NPD als amtlich einzustufen, da sie zum einen im Rahmen eines Interviews getroffen wurden, bei dem es schwerpunktmäßig um Themen ging, die das Ministeramt betreffen, und zum anderen das Interview im Anschluss an eine Veranstaltung stattfand, an der die Ministerin ganz klar in Amtseigenschaft teilnahm.[80] Man kann auch die private Natur der Äußerungen befürworten, allerdings nicht unter künstlicher Aufspaltung des Interviews. Entweder ist das Interview in Amtseigenschaft oder als Privatperson geführt worden. Die Unterscheidung zwischen der Veranstaltung und dem Interview ist weniger problematisch als die Aufspaltung des Interviews in mehrere Teile. Auch aus der Perspektive eines mündigen und ver-

---

[74] BVerfGE 138, 102 (119).

[75] BVerfGE 138, 102 (123 f.). Demgegenüber auch kritisch *H. Mandelartz*, DÖV 2015, 326 (329); *C. Gröpl/S. Zembruski*, Jura 2016, 268 (273); *M. Payandeh*, Der Staat 55 (2016), 519 (536).

[76] Vgl. auch *S. Tanneberger/H. Nemeczek*, NVwZ 2015, 209 (216).

[77] BVerfGE 138, 102 (122 f.).

[78] *H. Mandelartz*, DÖV 2015, 326 (329).

[79] *H. Mandelartz*, DÖV 2015, 326 (329).

[80] So auch *H. Mandelartz*, DÖV 2015, 326 (329).

ständigen Bürgers hat die Ministerin in Amtseigenschaft gesprochen und das nicht nur aus dem Grund, weil Amtsträger generell in Amtseigenschaft wahrgenommen werden. Gegenstand des Interviews waren größtenteils Themen wie unter anderem die Bekämpfung des Rechtsextremismus, die Frauenquote auf Führungsebene und das Elterngeld, die sich alle auf das Amt der Ministerin beziehen.[81] Der durchschnittliche Bürger wird nicht zwischen diesem Teil des Interviews und dem Teil, in dem die streitigen Aussagen der Ministerin fallen, unterscheiden, zumal die Ministerin auch im amtlichen Teil über Rechtsextremismus spricht.[82]

Bejaht man im Gegensatz zum Bundesverfassungsgericht den amtlichen Charakter der Äußerunfen, so kommt man zu den übrigen Kriterien des Neutralitätsmaßstabes. Die streitigen Aussagen der Ministerin halten den inhaltlichen Anforderungen des Neutralitätsgebots nicht stand. Indem sie sagte, dass sie im Thüringer Wahlkampf helfen werde, damit es nicht zum Einzug der NPD in den Landtag komme, was Ziel Nummer 1 sein müsse, rief sie die Bürger zur Nichtwahl dieser Partei auf.[83] Darin ist keine allgemeine Aufforderung zur Wahlteilnahme zu sehen, sondern eine konkrete Empfehlung für die bevorstehenden Landtagswahlen in Thüringen. Die Aussagen werden zu Lasten einer politischen Partei getroffen und entbehren jeder Unparteilichkeit. Das parteiergreifende Einwirken verstärkt sich besonders durch den Umstand, dass die Aussagen sich nur auf die bevorstehende Wahl und den Einzug der NPD in den Landtag beziehen, was für den wahlbeeinflussenden Charakter spricht. Ihre Aussagen zielen nämlich auf die Wahlentscheidung der Bürger ab, sie sollen nämlich die NPD nicht wählen.[84]

In formaler Hinsicht bestehen keine Auffälligkeiten. Die Ministerin antwortete in wenigen Sätzen auf die Frage nach einem möglichen Einzug der NPD in den Landtag. Die soeben wiedergegebenen Aussagen sind von ihrer Wortwahl her nicht zu beanstanden. Allerdings wurden daneben in Bezug auf die NPD unter anderem noch Dinge gesagt wie „Molotow-Coktail", „mit Springerstiefeln und Glatzen" und „Ideologie von Hitler".[85] Diese Worte sind zugespitzt und unterstützen den wahlbeeinflussenden Charakter der gesamten Antwort der Ministerin.

In zeitlicher Hinsicht sind die wahlbezogenen Stellungnahmen zu Lasten der NPD problematisch, da sie aufgrund ihrer Nähe zu der Thüringer Landtagswahl mit der strengen Ausprägung des Neutralitätsgebots in Gestalt des Gebots äußerster Zurückhaltung vereinbar sein müssten. Denn die Äußerungen wurden im Juni 2014 getätigt, die Landtagswahl fand im September desselben Jahres statt. Es handelt

---

81 BVerfGE 138, 102 (103).

82 *H. Mandelartz*, DÖV 2015, 326 (329); *C. Gröpl/S. Zembruski*, Jura 2016, 268 (273 f.); *S. Tanneberger/H. Nemeczek*, NVwZ 2015, 209 (216).

83 BVerfGE 138, 102 (121).

84 So auch *C. Gröpl/S. Zembruski*, Jura 2016, 268 (278).

85 „Das Gefährliche an der NPD ist, dass sie versucht, ihr Molotow-Cocktail-Image abzulegen. Sie kommt nicht mehr mit Springerstiefeln und Glatzen daher, sondern im feinen Nadelstreifenanzug. Sie tut so, also ob sie sich sozial engagiert. Aber dahinter versteckt sich die Ideologie von Hitler. (…)", s. BVerfGE 138, 102 (104).

sich bei den Aussagen der Ministerin nicht um akute, sachliche Informationen, sondern um negative, die NPD benachteiligende Meinungsäußerungen, die kurz vor Wahlen geeignet sind, eine wahlbeeinflussende Wirkung zu entfalten, zumal sie sich inhaltlich nur auf die Teilnahme dieser Partei an der Landtagswahl bezogen. Das Bundesverfassungsgericht skizziert allgemein das politische Neutralitätsgebot unter Verweis auf vorherige Entscheidungen und wendet es sodann auf den konkreten Fall an mit dem Ergebnis, dass ein parteiergreifendes Einwirken vorliegt. Allerdings thematisiert es dabei nicht die zeitliche Komponente, was sich in diesem Sachverhalt besonders anbietet. Zwar kommt es nicht zur Geltung dieses Gebots, jedoch hätten der Vollständigkeit halber alle relevanten Kriterien behandelt werden müssen, vor allem ist der zeitliche Aspekt bereits Gegenstand der Grundsatzentscheidung aus dem Jahre 1977 gewesen, auf die die Entscheidung sonst häufiger verweist.[86]

Der Maßstab politischer Neutralität wird hier durch das politische Amt der Ministerin geprägt. Regierungsmitglieder haben politische Ämter inne, sodass von ihnen keine politische Abstinenz oder Indifferenz verlangt werden kann. Die politische Prägung des Ministeramtes ist offen anzuerkennen in der demokratischen Ordnung, wie sie das Grundgesetz versteht. Dennoch haben auch sie sich an das Neutralitätsgebot zu halten. Zum einen deswegen, weil ihr Regierungshandeln, das sich auf die Vorstellungen der die Regierung tragenden Parteien stützt und mit diesen verbunden wird, sowieso schon auf die Wahlchancen der im Wettbewerb agierenden Parteien auswirkt und zum anderen, weil ihr umfassende amtliche Ressourcen und Amtsautorität zur Verfügung stehen.[87] Die Bundesregierung und ihre Mitglieder konkurrieren mit den politischen Wettbewerbern um politischen Einfluss. Auch die politische Natur des Ministeramtes rechtfertigt keine andere Entscheidung bezüglich der streitgegenständlichen Äußerungen. Indem sie über abgeschlossene Projekte und Vorhaben ihres Ministerium spricht, kommt das politische Programm der die Regierung tragenden Parteien zum Ausdruck, was in der Demokratie nach dem Grundgesetz unproblematisch zulässig und erwünscht ist. Sie ist zur Öffentlichkeitsarbeit befugt.[88] Allerdings gehen ihre Äußerungen darüber hinaus, da sie einen Wahlaufruf bezüglich der NPD beinhalten und nicht mit ihrem politischen Amt zu rechtfertigen sind. Ihr politisches Amt erfordert keine negative Wahlempfehlung in Bezug auf einen direkten Konkurrenten.

Letztlich sprechen viele Gründe für die Geltung des politischen Neutralitätsgrundsatzes und dessen Verletzung im konkreten Fall. Die Verletzung kann über die Rüge des Rechts auf Chancengleichheit gerichtlich durchgesetzt werden. Dieses Recht der NPD wurde nämlich durch die parteiergreifenden Aussagen, die un-

---

[86] Vgl. *J. Krüper*, JZ 2015, 408 (415 f.), der die Übertragung der in BVerfGE 44, 125 ff. für die Bundesregierung entwickelten Grundsätze auf einzelne Mitglieder der Regierung als kritisch empfindet.

[87] BVerfGE 138, 102 (113); *C. Gröpl/S. Zembruski*, Jura 2016, 268 (278).

[88] BVerfGE 138, 102 (113 f.) m. w. N.; zusammenfassend *C. Gröpl/S. Zembruski*, Jura 2016, 268 (277).

mittelbar ihre Wahlchancen bei der damals anstehenden Landtagswahl betreffen, verletzt. Die Bürger sollten sie nicht wählen. Es handelt sich um eine direkte die Wahlchancen tangierende Stellungnahme, die zudem gegen den Grundsatz des staatsfreien Meinungs- und Willensbildungsprozess verstößt, indem sie die Entscheidung der Bürger zu beeinflussen versucht. Dieser Prozess soll aber von unten nach oben verlaufen und nicht andersherum.

Erfreulich ist an dieser Entscheidung, dass das Bundesverfassungsgericht sich ausdrücklich dafür ausspricht, dass der Neutralitätsmaßstab „für jedes Staatsorgan gesondert unter Zugrundelegung der ihm durch die Verfassung zugewiesenen Rechte und Pflichten zu bestimmen" ist, sodass es zu Recht den Maßstab aus der *Gauck*-Entscheidung nicht zur Anwendung kommen lässt.[89] Daraus wird deutlich, dass der amtsspezifische Maßstab in der Entscheidung kein Einzelfall bleibt. Ausgangspunkt ist das stets geltende politische Neutralitätsgebot, das je nach Amt bzw. Staatsorgan zu konkretisieren ist. Es entspricht zwar dem Verständnis von politischer Neutralität in dieser Arbeit, einen flexiblen, amtsspezifischen Maßstab heranzuziehen. So wie es das Bundesverfassungsgericht innerhalb eines Jahres gemacht hat, ist es aber problematisch, da die unterschiedlichen Maßstäbe für Äußerungen des Bundespräsidenten und der Regierungsmitglieder sehr weit auseinandergehen. Das ist insbesondere dem geschuldet, dass in der *Gauck*-Entscheidung dem Bundespräsidenten eine großzügige Äußerungsfreiheit zugesprochen wird, die nur einer Willkürkontrolle unterliegen soll – ohne dass Neutralität zum Maßstab gemacht wird –, wohingegen Mitglieder der Bundesregierung einem strengen politischen Neutralitätsgebot unterworfen werden, dessen Geltung und Beachtung uneingeschränkt gerichtlich überprüfbar sein soll.[90]

3. Nordrhein-westfälische Rechtsprechung zu Dügida ./. Stadt Düsseldorf

Die nordrhein-westfälische Rechtsprechung in Sachen Dügida bietet viele erörterungsbedürftige Aspekte.

In allen Entscheidungen fällt auf, dass Unklarheiten bezüglich der Geltung und Reichweite des politischen Neutralitätsgebots herrschen. Im Gegensatz zum Oberverwaltungsgericht geht das Verwaltungsgericht zumindest im einstweiligen Verfahren von der Bindung an das Neutralitätsgebot aus. Zwar besteht eine Vielzahl neutralitätsrelevanter Entscheidungen unterschiedlicher Gerichte, auch von Landesverfassungsgerichten und vom Bundesverfassungsgericht, jedoch scheidet ein bloßes Verweisen auf diese aus, ohne inhaltlich die Frage der Übertragbarkeit zu

[89] BVerfGE 138, 102 (111 ff.); dies befüwortet auch *D. zu Hohenlohe*, VerwArch 2016, 62 (77).

[90] BVerfGE 138, 102 (120 f.). Auch kritisch bzgl. der Maßstabsdivergenz *S. Tanneberger/ H. Nemeczek*, NVwZ 2015, 209 (215 f.); *M. Putzer*, DÖV 2015, 417 (424).

klären. Da sich das Verwaltungsgericht und Oberverwaltungsgericht dieser Aufgabe aber nicht annehmen und sich dementsprechend nicht grundlegend mit der Frage auseinandersetzen, ob und vor allem inwiefern ein Oberbürgermeister dem Neutralitätsgebot unterliegt, entbehren die Entscheidungen eines konkret festgelegten Prüfungsmaßstabs und klarer Äußerungsgrenzen für amtliche Äußerungen. Die wenigen Ausführungen, die gemacht werden, sind meist oberflächlich und lückenhaft. Die Kritik richtet sich nicht per se gegen die Ergebnisse der Entscheidungen, sondern gegen die teilweise nicht nachvollziehbaren Begründungsansätze.

Der Beschluss des Oberverwaltungsgerichts zeichnet sich durch seine Kürze und Entscheidungslosigkeit aus. Sie besteht fast nur aus der Feststellung, dass der vorliegende Fall „die schwierige Frage nach der Geltung und Reichweite des für Amtswalter geltenden Neutralitätsgebots in politischen Auseinandersetzungen außerhalb von Wahlkampfzeiten und ohne Beteiligung politischer Parteien" aufwerfe und bislang die Zulässigkeit und Grenzen von staatlichen Aufrufen an die Bevölkerung zu politischen Aktionen in der Rechtsprechung nicht hinreichend geklärt worden seien.[91] Es mag sein, dass sich das Gericht in der Kürze nicht eingehend mit dem Neutralitätsgebot auseinandersetzen konnte, aber es kann sich nicht einer Entscheidung entziehen und sich einfach darauf berufen, dass die Neutralität in einer solchen Konstellation bislang nicht Gegenstand der Rechtsprechung war. Nun wurde sie in seiner Entscheidung zum Gegenstand, wurde aber dennoch nicht thematisiert. Hinzu kommt, dass es sich hierbei nicht um eine für die rechtliche Bewertung des Falles unerhebliche Frage handelt, auf die das Gericht nicht näher eingehen müsste. Dass an dieser Stelle eine Erörterung der streitentscheidenden Fragestellung erwartet wurde, liegt auch daran, dass ein politisches Neutralitätsgebot in der bisherigen Rechtsprechung und Literatur kein Thema darstellt, das in all seinen Facetten behandelt wurde, beispielsweise im Vergleich zur weltanschaulich-religiösen Neutralität, zu der es neben höchstrichterlichen Entscheidungen eine Vielzahl von wissenschaftlichen Abhandlungen gibt.

Die Entscheidungslosigkeit kann man auch nicht mit der Eigenart des Eilrechtsschutzes rechtfertigen, denn auch dabei bedarf es einer Antwort auf die streitentscheidende Frage. Außerdem ist fraglich, ob die Zeit wirklich so kurz war, dass das rechtliche Problem nicht gelöst werden konnte, da nämlich bekannt wurde, dass das Verwaltungsgericht seine Entscheidung dem Oberverwaltungsgericht bereits am 9. Januar zukommen ließ.[92]

Zwar werde die Dügida durch den Aufruf zur Teilnahme an der Gegendemonstration in ihren Grundrechten aus Artikel 5 und 8 GG berührt, aber da sie gleichwohl ihre Versammlung wie geplant durchführen könne, gebe es keinen Grund

[91] OVG NRW, Beschluss v. 12. Januar 2015, 15 B 45/15, juris Rn. 4; vgl. dazu *P. Bender*, NWVBl. 2016, 143 (145 f.).

[92] Auch kritisch *S. Roßner*, Legal Tribune Online, Artikel v. 05. Februar 2015, http://www.lto.de/recht/hintergruende/h/duegida-demonstration-oberbuergermeister-duesseldorf-rechtsschutz/ (zuletzt aufgerufen am 22. März 2017).

zum Erlass der begehrten Regelung.[93] Allein diese Feststellung genügt nicht, um die Entscheidung des Gerichts zu tragen. Es wird nicht weiter erläutert, ob diese Grundrechte letztlich verletzt sind oder nicht, was bei faktischem Staatshandeln in Form von Äußerungen ein bekanntes Problem ist. Es stellt aber kein solches Problem dar, welches das Gericht nicht hätte lösen können.

Jedenfalls im einstweiligen Verfahren geht das Verwaltungsgericht von der Geltung des Neutralitätsgebots in Bezug auf den Oberbürgermeister aus, wobei aber nicht die Spezifizität dieses Amtes berücksichtigt wird, sodass eher ein strenges Neutralitätsverständnis zugrunde gelegt wird.[94] Das liegt auch daran, dass das Gericht die Maßstäbe und Anforderungen aus der Neutralitätsrechtsprechung des Bundesverfassungsgerichts auf den Fall des Oberbürgermeisters überträgt, aber sich nicht inhaltlich damit auseinandersetzt, ob diese passt.

Das Urteil des Verwaltungsgerichts scheint sich – nach dem mutigen Beschluss im einstweiligen Verfahren mit den guten Ansätzen[95] –, vor einer materiellen Entscheidung zu drücken, denn die Klage scheitert bereits am mangelndem Feststellungsinteresse in der Zulässigkeit, sodass in der Sache nicht auf das Neutralitätsgebot eingegangen wird. Nach wie vor blieb die Frage nach der Geltung und Reichweite politischer Neutralität außerhalb von Wahlkampfzeiten und ohne Beteiligung politischer Parteien daher unbeantwortet. Überraschend an der Entscheidung ist, dass die Urteilsbegründung und die mündliche Verhandlung divergieren. Zwar wurde in der Verhandlung bereits entschieden, dass das Vorliegen eines Feststellungsinteresses zu verneinen sei, jedoch wurde auch in der Sache materiellrechtlich reichlich Stellung bezogen, was sich nicht in der Begründung widerspiegelt.[96]

Das Oberverwaltungsgericht trifft im Hauptsacheverfahren zwar eine inhaltliche Entscheidung und differenziert erfreulicherweise zwischen den Handlungsformen des Oberbürgermeisters. Nichtsdestotrotz weist die Entscheidung Lücken und Unstimmigkeiten auf, die sich vor allem im Vergleich der rechtlichen Bewertung der zwei Handlungsformen des Oberbürgermeisters zeigen. Die Prüfung der Verletzung von Grundrechten – als die Grundlage für die Geltendmachung des Neutralitätsgebots – gelingt nicht wirklich, denn inwieweit in die Kommunikationsfreiheiten eingegriffen wurde, ergibt sich trotz Lektüre des Urteils nicht. Das liegt nicht nur

---

[93] OVG NRW, Beschluss v. 12. Januar 2015, 15 B 45/15, juris Rn. 5.

[94] VG Düsseldorf, Beschluss v. 09. Januar 2015, 1 L 54/15, juris Rn. 12 ff.; so auch VerwGH Hessen, Beschluss v. 24. November 2014, 8 A 1605/14, juris Rn. 18 ff., der sogar davon spricht, dass der Oberbürgermeister „keine Sonderbehandlung in Bezug auf die Wahrnehmung seiner Neutralitätspflicht“ in Anspruch nehmen könne; die Frage der Geltung wie das OVG NRW lässt auch offen das VG München, Beschluss v. 19. Januar, M 7 E 15.136, juris Rn. 17; die Bindung eines Berliner Bezirksamtes an das Neutralitätsgebot verneint das VG Berlin, Urteil v. 23. September 2013, 1 K 280.12, juris Rn. 25.

[95] Kritisch gegenüber dem vom Gericht dargelegten Neutralitätsgebot *P. Bender*, NWVBl. 2016, 143 (147 ff.); *K. F. Gärditz*, NWVBl. 2015, 165 (167 f.).

[96] Die Verfasserin nahm als Zuhörerin an der mündlichen Verhandlung am 28. August 2015 teil.

am Fehlen einer dogmatisch sauberen Prüfung. Auch der Umstand, dass teilweise Grundrechtsausführungen nur im Rahmen der Zulässigkeit gemacht werden, erschwert das Verständnis.[97] Wenigstens nimmt das Oberverwaltungsgericht in der Hauptsache endlich Stellung zur schwierigen Frage, ob politische Neutralität auch zu Gunsten von Personenvereinigungen, die keine Partei darstellen, und außerhalb des Wahlkampfes gilt.[98]

Das Oberverwaltungsgericht lehnt die Geltung des Neutralitätsgebots ab und entwickelt bzw. wendet keinen anderen äußerungsspezifischen Maßstab an. Das Sachlichkeitsgebot wird immer mal wieder herangezogen, allerdings werden dessen Voraussetzungen nicht geprüft. Dieses Gebot scheint lediglich als rechtliches Etikett für die gerichtliche Ablehnung der Nutzung von Symbolen in der politischen Kommunikation zu dienen. Mit einer nachvollziehbaren Begründung kann für die Ablehnung des politischen Neutralitätsgrundsatzes plädiert werden. Dies kann aber keineswegs allein mit Verweis auf die fehlende Struktur der Dügida in personeller wie sächlicher Hinsicht geschehen.[99] Trotz Ablehnung der Neutralität hätte das Gericht auf die Nutzung amtlicher Möglichkeiten eingehen müssen, da diese mehrfach gegeben war. In der Sache sind den Ausführungen zur Inanspruchnahme von Amtsautorität und Amtsmitteln zuzustimmen (s. u. Teil 2 I.). Was überraschend ist, ist die Tatsache, dass das Gericht diese Ausführungen im Zusammenhang mit Äußerungen gegenüber politischen Parteien vornimmt. Dadurch entsteht der Eindruck, als führe die Inanspruchnahme amtlicher Ressourcen nur bei Äußerungen gegenüber politischen Parteien zur Geltung politischer Neutralität. Die Beschränkung auf politische Parteien nimmt das Oberverwaltungsgericht ausdrücklich an, nicht jedoch das Bundesverfassungsgericht, dessen *Schwesig*-Urteil sowie *Wanka*-Beschluss das Oberverwaltungsgericht aber für die oben zitierte Aussage zitiert.[100] Der *Schwesig*-Entscheidung entstammt die Aussage, dass die Inanspruchnahme der Autorität des Amtes oder der damit verbundenen Ressourcen zur Bindung an das Neutralitätsgebot führe.[101] Obwohl es in dem Rechtsstreit um Äußerungen gegenüber einer Partei ging, wird die Verwendung von amtlichen Möglichkeiten nicht beschränkt auf das Verhältnis zu Parteien. Vielmehr spricht das Verfassungsgericht zu Recht im Zusammenhang mit der Verwendung staatlicher Mittel und einer möglichen Beeinträchtigung der Chancengleichheit allgemein von politischen

[97] Dies gilt vor allem für die Prüfung des allgemeinen Persönlichkeitsrechts, vgl. OVG NRW, Urteil v. 04. November 2016, 15 A 2293/15, S. 14 ff.

[98] S. OVG NRW, Beschluss v. 12. Januar 2015, 15 B 45/15, juris Rn. 4: „Der Fall wirft insbesondere die schwierige Frage nach der Geltung und Reichweite des für Amtswalter geltenden Neutralitätsgebots in politischen Auseinandersetzungen außerhalb von Wahlkampfzeiten und ohne Beteiligung politischer Parteien auf. Zulässigkeit und Grenzen von staatlichen Aufrufen an die Bevölkerung zu Kundgebungen oder ähnlichen politischen Aktionen sind jedoch bislang in der verfassungs- und verwaltungsrechtlichen Rechtsprechung nicht hinreichend geklärt." Diese Frage wirft auch auf das VG München, Beschluss v. 19. Januar 2015, M 7 E 15.136, juris Rn. 17.

[99] OVG NRW, Urteil v. 04. November 2016, 15 A 2293/15, S. 24 f.

[100] OVG NRW, Urteil v. 04. November 2016, 15 A 2293/15, S. 22.

[101] BVerfGE 138, 102 (118); vgl. auch E 140, 225 (227).

Wettbewerbern.[102] Der Grund, warum die Verwendung amtlicher Mittel als problematisch angesehen wird, liegt darin, dass der Staat und die ihm zurechenbaren Stellen die ihnen – zur Ausübung des Amtes und der damit verbundenen Aufgaben – zur Verfügung stehenden Möglichkeiten nicht missbräuchlich dazu nutzen sollten, ihren persönlichen Überzeugungen mithilfe dieser eine größere Wirkung und Überzeugungskraft zu verschaffen. Sie beeinträchtigen durch parteiergreifende Äußerungen unter Inanspruchnahme von Amtsautorität und Amtsmittel gleichermaßen den politischen Wettbewerb, seien Äußerungen auf eine Partei bezogen oder seien sie auf eine andere politische Vereinigung bezogen. Dies verkennt das Gericht.

Sowohl im Beschluss als auch im Urteil des Oberverwaltungsgerichts ist die Rede von verfassungsfeindlichen Bestrebungen politischer Vereinigungen die Rede,[103] obwohl sich das Gericht nicht konkret dazu äußert, ob es die Dügida als verfassungsfeindlich ansieht, wofür es auch wenig Anhaltspunkte gibt. Daher passen diese Ausführungen nicht.

Für die Feststellung einer Neutralitätsverletzung bedarf es der Heranziehung der oben entwickelten Kriterien.

Die Erklärungen des Oberbürgermeisters im Internet sowie das tatsächliche Ausschalten der Beleuchtung öffentlicher Gebäude wurden in amtlicher Eigenschaft getätigt. Dies ergibt sich zum einen aus der Inanspruchnahme der städtischen Internetseite, was bereits einen amtlichen Charakter indiziert, und zum anderen aus dem Einsatz einer öffentlichen Kommunikationsressource, der Privatpersonen nicht möglich ist. Demzufolge sind die Handlungen des Oberbürgermeisters am politischen Neutralitätsgebot zu messen.

Diese verletzen die inhaltlichen Anforderungen der Unparteilichkeit, da er sich zum einen mit seinen Erklärungen klar gegen die Dügida und ihr politisches Programm wendete und dies symbolisch unterstützte und da er zum anderen für die Teilnahme an der Gegendemonstration warb. Dadurch wurden potenzielle Teilnehmer abgeschreckt. Sie sollten an der Gegendemonstration anstatt an der Demonstration der Dügida teilnehmen.

Die Gesamtschau des Textes auf der Internetseite legt eine abwertende Darstellung der Aktivitäten der Dügida nahe. Dafür spricht auch, dass der Oberbürgermeister mehrere Aufrufe vornahm, die alle das gleiche Ziel verfolgen.

In zeitlicher Hinsicht ergibt sich keine Verschärfung des Neutralitätsmaßstabs, da das streitige Handeln nicht in der Vorwahlzeit stattfand.

---

[102] BVerfGE 138, 102 (118).

[103] OVG NRW, Beschluss v. 12. Januar 2015, 15 B 45/15, juris Rn. 4; OVG NRW, Urteil v. 04. November 2016, 15 A 2293/15, S. 23 f.; vgl. für Äußerungen eines Bürgermeisters gegenüber verfassungsfeindlicher Aktivitäten eines Vereins OVG NRW, Beschluss v. 12. Juli 2005, 15 B 1099/05, juris.

Dadurch, dass der Oberbürgermeister sich gegen eine Gruppierung negativ äußerte, die keine politische Partei darstellt und nicht im institutionalisierten Wettbewerb agiert, kommt die Neutralitätsforderung auch in dieser Hinsicht nicht in verschärfter Form zur Anwendung.

Eine strikte Neutralitätsforderung verbietet sich beim Oberbürgermeister auch deswegen, weil er ein politisches Amt innehat und nicht von ihm erwartet werden kann, zu einem politischen Neutrum zu werden. Er ist als Teil der Exekutive nicht nur Leiter der Verwaltung, sondern auch politische Leitfigur seiner Gemeinde. Er darf sich zum politischen Geschehen äußern, allerdings hat das Handeln in amtlicher Eigenschaft die Geltung der Neutralität zur Konsequenz und damit verbunden, dass private Ansichten nicht mithilfe amtlicher Vorteile versehen werden dürfen. Die politische Natur des Amtes rechtfertigt nicht das gänzliche Absehen von der Neutralitätsbindung.[104] Auch hier gilt in Anlehnung an das Bundesverfassungsgericht, dass die Stellung sowie die Aufgaben und Funktionen des jeweiligen Amtsträgers den Umfang der Neutralitätsforderung wesentlich determinieren.[105]

In diesem Fall wird man besonders aufgrund der verwendeten amtlichen Ressourcen bei negativen Äußerungen einem politischen Wettbewerber gegenüber eine Verletzung des politischen Neutralitätsgebots annehmen müssen, es sei denn, man hält nicht an der Trennung zwischen privaten und amtlichen Handlungen fest oder man verneint die Geltung dieses Gebots aufgrund der politischen Prägung des Amtes.

Im Raum steht sowohl die Verletzung politischer Freiheitsrechte als auch der Chancengleichheit. Erstere hängt wesentlich davon ab, ob man in der „Licht aus!"-Aktion und dem Aufruf zur Teilnahme an der Gegendemonstration Grundrechtseingriffe sieht (s.o. Teil 2 I.4. b) cc) (3), (4)).[106] Das Recht auf Chancengleichheit der Dügida wird man jedenfalls als verletzt ansehen müssen, wenn man einen amtswidrigen Einsatz der Ressourcen bejaht. Die rechtliche Unzulässigkeit des Lichtausschaltens ergibt sich nicht daraus, dass Symbole verboten sind, sondern daraus, dass eine öffentliche Ressource zum Zwecke der Meinungskundgabe des Oberbürgermeisters genutzt wurde. Anhand der Prüfung der Verletzung dieser subjektiven Rechte, sowohl Freiheits- als auch Gleichheitsrechte, ist der neutralitätsrelevante Streit zu entscheiden.

---

[104] Gegen Neutralitätsanforderungen an Bürgermeister *P. Bender*, NWVBl. 2016, 143 (148 f.); *D. zu Hohenlohe*, VerwArch 2016, 62 (79 ff.); *K. F. Gärditz*, NWVBl. 2015, 165 (167 f., 170); vgl. in Bezug auf Äußerungen eines Berliner Bezirkamtes VG Berlin, Urteil v. 23. September 2013, 1 K 280.12, juris.

[105] BVerfGE 136, 323 (331 f.); 138, 102 (111 f.); *D. zu Hohenlohe*, VerwArch 2016, 62 (77).

[106] Eine Grundrechtsverletzung verneint *P. Bender*, NWVBl. 2016, 143 (149); *D. zu Hohenlohe*, VerwArch 2016, 62 (83 f.); differenzierend *K. F. Gärditz*, NWVBl. 2015, 165 (170 f.), der das irreguläre Ausschalten der Beleuchtung als unzulässig ansieht aufgrund einer Zweckentfremdung; dazu oben.

An der Geltung des Neutralitätsgebots ändert auch die Tatsache, dass der Oberbürgermeister nicht Versammlungsbehörde ist,[107] nichts. Die Neutralitätsforderung hängt in ihrer Existenz nicht von einer solchen Zuständigkeit ab. Eine pauschale Annahme verbietet sich hier. Grundsätzlich gilt das politische Neutralitätsgebot für den Oberbürgermeister als kommunalen Amtsträger, sobald er in amtlicher Eigenschaft Äußerungen tätigt.

Sobald der Oberbürgermeister aber gleichzeitig Versammlungsbehörde ist, ist der Maßstab der Neutralitätsforderung verschärft, damit schon nicht der Eindruck einer parteilichen Verwaltung entsteht. Als Beamter und Teil der Verwaltung ist er dem politischen Neutralitätsgrundsatz unterworfen, sodass er sich politischer Meinungsäußerungen in der Öffentlichkeit enthalten muss, um keine Zweifel an seiner Unparteilichkeit als Versammlungsbehörde aufkommen zu lassen.[108] Bei Ausführung der Aufgaben als Versammlungsbehörde werden Bürgermeister durch die Bindung an Gesetz und Recht sowie die Grundrechte in ihrem Handeln beschränkt, sodass sie nicht tun und lassen können was sie wollen, vor allem was die Anmeldung missliebiger Versammlungen angeht. Problematisch ist es, wenn sie über ihre Aufgabe als Anmeldebehörde hinaus kommunikative Mittel ergreifen, die auf die Verhinderung oder Degradierung von Versammlungen gerichtet sind, wie zum Beispiel durch Aufrufe zu Gegendemonstrationen. Dies beschäftigt immer wieder die verwaltungsgerichtliche Rechtsprechung der Bundesländer. Die Gerichte in den Bundesländern, in denen der Bürgermeister gleichzeitig Versammlungsbehörde ist, verweisen zu Recht auf diese Funktion, da es nicht Sache der Verwaltung sein kann, zu Versammlungen aufzurufen, die bei ihr angemeldet werden müssen.[109] Daraus ist aber nicht – wie es das Oberverwaltungsgericht getan hat[110] – zu folgern, dass in den Ländern, in denen der Bürgermeister nicht gleichzeitig Versammlungsbehörde ist, diesen keine Neutralitätspflicht trifft. Die fehlende Zuständigkeit führt nicht dazu, gänzlich von der Geltung dieses Grundsatzes abzusehen. Sie verschärft nur nicht den Maßstab der Neutralität. Im Ergebnis bedeutet dies, dass politische Neutralität stets gilt, sodass Bürgermeister dementsprechend handeln müssen, vor allem was ihr Kommunikationshandeln betrifft. Tritt die Funktion als Versammlungsbehörde hinzu und nimmt der Bürgermeister sodann Äußerungen vor, die Versammlungen und damit seinen Aufgabenbereich tangieren, so ist ein strengerer Maßstab der Neutralitätsforderung anzulegen.

---

[107] OVG NRW, Urteil v. 04. November 2016, 15 A 2293/15, S. 25.

[108] VerwGH Hessen, Beschluss v. 03. Mai 2013, 8 A 772/13, in: NVwZ-RR 2013, 815 (816).

[109] VerwGH Hessen, Beschluss v. 24. November 2014, 8 A 1605/14, juris Rn. 23 f.; VerwGH Hessen, Beschluss v. 03. Mai 2013, 8 A 772/13, in: NVwZ-RR 2013, 815 (816); VG Gera, Beschluss v. 06. Juli 2010, 2 E 465/10, in: KommJur 2011, 138 (140).

[110] OVG NRW, Urteil v. 04. November 2016, 15 A 2293/15, S. 25; ein gesteigertes Neutralitätsgebot verneint auch das VG Berlin, Urteil v. 23. September 2013, 1 K 280.12, juris Rn. 25.

Teil 5

Schlussbetrachtung

Der Grundsatz politischer Neutralität ist ein staatliches Handlungsgebot, das zu Gunsten der Beteiligten am politischen Wettbewerb gilt. Für den Staat als Verpflichteten ist dieser Grundsatz einschränkender Natur, da er staatliches Kommunikationshandeln beschränkt. Kommunikationshandeln als „weiches" Staatshandeln bedarf einer solchen äußerungsspezifischen Grenze, die eine Vielzahl von Anforderungen in sich vereint. Politische Neutralität ist daher ein Sammelbegriff für speziell auf Äußerungen gemünzte Anforderungen. Sie ersetzt jedoch keineswegs die Bindung an Gesetz und Recht oder andere Grenzen wie die Wahrung der Kompetenzen.

Politische Neutralität wirkt zwar zu Lasten staatlicher Stellen, allerdings verbietet sich ein starres und strenges Neutralitätsverständnis. Vielmehr kann mit einer flexiblen Handhabung angemessen auf konkrete Einzelfälle reagiert werden. Dies ist durch die Arbeit mit Kriterien möglich, welche einen einzelfallgerechten Maßstab bietet. Gerade in der Rechtsprechung zeigt sich ein uneinheitlicher Umgang mit dem Grundsatz politischer Neutralität, was sich zu Lasten der Nachvollziehbarkeit der Entscheidungen auswirkt. Politische Neutralität gilt grundsätzlich immer, hängt aber in ihrer Geltung von den jeweiligen Faktoren ab, unter anderem vom Amt des sich äußernden Amtsträgers. Die Einzelfallumstände wirken sich daher auf die Strenge und Anwendungsintensität der politischen Neutralität aus und nicht auf die grundsätzliche Geltung.

Die Geltung politischer Neutralität ist nicht mehr – wie bislang geschehen – auf politische Parteien zu reduzieren. Dies entspräche nicht der gesellschaftlichen Realität. Im Grundsatz genießen alle politischen Wettbewerber den Schutz des politischen Neutralitätsgebots. Sie können dessen Verletzung über die Rüge subjektiver Rechte – der einschlägigen Grundrechte und der Chancengleichheit – gerichtlich geltend machen, was mit Blick auf die Rechtsprechung nichts Neues ist. Bei der Prüfung der politischen Freiheitsrechte und des Rechts auf Chancengleichheit, deren Verletzung in den neutralitätsrelevanten Entscheidungen typischerweise geltend gemacht wird, fungiert politische Neutralität als verstärkendes Argument zu Gunsten des politischen Wettbewerbers, da sie staatliches Kommunikationshandeln begrenzt.

Die Geltung politischer Neutralität soll nicht dazu führen, dass staatliche Kommunikation erschwert oder unmöglich gemacht wird. Sie ist eine essenzielle Aufgabe für Amtsinhaber, die nicht zu vernachlässigen ist. Außerdem kann Kommunikationsarbeit neutralitätskonform erfolgen, Neutralität und Kommunikation sind nicht per se unvereinbar miteinander.

Staatliches Kommunikationshandeln ist ein dauerndes Phänomen und taucht nicht nur in der Vorwahlzeit auf. Stets sind Amtsträger, vor allem politische Amtsträger, auf Kommunikation mit der Bürgerschaft angewiesen. Denn der politische Meinungs- und Willensbildungsprozess ist ein ständiger Prozess, zu dem der Staat durch kommunikatives Handeln beiträgt. Neben den gesellschaftlichen Teilnehmern wirkt auch der Staat stets an der Entfaltung dieses Prozesses mit. Er ist aber ein Teilnehmer sui generis, weil er von vornherein mit mehr Möglichkeiten in diesen Prozess eintritt und eine größere Aufmerksamkeit genießt als die übrigen Beteiligten. Da der Meinungs- und Willensbildungsprozess zeitlich nicht auf eine bestimmte Zeitspanne beschränkt werden kann, ist die Geltung des politischen Neutralitätsgrundsatzes ebenfalls nicht auf eine bestimmte Zeitspanne zu beschränken. Die Geltung dieses Grundsatzes hängt nämlich von der gesellschaftlichen Vielfalt und dem Meinungswettbewerb ab. So lange es politischen Pluralismus und Wettbewerb gibt, so lange ist auf die Geltung politischer Neutralität zu beharren. Eine solche zeitliche Ausweitung ändert aber nichts daran, dass in der Vorwahlzeit strengere Anforderungen an staatliches Kommunikationshandeln zu stellen sind, sodass das politische Neutralitätsgebot mit einem verschärften Maßstab in Gestalt des Gebots äußerster Zurückhaltung zur Anwendung kommt. Eine solche Vorgehensweise zeigt, dass das hier dargestellte Neutralitätsgebot einer flexiblen Handhabung und Modifizierung – je nach Einzelfall – zugänglich ist.

Sowohl die personelle als auch die zeitliche Ausweitung der Geltung der politischen Neutralität indizieren ein weites Verständnis dieses Gebots, was den faktischen und rechtlichen Motiven politischer Neutralität geschuldet ist. Diese sind vielfältiger Natur und begründen faktisch wie rechtlich, vor allem verfassungsrechtlich, die Notwendigkeit für die Neutralitätsforderung.

Die Kombination der personellen und zeitlichen Ausweitung führt zum einen dazu, dass politische Neutralität auch gegenüber nicht als politische Partei organisierten Kollektiven gilt, aber nicht in der gleichen Strenge wie gegenüber politischen Parteien als Akteure des institutionalisierten politischen Wettbewerbs, und zum anderen dazu, dass politische Neutralität auch außerhalb der Vorwahlzeit gilt, aber nicht in Gestalt des Gebots äußerster Zurückhaltung. Die Verschärfung der Neutralitätsforderung durch dieses Gebot betrifft unmittelbar politische Parteien, da sie an Wahlen teilnehmen, nicht jedoch sonstige politische Vereinigungen.

Politische Neutralität ist ein rechtsprechungsgeprägter Grundsatz, wird auch erst einmal so bleiben mit Blick darauf, dass immer häufiger und immer mehr politische Äußerungen von Amtsträgern getätigt werden, die neutralitätskritisch sind, da sie sich in der Regel zu Lasten eines bestimmten Wettbewerbers auswirken. Gerade die NPD, inzwischen auch die AfD sowie die Pegida und ihre Ableger sind Adressaten solcher Äußerungen.

Aussagen wie „Wer an Pegida-Demonstrationen teilnimmt, muss wissen, dass er Rattenfängern hinterherläuft. (...) Bleiben Sie weg von denen, die diesen Hass, dieses Gift in unser Land spritzen"[1] oder „Pegida ist eine Schande für Deutschland"[2] oder „Deshalb sage ich allen, die auf solche Demonstrationen gehen: Folgen Sie denen nicht, die dazu aufrufen! Denn zu oft sind Vorurteile, ist Kälte, ja, sogar Hass in deren Herzen!"[3] oder „Aber jetzt sind wir an der Schwelle, dass eine Partei einziehen möchte, möglicherweise bei der Europawahl reüssieren wird: die Alternative für Deutschland"[4] oder „Die AfD hat sich stark radikalisiert. (...) Diese Menschen sind zu großen Teilen rechtsradikal und rassistisch"[5] oder „Viele Schulen leisten ganz wichtige Arbeit im Bereich der Rassismus-Prävention. Sie setzen sich mit den Feinden unserer Verfassung – gestern wie heute – auseinander. Sie sagen, bringen deutlich zum Ausdruck, die NPDler, die Nazis von heute, sind nichts anderes als die Wiedergänger der alten Nazis, die damals auch nicht nur Juden ausgrenzten und ermordeten. Wenn sie heute ‚Ausländer raus' grölen und deren Rückkehr in die vermeintliche Heimat fordern, tun sie das gleiche, was dic Nazis damals getan haben. Als hätten sie sozusagen eine Blaupause, eine Blaupause einstiger NSDAP-Programme gezogen (...). Ich sage aber auch, der Kernpunkt wird nicht das Verbot der NPD sein, Kernpunkt wird sein müssen, dass wir in dieser Gesellschaft immer wieder ‚nein' sagen, wenn dieser Mob wieder rauskriecht aus den Köpfen, wenn diese ‚braune Brut' wieder nach oben kommt (...)"[6] oder „Ich glaube, dass es gut ist, dass der Thüringer Weg bisher so beschritten worden ist, dass wir als Demokraten gemeinsam zusammen stehen, wenn die NPD aufmarschiert und ihren braunen Ungeist verbreiten will. (...) Der Konsens der Demokraten heißt, niemals mit der NPD oder anderen Nazi-Organisationen oder Parteien zusammen irgendwie auch den Hauch einer gemeinsamen Sache zu machen"[7] gehören inzwischen zum politischen Alltag. Es gibt eine Menge solcher Aussagen. Jedoch wenden sich die Betroffenen nicht jedes Mal an die zuständigen Gerichte, um gegen diese vorzugehen.

---

[1] Aussagen des Bundesinnenministers *Thomas de Maizière*, abrufbar unter http://www.focus.de/politik/deutschland/innenminister-warnt-vor-rattenfaengern-de-maiziere-nennt-pegida-organisatoren-harte-rechtsextremisten_id_5021963.html (zuletzt aufgerufen am 04. April 2017).

[2] Aussage des Bundesjustizministers *Heiko Maas*, abrufbar unter http://www.spiegel.de/politik/deutschland/pegida-heiko-maas-nennt-proteste-schande-fuer-deutschland-a-1008452.html (zuletzt aufgerufen am 04. April 2017).

[3] Neujahresansprache der Bundeskanzlerin *Angela Merkel* vom 31. Dezember 2014, abrufbar unter http://www.spiegel.de/politik/deutschland/neujahrsansprache-angela-merkel-2014-im-wortlaut-a-1010884.html (zuletzt aufgerufen am 04. April 2017).

[4] Aussagen des ehemaligen Bundespräsidenten *Joachim Gauck*, abrufbar unter https://www.welt.de/politik/deutschland/article121148944/Gauck-Aeusserungen-bringen-AfD-auf-die-Palme.html (zuletzt aufgerufen am 04. April 2017).

[5] Aussagen der rheinland-pfälzischen Ministerpräsidentin *Malu Dreyer*, abrufbar unter http://www.deutschlandradiokultur.de/malu-dreyer-ueber-afd-zu-grossen-teilen-rechtsradikal.1008.de.html?dram:article_id=343245 (zuletzt aufgerufen am 04. April 2017).

[6] Schulansprache des saarländischen Bildungsministers *Ulrich Commerçon*, s. VerfGH Saarland, Urteil v. 08. Juli 2014, Lv 5/14, S. 3f.

[7] Aussagen des Thüringer Ministerpräsidenten *Bodo Ramelow*, s. VerfGH Thüringen, Urteil v. 08. Juni 2016, VerfGH 25/15, S. 3f.

Solange sich Amtsträger auf diese Art und Weise gegenüber Beteiligten des politischen Meinungs- und Willensbildungsprozesses äußern und diese sich in ihren Freiheits- und Gleichheitsrechten verletzt fühlen, was nicht unverständlich ist, wird der Grundsatz politischer Neutralität weiterhin ein aktuelles Thema bleiben und insbesondere die Gerichte beschäftigen. Die Neutralitätsrechtsprechung wird weiter zunehmen.

Literaturverzeichnis

Alexy, Robert: Theorie der Grundrechte, Frankfurt am Main 1986.

Arnim, Hans Herbert von: Gemeinwohl und Gruppeninteressen, Frankfurt am Main 1977.

Arnim, Hans-Herbert von: Der strenge und der formale Gleichheitssatz, in: DÖV 1984, 85 ff.

Bachof, Otto: Reflexwirkungen und subjektive Rechte im öffentlichen Recht, in: ders./ M. Drath/O. Gönnenwein/E. Walz (Hrsg.), Gedächtnisschrift für Walter Jellinek, München 1955, S. 287 ff.

Badenhausen, Elisabeth/*Löbel*, Janek: Anmerkung zu BVerfGE vom 10. Juni 2014 – 2 BvE 4/13, in: VR 2014, 354 ff.

Bäcker, Alexandra: Ein Lehrstück bundespräsidialer Sachlichkeit – Zu den Grenzen der Redefreiheit des Bundespräsidenten, in: MIP 2015, 151 ff.

Bärmeier, Erich: Über die Legitimität staatlichen Handelns unter dem Grundgesetz der Bundesrepublik Deutschland, Frankfurt am Main 1992.

Barczak, Tristan: Die parteipolitische Äußerungsbefugnis von Amtsträgern, in: NVwZ 2015, 1014 ff.

Battis, Ulrich (Hrsg.): Kommentar zum Bundesbeamtengesetz, München 2009.

Bauer, Hartmut: Geschichtliche Grundlagen der Lehre vom subjektiven öffentlichen Recht, Berlin 1986.

Bender, Philipp: Würde ohne Meinung? Das Amt des kommunalen Wahlbeamten im politischen Meinungskampf vor dem Hintergrund einer funktionalen Neutralitätspflicht, in: NWVBl. 2016, 143 ff.

Bentele, Günter/*Fröhlich*, Romy/*Szyszka*, Peter (Hrsg.): Handbuch der Public Relations: Wissenschaftliche Grundlagen und berufliches Handeln, 2. Auflage, Wiesbaden 2008.

Benz, Arthur: Politischer Wettbewerb, in: A. Benz/S. Lütz/U. Schimank/G. Simonis (Hrsg.), Handbuch Governance, Wiesbaden 2007, 54 ff.

Berger, Ulrike: Organisierte Interessen im Gespräch. Die politische Kommunikation der Wirtschaft, Frankfurt am Main 2004.

Berghäuser, Klaus/*Born*, Manuela: 15 Jahre Bürgerbegehren und Bürgerentscheid in Hessen: Bestandsaufnahme und Perspektiven, in: Hessische Städte- und Gemeinde-Zeitung 2008, 246 ff.

Bernays, Edward L.: Propaganda, New York 1928.

Bernays, Edward L.: The Theory and Practice of Public Relations – A Résumé, in: ders. (Hrsg.), The Engineering of Consent, Norman 1955, S. 3 ff.

Bernays, Edward L.: Biographie einer Idee, Düsseldorf u. a. 1967.

Bethge, Herbert: Mittelbare Grundrechtsbeeinträchtigungen, in: D. Merten/H.-J. Papier (Hrsg.), Handbuch der Grundrechte, Bd. III, Heidelberg 2009, 113 ff.

Bindschedler, Rudolf L.: Die Neutralität im modernen Völkerrecht, in: ZaöRV 17 (1956), 1 ff.

Bleckmann, Albert: Allgemeine Staats- und Völkerrechtslehre, Köln u. a. 1995.

Böckenförde, Ernst-Wolfgang (Hrsg.): Staat und Gesellschaft, Darmstadt 1976.

Böckenförde, Ernst-Wolfgang: Die Entstehung des Staates als Vorgang der Säkularisation, in: ders., Staat, Gesellschaft, Freiheit, Berlin 1976, S. 42 ff.

Böckenförde, Ernst-Wolfgang: Demokratie als Verfassungsprinzip, in: J. Isensee/P. Kirchhof (Hrsg.), Handbuch des Staatsrechts der Bundesrepublik Deutschland, Bd. II, 3. Auflage, Heidelberg 2004, S. 429 ff.

Böhret, Carl/*Jann*, Werner/*Kronenwett*, Eva: Innenpolitik und politische Theorie, 3. Auflage, Opladen 1988.

Brenner, Michael: Das Prinzip Parlamentarismus, in: J. Isensee/P. Kirchhof (Hrsg.), Handbuch des Staatsrechts der Bundesrepublik Deutschland, Bd. III, 3. Auflage, Heidelberg 2005, 477 ff.

Britz, Gabriele: Kulturelle Rechte und Verfassung, Tübingen 2000.

Brockhaus Enzyklopädie, Bd. 19, 21. Auflage, Mannheim 2006.

Brugger, Winfried: Liberalismus, Pluralismus, Kommunitarismus, Baden-Baden 1999.

Brugger, Winfried: Gemeinwohl als Ziel von Staat und Recht, in: D. Murswiek/U. Storost/H. A. Wolff (Hrsg.), Staat – Souveränität – Verfassung, Festschrift für Helmut Quaritsch zum 70. Geburtstag, Berlin 2000, S. 45 ff.

Brunner, Otto/*Conze*, Werner/*Koselleck*, Reinhart (Hrsg.): Geschichtliche Grundbegriffe – Historisches Lexikon zur politisch-sozialen Sprache in Deutschland, Bd. 4, Stuttgart 1978.

Bühler, Ottmar: Die subjektiven öffentlichen Rechte und ihr Schutz in der deutschen Verwaltungsrechtsprechung, Stuttgart 1914.

Bühler, Ottmar: Altes und Neues über Begriff und Bedeutung der subjektiven öffentlichen Rechte, in: O. Bachof/M. Drath/O. Gönnenwein/E. Walz (Hrsg.), Gedächtnisschrift für Walter Jellinek, München 1955, 269 ff.

Bundesministerium des Innern & Parteienrechtskommission: Rechtliche Ordnung des Parteiwesens. Probleme eines Parteiengesetzes, Frankfurt am Main u. a., 1957.

Butzer, Hermann: Frei von der Leber weg? Die Äußerungsbefugnisse des Bundespräsidenten und von Mitgliedern der Bundesregierung gegenüber extremistischen Parteien, in: W. Kluth (Hrsg.), „Das wird man ja wohl noch sagen dürfen." Staatliche Organe und die Pflicht zur Neutralität, Halle-Wittenberg 2015, S. 37 ff.

Czermak, Gerhard: Zur Rede von der religiös-weltanschaulichen Neutralität des Staats, in: NVwZ 2003, 949 ff.

Daiber, Birgit: Grenzen staatlicher Zuständigkeit, Berlin u. a. 2006.

Detjen, Joachim: Prinzipien des Pluralismus und ihre politisch-kommunikativen Implikationen, in: O. Jarren/U. Sarcinelli/U. Saxer (Hrsg.), Politische Kommunikation in der demokratischen Gesellschaft, Opladen u. a. 1998, S. 275 ff.

Di Fabio, Udo: Grundrechte im präzeptoralen Staat am Beispiel hoheitlicher Informationstätigkeit, in: JZ 1993, 689 ff.

Di Fabio, Udo: Öffentlichkeit, in: H. Kube/R. Mellinghoff/G. Morgenthaler u. a. (Hrsg.), Leitgedanken des Rechts, Festschrift für Paul Kirchhof zum 70. Geburtstag, Bd. 1, Heidelberg 2013, S. 717 ff.

Dietlein, Johannes: Die politische Betätigung in der Gesellschaft, in: K. Stern (Hrsg.), Das Staatsrecht der Bundesrepublik Deutschland, Bd. IV/2, München 2011, S. 3 ff.

Dişçi, Duygu: Grundsatz (partei-)politischer Neutralität, in: MIP 2016, 101 ff.

Doehring, Karl: Der pouvoir neutre und das Grundgesetz, in: Der Staat 3 (1964), 201 ff.

Dreier, Horst: Dimensionen der Grundrechte, Hannover 1993.

Dreier, Horst (Hrsg.): Kommentar zum Grundgesetz, Bd. 1 (3. Auflage, Tübingen 2013), Bd. 2 (2. Auflage, Tübingen 2006), Bd. 2 (3. Auflage, Tübingen 2015).

Droege, Michael: Herrschaft auf Zeit: Wahltage und Übergangszeiten in der repräsentativen Demokratie, in: DÖV 2009, 649 ff.

Dürig, Günter: Die Menschenauffassung des Grundgesetzes, in: JR 1952, 259 ff.

Dworkin, Ronald: Liberalism, in: ders. (Hrsg.), A Matter of Principle, New York 1985, S. 181 ff.

Dworkin, Ronald: Why Liberals Should Care about Equality, in: ders. (Hrsg.), A Matter of Principle, New York 1985, S. 205 ff.

Engel, Christoph: Öffentlichkeitsarbeit, in: J. Isensee/P. Kirchhof (Hrsg.), Handbuch des Staatsrechts der Bundesrepublik Deutschland, Bd. IV, 3. Auflage, Heidelberg 2006, S. 477 ff.

Engelbrecht, Knut: Grenzen der Auseinandersetzung mit Verfassungsfeinden, in: KommP Wahlen 2015, 20 ff.

Epping, Volker/*Hillgruber*, Christian (Hrsg.): Beck'scher Online-Kommentar zum Grundgesetz, München, 2016.

Erichsen, Hans-Uwe: Die Wahlrechtsgrundsätze des Grundgesetzes, in: Jura 1983, 635 ff.

Feuerich, Wilhelm E./*Weyland*, Dag/*Vossebürger*, Albert: Kommentar zur Bundesrechtsanwaltsordnung, 7. Auflage, München 2008.

Förster, Michael: Politische Betätigung innerhalb der Dienststelle – ein schwieriges Terrain für Dienststellenleitung und Personalrat, in: PersV 2012, 444 ff.

Folscheid, Lex: Die Rechte und Pflichten von neutralen Staaten, in: Forum für Politik, Gesellschaft und Kultur 257 (2006), 25 ff.

Fraenkel, Ernst: Akademische Erziehung und politische Berufe (1955), in: F. Esche/F. Grube (Hrsg.), Reformismus und Pluralismus, Hamburg 1973, S. 315 ff.

Fraenkel, Ernst: Möglichkeiten und Grenzen politischer Mitarbeit der Bürger in einer modernen parlamentarischen Demokratie (1966), in: F. Esche/F. Grube (Hrsg.), Ernst Fraenkel: Reformismus und Pluralismus, Hamburg 1973, S. 389 ff.

Fraenkel, Ernst: Strukturanalyse der modernen Demokratie (1970), in: F. Esche/F. Grube (Hrsg.), Ernst Fraenkel: Reformismus und Pluralismus, Hamburg 1973, S. 404ff.

Fraenkel, Ernst: Der Pluralismus als Strukturelement der freiheitlich-rechtsstaatlichen Demokratie (1964), in: ders. (Hrsg.), Deutschland und die westlichen Demokratien, 6. Auflage, Stuttgart u. a. 1974, S. 197ff.

Fraenkel, Ernst: Demokratie und öffentliche Meinung (1963), in: ders. (Hrsg.), Deutschland und die westlichen Demokratien, 6. Auflage, Stuttgart u. a. 1974, S. 173ff.

Fraenkel, Ernst: Pluralismus als Demokratietheorie des Reformismus, in: A. von Brünneck/H. Buchstein/G. Göhler (Hrsg.), Ernst Fraenkel: Gesammelte Schriften. Demokratie und Pluralismus, Baden-Baden 2007, S. 344ff.

Friauf, Karl Heinrich/*Höfling*, Wolfram (Hrsg.): Berliner Kommentar zum Grundgesetz, Berlin 2000ff.

Fröhlich, Romy: Die Problematik der PR-Definition(en), in: G. Bentele,/R. Fröhlich/P. Szyszka (Hrsg.), Handbuch der Public Relations: Wissenschaftliche Grundlagen und berufliches Handeln, 2. Auflage, Wiesbaden 2008, S. 95ff.

Frowein, Jochen Abr.: Die Rechtsprechung des Bundesverfassungsgerichts zum Wahlrecht, in: AöR 99 (1974), 72ff.

Gärditz, Klaus Ferdinand: Unbedingte Neutralität? Zur Zulässigkeit amtlicher Aufrufe zu Gegendemonstrationen durch kommunale Wahlbeamte, in: NWVBl. 2015, 165ff.

Gehrlein, Markus: Braucht Deutschland einen Bundespräsidenten?, in: DÖV 2007, 280ff.

Görres-Gesellschaft (Hrsg.): Staatslexikon, Bd. V, 7. Auflage, Freiburg im Breisgau 1988.

Gostomzyk, Tobias: Grundrechte als objektiv-rechtliche Ordnungsidee, in: JuS 2011, 949ff.

Gramm, Christof: Aufklärung durch staatliche Publikumsinformationen. Staatshandeln als Aufklärung?, in: Der Staat (30) 1991, 51ff.

Grauhan, Rolf-Richard: Gibt es in der Bundesrepublik einen „pouvoir neutre“?, Heidelberg 1959.

Grimm, Dieter: Politische Parteien, in: E. Benda/W. Maihofer/H.-J. Vogel (Hrsg.), Handbuch des Verfassungsrechts, 2. Auflage, Berlin 1994, S. 599ff.

Grimm, Dieter: Verbände, in: E. Benda/W. Maihofer/H.-J. Vogel (Hrsg.), Handbuch des Verfassungsrechts, 2. Auflage, Berlin 1994, S. 657ff.

Gröpl, Christoph/*Zembruski*, Stephanie: Äußerungsbefugnisse oberster Staatsorgane und Amtsträger, in: Jura 2016, 268ff.

Gröschner, Rolf: Öffentlichkeitsaufklärung als Behördenaufgabe, in: DVBl. 1990, 619ff.

Gröschner, Rolf: Die Republik, in: J. Isensee/P. Kirchhof (Hrsg.), Handbuch des Staatsrechts der Bundesrepublik Deutschland, Bd. II, 3. Auflage, Heidelberg 2004, S. 369ff.

Grünning, Klaus: Politische Beamte in der Bundesrepublik Deutschland, in: VR 1988, 80ff.

Gusy, Christoph: Neutralität staatlicher Öffentlichkeitsarbeit – Voraussetzungen und Grenzen, in: NVwZ 2015, 700ff.

Häberle, Peter: Öffentlichkeitsarbeit der Regierung zwischen Parteien- und Bürgerdemokratie, in: JZ 1977, 361 ff.

Häberle, Peter: Verbände als Gegenstand demokratischer Verfassungslehre, in: ZHR 1981, 473 ff.

Häberle, Peter: Öffentliches Interesse als juristisches Problem, 2. Auflage, Berlin 2006.

Hailbronner, Kay: Der öffentliche Dienst als „pouvoir neutre", in: ZaöRV 69 (2009), 267 ff.

Hartmann, Bernd J.: Eigeninteresse und Gemeinwohl bei Wahlen und Abstimmungen, in: AöR 134 (2009), 1 ff.

Hatje, Armin: Demokratie als Wettbewerbsordnung, 1. Bericht, in: VVDStRL 69 (2010), 135 ff.

Heinig, Hans Michael: Verschärfung der oder Abschied von der Neutralität? Zwei verfehlte Alternativen in der Debatte um den herkömmlichen Grundsatz religiös-weltanschaulicher Neutralität, in: JZ 2009, 1136 ff.

Heinig, Hans Michael/*Morlok*, Martin: Konkurrenz belebt das Geschäft!, ZG 2000, 371 ff.

Henke, Wilhelm: Das Recht der politischen Parteien, 2. Auflage, Göttingen 1972.

Henssler, Martin/*Prütting*, Hanns: Kommentar zur Bundesrechtsanwaltsordnung, 3. Auflage, München 2010.

Herdegen, Matthias: Völkerrecht, 14. Auflage, München 2015.

Hesse, Konrad: Die verfassungsrechtliche Stellung der politischen Parteien im modernen Staat, 1. Bericht, in: VVDStRL 17 (1959), 11 ff.

Hesse, Konrad: Bemerkungen zur heutigen Problematik und Tragweite der Unterscheidung von Staat und Gesellschaft, in: DÖV 1975, 437 ff.

Hesse, Konrad: Bemerkungen zur heutigen Problematik und Tragweite der Unterscheidung von Staat und Gesellschaft (1975), in: E.-W. Böckenförde (Hrsg.), Staat und Gesellschaft, Darmstadt 1976, S. 484 ff.

Hesse, Konrad: Grundzüge des Verfassungsrechts der Bundesrepublik Deutschland, 20. Auflage, Berlin 1999.

Heun, Werner: Die Stellung des Bundespräsidenten im Licht der Vorgänge um die Auflösung des Bundestages, in: AöR 109 (1984), 13 ff.

Heun, Werner/*Honecker*, Martin/*Morlok*, Martin/*Wieland*, Joachim (Hrsg.): Evangelisches Staatslexikon, Stuttgart 2006.

Hill, Hermann: Staatskommunikation, in: JZ 1993, 330 ff.

Hill, Hermann: Staatskommunikation, Köln u. a. 1993.

Hill, Hermann: Staatskommunikation – Begriff, Erscheinungsformen und Entwicklungschancen, in: ders. (Hrsg.), Staatskommunikation, Köln, u.a 1993, S. 19 ff.

Hillgruber, Christian: Parteienfreiheit, in: D. Merten/H.-J. Papier (Hrsg.), Handbuch der Grundrechte, Bd. V, Heidelberg 2013, S. 463 ff.

Hillgruber, Christian: Zur Äußerungsbefugnis des Bundespräsidenten in Bezug auf politische Parteien, in: JA 2014, 796 ff.

Hillgruber, Christian: Zwischen wehrhafter Demokratie und „political correctness“; wieweit darf die politische Mehrheit die Spielregeln der politischen (Meinungs-) Bildung bestimmen?, in: W. Kluth (Hrsg.), „Das wird man ja wohl noch sagen dürfen.“ Staatliche Organe und die Pflicht zur Neutralität, Halle-Wittenberg 2015, S. 77 ff.

Höfling, Wolfram: Das Verbot prozessualer Willkür – Zum dogmatischen Gehalt einer bundesverfassungsgerichtlichen Argumentationsfigur, in: JZ 1991, 955 ff.

Hoffmann-Riem, Wolfgang: Massenmedien, in: E. Benda/W. Maihofer/H.-J. Vogel (Hrsg.), Handbuch des Verfassungsrechts, 1. Auflage, Berlin 1983, S. 389 ff.

Hoffmann-Riem, Wolfgang: Rechtsformen, Handlungsformen, Bewirkungsformen, in: ders./ E. Schmidt-Aßmann/A. Voßkuhle (Hrsg.), Grundlagen des Verwaltungsrechts, Bd. II, 2. Auflage, München 2012, § 33.

Hoffmann-Riem, Wolfgang/*Schulz*, Wolfgang: Politische Kommunikation – Rechtswissenschaftliche Perspektiven, in: O. Jarren/U. Sarcinelli/U. Saxer (Hrsg.), Politische Kommunikation in der demokratischen Gesellschaft, Opladen u. a. 1998, S. 154 ff.

Hohenlohe, Diana zu: „Lichter aus als Zeichen gegen Intoleranz“ – Zu den Grenzen der politischen Äußerungsbefugnis von (Ober-) Bürgermeistern, in: VerwArch 2016, 62 ff.

Holtmann, Everhard (Hrsg.): Politiklexikon, 3. Auflage, München u. a. 2000.

Holtzendorff, Franz von: Die Principien der Politik, 2. Auflage, Berlin 1879.

Horn, Hans-Detlef: Verbände, in: J. Isensee/P. Kirchhof (Hrsg.), Handbuch des Staatsrechts der Bundesrepublik Deutschland, Bd. III, 3. Auflage, Heidelberg 2005, S. 357 ff.

Huber, Peter M.: Der Parteienstaat als Kern des politischen Systems – Wie tragfähig ist das Grundgesetz?, in: JZ 1994, 689 ff.

Hufen, Christian: Der Ausgleich verfassungsrechtlich geschützter Interessen bei der Ausgestaltung des Sonn- und Feiertagsschutzes, Baden-Baden 2014.

Hufen, Friedhelm: Legitimität und Grenzen der Öffentlichkeitsarbeit von Landesregierungen, in: LKRZ 2007, 41 ff.

Huster, Stefan: Die ethische Neutralität des Staates, Tübingen 2002.

Huster, Stefan: Der Grundsatz der religiös-weltanschaulichen Neutralität des Staates – Gehalt und Grenzen, Berlin 2004.

Huster, Stefan: Liberalismus, Neutralität und Fundamentalismus, in: A. Brockmöller/D. Buchwald u. a. (Hrsg.), Archiv für Rechts- und Sozialphilosophie, Ethische und strukturelle Herausforderungen des Rechts, Beiheft 66, 1997, S. 9 ff.

Huster, Stefan: Neutralität ohne Inhalt?, in: JZ 2010, 354 ff.

Isensee, Josef: Subsidiaritätsprinzip und Verfassungsrecht, Berlin 1968.

Isensee, Josef: Verwaltung zwischen Sachgesetzlichkeit und Parteipolitik, in: R. Hrbek (Hrsg.), Personen und Institutionen in der Entwicklung der Bundesrepublik Deutschland, Straßburg 1985, S. 67 ff.

Isensee, Josef: Öffentlicher Dienst, in: E. Benda/W. Maihofer/H.-J. Vogel (Hrsg.), Handbuch des Verfassungsrechts, 2. Auflage, Berlin 1995, 1527 ff.

Isensee, Josef: Gemeinwohl und Staatsaufgaben im Verfassungsstaat, in: ders./P. Kirchhof (Hrsg.), Handbuch des Staatsrechts der Bundesrepublik Deutschland, Bd. III, 2. Auflage, Heidelberg 1996, S. 3 ff.

Isensee, Josef: Gemeinwohl im Verfassungsstaat, in: ders./P. Kirchhof (Hrsg.), Handbuch des Staatsrechts der Bundesrepublik Deutschland, Bd. III, 3. Auflage, Heidelberg 2005, S. 3 ff.

Isensee, Josef: Das Grundrecht als Abwehrrecht und als staatliche Schutzpflicht, in: ders./P. Kirchhof (Hrsg.), Handbuch des Staatsrechts der Bundesrepublik Deutschland, Bd. V, 2. Auflage, Heidelberg 2000, S. 143 ff.

Isensee, Josef: Staat und Verfassung, in: ders./P. Kirchhof (Hrsg.), Handbuch des Staatsrechts der Bundesrepublik Deutschland, Bd. II, 3. Auflage, Heidelberg 2004, S. 3 ff.

Isensee, Josef: Amt in der Republik, in: R. Gröschner/O. W. Lembcke (Hrsg.), Freistaatlichkeit, Tübingen 2011, S. 163 ff.

Jarass, Hans D./*Pieroth*, Bodo (Hrsg.): Kommentar zum Grundgesetz, 14. Auflage, München 2016.

Jasper, Christian: Religiös und politisch gebundene öffentliche Ämter, Berlin 2015.

Jellinek, Georg: Allgemeine Staatslehre, 3. Auflage, Berlin 1920.

Jellinek, Georg: System der subjektiven öffentlichen Rechte, Darmstadt 1963.

Kahl, Wolfgang/*Waldhoff*, Christian/*Walter*, Christian (Hrsg.): Bonner Kommentar zum Grundgesetz, Heidelberg 1950 ff.

Kersten, Jens/*Rixen*, Stephan (Hrsg.): Kommentar zum Parteiengesetz (PartG) und Europäischen Parteienrecht, Stuttgart 2009.

Kißlinger, Andreas: Das Recht auf politische Chancengleichheit, Baden-Baden 1998.

Klein, Hans H.: Der Bundeswahlausschuss. Rechtsgrundlagen und Probleme, ZG 2010, 151 ff.

Kleine-Cosack, Michael: Kommentar zur Bundesrechtsanwaltsordnung mit Berufs- und Fachanwaltsordnung, 7. Auflage, München 2015.

Kloepfer, Michael: Versammlungsfreiheit, in: J. Isensee/P. Kirchhof (Hrsg.), Handbuch des Staatsrechts der Bundesrepublik Deutschland, Bd. VII, 3. Auflage, Heidelberg 2009, S. 977 ff.

Kloepfer, Michael: Öffentliche Meinung, Massenmedien, in: J. Isensee/P. Kirchhof (Hrsg.), Handbuch des Staatsrechts der Bundesrepublik Deutschland, Bd. III, 3. Auflage, Heidelberg 2005, S. 389 ff.

Kluth, Winfried: Unparteilichkeit als Handlungsmaßstab der Zentralen für politische Bildung und vergleichbarer Stellen und Einrichtungen, in: ders. (Hrsg.), „Das wird man ja wohl noch sagen dürfen." Staatliche Organe und die Pflicht zur Neutralität, Halle-Wittenberg 2015, 61 ff.

Köhler, Jan: Parteien im Wettbewerb, Baden-Baden 2006.

Köster, Helmut: Zur Meinungsäußerungsfreiheit im Beamtenverhältnis, in: ZBR 1981, 210 ff.

Korioth, Stefan/*Augsberg*, Ino: Neue Religionskonflikte und staatliche Neutralität – Erfordern weltanschauliche und religiöse Entwicklungen Antworten des Staates?, in: JZ 2010, 828 ff.

Kotzur, Markus: Demokratie als Wettbewerbsordnung, 2. Bericht, in: VVDStRL 69 (2010), 173 ff.

Kotzur, Markus: Freiheit und Gleichheit der Wahl, in: D. Merten/H.-J. Papier (Hrsg.), Handbuch der Grundrechte, Bd. V, Heidelberg 2013, S. 555 ff.

Krause, Peter: Verfassungsrechtliche Möglichkeiten unmittelbarer Demokratie, in: J. Isensee/ P. Kirchhof (Hrsg.), Handbuch des Staatsrechts der Bundesrepublik Deutschland, Bd. II, 1. Auflage, Heidelberg 1987, S. 313 ff.

Kriele, Martin: Freiheit und Gleichheit, in: E. Benda/W. Maihofer/H.-J. Vogel (Hrsg.), Handbuch des Verfassungsrechts, 1. Auflage, Berlin 1983, S. 129 ff.

Krüger, Herbert: Die Stellung der Interessenverbände in der Verfassungswirklichkeit, in: NJW 1956, 1217 ff.

Krüger, Herbert: Allgemeine Staatslehre, Stuttgart 1964.

Krüger, Herbert: Von der Staatspflege überhaupt, in: H. Quaritsch (Hrsg.), Die Selbstdarstellung des Staates, Berlin 1977, S. 21 ff.

Krüper, Julian: Die grundrechtlichen Grenzen staatlicher Neutralität, in: JöR 53 (2005), 79 ff.

Krüper, Julian: Anmerkung zur Entscheidung des BVerfG vom 16.12.2014 – 2 BvE 2/14, in: JZ 2015, 408 ff.

Krüper, Julian/*Kühr*, Hana: Der Lebenszyklus politischer Parteien – Eine „evolutionäre" Einführung in das Parteienrecht – Teil 1/6, in: ZJS 2014, 16 ff.

Krüper, Julian/*Kühr*, Hana: Der Lebenszyklus politischer Parteien – Eine „evolutionäre" Einführung in das Parteienrecht – Teil 2/6, in: ZJS 2014, 143 ff.

Krüper, Julian/*Kühr*, Hana: Der Lebenszyklus politischer Parteien – Eine „evolutionäre" Einführung in das Parteienrecht – Teil 4/6, in: ZJS 2014, 346 ff.

Krüper, Julian/*Kühr*, Hana: Der Lebenszyklus politischer Parteien – Eine „evolutionäre" Einführung in das Parteienrecht – Teil 5/6, in: ZJS 2014, 477 ff.

Kugele, Dieter: Der politische Beamte, München 1976.

Kunig, Philip: Das Rechtsstaatsprinzip, Tübingen 1986.

Kunig, Philip: Parteien, in: J. Isensee/P. Kirchhof (Hrsg.), Handbuch des Staatsrechts der Bundesrepublik Deutschland, Bd. III, 3. Auflage, Heidelberg 2005, S. 297 ff.

Ladeur, Karl-Heinz: Die objektiv-rechtliche Dimension der wirtschaftlichen Grundrechte – Relativierung oder Abstützung der subjektiven Freiheitsrechte?, in: DÖV 2007, 1 ff.

Ladeur, Karl-Heinz: Die transsubjektive Dimension der Grundrechte, in: T. Vesting/S. Korioth/I. Augsberg (Hrsg.), Grundrechte als Phänomene kollektiver Ordnung, Tübingen 2014, S. 17 ff.

Lang, Dorothee: Das Willkürverbot – ein allzeit einsatzbereites Mittel des BVerfG, in: ZJS 2015, 39 ff.

Lecheler, Helmut: Der öffentliche Dienst, in: J. Isensee/P. Kirchhof (Hrsg.), Handbuch des Staatsrechts der Bundesrepublik Deutschland, Bd. V, 3. Auflage, Heidelberg 2007, S. 559 ff.

Leibholz, Gerhard: Volk: und Partei im neuen deutschen Verfassungsrecht, in: DVBl. 1950, 194 ff.

Leibholz, Gerhard: Staat und Verbände, 1. Bericht, in: VVDStRL 24 (1966), 5 ff.

Lenski, Sophie-Charlotte: Staatliches Informationshandeln als Grundrechtseingriff. Zur Anwendung der Osho-Rechtsprechung in der verwaltungsgerichtlichen Praxis, in: ZJS 2008, 13 ff.

Lenski, Sophie-Charlotte: Öffentliches Kulturrecht, Tübingen 2013.

Lenski, Sophie-Charlotte: Regierungs- und Fraktionsarbeit als Parteiarbeit, in: DÖV 2014, 585 ff.

Leppek, Sabine: Beamtenrecht, 11. Auflage, Heidelberg 2011.

Leukart, Raphael: Das Bürgerbegehren und der Bürgerentscheid in der Sächsischen Gemeindeordnung (§§ 24, 25 SächsGemO), Frankfurt am Main 2012.

Lindner, Josef Franz: Parteipolitische Tätigkeit als Dienstaufgabe des Beamten?, in: ZBR 2010, 325 ff.

Lindner, Josef Franz: Der politische Beamte als Systemfehler, in: ZBR 2011, 150 ff.

Lindner, Josef Franz: Unabhängigkeit als Paradigma des Berufsbeamtentums, in: ZBR 2013, 145 ff.

Lindner, Josef Franz/*Möstl*, Markus/*Wolff*, Heinrich A. (Hrsg.): Kommentar zur Verfassung des Freistaates Bayern, München 2009.

Link, Heinz Christoph: Staatszwecke im Verfassungsstaat – nach 40 Jahren Grundgesetz, 1. Bericht, in: VVDStRL 48 (1990), 7 ff.

Lipphardt, Hanns-Rudolf: Die Gleichheit der politischen Parteien vor der öffentlichen Gewalt, Berlin 1975.

Maaßen, Hans-Georg: Einschätzungsprärogativen des Verfassungsschutzes bei der Beobachtung von extremistischen Parteien und ihren Mitgliedern und Abgeordneten, in: W. Kluth (Hrsg.), „Das wird man ja wohl noch sagen dürfen." Staatliche Organe und die Pflicht zur Neutralität, Halle-Wittenberg 2015, S. 51 ff.

Mandelartz, Herbert: Öffentlichkeitsarbeit der Regierung – Begriff, Instrumente und Begrenzungen in der Vorwahlzeit, in: DÖV 2009, 509 ff.

Mandelartz, Herbert: Grenzen regierungsamtlicher Öffentlichkeitsarbeit, in: LKRZ 2010, 371 ff.

Mandelartz, Herbert: Informations- und Öffentlichkeitsarbeit der Bundesregierung, in: DÖV 2015, 326 ff.

Mandelartz, Herbert/*Grotelüschen*, Henning: Das Internet und die Rechtsprechung des BVerfG zur Öffentlichkeitsarbeit der Regierung, in: NVwZ 2004, 647 ff.

Mangoldt, Hermann von/*Klein*, Friedrich/*Starck*, Christian (Hrsg.): Kommentar zum Grundgesetz, Bd. 1 (6. Auflage, München 2010).

Maunz, Theodor/*Dürig*, Günter: Kommentar zum Grundgesetz, München 1958 ff.

Mehlhorn, Lutz: Der Bundespräsident der Bundesrepublik Deutschland und der Republik Österreich, Baden-Baden 2010.

Merten, Detlef: Vereinsfreiheit, in: J. Isensee/P. Kirchhof (Hrsg.), Handbuch des Staatsrechts der Bundesrepublik Deutschland, Bd. VII, 3. Auflage, Heidelberg 2009, S. 1035 ff.

Michael, Lothar/*Morlok*, Martin: Grundrechte, 5. Auflage, Baden-Baden 2015.

Möllers, Christoph: Religiöse Freiheit als Gefahr?, 2. Bericht, in: VVDStRL 68 (2009), 47 ff.

Morlok, Martin: Selbstverständnis als Rechtskriterium, Tübingen 1993.

Morlok, Martin: Demokratie und Wahlen, in: P. Badura/H. Dreier (Hrsg.), Festschrift 50 Jahre Bundesverfassungsgericht, Bd. 2, Tübingen 2001, S. 559 ff.

Morlok, Martin: Parteienrecht als Wettbewerbsrecht, in: P. Häberle/M. Morlok/V. Skouris (Hrsg.), Festschrift für Dimitris Th. Tsatsos zum 70. Geburtstag, Baden-Baden 2003, S. 408 ff.

Morlok, Martin: Religionsverfassungsrecht und Schule, in: Adolf-Arndt-Kreis (Hrsg.), Nun sag, wie hast Du's mit der Religion? Der Staat, das Recht und die Religionen, Berlin 2006, S. 37 ff.

Morlok, Martin: Parteienrecht ist Organisationsrecht, in: M. Bäuerle/P. Dann/A. Wallrabenstein (Hrsg.), Demokratie-Perspektiven, Festschrift für Brun-Otto Bryde zum 70. Geburtstag, Tübingen 2012, S. 231 ff.

Morlok, Martin: Neutralität des Staates und religiöser Radikalismus, in: J. Masing/O. Jouanjan (Hrsg.), Weltanschauliche Neutralität, Meinungsfreiheit, Sicherungsverwahrung, Tübingen 2013, S. 3 ff.

Morlok, Martin/*Merten*, Heike: Partei genannt Wählergemeinschaft – Probleme im Verhältnis von Parteien und Wählergemeinschaften, in: DÖV 2011, 125 ff.

Morlok, Martin/*Michael*, Lothar: Staatsorganisationsrecht, 3. Auflage, Baden-Baden 2017.

Morlok, Martin/*Voss*, Volker P.: Grenzen der staatlichen Informationstätigkeit bei Volksentscheiden, in: BayVBl. 1995, 513 ff.

Muckel, Stefan: Neutralitätsgebot für Äußerungen von Mitgliedern der Bundesregierung („Fall Schwesig"), in: JA 2015, 715 ff.

Münch, Ingo von/*Kunig*, Philip (Hrsg.): Kommentar zum Grundgesetz, 6. Auflage, München 2012.

Murswiek, Dietrich: Grundrechte als Teilhaberechte, soziale Grundrechte, in: J. Isensee/P. Kirchhof (Hrsg.), Handbuch des Staatsrechts der Bundesrepublik Deutschland, Bd. V, 2. Auflage, Heidelberg 2000, S. 243 ff.

Murswiek, Dietrich: Verfassungsfragen der staatlichen Selbstdarstellung, in: D. Murswiek/U. Storost/H. A. Wolff (Hrsg.), Staat – Souveränität – Verfassung, Festschrift für Helmut Quaritsch zum 70. Geburtstag, Berlin 2000, S. 307 ff.

Murswiek, Dietrich: Das Bundesverfassungsgericht und die Dogmatik mittelbarer Grundrechtseingriffe. Zu der Glykol- und der Osho- Entscheidung vom 26.6.2002, in: NVwZ 2003, 1 ff.

Musil, Andreas: Wettbewerb in der staatlichen Verwaltung, Tübingen 2005.

Nohlen, Dieter/*Grotz*, Florian (Hrsg.): Kleines Lexikon der Politik, 6. Auflage, Bonn 2015.

Nowrot, Karsten: Das Republikprinzip in der Rechtsordnungengemeinschaft, Tübingen 2014.

Oberreuter, Heinrich: Bewährung und Herausforderung, 2. Auflage, München 1989.

Oebbecke, Janbernd: Beratung durch Behörden, in: DVBl. 1994, 147 ff.

Oebbecke, Janbernd: Die rechtlichen Grenzen amtlicher Einflußnahme auf Bürgerbegehren und Bürgerentscheid, in: BayVBl. 1998, 641 ff.

Oebbecke, Janbernd: Amtliche Äußerungen im Bürgermeisterwahlkampf, in: NVwZ 2007, 30 ff.

Oppermann, Thomas L.: Wahlprüfung, Wahlbeeinflussung und Wählernötigung – BVerfGE 66, 369, in: JuS 1985, 519 ff.

Oppermann, Thomas L.: Freiheit von Forschung und Lehre, in: J. Isensee/P. Kirchhof (Hrsg.), Handbuch des Staatsrechts der Bundesrepublik Deutschland, Bd. VI, 2. Auflage, Heidelberg 2001, S. 809 ff.

Ossege, Stefan: Das Parteienrechtsverhältnis, Osnabrück 2012.

Otto, Franz: Äußerungen aus dem Rathaus gegen Bürgerbegehren, in DVP 2005, 129.

Payandeh, Mehrdad: Die Neutralitätspflicht staatlicher Amtsträger im öffentlichen Meinungskampf. Dogmatische Systembildung auf verfassungsrechtlich zweifelhafter Grundlage, in: Der Staat 55 (2016), 519 ff.

Peine, Franz-Joseph: Der Grundrechtseingriff, in: D. Merten/H.-J. Papier (Hrsg.), Handbuch der Grundrechte, Bd. III, Heidelberg 2009, S. 87 ff.

Pflüger, Friedbert: Von Heuss bis Weizsäcker: Hüter des Grundkonsenses. Das Amt des Bundespräsidenten in Theorie und Praxis, in: M. Funke/H.-A. Jacobsen/H.-H. Knütter/H.-P. Schwarz (Hrsg.), Festschrift für Karl Dietrich Bracher, Demokratie und Diktatur. Geist und Gestalt politischer Herrschaft in Deutschland und Europa, Düsseldorf 1987, S. 383 ff.

Püttner, Günter: Zur Neutralitätspflicht des Beamten, in: K. König/H.-W. Laubinger/F. Wagner (Hrsg.), Öffentlicher Dienst, Festschrift für Carl Hermann Ule zum 70. Geburtstag, Köln u. a. 1977, S. 383 ff.

Putzer, Max: Verfassungsrechtliche Grenzen der Äußerungsbefugnisse staatlicher Organe und Amtsträger, in: DÖV 2015, 417 ff.

Quaritsch, Helmut (Hrsg.): Die Selbstdarstellung des Staates, Berlin 1977.

Quaritsch, Helmut: Weiteres zur „Selbstdarstellung des Staates“, in: DÖV 1993, 1070 ff.

Radbruch, Gustav: Die politischen Parteien im System des deutschen Verfassungsrechts, in: G. Anschütz/R. Thoma (Hrsg.), Handbuch des Deutschen Staatsrechts, Bd. I, Tübingen 1930, S. 285 ff.

Rawls, John: Eine Theorie der Gerechtigkeit, Frankfurt am Main 1979.

Rawls, John: Der Gedanke eines übergreifenden Konsenses, in: W. Hinsch (Hrsg.), John Rawls: Die Idee des politischen Liberalismus – Aufsätze 1978–1989, Frankfurt am Main 1992, S. 293 ff.

Rawls, John: Der Bereich des Politischen und der Gedanke eines übergreifenden Konsenses, in: W. Hinsch (Hrsg.), John Rawls: Die Idee des politischen Liberalismus – Aufsätze 1978–1989, Frankfurt am Main 1992, S. 333 ff.

Rawls, John: Der Vorrang des Rechten und die Ideen des Guten, in: W. Hinsch (Hrsg.), John Rawls: Die Idee des politischen Liberalismus – Aufsätze 1978–1989, Berlin 1992, S. 364 ff.

Rawls, John: Political Liberalism, New York 1993.

Reichert, Bernhard: Handbuch des Vereins- und Verbandsrechts, 12. Auflage, München 2009.

Reuband, Karl-Heinz: Wer demonstriert in Dresden für Pegida? Ergebnisse empirischer Studien, methodische Grundlagen und offene Fragen, in: MIP 2015, 133 ff.

Rohe, Karl: Politik. Begriffe und Wirklichkeiten, 2. Auflage, Stuttgart u. a. 1994.

Rupp, Hans Heinrich: Die Unterscheidung von Staat und Gesellschaft, in: J. Isensee/P. Kirchhof (Hrsg.), Handbuch des Staatsrechts der Bundesrepublik Deutschland, Bd. II, 3. Auflage, Heidelberg 2004, S. 879 ff.

Sachs, Michael (Hrsg.): Kommentar zum Grundgesetz, 7. Auflage, München 2014.

Sachs, Michael: Staatsorganisationsrecht: Redefreiheit des Bundespräsidenten, in: JuS 2014, 956 ff.

Sacksofsky, Ute: Religiöse Freiheit als Gefahr?, 1. Bericht, in: VVDStRL 68 (2009), 7 ff.

Saxer, Ulrich: System, Systemwandel und politische Kommunikation, in: O. Jarren/U. Sarcinelli/U. Saxer (Hrsg.), Politische Kommuniktaion in der demokratischen Gesellschaft. Ein Handbuch mit Lexikonteil, Opladen u. a. 1998, S. 25 ff.

Scheerbarth, Hans Walter/*Höffken*, Heinz/*Bauschke*, Hans-Joachim/*Schmidt*, Lutz: Beamtenrecht, 6. Auflage, Siegburg 1992.

Scheuner, Ulrich: Der Staat und die intermediären Kräfte, in: ZEE 1957, 30 ff.

Scheuner, Ulrich: Politische Repräsentation und Interessenvertretung, in: DÖV 1965, 577 ff.

Scheuner, Ulrich: Konsens und Pluralismus als verfassungsrechtliches Problem, in: G. Jakobs (Hrsg.), Rechtsgeltung und Konsens, Berlin 1976, S. 33 ff.

Schlaich, Klaus: Neutralität als verfassungsrechtliches Prinzip – vornehmlich im Kulturverfassungs- und Staatskirchenrecht, Tübingen 1972.

Schlaich, Klaus: Die Funktionen des Bundespräsidenten im Verfassungsgefüge, in: J. Isensee/P. Kirchhof (Hrsg.), Handbuch des Staatsrechts der Bundesrepublik Deutschland, Bd. II, 3. Bd. II, 2. Auflage, Heidelberg 1998, S. 541 ff.

Schmehl, Arndt: Sachlichkeitsgebot und Rechtsschutzfragen bei der plebiszitären Abberufung von Bürgermeistern und Landräten, in: KommJur 2006, 321 ff.

Schmidt-Bleibtreu, Bruno/*Hofmann*, Hans/*Henneke*, Hans-Günter (Hrsg.): Kommentar zum Grundgesetz, 13. Auflage, Köln 2014.

Schmitt, Carl: Der Hüter der Verfassung, Berlin 1931.

Schmitt, Carl: Das Zeitalter der Neutralisierungen und Entpolitisierungen, in: ders. (Hrsg.), Positionen und Begriffe, Hamburg 1940, S. 120 ff.

Schmitt, Carl: Neutralität und Neutralisierungen, in: ders. (Hrsg.), Positionen und Begriffe, Hamburg 1940, S. 271 ff.

Schmitt, Carl: Das Problem der innerpolitischen Neutralität des Staates, in: ders. (Hrsg.), Verfassungsrechtliche Aufsätze aus den Jahren 1924–1954, Berlin 1958, S. 41 ff.

Schmitt, Carl: Der Begriff des Politischen: Text von 1932, 3. Auflage, Berlin 1991.

Schmitt Glaeser, Walter: Die grundrechtliche Freiheit des Bürgers zur Mitwirkung an der Willensbildung, in: J. Isensee/P. Kirchhof (Hrsg.), Handbuch des Staatsrechts der Bundesrepublik Deutschland, Bd. III, 3. Auflage, Heidelberg 2005, S. 229 ff.

Schmitt Glaeser, Walter: Der freiheitliche Staat des Grundgesetzes, Tübingen 2008.

Schmitt Glaeser, Walter/*Horn*, Hans-Detlef: Die Rechtsprechung des Bayerischen Verfassungsgerichtshofs – Anmerkungen zu ausgewählten Entscheidungen aus jüngster Zeit, in: BayVBl. 1994, 289 ff.

Schnell, Heidrun: Freie Meinungsäußerung und Rederecht der kommunalen Mandatsträger unter verfassungsrechtlichen, kommunalrechtlichen und haftungsrechtlichen Aspekten, Köln 1998.

Schoch, Friedrich: Der Gleichheitssatz, in: DVBl. 1988, 863 ff.

Schoch, Friedrich: Die Schwierigkeiten des BVerfG mit der Bewältigung staatlichen Informationshandelns, in: NVwZ 2011, 193 ff.

Schrameyer, Marc: Der kommunale Wahlbeamte. Die Rechtsstellung der kommunalen Wahlbeamten in Nordrhein-Westfalen nach der Reform der Kommunalverfassung 1994, Münster 2004.

Schreiber, Wolfgang (Hrsg.): Kommentar zum Bundeswahlgesetz, 9. Auflage, Köln 2013.

Schröder, Meinhard: Stellung der Parteien, in: D. Merten/H.-J. Papier (Hrsg.), Handbuch der Grundrechte, Bd. V, Heidelberg 2013, S. 519 ff.

Schrooten, Jost-Benjamin: Gleichheitssatz und Religionsgemeinschaften, Tübingen 2015.

Schulte, Martin: Schlichtes Verwaltungshandeln, Tübingen 1995.

Schwerdtner, Eberhard: Chancengleichheit und Minderheitenschutz in der Kommunalpolitik – Gemeinderat und Verwaltung im kommunalen Spannungsfeld: Anmerkungen zur Rechtsprechung, in: DÖV 1990, 14 ff.

Seiter, Hugo: Staatsneutralität im Arbeitskampf, Tübingen 1987.

Sieweke, Simon: Die Beschränkung der politischen Äußerungsrechte der Beamten durch die Mäßigungs- und Zurückhaltungspflicht, in: ZBR 2010, 157 ff.

Smend, Rudolph: Verfassung und Verfassungsrecht (1928), in: ders., Staatsrechtliche Abhandlungen und andere Aufsätze, 2. Auflage, Berlin 1968, S. 119 ff.

Sobota, Katharina: Das Prinzip Rechtsstaat, Tübingen 1997.

Sodann, Helge (Hrsg.): Kommentar zum Grundgesetz, 2. Auflage, München 2011.

Steiger, Heinhard: Zur innenpolitischen Neutralität des Staates, in: F. Kaulbach/W. Krawietz (Hrsg.), Recht und Gesellschaft, Festschrift für Helmut Schelsky zum 65. Geburtstag, Berlin 1978, S. 659 ff.

Stein, Torsten: Der Bundespräsident als „pouvoir neutre"?, in: ZaöRV 69 (2009), 249 ff.

Stein, Torsten/*Buttlar*, Christian von: Völkerrecht, 13. Auflage, München 2012.

Steiner, Harald: Uneigennützigkeit und Gewissenhaftigkeit – Die Anforderungen zentraler-beamtenrechtlicher Pflichtenkategorien, in: DÖD 2013, 133 ff.

Stern, Klaus/*Becker*, Florian (Hrsg.): Grundrechte-Kommentar, Köln 2010.

Studenroth, Stefan: Wahlbeeinflussung durch staatliche Funktionsträger, in: AöR 125 (2000), 257 ff.

Summer, Rudolf: Das Amt im statusrechtlichen Sinne, in: M. Pechstein (Hrsg.), Beiträge zum Beamtenrecht, Tübingen 2007, S. 45 ff.

Summer, Rudolf: Die hergebrachten Grundsätze des Berufsbeamtentums – ein Torso, in: M. Pechstein (Hrsg.), Beiträge zum Beamtenrecht, Tübingen 2007, S. 177 ff.

Tanneberger, Steffen/*Nemeczek*, Heinrich: Neutralitätsgebot für Mitglieder der Bundesregierung – Fall Schwesig, in: NVwZ 2015, 209 ff.

Thum, Cornelius: Information und Werbung bei Bürgerbegehren und Bürgerentscheid, in: KommP Bayern 2007, Teil 1: 164 ff., Teil 2: 212 ff.

Tsatsos, Dimitris Th.: Ein Recht auf innerparteiliche Opposition?, in: M. Morlok/H.-R. Schmidt/D. Stefanou (Hrsg.), Dimitris Th. Tsatsos: Verfassung – Parteien – Europa. Abhandlungen aus den Jahren 1962 bis 1998, Baden-Baden 1998/99, S. 423 ff.

Tschannen, Pierre: Stimmrecht und politische Verständigung, Basel u. a. 1995.

Umbach, Dieter C./*Clemens*, Thomas (Hrsg.): Kommentar zum Grundgesetz, Bd. II, Heidelberg 2002.

Vesting, Thomas/*Korioth*, Stefan/*Augsberg*, Ino: Einleitung, in: dies. (Hrsg.), Grundrechte als Phänomene kollektiver Ordnung, Tübingen 2014, S. 1 ff.

Vogt, Marten J.: Zur Informationstätigkeit des Bundesrechnungshofes, Berlin 2013.

Voßkuhle, Andreas: Grundwissen – Öffentliches Recht: Der Grundsatz der Verhältnismäßigkeit, in: JuS 2007, 429 ff.

Wahnschaffe, Thies: Zur Neutralitätspflicht staatlicher Hoheitsträger gegenüber Organisationen ohne Parteienstatus, in: NVwZ 2016, 1767 ff.

Wöhst, Christian: Das Konzept der Neutralität im politischen Liberalismus, Essen 2011.

Wolff, Hans J./*Bachof*, Otto: Verwaltungsrecht II (Organisations- und Dienstrecht), 4. Auflage, München 1976.

Sachregister

Martin Schäfer

Der Amtsträger als Beschuldigter

Eine Untersuchung zur Rechtfertigung des Bruchs der Verschwiegenheitspflicht als Mittel der Verteidigung im Strafverfahren

Sieht sich der Amtsträger mit der Durchführung eines gegen ihn gerichteten Strafverfahrens konfrontiert, treffen zwei Grundsätze aufeinander, die sich auf den ersten Blick unvereinbar gegenüberstehen. Zum einen unterliegt der Amtsträger, auch als Beschuldigter eines Strafverfahrens, einer sanktionsbewehrten Verschwiegenheitspflicht und zum anderen gehört es zu den grundlegenden Rechten eines jeden Beschuldigten, sich gegen die ihm zu Last gelegten Vorwürfe äußern zu dürfen. Wird der Amtsträger nicht von seiner Verschwiegenheitspflicht durch den Dienstherrn entbunden, ist er grundsätzlich weiterhin dazu verpflichtet zu schweigen. In dieser Situation drängt sich angesichts der drohenden Verurteilung die Frage auf, ob der beschuldigte Amtsträger zu Verteidigungszwecken seine Verschwiegenheitspflicht verletzen darf. Ausgehend vom Amtsträgerbegriff setzt sich die Arbeit mit der Frage auseinander, unter welchen Voraussetzungen der Amtsträger als Beschuldigter zur Verschwiegenheit verpflichtet ist und wie der Bruch der Verschwiegenheitspflicht strafrechtlich zu bewerten ist.

Schriften zum Strafrecht, Band 326
343 Seiten, 2018
ISBN 978-3-428-15457-9, € 89,90
Titel auch als E-Book erhältlich.

Vincit Veritas D&H
www.duncker-humblot.de